中国矿业立法理论与实务

主　编　李显冬
副主编　曹宇　赵传毅　杨城

中国政法大学出版社

2015・北京

图书在版编目（CIP）数据

中国矿业立法理论与实务/李显冬主编.—北京：中国政法大学出版社,2015.7
ISBN 978-7-5620-6216-5

Ⅰ.①中…　Ⅱ.①李…　Ⅲ.①矿产资源法－立法－研究－中国　Ⅳ.①D922.624

中国版本图书馆CIP数据核字(2015)第161687号

出 版 者　中国政法大学出版社
地　　址　北京市海淀区西土城路25号
邮寄地址　北京100088信箱8034分箱　邮编100088
网　　址　http://www.cuplpress.com（网络实名：中国政法大学出版社）
电　　话　010-58908437(编辑室)　58908334(邮购部)
承　　印　固安华明印业有限公司
开　　本　720mm×960mm　1/16
印　　张　29.25
字　　数　480千字
版　　次　2015年7月第1版
印　　次　2015年7月第1次印刷
定　　价　69.00元

▲ 2012 年 3 月 18 日江平老师与本书主编李显东在矿联项目启动会议上留影

中国矿业立法理论与实务

顾　问

江　平　曹树培　傅鸣珂

主　编

李显冬

副主编

曹　宇　赵传毅　杨　城

撰稿人

曹　宇	杨　城	魏敬淼	沈　铮	孔德峰	孙　莉
蔡晓仪	吴　鹏	邢国威	苏继成	郑皓晖	叶　红
杨舒淇	沙雪妮	李　琼	李小兵	杨永营	温学鹏
邱　杨	李　蕾	陶江嫄	石　玥	金丽娜	赵传毅
牟　彤	苏　熳	郭东妹	谢　涛	田春雨	尹程香
林美灵	向定卫	张瑶瑶	王胜龙	姚腾跃	赵晓娟
程　玉	任　洋	倪淑颖	申艳红	高海玲	陈绍宁
崔华浩	周　黎	田海晨	李婷婷		

序

1986年秋《民法通则》刚刚颁行，我受地质矿产部老同学朱训的要求组织了中国政法大学的几位硕士研究生开始进行《中国矿业法律制度研究》，显冬就是其中主要参与者之一。

2006年夏，显冬主持国土部有关研究，最后的成果编撰成为《中国矿业立法研究》一书，我不但担任顾问，而且为该书作序，至今也近十年。

三十年来我国的矿业立法在中国法治建设的浪潮之中徘徊前行。《矿产资源法》的修改启动多年，国土资源部“两法办”关于《矿产资源法》的修改草稿至今已有十二稿之多，但依然待字闺中，司法实践中的法律依据仍然停留于1996年修改过的版本之上。中国特色式的政策驱动式“立法”其实就是将法律看作临时应急措施定型化的一种事实上的立法表达，显然我们已经将实然法层面的矿产资源法推进到了一种新的阶段。

2015年两会期间，《矿产资源法》的修改再次受到立法部门的关注。所以眼下应该如何应对矿产资源法的修改？特别是应如何进一步提升矿产资源法学的研究？我认为有两个突出的问题需要回答。

第一个问题是矿产资源开发管理活动之中公权与私权究

竟应该如何予以平衡？或者说国家的行政管理和私主体的意思自治怎样结合起来呢？

毋庸置疑，《矿产资源法》是一部既涉及民事权利又涉及行政权力的法律，所以处理好行政权力的行使和民事权利的保护间的关系就成为这部法里的核心问题。

从权利的内容、权利的取得来看，应该说公权和私权的确是此消彼长的，如果公权方面加强一分，那么私权方面就会减少一分；而私权保护多一分，公权在管制方面就少一分。但如果从秩序角度来看就完全不一样了，市场是既需要有自由又需要有秩序的，这两个东西其实并不矛盾。因为只有加强秩序才能使市场更安全，这两者又是一种相辅相成的关系。所以我国的《矿产资源法》亦须加强市场管理，只是这种管理不应是没有权利内容的管理，而更多的应是对矿业市场秩序方面的管理。

第二个问题就是《矿产资源法》的修改以及相应的研究要贯彻《物权法》的基本精神的问题。《矿产资源法》的这次修改既然是在《物权法》颁行之后，而《物权法》业已明确将矿业权纳入《物权法》的调整范围之内。矿业权作为私权在法律上当然已不成问题，所有物权法的法律规范，除单行法、特别法另有规定外，均适用于矿业权有关社会关系，这自然没有疑问。

本书是显冬研究矿产资源法学又一个十年的成果集成。显冬上硕士期间，就试图将钱学森教授的法律系统论引入矿产资源法学的研究，提出矿业立法是不同于传统立法那样公私法分明的一种综合性立法，进而指出系统划分是法律体系中更高层次上的一种划分；将我国现有的矿产资源法律体系看作一个既有传统的法律部门法划分，同时又允许在另一个层次上进行法律系统划分的多层次的法的体系结构。因此，他主张将矿产资源法视为一个“法律规范系统”，系统内的各要素各自独立，自成体系，分别从各个不同侧面具体调整矿业领域的各种社会关系。这些理论，在他的《溯本求源集》等专著之中已有系统介绍。

本书正如其名，就是从法律规范系统的高度，就我国《矿产资源法》的修订以及有关研究中应当直面的这些问题，进行了详细的回应。

第一编立足基础理论，以我国矿产资源所有权的法律属性、矿业权的属性界定与法律构造以及我国矿产资源所有权的实现为基本内容。第二编与第三编分别从民事法律关系与行政法律关系两个维度具体展开，既涵盖矿业权产生、变更以及消灭的全过程，也涉及行政权力介入的不同时机与程度。

作为他的老师，我深切地感受到显冬追求真理的执着和敢于创新的勇气。三十年前我带领包括显冬在内的学生开展了新中国历史上第一次矿业法律制度研究，三十年后的今天，显冬早已带领自己的学生，持之以恒地投入到了中国矿业法律制度的研究之中。本书作为中国政法大学国土资源法律研究中心研究矿业法律制度的又一成果，当然说到底，只能是集体智慧的结晶，而矿业权逐步从“用益物权说”向“准用益物权”的演进，更是践行了法律人“只向真理低头”的精神。

是为序。

2015年4月20日

目录

第一编

矿业法律规范的理论基础

第一章

我国矿产资源所有权的法律属性

第一节　矿产资源的概念与特征

一、矿产资源的概念与分类

（一）*矿产资源与矿产品*

矿产资源最初是作为地质学上的概念而为人熟知的。当前具备国际范围认可的含义界定由美国地质调查局（U. S. Geological Survey）1976 发布。“矿产资源（mineral resources）是指天然赋存于地球表面或地壳中，由地质作用形成，呈固态、液态或者气态的具有当时经济价值或潜在经济价值的富集物。”[1]地质学上所指矿产资源既包括已经发现的矿产资源，同时将尚未发现但可能存在的矿产资源也纳入其中。具体到我国立法，1994 颁布的《矿产资源法实施细则》明确规定“矿产资源是地质作用形成的，具有利用价值的，呈固态、液态、气态的自然资源”。[2]

〔1〕　张钦礼等：《采矿概论》，化学工业出版社 2009 年版，第 6 页。

〔2〕　参见国务院颁布的《矿产资源分类细目》。

需要说明的是，在我国现行法上同时存在矿藏、矿产、矿产资源三个概念。例如，我国《宪法》第9条规定，矿藏属于国家所有，即全民所有；《矿产资源法》第3条规定，矿产资源属于国家所有；而《物权法》第46条规定，矿藏属于国家所有。《矿产资源法实施细则》在矿产资源分类细目里以矿产的概念将矿产资源分为四类：能源矿产、金属矿产、非金属矿产、水气矿产。一般认为，矿藏、矿产资源是同义语，而矿产、矿产资源在多数情况下也是可以通用的。

通常意义上的矿产品是指矿产资源经过开采、采选以及加工之后，可以用以交易的脱离自然赋存状态的产品。

（二）*矿产资源的分类*

关于矿产资源如何分类是一个开放性的问题，根据不同的分类标准可以得出截然不同的划分类别，不同分类的关键在于观察视角的差异。通常，矿产资源有如下的分类：

1. 根据矿产资源的自然存在形态，可以将其分为固态矿产资源、液态矿产资源和气态矿产资源。这种区分是依据矿产资源的自然属性所做的最基本的划分，矿产资源的权威定义通常都会提及。具体到法律层面，矿产资源自然属性的划分为矿业立法的法律设计提供了分类规制的基本思想。不同的自然形态决定了矿业立法中权利义务的设计特点。

例如，英美法系的矿业立法中，国家矿产资源一般被视为是土地的组成部分，矿产资源的归属由土地的所有权归属确定。[1]这种办法对于固体矿产资源来说没有太大的问题，但是难以应对液态矿产资源和气态矿产资源具有的可流动性特点，如此在适用这一规则时就产生了特殊的法律问题以及应对方案。

再如，大陆法系国家立法例中，矿产资源独立于其所依附的土地而存在，但对于特定矿产资源范围的划定在法律上还是要通过其所依附的土地范围来确定，物理上表现为液态与气态的矿产资源也需要特殊于固体矿产资源的规则。

2. 根据矿产资源勘查开发的风险高低，可以分为高风险矿产资源、一般风险矿产资源和低风险矿产资源。根据矿产资源勘查开发的风险高低来区分

〔1〕 国土资源部地质勘查司编：《各国矿业法选编》，中国大地出版社2005年版，第1165页。

的法律意义在于，对于不同风险的矿产资源，国家要采取不同的法律政策来推动对其的合理开发与综合利用。一般来说，对于低风险矿产资源可以直接拍卖矿业权，而对于高风险矿产资源则可以根据先申请原则无偿出让探矿权。区分的经济意义在于，矿山企业分析并管理这类风险，协调竞争、风险、收益之间的关系，提高企业的竞争力，实现经济利润最大化[1]。

3. 根据矿产资源与一个国家经济社会发展以及国家安全的关联程度，将矿产资源区分为一般性矿产资源、战略性矿产资源和国家专控矿产资源。如此类型化的法律意义在于不同类型的矿产资源开发利用适用的法律关系不同。一般性矿产资源的勘查开发利用强调私法规则的适用；战略性矿产资源由于公法规则的介入，其适用私法规则的空间因为国家政策特殊考量的缘故有所压缩。

例如，各国都建立有战略矿产资源储备制度和体制，这是保证国家安全的必要措施之一，一旦发生不测，能确保国家有应对危机的能力；[2]从法理上看，国家专控矿产资源则属于公物的范畴，私法规则调整的空间极为有限，更多的依公法规则予以调整。

二、矿产资源的法律属性可依其经济属性为转移

（一）依利用主体为单一排他利用还是多数主体公共利用而转移

对矿产资源经济属性的研究目的在于解决矿产资源究竟是属于私人物品还是公共物品。不论是相对于矿产资源的勘查行为，还是相对于开采行为，均要求特定区域的矿产资源具有竞争性和排他性，也就是说特定区域的矿产资源，从经济属性来说应属于私人物品。

研究矿产资源的法律属性，就是依据矿产资源利用与社会公共利益之间的关联程度，来辨析矿产资源在公私法体系中的位置，亦即其是属于公（法）物，还是属于私（法）物，进而确定对于矿产资源利用行为的法律调整是公法调整还是私法调整。从大陆法系公（法）物与私（法）物的区分来看，基本标准与经济学上的私人物品和公共物品的分类方式还是趋同的，即基本都是以物的利用主体数量是单一主体排他利用还是多数主体公共利用为标准。

---

〔1〕 夏佐铎、王哲、魏鑫："矿产资源型企业技术风险分析及对策"，载《中国矿业》2010年第11期。

〔2〕 陈毓川："建立我国战略性矿产资源储备制度和体系"，载《国土资源》2002年第1期。

根据大多数学者的定义，公物所指物品为或者服务于行政活动（比如行政机关办公大楼），或者是供公众无须许可（比如街道、道路、广场）或根据特定的许可（比如学校、高等学府）使用的物品。这些物有一个共同的特点，就是它们的目的都是直接服务于公共利益。[1]

（二）“公务用”和“公众用”都指“直接使用”[2]

在法国法上，公众直接使用的财产，属于公产，即德国法上所说的公物。除此之外，法国法上还有所谓公务用公产，也属于公产（公物）。

是否把一项财产归入公物的范畴，起决定性作用的因素主要是两个：一是（直接的）共同利益功能；二是适用公法（公法的统治）规则。根据这一原则，对于公众事实上共同使用的财产，虽然涉及公共利益，但这并不能充分说明一项财产的公法地位。除非习惯法能够成为我国行政法的渊源，否则这种财产还需要以法律规定的行政行为或其他法律行为来使其具有公法上的地位，即由行政主体对财产作出开始公用的意思表示。这种开始公用的意思表示确定了公物的用途，同时也限制了所有权人的所有权能。因此，作为一个国家国库的财产，虽然也是服务于国家利益的，但是其在性质上不属于公物，而是私物。[3] 可以在一定程度上与大陆法系公法物、私法物类比的是美国法上的公共信托资源。1970 年，美国学者萨克斯（Sax）在其对 IllinoisCentralRailroad v. Illinois 一案的评论文章中指出，阳光、水、野生动植物等环境要素是全体公民的共有财产，公民为了管理它们的共有财产，而将其委托给政府，政府与公民从而建立起信托关系[4]。从公共信托理论来看，作为公共信托客体的自然资源，也是直接被公众使用的自然资源，这些资源在大陆法系属于公众用公物（产）的范畴。

用上述公法物与私法物或者公共信托理论来分析矿产资源的法律属性，就是分析矿产资源的利用与社会公众之间是否存在直接利用关系，矿产资源是否用于公务。

---

〔1〕 肖泽晟：“公物的范围——兼论不宜由国务院国资委管理的财产”，载《行政法学研究》2003 年第 3 期。

〔2〕 王名扬：《法国行政法》，北京大学出版社 2007 年版，第 240 ~ 241 页。

〔3〕 肖泽晟：“公物的范围——兼论不宜由国务院国资委管理的财产”，载《行政法学研究》2003 年第 3 期。

〔4〕 侯宇：“美国公共信托理论的形成与发展”，载《中外法学》2009 年第 4 期。

(三) 耗竭性自然资源属国家私产范畴同私产受到同样的法律调整

1. 矿产资源既非公产或者公物，也不构成公共信托的客体。从矿产资源的利用方式来看，如前所述，一是对矿产资源的勘查行为，二是对矿产资源的开采行为。这两类行为，均属于特定勘查者或开采者的个体行为，显然不存在社会公众针对同一区域的矿产资源的共同勘查或者开采行为。因此，矿产资源不属于公众用公物（产）。另外，无论是对于矿产资源的勘查，还是对于矿产资源的开采，均和一个政府实施公务无关，显然矿产资源也不是用作公务。相反，矿产资源具有地域分布不均衡性，如果认为没有矿产资源的地方，公务就无法开展，显然也是荒唐的。由此看来，矿产资源既不是法国法、德国法上的公产或者公物，也不构成美国法上的公共信托的客体。

2. 无须许可即可自由使用之公产受私法调整。在法、德、日等国，公园、河流、湖泊等自然资源是作为公物来对待的，而且被认为是公众无须许可即可自由使用的公物。至于那些一经利用就消耗的石油、天然气等自然资源，则被归入到国家私产的范畴中，同私人财产受到同样的法律调整。〔1〕在美国法上，公共信托理论明确公园、湖泊、河流、海洋、湿地、潮间地、珍稀野生动植物等自然资源是作为公共信托资源来管理的。但是矿产资源显然不属于上述范畴。〔2〕

第二节　矿产资源所有权的法律属性之争

一、矿产资源经济产权之法律意义在于"定分止争、物尽其用"

(一) 经济学上之产权概念

产权是经济所有制关系的法律表现形式，它包括财产的所有权、占有权、支配权、使用权、收益权和处置权。在市场经济条件下，产权的属性主要表现在三个方面：经济实体性、可分离性、产权流动的独立性。产权的功能包括：激励功能、约束功能、资源配置功能、协调功能。以法权形式体现所有制关系的科学合理的产权制度，是用来巩固和规范商品经济中财产关系，约

〔1〕 肖泽晟：《公物法》，法律出版社2009年版，第9页。

〔2〕 肖泽晟：《公物法》，法律出版社2009年版，第9页。

束人的经济行为，维护商品经济秩序，保证商品经济顺利运行的法权工具。

我国经济学家对制度经济学的关注是从所有权开始的。[1] 我国的国企改革刚开始是沿着两权分离的思路进行的，随着改革的深入，学者开始研究在我国建立现代公司制的问题，产权才进入大部分经济学家的视野。产权是新制度经济学的核心概念之一。无疑制度经济学在中国改革一开始就引起我国学者的注意，并用来分析中国经济现象，以期为中国的改革找到理论依据。

制度可以说是人类追求一定社会秩序的结果，人们力图通过这些制度为自己的生活构建一个稳定的空间。在正式制度的构建中，人类充分运用自己的理性来努力地把握未来。[2] 法制社会与伦理社会相比，是后出现的。现在的社会发展趋势是，人们尽可能地把原来属于非正式制度的社会规范转化为正式的法律规范，使其在规范人们的行为方面具有更大的强制力，使人们在实际生活中有更为明确的规则可以遵循。早期研究制度经济学的先行者诸如洛克、马克思等本来就是政治学者甚至就是法学家，不言而喻，他们对制度的法学理解自然会影响到后来的法学研究，特别是马克思主义的法学理论。

（二）所有权法律制度是整个制度经济学的核心内容

1. “社会的集体行动”构建了所有权的交换规则。每一门科学都会将自己复杂的活动归纳为最简单且最普遍的原则。[3] 现代经济学家的研究表明：经济运行中的机构，加上维持其运行的业务规则，制度经济学者均将其称之为制度。[4] 这里将制度定义为集体行动对个人行动的控制。[5] 既然合法的程序“不是为了带来利益的和谐，而是为了在利益冲突中产生秩序”，他们把制度经济学研究的最基本的研究单位——“交易”这个概念[6] 定义为“合法控制权移转的单位”[7]。

鉴于所有权的第一要义就是稀缺，而社会的集体行动构建了所有权的交

[1] 蒋万胜：“浅说制度经济学及其在我国的适用”，载《中国经济时报》2006 年 5 月 12 日第 5 版。

[2] 蒋万胜：“浅说制度经济学及其在我国的适用”，载《中国经济时报》2006 年 5 月 12 日第 5 版。

[3] [美] 约翰·康芒斯：《制度经济学》，赵睿译，华夏出版社 2013 年版，第 82 页。

[4] [美] 约翰·康芒斯：《制度经济学》，赵睿译，华夏出版社 2013 年版，第 63 页。

[5] [美] 约翰·康芒斯：《制度经济学》，赵睿译，华夏出版社 2013 年版，第 62 页。

[6] [美] 约翰·康芒斯：《制度经济学》，赵睿译，华夏出版社 2013 年版，第 4 页。

[7] [美] 约翰·康芒斯：《制度经济学》，赵睿译，华夏出版社 2013 年版，第 52 页。

换规则。[1]“至少就无形财产的现代意义而言，所有权意味着维持价格而限制丰裕度的权利，而物质的东西则是利用生产效率来增加东西丰裕度的权利进而产生的。”因此“所有权变成了制度经济学的基础”[2]。

由此可见，制度经济学的出现并非是创造一种脱离以前各种学派的经济学理论，而是针对在“一个存在稀缺性、私有财产并导致冲突的世界里，他们对集体行动在解决冲突和维持秩序方面的作用”问题，在整个经济学理论中给予其一个适当的位置。因而经济学家认为：制度经济学的定位就是关于权利、义务、自由和方向之所有权的经济学。[3]而大多数民法法学家认为，物权作为人与人之间直接支配物并排除他人非法干涉的权利，[4]其作用在于“定分止争、物尽其用”[5]。

2. 制度经济学要研究人与人之间对物的未来行为之控制。“制度经济学研究的是人与人之间的关系，而工程经济学研究的是人与自然之间的关系。”[6]既然制度经济学已经把“财产”的意义，从矿产品这类有形体的商品，扩大到了买卖的权利，则“自由”的意义也就从身体运动的自由扩大到了一切经济交易中学政的自由和讨价还价权利的自由。如此，“如果经济学被认为是一门人类意志的科学，那么，起因和调节者是不能省略的”，“每个持久社会都建立了规则，依此来满足个人对稀缺东西这种排他性所有的追求”。[7]实际上，制度经济学者认为，将法学、经济学和伦理学联系起来的基本活动单位就是交易，“按照定义，交易不是具体的交货意义上的商品交换，它是个人之间对具体东西未来所有权的权利转让与获得，这是由社会运转规则具订的”。[8]可见，“债务和所有权都不是财富，它们是制度”。[9]

从民法的内容来看，民法调整的财产关系实际上主要是财产归属关系和财产流转关系。在市场经济条件下，财产归属关系是服务于财产交易关系的，

---

〔1〕［美］约翰·康芒斯：《制度经济学》，赵睿译，华夏出版社2013年版，第221页。

〔2〕［美］约翰·康芒斯：《制度经济学》，赵睿译，华夏出版社2013年版，第4页。

〔3〕［美］约翰·康芒斯：《制度经济学》，赵睿译，华夏出版社2013年版，第7页。

〔4〕王利明：《物权法研究》，中国人民大学出版社2002年版，第8页。

〔5〕梁慧星：“物权法的作用——定分止争、物尽其用”，载《人民政协报》2007年4月23日第B04版。

〔6〕［美］约翰·康芒斯：《制度经济学》，赵睿译，华夏出版社2013年版，第223页。

〔7〕［美］约翰·康芒斯：《制度经济学》，赵睿译，华夏出版社2013年版，第151页。

〔8〕［美］约翰·康芒斯：《制度经济学》，赵睿译，华夏出版社2013年版，第53页。

〔9〕［美］约翰·康芒斯：《制度经济学》，赵睿译，华夏出版社2013年版，第341页。

而交易最终向财产的归属转换[1]，民法无非是商品交换的最一般行为规则的理论抽象，因此，民法和制度经济学有了天然的联系。矿产资源的私人物品属性决定了对于矿产资源的勘查、开采应通过配置私人产权来实现；矿产资源属于国家私产，这也说明了以矿产资源为客体的法律权利属于私法权利，而非公法权利。这个结论应成为我们进一步研究矿产资源所有权，建构矿业权法律制度的预设前提。

国内学者对于矿业权法律属性的探讨，其逻辑起点是从对于矿产资源所有权法律性质的探讨开始的。大陆法系的中国因循形式理性的法律思维，“民法典的生命当然就在逻辑”，[2]而概念的精准当然是逻辑的起点。因为按照民法学上的他物权理论，矿业权是否属于他物权，这取决于矿产资源所有权是否属于民法上的所有权。国内一些认为矿业权属于他物权或者认为属于准物权的学者，基本上都认同矿产资源所有权属于民法上的权利。与此相对，一些反对矿业权私法定位的学者，基本上也都是从反对矿产资源所有权属于民法上的所有权为逻辑起点。

矿产资源法研究者关于矿产资源所有权的法律性质的争论是围绕矿产资源所有权是否是民法上的所有权来展开的。反对矿产资源所有权系民法上的所有权的观点认为，矿产资源所有权是公法上的所有权，具体又表现为矿产资源所有权主权论、矿产资源所有权宪法所有权论和行政法所有权论。认为矿产资源所有权系民法上的所有权，是民法学界的主流观点，[3]但是由于当前矿产资源法学的研究者并不多，对于矿产资源所有权具体结构缺乏细致的研究，因而颇难抵挡非民法所有权理论的质疑。需要说明的是，关于矿产资源所有权的法律性质的争论，很大程度上是包裹在“自然资源所有权的法律性质”这个问题里来体现的，因为在很多学者看来，矿产资源属于自然资源的范畴，因此自然资源所有权的法律性质决定了矿产资源所有权的法律性质。

---

〔1〕 王利明：“我国民法的基本性质探讨”，载《浙江社会科学》2004年第1期。

〔2〕（台）苏永钦：《民事立法与公私法的接轨》，北京大学出版社2005年版，第22页。

〔3〕 单平基：“自然资源国家所有权性质界定”，载《求索》2010年第12期。

二、主张矿产资源所有权并非私法所有权的学说

（一）矿产资源所有权的主权理论学说

持矿产资源所有权主权论的学者认为，矿产资源同国家主权和领土密切相关，因而使矿产资源所有权成为一种具有主权特征的公权利。[1] 该理论主张矿产资源所有权主权论的理由包括以下几点内容：

1. 各国对其境内之一切自然资源享有永久主权为国际法通说。“各国对境内一切自然资源享有永久主权”是当前国际法确认的基本原则。1962 年联合国大会通过《关于自然资源永久主权宣言》，确认发展中国家对其资源及开发实行有效控制。各国对本国自然资源及一切经济活动拥有完整的、永久的主权。为保护其资源，各国有权采取符合本国利益的各种措施，对其资源及其开发进行有效的控制管理。[2] 依据该宣言的基本精神，每一个适格的主体，只有在资源国法律规定的框架内，并经过该国的特许，方可在一定的期限内享有开采权。

2. 所有权被包括在领土主权之中的理论学说。“国家主权是国家在其管辖领土实施统治的权力，这种领土主权包括统治权和所有权两个方面。其中所有权就是国家以维护本国全体人民的利益为宗旨，对于领土范围内的一切土地和资源享有占有、使用和支配的永久权利，不容他国侵犯；对内则不允许任何公民和法人享有所有权，当国家专有的矿产资源被不法行为非法处分时，法律上的占有人不能根据善意取得和时效取得规则取得所有权。”[3]

3. 政府具有管理者与所有者双重身份的理论学说。“矿产资源是国民经济发展的物质基础，关系到国家经济命脉，与国家主权及其基本经济制度特别是所有制关系乃至每个公民的根本利益都密切相关。而且矿产资源的不可再生特性需要各国采取有效保护和持续合理开发利用的政策，由此决定了其作为国家公共财产的重要组成部分，具有国家专有性质并完全由国家即全民所有，从而使政府具有了管理者与所有者的双重身份，共同作用于矿产资源这一特殊的物。”[4]

---

〔1〕刘欣：《矿业权解析与规制》，法律出版社 2011 年版，第 16 页。

〔2〕梁淑英：《国际公法》，中国政法大学出版社 1993 年版，第 83 页。

〔3〕刘欣：《矿业权解析与规制》，法律出版社 2011 年版，第 20 页。

〔4〕刘欣：《矿业权解析与规制》，法律出版社 2011 年版，第 22 页。

（二）矿产资源宪法所有权之理论学说

一些主张矿产资源所有权主权论的学者，往往还认为矿产资源所有权是宪法权利。这种观点认为，“矿产资源是一种特殊的物而非民法中的一般的物，这决定了矿产资源所有权是一种抽象的宪法性公权利，也是一种与国家主权相联系的特殊的所有权”。[1] 矿产资源所有权是国家专属财产所有权，在我国是由宪法专门创设的，在性质上属于公权而非私权，《物权法》并非此类国家财产所有权的创设依据。[2] 其所持的理由包括：

1. 矿产资源所有权的主体是国家。矿产资源所有权的客体是与国家主权、领土不可分离的宝贵而有限的矿产资源。[3] 矿产资源由国家或者政府专属所有，一般民事主体无权享有，它是维护国家经济安全的重要保障，具有公共使用的因素。[4]

2. 矿产资源处于由国家静态支配的状态。矿产资源所有权尚未进入民事领域，其权利性质应属公权，即矿产资源所有权应当是一种宪法意义上的公有财产权。[5] 这种财产权观念来自民法，因而和民法上的公有财产权有相似之处。但是由于其业已经过公法的改造，使其具有了公共使用的因素，故已成为宪法上的公有财产权，因而与民法上的公有财产权有了明显的区别。[6]

3. 矿产资源所有权的行使者与矿产资源的行政管理者同一。矿产资源所有权的法律属性与其主权性特性相联系，矿产资源所有权是一种以实现社会公共利益包括财产利益为目标的抽象的或者集合性的所有权，明显区别于可以自由交换的一般性公有财产权。[7] 政府作为行政主体和国家法律的执行机构，担负着“经济调节，宏观调控，市场监督，社会服务”的管理职能，政府的这种特殊地位及其以维护公共利益和国家安全为目标和宗旨的职能和使命，使其成为代表全民行使矿产资源所有权这种国家专有的公共财产权的无可替代的选择。由此导致矿产资源所有权的行使者与矿产资源的行政管理者

---

[1] 郗伟明：《矿业权法律规制研究》，法律出版社 2011 年版，第 19 页。
[2] 刘欣：《矿业权解析与规制》，法律出版社 2011 年版，第 26 页。
[3] 刘欣：《矿业权解析与规制》，法律出版社 2011 年版，第 26 页。
[4] 刘欣：《矿业权解析与规制》，法律出版社 2011 年版，第 26 页。
[5] 刘欣：《矿业权解析与规制》，法律出版社 2011 年版，第 26 ~ 27 页。
[6] 刘欣：《矿业权解析与规制》，法律出版社 2011 年版，第 27 页。
[7] 刘欣：《矿业权解析与规制》，法律出版社 2011 年版，第 28 页。

的一体性。[1]

（三）矿产资源行政法所有权之理论学说

矿产资源行政法所有权之观点认为，国有自然资源在大陆法系国家通常被视为国家公产。[2]国家公产是直接为公众或者公务服务的国有财产，公产负有公共使用的使命，公产所有权不能由个人享有，不得转让。[3]根据我国宪法和民法的有关规定，城市的土地、矿藏、水流等自然资源属于国家专有，禁止侵占或买卖及其他方式非法转让。所以从公产的不可转让性来推导，国有自然资源应属于公产。[4]

既然国有自然资源属于公产，那么以公产为客体的所有权就是公所有权，即行政法上的所有权。行政法上的所有权最先为我国行政法学者张树义所提倡，认为公产所有权的法律性质为行政法上的所有权，与民法上的所有权性质有所不同。[5]这里需要说明的是，上述认为国有自然资源（包括矿产资源）属于公产的学者，并不认为以公产为客体的所有权单纯属于行政法上的权利，而是持二元论观点，即认为公产在其公共利用的目的范围内是公所有权（行政法所有权），即公产的设立、废止以及在公共使用范围利用和管理的关系适用公法，但是在此之外在公产上仍然成立民法上的所有权，受私法的支配。[6]

（四）矿产资源国家管理权力说

环境资源法学者徐祥民提出，自然资源归国家所有是国家财产制的组成部分，是现代宪法创设的用以实现国家目的的手段，其基本特征是国家垄断，其基本工具价值是垄断。以权利观审视自然资源所有权，它具有主体的唯一性和权利的专有性、不可变更性和价值优先性等特点。宪法上的自然资源所有权的实质是国家权力，是管理权，而非自由财产权。[7]

---

[1] 刘欣：《矿业权解析与规制》，法律出版社2011年版，第28页。
[2] 王智斌：《行政特许权的私法分析》，北京大学出版社2008年版，第47页。
[3] 王智斌：《行政特许权的私法分析》，北京大学出版社2008年版，第48页。
[4] 王智斌：《行政特许权的私法分析》，北京大学出版社2008年版，第48页。
[5] 张树义：《行政法与行政诉讼法》，高等教育出版社2002年版，第55页。
[6] 王智斌：《行政特许权的私法分析》，北京大学出版社2008年版，第46页。
[7] 徐祥民："自然资源国家所有权之国家所有制说"，载《法学研究》2013年第4期。

三、对于矿产资源所有权并非私法权利诸观点的剖析与批判

（一）对自然资源所有权公私法律性质之理论争议

1. 自然资源的概念是在资源这一大概念下才得以定义的。

（1）所谓资源从广义上理解其泛指一切资源。人们为了梳理围绕矿产资源所有权法律性质的各种观点的源流，往往不得不提及当前学术界对于“自然资源所有权的法律性质”这个命题的争议。关于什么是自然资源，民法学者很少关注。按照环境资源法学的学术路径，资源的概念即指一切可以开发为人类社会生产和生活所需的各种物质的、社会的、经济的要素，包括物质资源、人力资源、经济资源、信息资源和科技文化资源等。从狭义上理解，资源概念仅指物质资源。[1] 狭义的资源概念包括自然资源、人工物质资源和废弃物资源即可再生资源。其中自然资源包括土地资源、气候资源、水资源、森林资源、矿产资源及海洋资源等。[2] 据此所谓自然资源所有权，应该就是指以国家为主体，以自然资源为客体的所有权形式。

（2）资源所有权之范畴超越了民法上的所有权。对于矿产资源民法所有权观点，近几年来一些环境资源法学者一直提出质疑，甚至称“这种对自然资源所有权性质的歪曲导致的直接后果是使我国在自然资源利用的权利建构上，无论是现实的立法还是学界的理论，都在错误的泥潭中越陷越深，以至于无力自拔”。[3]

但关于自然资源所有权的法律性质，无疑是民法学者基于对所有权概念属于民法的当然认识，几乎每一个民法学者都可以依法理逻辑推导出，既然是所有权，无论所有权的主体是国家、集体还是个人，其性质都是相同的，都是私法上的所有权，自然资源所有权作为社会主义条件下的一种所有权形式，是国家对自然资源的占有、使用、收益和处分的权利，无非是所谓全民所有制在法律上的表现。[4]

2. 宪法上规定的自然资源所有权并非仅仅为专属公法的概念。民法学者王涌认为，宪法上规定的自然资源所有权其实包含三层结构：第一层结构是

---

〔1〕 陈敏德：《资源法原理专论》，法律出版社2011年版，第2页。

〔2〕 陈德敏：《资源法原理专论》，法律出版社2011年版，第3页。

〔3〕 金海统：《资源权论》，法律出版社2010年版，第182页。

〔4〕 佟柔：《中国民法》，法律出版社1994年版，第249页。

私法权能。在这一层面上，它与物权法上的所有权无异。第二层结构是公法权能。其主要包括国家对于自然资源的立法权、管理权和收益分配权。第三层结构是宪法义务。国家应当为全体人民的利益行使其私法权能和公法权能。为此，他建议我国应当引入美国的公共信托理论，或者对中国宪法第9条作公共信托理论式的解释，以确立国家与人民在自然资源所有权结构中的地位。〔1〕

而税兵教授认为，中国语境中的自然资源所有权是一个法规范系统。该系统包含基础性规范、确权性规范、授权性规范及管制性规范四个单元，分别由宪法文本、物权法文本和特别法文本予以载明，具备转介功能的引致条款把各单元串联成一个整体。就所有权类型的理论反思而言，自然资源所有权蕴含着宪法所有权与民法所有权的双阶构造，纯粹私权说与纯粹公权说均难谓恰当。就自然资源使用的法律调整机制而言，应回归公物与私物二元区分的大陆法传统，并对"非对物采掘类"与"对物采掘类"自然资源作类型化处理，由此形成不同的规范配置。〔2〕

3. 必须澄清宪法所有权与民法所有权理论之间的关系。

（1）宪法上的矿产资源所有权并不排斥其作为民法上的所有权。眼下民法学者基本均是在力图说明自然资源所有权作为宪法上的所有权并不排斥其成为民法上的所有权的基础上，坚持自然资源所有权仍然属于民法上的所有权。在具体制度建构上，税兵提出应该将自然资源区分为"公有公用"和"公有私用"两种情形。〔3〕

对于"公有私用"如何通过法律机制得以实现？他认为，有必要把作为"国家公产"的自然资源划分为"对物采掘类"和"非对物采掘类"，其中"非对物采掘类"自然资源借助自然资源使用权制度可以实现"公有私用"，而"对物非采掘类"自然资源则难以在用益物权的框架内得以阐释。〔4〕与税兵不同，王涌在自然资源所有权的制度建构上建议引入美国的公共资源信托制度，来解决我国的自然资源利用问题。〔5〕与民法学者捍卫自然资源所有权

〔1〕 王涌："自然资源国家所有权三层结构说"，载《法学研究》2013年第4期。
〔2〕 税兵："自然资源国家所有权双阶构造说"，载《法学研究》2013年第4期。
〔3〕 税兵："自然资源国家所有权双阶构造说"，载《法学研究》2013年第4期。
〔4〕 税兵："自然资源国家所有权双阶构造说"，载《法学研究》2013年第4期。
〔5〕 王涌："自然资源国家所有权三层结构说"，载《法学研究》2013年第4期。

的民法性质不同，上述经济法学者和环境资源法学者则从根本上否定自然资源所有权的私法性质。巩固直接提出自然资源所有权是公权的命题。〔1〕徐祥民的观点看起来有点“诡异”，他提出自然资源所有权是“国家所有制”。〔2〕所谓“国家所有制”无非就是一种国家垄断权。“他其实并不是权利，而是权力，是垄断权或专权。从服务于国家财产制的创设目的的角度来看，这种权力是管理权，即通过管理实现公共福利的权力”。〔3〕

（2）自然资源所有权法律性质的争议实质是对其应如何利用的问题。应当认为，如果跳出法律概念体系内部的逻辑推演，从法功能的角度来审视围绕“自然资源所有权法律性质”的争议，其实质是对于国家所有的自然资源应该如何利用的问题。若在经济理念上认为对于自然资源的配置应该采用市场的规则，必然在法律制度设计上将自然资源所有权建构成民法上的所有权；若在经济理念上或基于社会公平的考虑，认为自然资源的配置应该否定市场规则的适用，那么在法律制度设计上就要否定自然资源所有权属于民法上的权利。

（3）构造功能的需求不同难以在一个维度中去定义资源所有权的属性。上述无论是主张自然资源所有权是民法上所有权的学者，还是坚持自然资源国家公权论的学者，似乎都没有从法功能的角度思考其理论的政策选择依据。如果从法功能的角度来审视上述争议，可能就会发现将“自然资源”视为一个性质单一的法律客体，进而讨论以其为客体的国家所有权的法律属性，本身不过是一个“伪问题”。

如前述环境资源法学者所揭示的，自然资源本身包括多种类型的自然资源。这些自然资源有些与个人的基本需求密切相关，属于“公众公用”，对其进行法律权利构造时，更多的要强调其利用涉及的社会公平问题；另外一些类型的自然资源则与社会公众基本需求“距离”较远，以这类自然资源为客体进行法律权利构造时则主要考虑其利用的效率。对于不同类型的自然资源进行法律权利构造时所考虑的功能需求不同，因此也就很难在一个维度中去定义所谓自然资源所有权的法律性质。

（二）关键在于对公权法律关系与私权法律关系的理解与区分

1.“公有公用”与“公有私用”的学理基础还是公私法之区分。其中前

〔1〕巩固：“自然资源国家所有权公权说”，载《法学研究》2013年第4期。

〔2〕徐祥民：“自然资源国家所有权之国家所有制说”，载《法学研究》2013年第4期。

〔3〕徐祥民：“自然资源国家所有权之国家所有制说”，载《法学研究》2013年第4期。

者涉及的是大陆法系一些国家的国家公产和国家私产的理论，后者则是源于美国的公共资源信托理论。如前所述，按照大陆法系法国的国家公产和私产的区分理论，我国法学者所论及的国家所有的自然资源有些属于国家公产，在国家所设定的公共目的范围内不适用民法规则；而有些则属于纯粹的国家私产的范畴，无疑属于私法上的物。

前述税兵教授的观点，在区分自然资源的“公有公用”和“公有私用”之后，却又以此为基点讨论“公有公用”的公产如何转化为“私用”的问题，并且提出了对于“非采掘类”自然资源可以适用自然资源使用权制度来解决“私用”的问题，[1]这不难看出，税兵教授对于来自域外的公产、私产理论是存在“隔膜”的。因为所谓公产，恰恰是排斥民法规则的适用的，只有国家私产才存在“私用”的规则适用空间。

2. 适用公共资源信托理论同样需要区分公法与私法关系。至于前面所提及的引入美国的公共信托理论来解决我国的自然资源利用问题，也是把自然资源视为具有同一属性的结果。实际上，美国的公共资源信托理论中所涉及的公共资源并不等同于我国学者所探讨的自然资源概念。[2]譬如被学者纳入我国自然资源所有权调整范围的矿产资源的利用，在美国并不属于公共信托的范围，而是属于非专供公众使用的国家资源，是典型的市场交易之物，是要运用市场规则来解决其配置问题的。

基于上述分析，我们可以得出的结论是，自然资源所包含资源类型丰富，在其利用上有的适于采用市场规则，有的则不能适用市场规则，反映在法律权利的构造上，其既可能是私权法律关系，也可能是公权法律关系。

不管是将矿产资源所有权定性为国家主权，还是将矿产资源所有权定性为宪法权利，以及认为矿产资源属于行政法上的权利，其理论指向是一致的，即都试图否定矿产资源所有权属于私法上的权利，进而认为对于矿产资源的勘查、开采利用不能主要适用民事法律的调整，从而为国家对于矿产资源勘查、开采利用的行政干预留有法律上的理由。

（三）所谓矿产资源“主权论”不合法理逻辑

学者将矿产资源所有权定性为国家主权的观点，其根据主要是着眼于矿

---

〔1〕 税兵：“自然资源国家所有权双阶构造说”，载《法学研究》2013年第4期。

〔2〕 吴卫星：“论自然资源公共信托原则及其启示”，载《南京社会科学》2013年第8期。

产资源对于一个国家的经济社会发展所具有的重要作用，因而强调国家控制资源开发的重要作用。但是将矿产资源所有权定性为国家主权的观点，从理论上不符合法理逻辑；在实践上也不符合各国矿产资源开发利用活动的具体实践。

1. 从理论上看主权与所有权不属于同一个理论范畴。用主权定性所有权的法律属性有些“南辕北辙”的意味。历史上第一个提出主权概念的是十六世纪法国的法国人让·布丹，他在其著名的著作《国家六论》（一译《共和六书》）里提出主权的概念，即国家是由“许多家庭及其共同财产所组成的，具有最高主权的合法政府”，主权是“超乎于公民和臣民之上，不受法律的限制，而得以管制其臣民的最高权力”。〔1〕

与让·布丹强调主权是国家对内的绝对统治权不同，17 世纪荷兰人格劳秀斯的国家主权论，其主要内容则立足于国际法和国际关系，他认为，所谓主权，就是说一个权力（国家）的行为不受另外一个权力（国家）的限制，所以它的行为不是其他任何人类意志可以视为无效的。〔2〕布丹和格劳秀斯关于国家主权的观点，奠定了近代国家主权的理论基础。

此后，关于对内主权先后经历了法国人霍布斯的“君主主权论”〔3〕、洛克的“议会主权”〔4〕和卢梭的“人民主权”〔5〕理论，前者主张一个国家的对内主权由君主掌握，强调君主对于臣民的绝对统治权；后两者则分别强调一个国家“对内的主权在议会”和“主权在民”。从以上主权理论的历史回顾可以看出主权首先是一个政治学概念和宪政概念，然后是一个国际法概念，其解决的是一个国家政府和人民之间的关系定位和国与国之间关系的定位问题。而所有权则属于法律概念，强调的是物或者财产相对于其主体的归属关系。从主权与所有权的关系来看，拥有主权不一定拥有所有权。毋庸置疑，中华人民共和国政府对于其领土、领海和领空享有主权，但是这绝不意味着对在该范围内的所有财产均属于国家或者政府所有。

2. 单一主权说不符合各国矿产资源开发利用的实践。美国的矿产资源归属是依附于土地所有权的，即地下矿产资源的所有权归地表所有人所有。这

---

〔1〕 倪世雄、金应忠：《国际关系理论比较研究》，中国社会科学出版社 1992 年版，第 108 页。

〔2〕［法］莱翁·狄骥：《宪法论》（第 1 卷），钱广新编，商务印书馆 1959 年版，第 459 页。

〔3〕 孙岚君：“霍布斯君主制思想探源”，载《边疆经济与文化》2011 年第 11 期。

〔4〕 吴春元、常青青：“议会主权还是人民主权？——论洛克的主权观”，载《黄山学院学报》2006 年第 6 期。

〔5〕 钱福臣：“洛克与卢梭人民主权学说比较研究”，载《上海政法学院学报》2005 年第 4 期。

是由于美国土地私有，因此，除了大量西部国有土地下的矿产资源属于美国联邦政府所有之外，私人土地下的矿产资源所有权仍然是属于该土地所有人所有的。对此，我们显然既不能说私人土地下的矿产资源不在美国国家主权的管辖范围之内，也不能说因为美国的国家主权范围及于其所有领土，因此认为私人土地及其下面的矿产资源的所有权即属于美国政府所有，因为这种说法显然是不符合美国法律制度的实际情形。

3. 国家统治者的身份与其所有者的身份两者不能错位。主权本质上是指一个国家的统治权，其主要体现为一个国家政府的行政管理权；而所有权则属于对于物的支配权。故而将矿产资源所有权定性为主权，直接导致的后果就是国家统治者身份和所有者身份的错位。我国计划经济时代的经济体制运作实践已经表明，政府完全依赖以管理者身份计划性地参与经济活动，其必然要做不少“无用功”，产生消极的后果，这无疑已成历史业已证明的公理。[1]

（四）所谓“宪法所有权论”有违法理逻辑

至于矿产资源所有权系宪法所有权的论断，其观点持有者除了对宪法所有权在我国是“由宪法专门创设的”阐释之外，[2]对矿产资源为何是宪法所有权并没有进行有说服力的理论论证。从该论断所列举的三点理由来分析，可以看出：

1. 所谓“宪法所有权”由于其不合法理致逻辑上“推不出来”。首先，从其以矿产资源所有权具有主权属性角度阐述的理由来看，所谓主权属性并不能用来涵盖矿产资源的私法所有权，前面我们业已详细进行了讨论，不再赘述。

其次，所谓矿产资源处于由国家静态支配的状态之理由，其所引述的证据来源于王名扬先生的《法国行政法》，实际是对于行政法上所有权的论证，换言之，按照这段论述其得出的结论应该是矿产资源所有权属于行政法上的所有权，而非宪法上的所有权，反过来看，这一论据恰是对宪法所有权理论的一种否定。关于矿产资源所有权是否构成行政法上的所有权，下文我们再专门论述，在此不再讨论。

2. 研究必须要区分宪法意义上的所有权和民法意义上的所有权。至于矿

---

〔1〕 董志凯：“中国计划经济时期计划管理的若干问题”，载《当代中国史研究》2003年第5期。

〔2〕 徐涤宇：“所有权的类型及其立法结构——物权法草案所有权立法之批评”，载《中外法学》2006年第1期。

产资源所有权系宪法专门创设的理由，早在我国《〈物权法〉草案》的讨论中，即有学者将属于宪法所有权的规定写入《物权法》提出批评。明确建议应当“区分宪法意义上的所有权和民法意义上的所有权，并依此在立法结构上妥善安排其各自位置，根据其属性设计具体制度”。[1] 通过考察比较法层面的立法史，会发现法国法上并没有有效地区分宪法所有权和民法所有权，其《人权宣言》将所有权表述为一项天赋人权，其民法典的编撰者也认为所有权是一项天赋人权，并在民法典里规定了所有权神圣不可侵犯的原则。[2] 这里的所有权并非专指以特定物为客体的民法上的物权，而是宽泛的代表了人作为人所具有的应受法律保护的财产权地位。

到了德国法宪法意义的所有权和民法意义的所有权有了明确的区分，德国《基本法》第14条关于“所有权保障”的条款，其中的所有权指“应能享受《基本法》第14条对所有权所提供之保障的所有财产利益”，这就是德国宪法意义上的所有权。这样德国《基本法》上的所有权就和其《民法典》上的所有权有了明确的内涵和功能区别，前者调整的是所有权人和国家之间的公法法律关系，后者调整的是所有权人和其他私法主体之间的民事法律关系。[3] 而民法上所有权的规则，旨在为“单个个体用益和变价其所有权营造了一个相当广泛的活动空间”，至于在宪法上则解决“所有权应作为什么样的地位受到保护（保障条款），而国家又在何种程度上，享有对这种地位之内容予以规定和限制的权限（制约条款和延伸出来的征用补偿条款）”。[4]

因此，“宪法上的所有权首先是一种公权利，是各种主体取得所有权的资格。而对此种权利的宪法保障是一种制度保障，这种保障是一种对客观制度的保障，而非对各种各样现存的财产权状况或财产秩序的保障。”[5]

3. 宪法意义的所有权与民法意义的所有权间既有区分又有联系。从徐涤

[1] 徐涤宇：“所有权的类型及其立法结构——物权法草案所有权立法之批评”，载《中外法学》2006年第1期。

[2] 徐涤宇：“所有权的类型及其立法结构——物权法草案所有权立法之批评”，载《中外法学》2006年第1期。

[3] 徐涤宇：“所有权的类型及其立法结构——物权法草案所有权立法之批评”，载《中外法学》2006年第1期。

[4] 徐涤宇：“所有权的类型及其立法结构——物权法草案所有权立法之批评”，载《中外法学》2006年第1期。

[5] 徐涤宇：“所有权的类型及其立法结构——物权法草案所有权立法之批评”，载《中外法学》2006年第1期。

宇的上述关于宪法意义所有权和民法意义所有权的阐释可以看出，宪法意义的所有权与民法意义的所有权之间既是区分的，又是联系的。[1]二者绝非排斥关系，不能用宪法上对于矿产资源所有权进行了规定，就由此否定国家对于特定矿产资源的所有权不是民法上的所有权。因为宪法上对于矿产资源所有权的规定，是一种财产取得资格的规定，国家正是基于其对于矿产资源的取得资格，对于特定矿产资源拥有民法上的所有权；而与此相对的是，任何私人（自然人、法人或其他组织）因为不具有宪法上规定的取得矿产资源所有权的资格，因此对于特定矿产资源不能拥有民法上的所有权，而只能依法取得矿业权。

（五）行政法所有权的理论学说内容自相矛盾

1. 公产仅仅是在公法通常用途上排除私法的适用。行政法所有权理论即公产所有权、公所有权、公法所有权理论。该理论渊源来自于法国。按照法国法上公产理论，公产包括公众用公产和公务用公产。以公产为客体的所有权即为公产所有权。关于公产所有权的法律性质，在法国学术界也是存在分歧的：主流观点认为公产所有权是公法上的权利，即认为公产的利用受公法（行政法）的规制；也有观点认为公产所有权仍然是私法上的所有权，但是其使用要受到公共目的的限制[2]。德国法上对于公产的界定与法国法相似，并无根本性的差异，但是在公产所有权的性质上认为其仍然属于私法上的所有权，只是其权利的行使要受到公共目的的限制，即与法国学术界的非主流观点是类似的。

可以认为，尽管在公产所有权的性质上存在公法所有权与私法所有权的争议，但是在公产具体利用规则的实际设计上，两种理论并无大的差异：因为公产本来就是按照其利用目的来确定的，而即便认为公产上的所有权仍然属于私法上的所有权的学者也认为，在公产的公共利用目的范围内，公产的使用适用公法的规则。所以可以明确的是，在公产的通常用途上是排除私法之适用的。

2. 国有财产在理论与实践中并不一定就是国家公产。根据法国法和德国法的公产理论，是否把一项财产归入公物的范畴，起决定性作用的因素主要

[1] 徐涤宇："所有权的类型及其立法结构——物权法草案所有权立法之批评"，载《中外法学》2006年第1期。

[2] 王名扬：《法国行政法》，中国政法大学出版社1988年版，第301页。

是两个：一是（直接的）共同利益功能；二是适用公法（公法的统治）规则。根据这一原则，对于公众事实上共同使用的财产，虽然涉及公共利益，但这并不能充分说明一项财产的公法地位。除非习惯法能够成为我国行政法的渊源，否则这种财产还需要以法律规定的行政行为或其他法律行为来使其具有公法上的地位，即由行政主体对财产作出开始公用的意思表示。这种开始公用的意思表示确定了公物的用途，同时也限制了所有权人的所有权能。[1]还需要说明的是，在法国法、德国法上还存在所谓私有公产，即虽然在法律规制上适用私法调整，但是其在用途上却是限制在公共用途之内的。由此可见，区分公产的标准不是归属而是用途。主张包括矿产资源在内的国有自然资源属于公产的观点，实际是对于法国、德国公产理论的"误植"和误用，显而易见，其并非是从用途的角度而是从归属的角度出发，来界定所谓公产之范围的。

由学者对矿产资源的法律属性的探讨可以知道，矿产资源不能满足公产的"公众用"和"公务用"的条件，因此不属于公产，其上所成立的所有权，也不属于公产所有权。因此，不管是将公产所有权定性为公法所有权，还是将公产所有权定性为受公共目的限制的私法所有权，来依其解释矿产资源所有权，并据此设计矿产资源法律制度，都会使探矿权、采矿权与传统物权产生差异或矛盾，进而带来现实操作中的诸多弊端，显然都是有其先天缺陷的。[2]

第三节　矿产资源所有权私法属性自身之法理逻辑

一、矿产资源所有权是矿业权的母权利或所谓基础权利

对于矿业权法律属性的探讨必定绕不开对于矿产资源所有权法律属性的研究。实际上，否定矿业权是民法上的物权（或者准物权）的学者，也往往以否定作为矿业权基础的矿产资源所有权的民法性质作为其逻辑起点。前述

[1] 肖泽晟："公物的范围——兼论不宜由国务院国资委管理的财产"，载《行政法学研究》2003 年第 3 期。

[2] 郗伟明："当代社会化语境下矿业权法律属性考辨"，载《法学家》2012 年第 4 期。

矿产资源所有权主权论、宪法所有权论、行政法所有权论均为一些学者否定矿产资源所有权是民法上的所有权，进而否定矿业权是民法上的权利，否定矿业权适用市场规则的理论依据。与此相比较，从事矿产资源法研究的民法学者却将矿产资源所有权属于民法上的权利视为当然的前提。

（一）我国矿产资源民法所有权理论的不足

民法学者中涉及矿产资源法研究的学者当首推我国民法学界的旗帜性人物江平教授。江老师在20世纪90年代初主编的《中国矿业权法律制度研究》，〔1〕开创了我国民法学者进行矿产资源法研究之先河。在这部开拓性著作里，江老师将矿产资源所有权视为当然的民法上的所有权，并认为矿业权的历史渊源可以上溯到罗马法上的地役权。〔2〕其后李显冬教授，一直致力于矿业权理论的研究，其在2006年主编的《中国矿业立法研究》一书，〔3〕至今仍为从事矿业权研究的基础性书籍。该著作系统地阐述了矿业权的概念、法律属性，提出了矿业权的准物权理论。但是该著作却没有对于矿产资源所有权更多着墨。

《物权法》颁布前后，中国政法大学国土资源法律研究中心围绕矿业权的性质探讨，发表了一系列的学术论文，进一步将矿业权定位为准用益物权，但矿产资源所有权法律属性研究尚属欠缺。〔4〕崔建远教授自1997年研究油气矿权课题开始涉猎包括矿业权在内的准物权理论研究，撰写发表了一系列相关论文，并于2002年出版具有总结性质的著作《准物权研究》。〔5〕在该著作里，崔建远教授对于准物权的一般理论进行了鞭辟入里的分析，尤其是对于准物权与其母权——所有权的关系进行了独到的理论阐述。可惜的是，该著作对于作为准物权基础的所有权本身的制度构造只是略加阐述。

近些年来，矿产资源所有权系民法上的所有权，这个民法学者视为当然的命题，受到了部分研究者的抨击。其基本的论据在于：作为矿产资源所有

---

〔1〕江平：《中国矿业权法律制度研究》，中国政法大学出版社1991年版。

〔2〕江平：《中国矿业权法律制度研究》，中国政法大学出版社1991年版，第3～6页。

〔3〕李显冬：《中国矿业立法研究》，中国人民公安大学出版社2006年版。

〔4〕李显冬教授这方面的论文包括："矿业权的物权立法模式"，载《中国国土资源报》2005年2月17日；"矿权的法律定位及立法选择"，载《中国国土资源经济》2005年第8期；"矿业权的私权法律属性"，载《北京石油管理干部学院学报》2007年第2期；"论矿业权的法律属性"，载《当代法学》2009年第2期。

〔5〕崔建远：《准物权研究》，法律出版社2003年版。

权主体的国家是一个抽象的存在，矿产资源所有权主体不具有特定性；[1]矿产资源所有权的客体不具有特定性，不符合物权客体特定的要求等。[2]据此，推导出矿产资源所有权不是民法上的所有权。与之相对应，从事矿产资源法研究的民法学者针对此类抨击做出系统的回应。

（二）矿产资源特别物权历久弥新

与王涌、税兵坚持自然资源所有权具有私权属性不同，经济法学者巩固认为，自然资源所有权在主体、客体、内容、行使、救济与责任等方面都与物权存在本质差异，其并非处理平等主体间财产关系、以确立特定主体对特定物的"直接支配"为内容的民法物权，而是划分国家与个人界限，为"全民"意义上的抽象国家立法和行政手段"间接干预"资源利用提供合法依据的宪法公权。但其也提出，国家所有权只是形成资源利用秩序的前提，资源物权才是建立秩序的关键，其需要明确的法律规定，而无法从宪法权性质的国家所有权中推出。[3]

故而可以看出，经济法学者也并不否认我国的《矿产资源法》最主要内容是民事法律规范系统内的一部专门规制矿产资源开发管理的单行法或特别法。

（三）国家作为我国矿产资源所有权的主体顺理成章

1. 矿藏属国家所有自可视为公法规制，矿业权制度属私权范畴。我国矿产资源所有权的立法依据是《物权法》第46条，该条规定矿藏属于国家所有。该条中的"矿藏"，在我国《矿产资源法》上表述为"矿产资源"，在法学理论界，习惯上也是用"矿产资源"表述"矿藏"的概念。前述法律条文就明确了矿产资源所有权的客体是"矿藏"或者是"矿产资源"，主体是国家并且只能是国家。

矿产资源所有权主体的国家唯一性特点，成为矿产资源所有权非民法所有权的重要论据。[4]批评的理由有两个方面：其一，"全民国家"具有抽象性、优越性，而物权法上的主体要求实体化、平等性，因而这里所提及的

---

〔1〕 林维实："论我国矿产资源产权法律制度"，重庆大学2007年硕士学位论文。

〔2〕 康纪田："对系列矿业权物权理论的透视——兼议矿业权的虚无性"，载《前沿》2007年第11期。

〔3〕 巩固："自然资源国家所有权公权说"，载《法学研究》2013年第4期。

〔4〕 康纪田："对系列矿业权物权理论的透视——兼议矿业权的虚无性"，载《前沿》2007年第11期。

“国家”不适宜成为民法上的主体。[1]需要说明的是，这种观点并非专门针对矿产资源所有权而言，而是指向自然资源所有权。其二，既然矿产资源所有权只能专属于国家，因此矿产资源所有权不能转移，由此否定矿产资源所有权的可交易性，进而否定其属于民法上的所有权，而且矿产资源处于由国家静态支配的状态，其所有权尚未进入民生领域，故其权利属于公权。[2]

2. 国家机构可以构成公法人从而行使作为准用益物权的矿业权。关于第一点，所谓“全民国家”具有抽象性，持该论者的主要观点认为，除苏联等少数特例外，多数国家和地区民法实践中的“国家所有权”都是一种“法人所有权”，这里所说的“国家”是对国库、国家机关、各级政府（有的甚至专指中央政府）等使用公共财产、履行公共职能的特殊法人——“政府法人”或者称“公法法人”的统称。[3]这些法人在民法上都是可以与其他民事主体清楚区分的独立个体。而在我国无论是宪法还是物权法，都明确规定“国家所有，即全民所有”，因此，这里的“国家”乃“全体人民”意义上的抽象，而非行使国家权力、履行国家义务的具体主体（国家机关）。[4]据此，该论者认为，“国家所有权”不同于“国家机关法人所有权”，不同于国家机关的“具体”，“国家所有”即“全民所有”，而人民是一个抽象的政治概念，是一个整体，因此不能具体行使对物支配权，所以不构成民法上的主体。[5]

上述观点首先根据“国家所有即全民所有”推导出国家等于全体人民，本身就属于逻辑错误。国家是一个组织体，而“全民”是无数个体的集合。“全民”作为主体，行使对物支配权，是不可实现的，但是作为组织体的国家当然可以通过其机关实现其对物的支配。民法上的人，包括自然和法人，法人的实体基础是某些组织体，[6]国家机关与国家的不同之处，仅在于属于不同层级的组织体而已，承认国家机关的法人地位，也就要承认国家的法人地位。事实上，就矿产资源所有权的形式而言，并不存在主体是“全民”，因而无法行使的问题。

依据我国《矿产资源法》第3条，矿产资源属于国家所有，由国务院行

---

〔1〕巩固：“自然资源国家所有权公权说”，载《法学研究》2013年第4期。
〔2〕刘欣：《矿业权解析与规制》，法律出版社2011年版，第26~27页。
〔3〕巩固：“自然资源国家所有权公权说”，载《法学研究》2013年第4期。
〔4〕巩固：“自然资源国家所有权公权说”，载《法学研究》2013年第4期。
〔5〕巩固：“自然资源国家所有权公权说”，载《法学研究》2013年第4期。
〔6〕龙卫球：《民法总论》，中国法制出版社2001年版，第351页。

使国家对矿产资源的所有权。由于国务院是具体明确的国家机关，实践中由其再授权地质矿产主管部门行使矿业权的设定、变更以及注销。不存在上述观点持有者所假设的国家所有权主体“抽象”问题。至于国家在法律关系中具有“优越性”，不是民法上的主体的问题，我们以为，这种“优越性”恰是不承认国家是民事主体的结果。

3. 法律上的处分权并非仅指将标的物所有权转移还包括限制性分离。其实在民法理论上，国家作为民事法律关系主体本来就和其他主体处于平等地位。首先假定“国家”应该具有“优越性”，然后再去论证其不是民事法律关系主体的证成过程确有不妥。事实上，如果承认国家是民事法律关系的主体，其在民事法律关系中也就不具有“优越”于其他民事主体的地位。

关于第二点，矿产资源所有权具有专属性与唯一性的特征，所以矿产资源所有权游离于民事领域之外，“矿产资源处于由国家静态支配的状态”，因而不属于民事权利。这种观点其实质是将现代经济中形式多样的交易关系，简单地局限于所有权的交易，而忽略了所有权部分权能的交易是当代社会最普遍的交易形式。根据民法的所有权理论，民法上的所有权，在本质上是所有权人对于所有物为全面支配的物权。这种支配通常表现为若干具体的形式，这些形式即所谓所有权的“权能”。〔1〕一般理论认为，所有权的权能包括占有、使用、收益和处分。其中所有权的处分权能包括事实上的处分权能和法律上的处分权能。所谓事实处分权能是指对标的物进行实质上的变形、改造或毁损等物理上的事实行为；法律上的处分权能是指将标的物的所有权加以转移、限制或消灭，从而使所有权发生变动的法律行为，例如买卖中的所有权转移，抵押权、质权的设定等。〔2〕所谓所有权的转移，就是所有权主体的变更，所谓所有权的限制，则是所有权部分权能暂时脱离所有权人。

4. 所有权部分权能的转让可能形成独立的他物权。在市场经济社会里，除了特殊条件下构成赠与之外，所有权人转移所有权或者部分权能与他人，均属于交易行为。其中部分权能的转让，可能形成独立的他物权，也可能只是一般的合同权利。就矿产资源所有权而言，我国法律规定其主体具有唯一性，因此这就排除了矿产资源所有权整体交易的可能性，但是并不禁止其部

〔1〕梁慧星、陈华彬：《物权法》（第4版），法律出版社2007年版，第40页。

〔2〕梁慧星、陈华彬：《物权法》（第4版），法律出版社2007年版，第129页。

分权能的转让。正是基于所有权部分权能的转让，才形成了我国物权法上的探矿权和采矿权。如前所分析，无论是所有权的转让，还是所有权部分权能的转让均属于交易行为，均是矿产资源所有权进入民事领域的形式，因此，认为矿产资源所有权只是有利于民事领域之外的静态支配权，属于公权显然是错误的。

综合以上分析，我们可以看出，矿产资源所有权的主体就是国家，这在立法上和理论上都是可行的。国家作为矿产资源所有权的主体，其唯一性、专属性，并不影响其作为民事主体的身份定位。从目前我国的立法来看，1996 年《矿产资源法》第 3 条规定了国家对矿产资源的所有权由国务院行使；1998 年国务院颁布的《矿产资源勘查区块登记管理办法》和《矿产资源开采登记管理办法》又分别授权国务院地质主管部门及省、自治区、直辖市人民政府地质矿产主管部门在职权范围内颁发勘查许可证；分别授权国务院地质主管部门、由省、自治区、直辖市人民政府地质矿产主管部门以及县级以上地方人民政府负责地质矿产管理工作的部门在职权范围内颁发采矿权许可证。

现行法律法规基本明确了矿产资源所有权行使的逻辑与运行。当前研究的主要问题是勘查许可证和采矿许可证既是民事权利证书，也是行政许可证书，颁发勘查许可证和采矿权证的行为在法律性质上尚存争议。

二、关于我国矿产资源所有权客体的理论争议

（一）反对矿产资源所有权是民法所有权的学说对客体的认知有误

1. 具有经济未来性的矿石堆积体说。矿产资源所有权属于民法上所有权理论的反对论者认为，矿产资源所有权客体无法特定化且具有抽象性。矿产资源是一个发展的概念，包括某些含有有用元素但在现有科技条件下尚不能开发利用而只能待将来才可能成为矿产的矿石堆积体。[1]

2. “具有经济未来性的矿石堆积体说”存在误区。

（1）其未区分自然科学意义上的矿产资源概念与法学意义上的矿产资源概念。自然科学的不断进步，决定了作为认识对象的矿产资源的范围是不断发展变化的，因此具有不确定性。

---

〔1〕 刘欣：《矿业权解析与规制》，法律出版社 2011 年版，第 12～27 页。

（2）其未区分宪法意义上的矿产资源概念与民法意义上的矿产资源概念。宪法上的所有权属于一种取得财产权的资格，因此既包括可以现实取得的财产权，也包括未来取得的财产权，因此，就矿产资源而言，宪法意义上的所有权所指向的矿产资源概念和自然科学意义上的矿产资源所涵盖的范围是一致的。但是民法意义的所有权反映的是特定主体对于特定物的归属关系，因此民法意义上的矿产资源一定是可以特定化的矿产资源，由此就决定了上述自然科学意义上的矿产资源只有部分能够进入民法调整的范围。

（3）民法学上“物权”之概念本身也是一个不断发展的东西。以自然科学意义上的矿产资源所有权的不确定性，证明矿产资源不能够成为民法意义上的所有权的客体，显然存在逻辑混乱。那么，究竟什么样的矿产资源才能够进入民法领域成为矿产资源所有权的客体呢？权利能否成为物权的客体？要解决这些问题，就需要对民法学上关于物权客体的“物”的法律意义及其存在价值，有一个全面清晰且系统的理解。

（二）民法学意义上的“物”与其他学科“物”之概念未必相同

物的概念的产生是人类自我意识觉醒的产物。也就是说，只有人类有了反思意识，意识到自己是独立于外在世界的存在，才会在人类的思想世界里出现“物”的概念。“物”作为人类的认识对象，尤其是在人类认识逐渐走向专业化的过程中，基于不同的认识目的，或者说学科研究的目的，人类对于“物”的概念是不同的。就法律学科而言，法（律）学上的“物”与其他认识领域或者学科门类的“物”概念是存在差异的。

民法上的“物”的概念可以上溯到罗马法。古罗马，人们所称的物，是指除自由人外而存在于自然界的一切东西，不管是对人有用的，无用的，甚至是有害的，均属于广义的物。〔1〕后来，法律和法学思想不断发展，罗马法逐渐把物限定为一切人力可以支配、对人有用，并能构成人们财产组成部分的事物，在优帝《学说汇编》中，它包括有体物、权利和诉权，又称“财物”，这是狭义的物。〔2〕对此，我国著名的罗马法学研究者周枏评论道，罗马的法学家，都是从法律的意义上来研究物，即仅以构成财物的组成部分为限，而不是研究自由人以外的一切东西。〔3〕

---

〔1〕周枏：《罗马法原论》（上册），商务印书馆1994年版，第298页。

〔2〕周枏：《罗马法原论》（上册），商务印书馆1994年版，第298页。

〔3〕周枏：《罗马法原论》（上册），商务印书馆1994年版，第299页。

这说明，即使是在罗马时代，法学家们也已经认识到法律上的“物”具有不同于一般人生活意义的“物”的概念，法律意义上的“物”是基于法律调整的需要而界定的。到了近代，《法国民法典》仍然沿袭了罗马法广义的物的概念。[1]这种状况到了《德国民法典》发生了较大的改观。德国法将物限于“有体物”，而将罗马法和法国法上的“无形物”（各种权利）完全剔除出去。[2]需要说明的是，近代德国法上的“物”之所以区别于罗马法和近代法国法上的“物”，也是由其特定的法学理论和制定法的逻辑体系结构所决定的。从罗马法到《法国民法典》，物与物权、权利的概念都没有严格区分，到了《德国民法典》，物权成为一种纯粹的对有形物的支配权，至此“物权”的概念得到了正式的确立。并以此为基础建构了《德国民法典》的物权和债权二分的立法体系。[3]

据此，我们可以说，没有纯粹的“有形物”的概念，就没有目前学理公认的物权概念。反过来，物权概念以及诸如一物一权主义、物权的公示和公信原则等物权法上的基本规则，也是以“有形物”的概念相关联的。

因此，我们要完整而准确的理解作为物权客体的“物”的概念，也必须从物权的理论体系出发。具体到矿产资源是不是民法上的“物”，换言之，如果矿产资源是民法上的“物”，那么它必须具备哪些条件，这个问题也必须从民法的物权理论体系出发，而不能抽象的讨论“矿产资源”的概念。

（三）一百年前“无形财产”的概念已被引入了经济学与法学之中

1. 德国民法“支配”的特征要求“物”有形且特定。潘德克顿法学的物权理论之所以强调“有形物”、“特定物”的概念，是与物权作为支配权的性质分不开的。所谓支配，是指物权人依自己的意思对于标的物加以管领、处分。[4]所谓“对于标的物加以管领”，是指物权人对于标的物的静态的控制，此时标的物“特定”的目的在于划定物权人权利的外部边缘，以界定不特定的他人是否构成侵权；所谓“对于标的物加以处分”，是指物权人对于标的物动态的控制，即向他人全部或者部分转让对于标的物的权利（能），此时标的

〔1〕梅夏英：《财产权构造的基础分析》，人民法院出版社2002年版，第21页。

〔2〕梅夏英：《财产权构造的基础分析》，人民法院出版社2002年版，第21页

〔3〕李建华、董彪、杨代雄：“我国民法典总则编私权的立法设计——对私权一般性规定和类型化的反思”，载《吉林大学社会科学学报》2008年第3期。

〔4〕梁慧星、陈华彬：《物权法》（第4版），法律出版社2007年版，第7页。

物“特定”的目的在于划定权利交易的范围，确定权利受让人取得的权利范围，同时也防止处分行为侵犯到不特定第三人的利益。〔1〕

从这里的分析我们可以看出，作为物权客体之物的“特定”是服务于物权人行使物权的目的的，反之，也只有从物权人行使物权的行为中才能准确界定“标的物特定”的意义。具体到对于矿产资源是否满足特定性，从而成为民法上所有权的客体的研究，也应结合矿产资源所有权行使的具体情况，来判定其客体是否满足了所有权行使所要求的“特定性”。

2. 矿产资源隐蔽性的特点决定了其一般不能直接投入到社会生产领域，而是先要经历勘查、开采并转化成具有可利用价值的矿产品。然后将矿产品用于社会生产，并转化成其他的产品形式。从经济意义上讲，矿产资源的使用、收益是发生在矿产品的环节，而之前的对于矿产资源的勘查、开采行为则不过是对于“矿产资源”利用的准备性行为。此外，国家作为矿产资源所有人，在市场经济社会里，往往并不同时就是矿产品的直接消耗者。

国家所有权行使的结果是处分矿产品收益，而非直接使用矿产品收益。国家作为所有权人，一般也不是由自己完成矿产资源转化为矿产品的生产过程，而是在完成对于特定区块的矿产资源调查工作后，在确定其具有进一步勘查、开采的市场潜力之后，引入矿产资源的勘查、开采企业，承诺未来勘查确定该特定区块矿产资源由其取得开采权利、取得矿产品为条件，由这些矿产资源的勘查、开采企业投入资金进行矿产资源的勘查、开采，而国家作为矿产资源的所有人则是通过取得这些企业开采矿产品的收益或者预期收益中实现矿产资源所有者的收益权。上述矿产资源的自然、经济性特点，决定了对于矿产资源的法律意义上的“支配”具有不同于民法上的其他“物”的“支配”的法律特点。

3. 矿业权可以说是一种以行为为其客体的民事权利。探矿权是在属于国家或集体所有的土地上，勘查属于国家所有的矿产资源的权利；而采矿权则是在国家和集体所有的土地上，依法开采属于国家所有的矿产资源，并取得其所获得的矿产品的所有权的权利。〔2〕

4. 财产从经济意义上说不过是落脚于习惯法合理价值的概念。其实，

---

〔1〕 梁慧星、陈华彬：《物权法》（第4版），法律出版社2007年版，第7页。

〔2〕 李显冬、刘志强：“矿业权的法律性质及其规制中的双重法律关系”，载国土资源部咨询研究中心网站，访问日期：2007年8月21日。

与财产的习惯意义均是指有形体的财产，[1]也与正统的经济学家“物质的东西等于东西的所有权”[2]不同，今天“财产的意义已经发生了巨大的变化”。[3]像矿业权这种“无形财产”，被现代的经济学家们认为，无非就是一种“通过掌握他人需要但又不拥有的内容而规定价格的权利”[4]。当然，马克思主义者也将其理解为是一种剥削和压榨的权力，但据学界理解，它不过是一种落脚于习惯法合理价值的概念而已。[5]

毋庸置疑，这一发展不但使得“在大多数经济理论中延续了差不多有两百年的”那种将物质及其所有权一直予以混淆的理论，[6]终于得以澄清；而且“财产”这一概念的引入，还标志着“制度经济学”的萌芽。[7]

5. 财产的意义从物质的东西扩大为了交易和预期交易的重复。经验告诉我们，像矿产资源这类经济“财富”要成为私法上的物也是“针对其使用价值而言的，它是随着丰裕而增加”的[8]；但谈到“资产”时则是针对具有稀缺属性的“直接支配物并排除他人非法干涉的权利”[9]所有权的商业或交换价值而言的，无疑，“它是随着丰裕而减少的”[10]。此即经济学家所谓的“财产的意义从物质的东西扩大为了交易和预期的交易的重复，从使用价值扩大到了以价格表示的稀缺性价值”[11]，即构成了“无形财产”。此种财产意义内涵外延的扩展“是无形资产的基础，而无形资产又是运行中的机构的观念的基础”。美国于19世纪末开始在《宪法》上承认了此类新的财产权利。[12]

（四）矿产资源所有权客体特定旨在划定国家所有权利益之边界

1. 矿产资源所有权的外部界限是在静态意义上定纷止争。从矿产资源所

---

〔1〕［美］约翰·康芒斯：《制度经济学》，赵睿译，华夏出版社2013年版，第219页。
〔2〕［美］约翰·康芒斯：《制度经济学》，赵睿译，华夏出版社2013年版，第100页。
〔3〕［美］约翰·康芒斯：《制度经济学》，赵睿译，华夏出版社2013年版，第47页。
〔4〕［美］约翰·康芒斯：《制度经济学》，赵睿译，华夏出版社2013年版，第3页。
〔5〕［美］约翰·康芒斯：《制度经济学》，赵睿译，华夏出版社2013年版，第3页。
〔6〕［美］约翰·康芒斯：《制度经济学》，赵睿译，华夏出版社2013年版，第109页。
〔7〕［美］约翰·康芒斯：《制度经济学》，赵睿译，华夏出版社2013年版，第4页。
〔8〕［美］约翰·康芒斯：《制度经济学》，赵睿译，华夏出版社2013年版，第109页。
〔9〕王利明：《物权法研究》，中国人民大学出版社2002年版，第5～8页。
〔10〕［美］约翰·康芒斯：《制度经济学》，赵睿译，华夏出版社2013年版，第109页。
〔11〕［美］约翰·康芒斯：《制度经济学》，赵睿译，华夏出版社2013年版，第147页。
〔12〕［美］约翰·康芒斯：《制度经济学》，赵睿译，华夏出版社2013年版，第147页。

有权的静态支配权的保护来说，侵犯矿产资源所有权的行为包括未经国家同意的勘查和开采行为，其中开采行为构成对于矿产资源所有权的实质性侵害，对此擅自开采人要承担停止侵权和赔偿损失的侵权责任；勘查行为，属于开采行为的预备行为，一般不构成对于矿产资源所有权的实际侵害，对未经国家同意的勘查行为，擅自勘查者仅承担停止侵权责任。就这个层面来说，矿产资源所有权客体特定的目的是要划定国家所有权的外部界限，以确定侵权人是否侵犯了国家的权利。我国宪法和物权法明确规定了矿产资源所有权人只能是国家，因此，矿产资源所有权的外部界限是明确的，无论是擅自勘查人和擅自开采人都应该明确知道自己的行为侵犯了国家对于矿产资源的所有权，在此不存在矿产资源所有权的范围不确定，导致限制其他民事主体行为自由的问题。[1]

2. 矿产资源所有权在矿业权制度中的实现侧重勘查和开采市场潜力的动态流转。再从矿产资源所有权的动态行使来看，如前面所阐述的，从经济意义的角度来看，矿产资源所有权人实现矿产资源所有权的时间节点是其矿产资源被转化为矿产品之后；但是实际的矿产资源的开发活动中，国家是在完成地质调查后，将具有市场经济潜力的特定区块交由矿产资源勘查企业和开采企业，由这些企业完成矿产资源的勘查和开采工作，国家则是从这些企业获取的收益或者预期收益中分得部分的利益来实现矿产资源所有者利益，因此，矿产资源所有权的行使在法律制度的建构上是从矿产资源具备进一步勘查和开采的市场潜力开始，而不是在矿产资源转化为矿产品之时。[2]

由于对于具有市场勘查和开采潜力的矿产资源是分区块确定，并交由矿产资源勘查和开采企业实施勘查和开采活动的，所以在这个过程中国家行使矿产资源所有权的客体范围就是该特定化了的区块，接受国家的授权实施矿产资源勘查和开采的企业所获得的权利范围也就是该特定化了的区块。因此，在这一过程中国家矿产资源所有权动态行使权利的范围是完全清楚的，不存在客体不确定问题。

3. 矿业权客体特定的方式和范围的不同并不影响物权客体特定的意旨。综上，我们认为，无论是国家矿产资源所有权的静态“支配”，还是其将部分

---

〔1〕 吕忠梅：“试论我国矿产资源所有权及其实现”，载《资源与人居环境》2007 年第 24 期。

〔2〕 郗伟明：“当代社会化语境下矿业权法律属性考辨”，载《法学家》2012 年第 4 期。

权能投入到市场的动态支配，其客体都是特定的，权利行使的范围也是非常清晰的。认为矿产资源所有权的客体不确定，因而不是民法上的物权的观点，可能忽略了矿产资源勘查、开采活动的具体实践性。当然，矿产资源所有权，与一般"物"的所有权在客体特定上存在一定的差异，就一般"物"的所有权而言，其静态支配的客体范围与其动态支配状态的客体范围是一致的，而作为矿产资源所有权的客体在静态支配和动态行使状态，其客体特定的方式和范围是不同的，但是从客体特定的法律目的来看，这种差异性并不影响其作为民法上所有权的法律性质定位。

第四节　我国矿产资源所有权权能的法律事实构成

一、所有权的权能作为其具体表现形式体现着所有权之本质

(一) 所有权本质的概括即是对物的全面支配权

本质总要通过具体形式来体现，就所有权来说，这些具体体现的形式，民法理论上称其为所有权的权能。对于所有权的权能，民法学者的观点是一致的。[1]

(二) 所有权的权能包括积极权能和消极权能

前者在立法上亦有明确的规定，如我国《物权法》第39条规定：所有权人对自己的不动产或者动产，依法享有占有、使用、收益和处分的权能；后者即所谓消极权能，是指所有权所具有的排除他人干涉的权能，虽然前述《物权法》没有将其明确规定为权能，但是从民法解释学的角度来说，还是应该肯定我国民法上的所有权具备消极权能。[2] 矿产资源所有权和其他对物的一般所有权一样，也具备所有权的前述积极权能和消极权能。不过作为以矿产资源这一特殊的客体的所有权，其具体的权能也具有自己一些独特的性质。

---

〔1〕 史尚宽：《物权法论》，中国政法大学出版社2000年版，第62~66页；梅仲协：《民法要义》，中国政法大学出版社1998年版，第524~525页；梁慧星、陈华彬：《物权法》（第4版），法律出版社2007年版，第126~130页。

〔2〕 梁慧星、陈华彬：《物权法》（第4版），法律出版社2007年版，第126页。

二、矿产资源所有权的占有权能

（一）所有权与其占有权能可以实现两权分离

所有权的占有权能，是指所有权人对于标的物进行管领的事实，也就是说，占有是所有权的事实的权能。所有权的占有权能是所有权人行使其对于标的物的支配权的基础与前提。[1]在自然经济状态下，所有人是通过自己使用标的物来实现自己的利益，因此，其所有物通常是在所有人的事实支配之下，即所有权的占有权能是由所有人本人来行使的。但是在市场经济条件下，所有人在很多情况下是通过他人使用标的物来间接实现自己的利益，而他人使用的前提是他人占有标的物，故所有人对所有物的占有权能，在此情况下会让渡给他人行使。

（二）矿业权是对未来精确、特定的自然资源权利的直接管领

矿产资源作为地下隐藏物，在其未开发利用时，是处于国家所有权的静态支配状态，其占有权能是当然由国家来行使。一旦国家决定将具有市场经济潜力的特定区块的矿产资源交由矿产资源勘查或者开采企业进行勘查或者开采，那么此时就该特定区块的矿产资源（或者潜在的矿产资源）而言，其占有的权能也就由该矿产资源勘查或者开采企业来行使了。在矿业开发利用中，企业除了可排他性支配的矿产要素以外，还需要有更多的属于社会的资源，其中主要有三个方面：一是人力资源，二是地下资源，三是环境资源，包括河流、空气、生态资源等，矿山企业的开发要对环境资源进行排除性利用，将矿渣、废气和废水等排入环境，周围相关联人对环境资源进行吸收性利用，利用资源的某些功能维持生活，等等。[2]

三、矿产资源所有权的使用权能

所有权的使用权能，是指依所有物的性能或用途，在不毁损所有物本体或变更其性质的情况下对物加以利用，从而满足生产和生活需要的权能。[3]从这个定义来分析，严格地说并非对于所有“物”的所有权都具备使用权能，

---

〔1〕 梁慧星、陈华彬：《物权法》（第4版），法律出版社2007年版，第127页。
〔2〕 康纪田：“从物权视角思考矿业立法的取向”，载《中国国土资源经济》2009年第5期。
〔3〕 梁慧星、陈华彬：《物权法》（第4版），法律出版社2007年版，第127页。

也就是说，只有以非消耗物为客体的所有权才具有使用权能。[1] 非消耗物，有的著作称为非消费物。[2] 根据民法理论上对于物的分类标准，依据物是否经使用一次就耗尽为标准，可以把作为物权客体的物区分为消耗物（消费物）和非消耗物（非消费物）。所谓消耗物，是指以通常方法非消耗即不能使用的物，如酒类、食物等。非消耗物是指不因使用而消灭的物，如衣帽、桌椅，虽经穿用有所磨损，但并不因此而消灭。[3] 如前所述，如果从纯粹的经济意义上看，矿产资源只有转化为矿产品才具有利用价值，而矿产品无疑属于消耗物。因此，如果拘泥于这一点，那么实际上矿产资源所有权是不具有使用权能的。

不过，我们换个角度来看，一方面对于特定区块的矿产资源来说，其开采过程通常时间很长，并非一次性开采即可耗尽；另一方面，国家作为矿产资源所有人在特定区块的矿产资源具备市场勘查和开采价值之后，即交付矿产资源勘查和开采企业来支配，以换取收益。这样在法律制度构架上颇类似于所有权人与使用权人之间的法律关系，因此，在英美法系的制度框架内，这种关系在法律上被构建为租赁关系。如果我们将租赁关系法定化，那么也就成了大陆法系的用益物权关系了。

所以，从法律意义上看，也可以拟制地认为矿产资源所有权人将矿产资源的勘查、开采交由矿产资源勘查、开采企业来行使，属于矿产资源所有权使用权能的转移。关于这一点，我们将在本书第四章进行详细探讨。

四、矿产资源所有权的收益权能

所有权的收益权能，是指收取由原物产生出来的新增经济价值的权能。而所谓新增经济价值，包括由原物派生出来的果实（天然孳息）以及利用原物进行生产经营活动而产生的利润。[4] 正如我们前面对于所有权的使用权能的分析一样，如果严格地按照前述所有权收益权能的定义，那么具有收益权能的所有权也仅限于以非消耗物为客体的所有权。

---

〔1〕 周枏：《罗马法原论》（上册），商务印书馆1994年版，第308页。

〔2〕 周枏的《罗马法原论》对此使用的是“消费物”和“不消费物”；黄风翻译，意大利学者彼得罗·彭梵得所著《罗马法教科书》（中国政法大学出版社2005年版）使用的是“消耗物”和“非消耗物”。

〔3〕 周枏：《罗马法原论》（上册），商务印书馆1994年版，第308页。

〔4〕 梁慧星、陈华彬：《物权法》（第4版），法律出版社2007年版，第128页。

事实上，所有权的收益权能可以说是所有权使用权能的另一种表达，因为在市场经济的条件下，所有权人就是通过让渡其所享有的使用权能来换取收益权能的实现的，最典型的就是用益物权法律关系。[1] 正如前面我们已经分析的，本来矿产资源所有权的利益实现是通过出售矿产品，但是在实际的矿产资源的开发利用过程中，国家作为所有权人是将具有市场经济潜力的特定区块的矿产资源交由矿产资源勘查和开采企业来进行，并收取相应的对价。一旦我们将这种关系拟制为矿产资源的使用关系，那么，矿产资源国家所有者利益的实现，就可以看作是国家在行使作为矿产资源所有权的收益权能了。不过这里需要进一步说明的是，在国家让渡给企业矿产资源的开采权时，国家收取的是矿产资源开采行为所带来的部分实际收益；而在国家让渡给企业的是矿产资源勘查权时，国家收取的矿产资源未来开采所可能带来的预期收益，可以看作是矿产资源所有权收益权能的提前实现。[2]

五、矿产资源所有权的处分权能

所有权的处分权能指依法对物进行处置，从而决定物的命运的权能。处分权能包括事实上的处分权能与法律意义上的处分权能。事实上的处分权能指对标的物进行实质上的变形、改造或毁损等物理上的事实行为；法律上的处分权能指将标的物的所有权加以移转、限制或消灭，从而使所有权发生变动的法律行为。[3]

从上述给出的定义可以看出，所有权的法律上的处分权能既包括对于标的物所有权的移转，还包括对于标的物所有权的限制，即让渡部分所有权的权能与他人。前者在标的物原所有权人和新所有权人之间形成转让法律关系，后者则在标的物的所有人与部分所有权能受让人之间形成所有人和他物权人之间的法律关系。与以一般物为客体的所有权不同，由于我国法律规定矿产资源所有权是国家所有权，即其所有人只能是国家，所以矿产资源所有权的

---

〔1〕 周枏在其所著《罗马法原论》一书里明确，用益物权的标的物只能是不消费物，不能是消费物。见周枏：《罗马法原论》，商务印书馆1994年版，第308页。

〔2〕 从矿产资源开发利用的实践来看，一个企业之所以要获取矿产资源勘查权利，就是因为其可以在勘查到具有开采价值的矿产后获取该矿产资源的开采权，也就是未来的预期收益。国家让渡勘查权利后收取的收益可以看作对企业预期收益的提前瓜分。不过需要说明的是，企业的预期收益带有或然性，而国家的收益则具有现实性。这就是矿产资源开发企业具有风险投资的特点。

〔3〕 梁慧星、陈华彬：《物权法》（第4版），法律出版社2007年版，第129页。

处分权能是受到一定限制的，即矿产资源所有权不能转移。但是这绝不能简单地理解为矿产资源所有权不具有处分权能，因为完整意义的所有权处分权能既包括所有权的转移，还包括所有权部分权能的转移。事实上正是由于国家可以转让矿产资源所有权的占有、使用和收益权能，矿产资源的勘查、开采活动才具有现实性。如前所分析，国家并不直接进行矿产资源的勘查、开采活动，而是将具有市场经济潜力的特定区块转移占有和部分收益权给具体的勘查、开采企业，而国家转移特定区块占有和部分收益权的法律基础，就是国家所享有的对于矿产资源所有权的处分权能。

六、矿产资源所有权的排除他人非法干涉之权能

所有权具有排除他人干涉的消极权能，这个权能行使的前提是所有权遭遇他人侵害的非常态情况出现，而在常态情况下，该权能处于消极“潜伏”状态，因此，该权能被称为所有权的消极权能。〔1〕所有权排除他人干涉权能的外化，即是民法上的物上请求权，〔2〕同时也构成损害赔偿请求权的基础。矿产资源所有权具有排除他人干涉的权能，在遭遇非法勘查、非法开采行为时，国家可以作为矿产资源所有人，而不是社会管理者的身份行使要求停止侵害和赔偿损失的民事权利。

需要说明的是，早在1986年制定的我国《矿产资源法》第39条就规定：“违反本法规定，未取得采矿许可证擅自采矿的，擅自进入国家规划矿区、对国民经济具有重要价值的矿区和他人矿区范围采矿的，擅自开采国家规定实行保护性开采的特定矿种的，责令停止开采、赔偿损失，没收采出的矿产品和违法所得，可以并处罚款；拒不停止开采，造成矿产资源破坏的，依照《刑法》第一百五十六条的规定对直接责任人员追究刑事责任。”1996年修订的《矿产资源法》第39条第1款延续了这一规定。前述规定中规定的“责令停止开采、赔偿损失”是典型的民事责任规定，是矿产资源所有权具有排除他人干涉权能的体现。一些其他学科研究者认为，矿产资源所有权不是民事权利，他们显然无法给上述规定找到合理的法学理论解释。

---

〔1〕 梁慧星、陈华彬：《物权法》（第4版），法律出版社2007年版，第128页。

〔2〕 侯利宏：“论物上请求权制度”，载北大法律信息网，访问日期：2014年8月21日。

第二章

矿业权的属性界定与法律构造

第一节 矿业权的定义

一、矿业权的立法定义

（一）立法上明确使用矿业权概念的国家和地区并不多

从我们目前掌握的资料来看，所谓矿业权的概念在立法中的使用目前主要限于东亚地区。[1] 其中《韩国矿业法》第5条规定："本法所称的矿业权，指的是在注册的一定区域（下称矿区）探掘和获得注册的矿物和储存在同一矿床的其他矿物的权利。"[2] 《日本矿业法》第5条规定："本法所称矿业权，是指在已经登记注册的特定土地区域（矿区）内，采掘及获得经登记的矿物及该矿床中伴生的其他矿物的权利。"[3]

---

〔1〕 从国土资源部地质勘查司汇编的《各国矿业法选编》（中国大地出版社2005年版）来看，欧洲大陆的法国、葡萄牙、波兰、匈牙利以及前民主德国矿业立法均无矿业权的对应概念；南美如巴西、阿根廷矿业立法也无矿业权的概念。英美法系国家的概念体系与大陆法系国家区别甚大，更无矿业权的提法。

〔2〕 国土资源部地质勘查司编：《各国矿业法选编》，中国大地出版社2005年版，第79页。

〔3〕 国土资源部地质勘查司编：《各国矿业法选编》，中国大地出版社2005年版，第109～110页。

（二）我国现行立法在法律层面并没有使用矿业权这一概念

1. 一般法以及单行法或特别法均没有使用矿业权这一法律概念。我国1986年3月颁布的《中华人民共和国矿产资源法》（以下简称《矿产资源法》）全文使用的是“探矿权”和“采矿权”概念。同年4月颁布的《中华人民共和国民法通则》（以下简称《民法通则》）第81条只提到“国家保护合法的采矿权”，没有提及“探矿权”概念，更不要说矿业权的概念了。

1996年8月我国对《矿产资源法》进行了修改，但是修改后的《矿产资源法》仍然只使用“探矿权”和“采矿权”概念，没有出现其上位的“矿业权”概念。

2. “矿业权”主要是出现在国土资源部的规范性文件中。2000年11月国土资源部颁布的《矿业权出让转让管理暂行规定》（国土资发〔2000〕309号）全文使用了“矿业权”概念，并在该规定的第三条明确了矿业权的范围，即探矿权、采矿权为财产权，统称为矿业权。

此后国土资源部在其颁布的一系列规范性文件中使用“矿业权”概念。如《国土资源部关于进一步规范矿业权出让管理的通知》（国土资发〔2006〕12号）、《矿业权交易规则（试行）》（国土资发〔2011〕242号）。需要特别指出的是，2003年6月颁布的《探矿权采矿权招标拍卖挂牌管理办法（试行）》（国土资发〔2003〕197号），仍然使用“探矿权”和“采矿权”概念，而非“矿业权”。

虽然我国立法在部门规范性文件的层面使用了“矿业权”概念，但是并没有明确界定矿业权的含义，仅是指明矿业权包括探矿权和采矿权。而对于探矿权和采矿权，1994年国务院颁布的《中华人民共和国矿产资源法实施细则》（以下简称《矿产资源法实施细则》）第6条给出了解释，该条规定：“探矿权，是指在依法取得的勘查许可证规定的范围内，勘查矿产资源的权利；采矿权，是指在依法取得的采矿许可证规定的范围内，开采矿产资源和获得所开采的矿产品的权利”。

3. 矿业权包括探矿权与采矿权之理念承袭民国、取法日本。如上文所述，矿业权概念在立法上之使用主要限于日本等东亚国家，我国在部门规范性文件层面上使用“矿业权”与中国近代“清末改制”以来取法日本，从而基本囿于大陆法系的法律移植传统，一脉相承。[1]

---

〔1〕 王建平：“中日两国近代法律改革比较研究”，载《湖南社会科学》2003年第1期。

众所周知，中国古代“以刑为主，诸法合体”的立法例缺乏系统民事立法发展的土壤。清末改制，在沈家本等人的主持下，大量翻译、介绍西方的法规和法典，引进西方特别是大陆法系国家的法律制度，从法律结构、法学语词和法学研究方法等方面全面修订律法，开启了中国法制近代化的历程。[1]在这一法律移植过程中，基于地缘环境及文化传统等因素的作用，许多法学概念经由日本学者翻译而来，矿业权概念自然亦不例外。

二、矿业权的学理定义

（一）矿业权作为一个法律概念要受制于其所反映并规范的经济活动

法律概念是对法律现象的高度抽象，法律现象则是一定时期经济活动的反映。以我国矿产资源法制发展历程为例，不管是中国古代矿业的产生与发展，还是近代清末改制及民国时期制定的矿业法规，都同经济社会的发展密切相关，反映了经济社会发展对矿业的需求。新中国的成立，标志着我国矿业经济及法制建设进入了一个崭新的时代。但从总体上看，我国矿产资源法制建设伴随着经济社会发展和改革开放的深入而渐进式向前发展，这一曲折历程是我国社会主义经济体制从计划经济向市场经济过渡、政府管理由微观控制向宏观调控转变的生动反映。[2]

（二）矿业权概念于学理上存在不同的观点

应当认为，对矿业权概念的理解，尽管存在差异，但不可否认学者间的认识从早期的多种学说杂陈而转向当前的大体一致。[3]各种对于矿业权概念的定义表述，就其核心内容而言大体一致，均认为权利人具有在特定的区域（矿区）开采的行为权利（自由权）；而存在的一些差异也大体一致地表现在如下两个方面。

1. 对矿业权设立方式的表述不同。当前关于矿业权概念的表述大致有以下几种：

（1）民事权利公示设立说。第一种观点认为，矿业权是指探采人依法在已经登记的特定矿区或工作区勘查、开采一定的矿产资源，取得矿石标本、

---

〔1〕苏丹：“论清末法制改革与中国法制近代化”，载《经营管理者》2011年第12期。

〔2〕戴刚：“我国矿产资源法制建设历程”，载 http://blog.sina.com.cn/s/blog_4f1e027601008yr3.html，访问日期：2014年10月7日。

〔3〕房绍坤：《矿业权法律制度研究》，中国法制出版社2013年版，第6页。

地质资料及其信息，或矿产品，并排除他人干涉的权利。[1]

第二种观点认为，矿业权是指权利人依法在已经登记的特定矿区内勘查、开采一定的矿产资源并排除他人干涉的权利。[2]

关于矿业权的设立方式，第一种观点和第二种观点的表述是“已登记”；民法学者基于民法学理论的建构立场，认为矿业权既然属于物权，作为私权，矿业权就应该遵循民法理论的基本逻辑，经登记产生对世的法律效力。这也就是“民事权利公示说”的立场。

(2) 行政许可授权设立说。第三种观点认为，所谓矿业权是矿业权人经过批准，依法在属于国家所有的特定区域内进行勘查、开采作业，以获取收益的权利。[3]

第四种观点认为，矿业权是指符合资质的开采人依照法律规定的条件和程序，在特定的矿区和工作区内勘查、开采矿产资源，从而获得矿产品的权利。[4]

第三、第四两种定义的差别反映出学术界对矿业权设立行为的定性存在争论和犹豫。从实证法的层面来看，探矿权是依附于勘查许可证，并通过勘查许可证来体现其权利的存在；采矿权是依附于采矿权许可证，并通过采矿许可证来体现其权利的存在。因此，从实证法的角度来看，矿业权的设立行为是不折不扣的行政行为。这也就是即使是主张矿业权属于私权的民法学者也从法解释学的立场出发，认可矿业权是行政特许权的提法。

第三种观点的表述是“经过批准”；第四种观点的表述是“符合资质”；三、四两种观点均体现了“行政许可授权说”的解释立场。

(3) 矿业权折中设立说。第五种观点认为，矿业权（矿权）是指矿产资源行政机关依法设定的、权利人有权在特定区域对矿产资源进行勘查和对特定矿种进行开采的权利。[5]此种观点所表述的“矿产资源行政机关依法设定

---

〔1〕 崔建远：《物权法》（第2版），中国人民大学出版社2011年版，第372页。转引自房绍坤：《矿业权法律制度研究》，中国法制出版社2013年版，第8页。

〔2〕 房绍坤：《矿业权法律制度研究》，中国法制出版社2013年版，第9页。

〔3〕 王利明：《物权法研究》（修订版，下卷），中国人民大学出版社2007年版，第287页。转引自房绍坤：《矿业权法律制度研究》，中国法制出版社2013年版，第9页。

〔4〕 高富平：《物权法专论》，北京大学出版社2007年版，第504页。转引自房绍坤：《矿业权法律制度研究》，中国法制出版社2013年版，第9页。

〔5〕 李晓峰：《中国矿业法律制度与操作实务》，法律出版社2007年版，第22页。转引自房绍坤：《矿业权法律制度研究》，中国法制出版社2013年版，第9页。

的”立场，既可以向实证法解释的角度靠拢，也可以向建构性的解释角度靠拢，其仅仅表述为“行政机关依法设定的权利”，而没有对基于这种设定而产生的“矿业权”是经行政许可产生，还是经登记产生作出明确的表态。对这个问题的讨论实质上涉及对于矿业权的法律属性定位的问题，我们将在后面展开讨论。

2. 权利人获得利益的权利（行为背后的利益）表述不同。对于矿业权人依据权利所实现的利益，第一种观点的表述是“取得矿石标本、地质资料及其信息，或矿产品”；第三种观点的表述是“以获取收益”；第四种观点的表述是“获得矿产品”；第五种观点和第二种观点则没有提及矿业权人未来可实现的利益。

从经济的角度来看，勘查、开采矿产资源属于投入成本的经济活动，[1] 如果矿业权人虽享有勘查、开采矿产资源之行为自由，但却不能保有因其勘查、开采行为而取得的收益，那么对矿业权人而言，勘查、开采矿产资源的行为自由就没有任何意义。所以，第一种观点、第三种观点和第四种观点均克服了第五种观点和第二种观点“没有提及矿业权人可实现的利益”的缺陷。

不过从表述上来看，第三种观点笼统的表述为“获取收益”显然是不够的，既不能突出矿业权所体现的利益的个性化特征，也无法解释在实践中矿业权人取得矿产品的权源问题。而第一种观点认为，矿业权人的利益是“取得矿石标本、地质资料及其信息，或矿产品”，可以认为，矿产品无疑是采矿权取得利益的体现，故而第一种观点将“取得矿石标本、地质资料及信息”也视为矿业权人的权利，显然只能是针对探矿权人而言的。不过应当认为这种观点也未必妥当，因为实际上，不论是矿石标本、地质资料，还是信息本身，都是为取得采矿权，进而获取矿产品服务的，其本身并不具有独立的市场价值。

从我国具体规定上看，探矿权人一旦找到符合开采条件的矿产资源，其可以优先取得采矿权。在实践中探矿权人之所以投入资金进行勘查活动，其目的也在于取得采矿权。[2] 因此，相比之下，第四种观点将矿业权人利益的

---

〔1〕 李跃群：“中国开采页岩气的经济账 开采的成本到底有多高”，载《东方早报》2012 年 12 月 5 日。

〔2〕 李小平：“关于探矿权人采矿权优先取得权制度的法律辨析”，载《资源与人居环境》2007 年第 23 期。

实现表述为“获得矿产品”，无疑是相对准确的，这一点与我国在矿业法理论上取法日本，承袭大陆法系矿业权的立法定义是相吻合的。

综合以上几种矿业权的学理定义，暂时不考虑矿业权设立行为的性质，我们可以初步将矿业权定义为权利人依法在特定的矿区内勘查、开采矿产资源并取得矿产品的权利。不过仅仅根据这个定义，还无法更具体的了解矿业权所包含的行为自由内容以及利益实现的具体方式，为此，需要我们进一步了解矿产资源开发利用活动以及矿产资源开发利用的经济模式。

第二节　矿业权的经济与法律属性

一、自然资源开发利用的市场化政策选择

（一）矿产资源所有权的实现方式旨在充分发挥市场的决定性配置作用

在矿产资源国家所有权之上设立矿业权并让渡给符合法律规定的矿山企业，通过开发实现国家所有权的最终利益并由全体人民享有，这是我国矿产资源所有权实现的重要方式。党的十四大明确我国经济体制改革的目标是建立社会主义市场经济体制，并提出要使市场在国家宏观调控下对资源配置起基础性作用以来，我国市场化程度大幅度提高，我们党对市场规律的认识和驾驭能力不断增强。[1]

党的十八届三中全会在深刻分析了主客观条件后，鲜明地提出把市场在资源配置中的“基础性作用”修改为“决定性作用”，强调了“市场化”导向的坚决态度，体现出我们党认识和把握市场经济规律的理论智慧。对于十八届三中全会以来，市场化改革进入到全新时期的中国而言，能否彻底地贯彻市场自由和私法自治的理念，是能否巩固现有成果并推动经济更好更快发展的关键。

正是有鉴于此，应当认为，对于矿业权法律属性的定位，实际上涉及两个层面的问题，第一个层面，对于矿业权的配置是否要用市场化的方式；第二个层面的问题是如果对于矿业权的配置要采用市场化的方式，那么对于矿

〔1〕 孟繁策：“我国经济体制改革的目标是建立社会主义市场经济体制”，载《北方论丛》1994年第2期。

业权的规范应该采用哪一种法学范式。

（二）矿产资源在经济生活中的市场化配置选择

1. 矿产资源在法律上属全民所有并不否认其利用方式上的私权属性。我国《宪法》在确立“矿产资源国家所有权”的同时，也赋予民事主体“合理利用”矿产资源的权利，即所谓矿业权。矿产资源国家所有即全民所有无疑只能是一种概括性的权利，其权利主体具有普遍性和抽象性；而矿产资源的使用价值则需要通过矿业权这种具体的民事权利制度来转换和实现。故而矿业权作为私权，只能是一种财产权，其财产权属性的制度基础在于矿产资源的全民所有制和国家对公民“劳动之力和价值”与自然资源相结合的认可和保障。〔1〕

从经济学理论上来讲，矿业权的经济属性为：对于特定区域的矿产资源的开发利用行为具有竞争性和排他性，因此，该特定区域内的矿产资源属于私人物品，对该特定区域内矿产资源利用权的配置也应采用市场化的规则。需要说明的是，经济学上的私人物品，是从“物品”利用角度而言的，而非从“私人物品”法律上的最终权利归属来界定。换言之，对矿产资源而言，不能简单地认为，既然矿产资源所有权归属国家，便想当然地否认矿产资源具有经济学上的“私人物品”属性，亦即民法上的商品交换属性。

2. 经济学上的“产权”其实其泛指法律上各种财产权利的表现形式。根据经济学产权理论，对私人物品的有效利用，要建立私人产权支配形式。需说明的是，经济学上之产权，不能等同于所有权。〔2〕从经济学的角度来看，法律意义的所有权，不是单一的权利，而是一束权利、一组权利。在法学家，尤其是大陆法系学者看来，凡所有权之具体表现形式如占有、使用、消费、

〔1〕 潘龙、孟繁超：“矿业权属性的研究”，载《经济学家》2012 年第 12 期。

〔2〕 在产权和所有权关系问题上，经济学界和法学界观点各异。在经济学界，西方学者往往从产权的本质、外延、形成机制、功能等不同角度对产权进行界定，所有权在学者阿贝尔看来，是产权的下位概念。我国学者或将产权等同于所有权；或认为产权包括所有权，但比所有权的内涵更宽泛；或认为产权是所有权运动体系中的特定条件下的一组权利，包含在广泛所有权范畴之中。从法学上讲，产权即财产权。在大陆法系，财产权是指包括物权、债权、知识产权等权利在内的权利体系的总和，所有权仅仅是物权之一种。在英美法系，由于并不存在完整的所有权概念，所有权并非对有形物的完全占有和支配，以及对其最终归属予以确认，而是对具体权利享有者予以确认，这就使得所有权概念被放大，甚至与财产权同义。一个人被人认为对某物享有权利，他就可以被视为所有者。因此，所有权和产权是在相同意义上使用的。参见屈茂辉、张彪、章小兵：“产权概念的经济学与法学比较”，载《安徽广播电视大学学报》2005 年第 4 期。

转让、抵押或阻止他人侵犯其财产等，均属于经济学上的产权。经济学上之产权在于强调产权制度与个人经济行为之间的内在联系，重视产权制度对行为主体的激励和约束作用。经济学中的产权只能是由法律来界定和保护的产权。[1]

故而，对于经济学上所谓私人产权，不能仅仅理解为所有权的私有化，继而以我国矿产资源属于国家所有、全民所有为理由，否定可以在矿产资源之上设立私人产权。经济学上的私人物品适用私人产权规则，具体到矿产资源适用私人产权规则，实际上就是将国家所有的矿产资源授予私人（在法学上应表述为将其支配权移转给私法主体，即民事主体）以勘查、开采的权利，这一过程就是经济学上所谓的私权化。

3. 矿产资源市场化配置的立法体现。我国矿产资源勘查和开采活动的市场化政策选择在立法上有着其具体的体现，可以说，自 1986 年《矿产资源法》颁行以来，矿产资源开发管理体制改革实行的就是逐渐推进的市场化配置路径。

1986 年颁行的《矿产资源法》，首次在立法上确立了矿产资源有偿使用制度。其后修订的《矿产资源法》亦规定“国家实行探矿权、采矿权有偿取得制度”。需要说明的是，“矿产资源有偿使用”与“探矿权、采矿权有偿取得”，是同一制度的不同表达方式，在内涵上并无差异。

1998 年 2 月国务院颁布了《矿产资源勘查区块登记管理办法》、《矿产资源开采登记管理办法》，分别规定了地质矿产主管部门采取批准申请的方式授予探矿权、采矿权，载体是勘查许可证、采矿许可证。另外，这两个《办法》还规定了招标投标的出让方式。

2001 年国土资源部《关于印发〈矿业权出让转让管理暂行规定〉的通知》（国土资发〔2000〕309 号）明确探矿权、采矿权统称矿业权，并规定矿业权取出让采取批准申请、招标、拍卖等方式进行。

2003 年 6 月国土资源部《关于印发〈探矿权采矿权招标拍卖挂牌管理办法（试行）〉的通知》又增加了矿业权的挂牌出让方式。

为了进一步加强和完善对招标、拍卖、挂牌出让矿业权的管理，国土资源

---

〔1〕 屈茂辉、张彪、章小兵：“产权概念的经济学与法学比较”，载《安徽广播电视大学学报》2005 年第 4 期。

部于2006年发布实施了《关于进一步规范矿业权出让管理的通知》。该通知对矿业权的招标、拍卖、挂牌进一步做出了明确的规定。〔1〕

从上述法律、法规到规章的一系列规定来看，我国的矿产资源勘查、开采，从改革之初的“有偿使用”到后来逐渐采取招标、拍卖、挂牌等商事交易方式来配置矿业权，其中的招标、拍卖、挂牌方式虽然还包裹在行政许可的程序中，饱受诟病，但是其努力想表现出市场化的倾向则是不言而喻的。

（三）学界对矿业权基本法律属性的争议

1. 立法者将探矿权、采矿权归属于用益物权。2007年《物权法》第123条规定，依法取得的探矿权、采矿权受法律保护。由于该条的位置在《物权法》第三编“用益物权”下的“一般规定”里，从法解释的角度来看，立法者是将矿业权（探矿权、采矿权）定性为了用益物权。〔2〕进一步解释立法者的意图，我们认为还可以包括以下两点：第一，立法者认为勘查、开采矿产资源的权利是民事权利，应采用市场手段进行权利配置；第二，勘查、开采矿产资源的权利可以采用物权法上的用益物权的理论范式来界定权利和制定市场规则。

针对《物权法》之规定，首先是法学界，继而是国家矿产资源行政管理部门的专家、学者，基于自己的学术背景、学科视野以及实践经验，乃至于功利主义的考量等因素，各自做出了不同的评价。

2. 公法权力与私法权利综合调整兼具说。经济法学者、环境资源法学者以及来自国家矿产资源行政管理部门的部分专家、学者认为矿业权不符合“用益物权”的特征，而是兼具公权与私权特征的权利。他们对矿业权“公私兼具”特征的强调，着眼点在于否定物权法对矿业权的适用，侧重的是矿业权配置的国家干预性。〔3〕

3. 民法学者在私法物权范围内存在诸多学说。对“矿业权”法律性质的

---

〔1〕徐建民、赵传卿：“中国矿业权制度变迁与发展分析”，载《黄金》2009年第9期。

〔2〕《物权法》将矿业权定义为用益物权，无论对矿产资源行政管理还是矿产资源法制建设，都将产生重大而深刻的影响，因为矿业权用益物权属性的确立意味着今后不能再随意用行政命令干涉矿业权人行使其权利。同时，矿业权人也可以通过物权请求权来防止侵害的发生，保护自身的合法权益。参见邱建平：“充分认识《物权法》的创新价值，全面准确把握矿业权的物权定位”，载《浙江国土资源》2007年第5期。

〔3〕参见刘欣：《矿业权解析与规制》，法律出版社2011年版；郗伟明：《矿业权法律规制研究》，法律出版社2012年版。

认识，民法学界有多种学说，除早期的“物权化债权说”外，还有“用益物权说”、“准物权说”、“准用益物权说”、“特别物权说”和“特许物权说”等等。[1] 尽管民法学者对矿业权在民法体系内的定位存在分歧，但其均认可矿业权属于私权，应受民法规则，尤其是物权法规则的调整。

当然，相当一部分民法学者对于矿业权是否具备典型的物权特点，尤其是否系用益物权存在犹疑，而且主流的观点似乎也都默认矿业权不是纯粹的私权。如此造成的结果是，尽管《物权法》已将矿业权定性为用益物权，但是矿业权在多大程度上及范围内适用物权法规则，到目前为止仍然争论不休。

二、民法学界内部关于矿业权法律属性之诸家观点

（一）用益物权说

江平老师早在20世纪90年代即涉足矿业权研究，并首倡矿业权系用益物权。他认为，“矿业权作为一种《民法通则》中明文规定的不动产物权，是一种独立的主物权。相对于国家矿产资源的专有权而言，它是一种限制物权。作为他物权它是一种用益物权。一般说来，它是一种有期物权，而且是应登记的物权。它是一种本权，但有时也包含有物权的取得权”。[2]

该观点比较彻底的运用用益物权理论框架来诠释矿业权的法律属性，包含两个层次：第一，在与国家矿产资源所有权的关系上，矿业权是限制物权；第二，在物权体系内部定位上，矿业权属于用益物权。

然而，上述观点仅仅建构了一个粗略的框架，并没有详细阐述矿业权作为用益物权，其客体、内容与用益物权典型特征的耦合性。2007年《物权法》虽然采纳了矿业权用益物权理论，[3] 但在民法理论界，这种观点并没有得以细致化的展开。因此，应当认为目前将矿业权定位为用益物权的民法理

---

〔1〕 参见江平：《中国矿业权法律制度研究》，中国政法大学出版社1991年版，第56～58页；崔建远：《准物权研究》，法律出版社2012年版，第20页；李显冬：《中国矿业立法研究》，中国人民公安大学出版社2006年版，第51页；梁慧星：《中国物权法研究》（下），法律出版社1998年版，第632页；王利明：《中国物权法草案建议稿及说明》，中国法制出版社2001年版，第90页。

〔2〕 江平：《中国矿业权法律制度研究》，中国政法大学出版社1991年版，第58～59页。

〔3〕《物权法》虽然将矿业权在用益物权部分予以规定，但并不意味着矿业权完全等同于一般的用益物权，因为矿业权不是纯粹意义上的用益物权，从法学探讨的角度严格地说应该是“准物权”，更严格地说应该称之为“准用益物权”，其本质上带有强烈公法色彩的私权属性。参见李显冬：“矿业权在物权体系中的定位及法律规制”，载《中国国土资源报》2007年11月19日。

论仅仅为一种大略的指向。

（二）准物权说

这种观点目前是民法学界的主流观点。如李显冬教授认为，民法中的“准”字，其基本含义就是不是什么，而将其当作了什么。[1] 所谓“准物权”其实就是一组特殊权利的总称，而矿业权就是其中的一种。矿业权的特殊性主要体现在其权利客体的消耗性、不特定性和权利构成上的复合性。但矿业权具有物权的基本特征，可以准用物权的有关法律规定。[2]

崔建远教授在其著作《准物权》里明确将矿业权纳入研究的范围，所以他也是坚定的矿业权系准物权论者。不过，崔建远教授主张用新的思维方式看待“准物权”概念，他把物权体系区分为典型物权和准物权，都具备物权的实质，即“直接支配其客体并享有利益”，“以此思路可知探矿权、采矿权、取水权等准物权具有直接支配其客体并享有利益这个物权的实质，它们已经被相应的法律明确规定，即具备了物权法定这个要件，就没有过硬的理由否认它们为物权”。[3] 其他学者如王利明教授[4] 等均认可了矿业权为准物权之说法。

然而，由于准物权的概念本身在内涵上并不确定，不同的学者有着各自不同的学术理解。所以当研究者将矿业权定位为“准物权”之后似乎还遗留了很多的空白和疑惑，比如，矿业权到底在哪些方面可以准用物权法规定，而哪些方面又不能准用物权法的规定。这已经不仅是一个学术争论的问题，而是涉及矿产资源开发利用活动中国家公权力与私权利的界限如何来划定的问题。

（三）特别法物权说

这种观点认为，“矿业权是特别法上的权利，属于特别物权，即由特别法

---

〔1〕 李显冬：《溯本求源集——国土资源法律规范系统之民法思维》，中国法制出版社 2012 年版，第 317 页。

〔2〕 李显冬：《中国矿业立法研究》，中国人民公安大学出版社 2006 年版，第 51 页。

〔3〕 崔建远：《准物权研究》（第 2 版），法律出版社 2012 年版，第 20 页。

〔4〕 王利明教授认为 2007 年《物权法》将探矿权、采矿权等矿业权确定为“准用益物权”，明确了矿业权流转实际上是一种准物权流转，这为其成为一项稳定的财产权利提供了制度保障。矿业权的设立和变动可以适用《物权法》关于物权设立和变动的一般规则，并且在民事主体取得矿业权之后，其享有的矿业权利就可以受到《物权法》的各种保护和救济。参见王利明：“矿业权是一种财产权”，载《法人杂志》2008 年第 12 期。

规定的具有物权性质的财产权”〔1〕。称矿业权是特别法上的物权，侧重点在于其出处是《矿业法》、《矿产资源法》等特别法，但是这种定位显然没有揭示出矿业权的特征与本质。〔2〕换言之，矿业权作为特别法上的物权，与物权法上的物权具有怎样的关系，是物权法上的物权，还是仅仅准用物权法的规定，均未给出明确的答案。

（四）特许物权说

这种观点认为，“矿业权是通过行政许可而产生的物权”。〔3〕需说明的是，持特许物权观点的学者，一般也都认为矿业权是特别法上的物权。这是从不同的角度而给出的不同称谓，“特别法上的物权，是公民、法人经过行政特别许可而享有的可以从事某种国有自然资源开发或作为某种特定利用的权利，如取水权、采矿权、养殖权等”。〔4〕

矿业权特许物权说在逻辑上存在含糊和矛盾之处。一方面，它认为，矿业权是经行政特别许可而产生的权利，这就把矿业权设立行为定性为行政行为，在矿业权人和国家之间是行政法关系；另一方面，前述王利明教授的《物权法草案建议稿》中“特许物权”又是被设置在“用益物权”一章之下，从逻辑上讲，是把“特许物权”定性为用益物权了。

根据民法物权理论，用益物权与所有权之间的关系系他物权与自物权的关系，矿业权为矿产资源所有权派生出的用益物权，两者表现为各自独立并存的权利，而非包含关系。矿产资源所有权系矿业权之母，矿业权乃矿产资源所有权的衍生。〔5〕换言之，设立用益物权的行为属于民事行为，由此形成的法律关系是民事法律关系。这种逻辑上的含糊和矛盾可以说是特许物权说无法回避的问题。

---

〔1〕陈华彬：《物权法》，法律出版社2004年版，第87页。

〔2〕李显冬：《中国矿业立法研究》，中国人民公安大学出版社2006年版，第51页。

〔3〕王利明：《中国物权法草案建议稿及说明》，中国法制出版社2001年版，第90页。我国台湾地区学者中，也有倾向于把矿业权连同水权、渔业权、狩猎权等称作特许物权者。参见林柏璋：“台湾水权及其法律性质之探讨”，载水利部政策法规司编：《水权与水市场》（资料汇编之二），第220页。转自刘宝玉：《物权体系论——中国物权法上的类型设计》，人民法院出版社2004年版，第349页。

〔4〕梁慧星：《中国物权法研究》（下），法律出版社1998年版，第632页。

〔5〕王亚楠：“浅议《物权法》对矿业权的法律确认”，载《改革与开放》2009年第12期。

三、民法学界外部关于矿业权法律属性之诸家观点

（一）民法学界之外对矿业权的用益物权定位的否定潮

民法学界之外的研究者，对矿业权用益物权之定位大多持否定态度。其对于矿业权系用益物权的立法及理论观点批评主要指向两个方面：

1. 以矿业权的客体特征为论证基点。这种观点首先认为，既然矿业权的客体即矿产资源具有物理上的耗竭性，那么它就不符合传统用益物权对于客体的要求，并且认为这是用益物权说的“理论硬伤”；[1] 二是认为矿业权是具有强烈公法色彩的权利，而用益物权说“否定了矿产资源所有权作为抽象的公权力的性质”。[2]

2. 反对将矿业权单纯纳入《物权法》予以调整。第二个论证的基点不仅否定矿业权为用益物权之观点，也否定矿业权作为物权法上之权利的观点。自然，这些学者也不同意民法学者的“准物权说”、“特许物权说”以及“特别法上的物权说”。

当然也有例外，如学者康纪田虽然反对现有民法学者提出的关于矿业权法律属性的几乎所有观点，但是他也似乎是最坚定地认为矿业权应彻底适用物权法规则的主张者。这些学者在否定了民法学者关于矿业权法律属性的各种观点后，都提出了自己独特的见解。

（二）矿业权为经营权说

1. “经营权说”以“行政许可赋权说”为基础。主张所谓“经营权说”的学者认为，矿业权是经营权，是行政机关赋予的“特许”经营权，符合经济法的基本理论观点。[3] 在界定经营权含义时，经济法学者其实有两种观点：

（1）行政赋权致所有权与“经营权”两权分离说。一种观点以所有权与经营权分离理论为基础，认为经营权是企业者掌握对于企业法人财产的占有、使用和依法处分的权利。经营权在通常情况下，属于所有者本人，但也可根据法律、行政命令和依照所有者的意志转移给他人，这种转移是合法的，应该受到国家法律的保护。依据这种经营权理论，私营企业的经营权是指董事

---

〔1〕郗伟明：《矿业权法律规制研究》，法律出版社 2012 年版，第 48 页。

〔2〕刘欣：《矿业权解析与规制》，法律出版社 2011 年版，第 45 页。

〔3〕郗伟明：《矿业权法律规制研究》，法律出版社 2012 年版，第 52 页。

会及经理人员代表公司法人经营业务的权利，而国有企业的经营权是指企业对于国家授予其经营管理的财产享有占有、使用和依法处分的权利。[1]

（2）一般项目的经营权和许可项目的经营权区分说。另一种观点认为，经营权是指在工商核准登记的经营范围内从事合法经营活动的权利。此种界定的意义在于区分了一般项目的经营权和许可项目的经营权，对前者而言，只要取得工商部门的登记即可，对后者而言，须先经过该项目主管部门的行政许可后才能在工商部门办理登记。

持"经营权说"的学者认为，从事矿产资源勘查、开采的企业只有取得勘查许可证、采矿许可证才能进行勘查、开采等经营活动，因而勘查许可证、采矿许可证所负载的矿业权当然属于经营权[2]。据此，"经营权说"之所谓经营权，当属前述第二种意义的经营权，即矿产资源勘查、开采企业在经矿产资源行政主管部门授予勘查许可证、采矿许可证后，自主开展矿产资源勘查、开采活动的权利。

2. 法律关系的主体资格并非是一种财产权利。

（1）此种所谓经营权实际上是一种从事商业活动的资格而并非权利。用法学上的权利与权利能力区分理论来说明，就是企业在工商核准登记的经营范围内从事合法经营活动的权利，实际上是指企业从事商业经营的权利能力，也就是企业与其他主体建立各种法律关系的主体资格，而不是一种财产权利。将矿业权定位成一种经营权，其错误之处在探矿权人和勘查单位之间的关系上表现得非常明确。

探矿权人，持有勘查许可证，是矿业权人；勘查单位持有地质勘查单位资格证书，具有开展矿产资源勘查活动的主体资格。探矿权人要进行地质勘查，要么自己取得地质勘查单位资格证书，要么委托地质勘查单位进行勘查。如果按照前述矿业权是经营权的观点，这里享有经营权的是地质勘查单位，而不是矿业权人，此种理论于此显然是说不通的。

（2）"经营权说"是对现行不合理的矿业权设立（授予）制度的迁就。

---

〔1〕 郗伟明：《矿业权法律规制研究》，法律出版社 2012 年版，第 52 页。

〔2〕 然而，正如有的学者所言，"矿业权既不是体现'所有权和经营权分离'的'经营权'，也不是体现市场准入资格的'经营权'，而是对'矿'即矿产资源这种物质性财产的占有使用权。国家出让探矿权和采矿权，是体现了矿产资源这种物质性财产'所有权和占有使用权的分离''"。参见张文驹："矿权性质及其市场制度"，载《中国地质矿产经济》2003 年第 10 期。转自范小强："矿业权与特许经营权"，载 http://blog. sina. com. cn/s/blog_ a29b546901014u0y. html，访问日期：2012 年 6 月 1 日。

将不合法理的经济现实上升到理论层面，要于法学理论上“自圆其说”，自然认为，现行矿业权采用的行政许可的授予方式，尤其是作为采矿权载体的开采许可证本身具有双重性质：一方面负载了财产权属性的采矿权；另一方面还负载了国家对于矿产资源开采者行为资格的审查。

可以认为，持“经营权说”的学者仅仅看到了采矿权具有授予行为资格的一方面，而忽略了其本身就是一种财产权；此外，这些学者也忽略了在我国探矿权人和勘查行为人是可以分开的，在探矿权的属性上并不含有行为资格的因素。

（三）矿业权之经济权利说

另有经济法学者认为，“矿业权是基于国家矿产资源所有权，由行政机关依法授予具有适格资质条件的市场主体，从事勘查、开采、销售矿产品的经济权利。”〔1〕所谓经济权利，在其看来，是指经济法律关系主体所享有的权利。〔2〕经济权利包括财产所有权、企业法人财产权、经营权、工业产权、债权和其他权利，如股权。〔3〕

那么，问题在于经济权利是一个“箩筐”概念，这个“箩筐”里几乎涵盖了民商法上的各种具体权利，而矿业权到底属于经济权利这个“箩筐”里的哪一个权利呢？另外，从上述经济权利几乎涵盖了所有民商法上的具有“经济属性”的权利内容来看，经济权利似乎与财产权处于同一位阶，因此“经济权利说”在表明矿业权具有财产权性质之外，并未提供更有价值的信息。

（四）矿业权即矿产权说

学者康纪田不同意现行矿业权的概念，他认为当前理论上所述的矿业权是一个“三位一体”的复合性概念，包括明确归属的物权、行政许可授权和企业行为权。为此，他提出以“矿产权”的概念来取代物权意义的矿业权。〔4〕根据他的“矿产权”理论，所谓矿产权包括勘查性矿产权和开采性矿产权，〔5〕二者分别指称“现行法上的探矿权和采矿权”，从而意在强调探矿

---

〔1〕郗伟明：《矿业权法律规制研究》，法律出版社2012年版，第60页。

〔2〕郗伟明：《矿业权法律规制研究》，法律出版社2012年版，第62页。

〔3〕符启林：《经济法学》，中国政法大学出版社2005年版，第95页。

〔4〕康纪田：《矿业法论》，中国法制出版社2011年版，第2～14页。

〔5〕康纪田：《矿业法论》，中国法制出版社2011年版，第98页。

权的物权属性，以区别于现行探矿权依附于行政许可行为存在的特征。

1. 康纪田认为矿产权的核心是开采性矿产权。对于矿产权的法律属性，康纪田区分勘查性矿产权和开采性矿产权分别进行阐述。对于勘查性矿产权，他认为属于用益物权，但是对于开采性矿产权，他认为属于动产所有权。[1]进而他认定矿产权的法律性质就是动产所有权。[2]其理由是，矿产权客体下的矿产，通过开采活动，矿产与土地及矿床相分离而形成矿产品，从矿产到矿产品的变化，只是矿产因劳动而发生了位移，但是“矿产品的物理性质和功能与地裹中的矿产没有任何区别”，因此，矿产属于动产。[3]

在康纪田看来，矿产等于矿产品，既然矿产品是动产，那么矿产就是动产；既然国家已经授权开采性矿产权人取得矿产品所有权，也就意味着国家将矿产权转让给了开采性矿产权人。因此，开采性矿产权人对矿产品的所有权，也就等同于对矿产的所有权。为此，他认为现行制度设计是以用益物权的名义为既得利益者谋取所有权，用益物权性质的采矿权导致了国有资产流失。[4]

康纪田提出物权意义的矿业权（他称之为矿产权）属于动产所有权，认为国家设立矿业权的本质不过是出售矿产权，也就是出售国家矿产资源所有权。所以，他主张严格按照市场的方式，通过招标、拍卖、挂牌方式出售国家矿产资源所有权，而获得的出让收入即“出让金”，就是国家矿产资源所有权的价值实现形式。为此，他反对现行国家收取矿产资源补偿费、矿业权使用费的制度结构。[5]

2. 康纪田的观点找对了弊端却是以生造概念为基础进行逻辑推演。

(1) 其贡献在于揭示了现行矿业权制度存在的两大弊端。其一是将矿业权（这里仅指采矿权）的财产权主体资格与矿产资源开采具体作业人的资格捆绑；其二是以行政许可的方式配置矿业权，虽然其中也引入了招标、拍卖、挂牌的市场方式，但是二者并不能很好兼容，导致招标、拍卖、挂牌被行政权力歪曲，不能充分体现国家矿产资源的真实价值。应该说，这是康纪田观

〔1〕 康纪田：《矿业法论》，中国法制出版社 2011 年版，第 98～108 页。
〔2〕 康纪田：《矿业法论》，中国法制出版社 2011 年版，第 108～112 页。
〔3〕 康纪田：《矿业法论》，中国法制出版社 2011 年版，第 93～94 页。
〔4〕 康纪田：《矿业法论》，中国法制出版社 2011 年版，第 107～108 页。
〔5〕 康纪田：《矿业法论》，中国法制出版社 2011 年版，第 107～108 页。

点中值得肯定之处。

(2) 其显然混淆了矿产资源、矿产和矿产品三个概念。康纪田在建构其“康氏特色”的矿产权理论时，存在基本的概念性错误，以此错误的概念为基础进行的逻辑推演，当然也就得不出正确的结论；就矿产资源、矿产和矿产品三个概念的内涵和相互之间的逻辑关系而言，按照康纪田本人对这三个概念的界定，矿产资源是众多不同矿产的组合体，从组合体中将某一段资源特定出来，形成具体而特定的资源就是矿产资源资产，简称矿产。〔1〕

矿产权的客体是地下的矿产，通过开采活动矿产与土地及矿床相分离，形成矿产品。〔2〕至此，康纪田的逻辑是清晰的，也是正确的：矿产资源、矿产和矿产品的差别，就在于他们处在人类社会活动的不同阶段。但是他由“矿产品的物理性质和功能与地裹中的矿产没有任何区别”之前提，得出矿产的法律属性与矿产品的法律属性完全相同的结论，这显然是错误的，因为其前提是“矿产品和矿产的物理性质相同”，而其结论却是其法律属性相同。

其前提和结论不属于同一个概念的层次，一个是自然科学，一个却是社会科学。从法律性质上说，由于矿产附着于土地存在，其归属的确立和公示方式，通过特定矿区范围的界定实现特定化，并通过登记进行公示；而矿产品则是通过占有的形式确定权利归属，并且仅仅是需要通过占有即可实现权利归属的公示。〔3〕这不仅是一个法律常识，也是一个社会常识。而在这里康纪田显然囿于其自己的逻辑思维方式而漠视了基本的法律常识和社会常识。

(3) 其对国家矿产资源所有权的社会功能价值存在认识性偏差。其建构的国家矿产资源所有权的价值实现方式背离了各国的矿产资源开发利用具体实践。因为国家作为矿产资源所有权人，其价值目标可以分解为三个子目标予以说明：

第一个目标是以现有社会技术条件下最有效率的方式开采矿产资源，通过最大限度提高矿产品开采量来实现资产收益的最大化。这里还要说明的是，即便是相对于特定区域的地下矿产资源而言，其储藏量和开采量也不是恒定的，而是取决于勘查和开采技术手段。前述康纪田将矿产等同于矿产品的逻辑，也是因其缺乏对矿产资源勘查开采技术特性的了解所导致的。

---

〔1〕康纪田：《矿业法论》，中国法制出版社2011年版，第90页。

〔2〕康纪田：《矿业法论》，中国法制出版社2011年版，第93页。

〔3〕崔建远、晓坤：“论矿业权的客体”，载《法学》1998年第2期。

第二个目标是推动国内矿业产业的发展，提高本国的矿业技术水平，获得由此带来的税收收益和带动社会就业。

第三个目标是实现国内经济社会对于矿产资源需求的供需平衡，满足经济发展和人民对于矿产资源的需要，保障经济正常、安全地运行。〔1〕

康纪田显然只看到了国家矿产资源所有权第一个层面的目标，而没有看到第二、第三层面的目标。其主张的矿产权市场化，实质就是主张国家“卖矿”，这和当前饱受社会诟病的各地方政府的“土地财政”政策是异曲同工的。并且仅就第一个方面的目标而言，其看法也是片面的。

如前述，即使对于特定区域的矿产资源而言，其储量和最终开采的矿产品量也因技术条件不同的差别，而不是一个恒定量，所以从价值评估的角度来看，采取国家矿产资源“一次性绝卖”的方式也是不可行的。

（4）混淆公权与私法的出售矿产资源所有权无以实践佐证。从国外经验借鉴角度来看，康纪田所主张的国家矿产资源“一次性绝卖”的“市场化”也找不到实践的例证。大陆法系国家（以日本为例），一方面确立了矿产资源属于国家所有，另一方面确立了矿业权制度。〔2〕换言之，国家对于矿产资源的开发利用也是通过授予矿业权实现，而非出售矿产资源所有权。

英美法系国家（以美国为例），由于美国实行的是地下矿产依附于土地的法律原则，因此，只有国家公有土地下的矿产资源属于国家所有。对于该归属于国家的矿产资源，美国基本是通过与勘查开采人建立租赁关系来实现的，而并非是直接将矿产资源所有权出让给勘查开采人。〔3〕

因此，从国际实践来看，无论是大陆法系国家还是英美法系国家，很少有将国家矿产资源所有权出让的例证。

四、矿业权法律属性的学说需要适应商品经济的发展而与时俱进

综上所述，“经营权说”和“经济权利说”不但其所采用的理论框架与矿业权的实际内容不符，无法符合逻辑地阐释矿业权，而且由于无论是经营

---

〔1〕参阅何贤杰、余浩科、刘斌等：《矿产资源管理通论》，中国大地出版社2002年版，第14～15页。

〔2〕国土资源部地质勘查司编：《各国矿业法选编》（上册），中国大地出版社2005年版，第109～110页。

〔3〕国土资源部地质勘查司编：《各国矿业法选编》（下册），中国大地出版社2005年版，第1164页。

权还是经济权利本身都是宽泛的框架性概念，缺乏实质性的权利义务关系内容，因此，我们也无法根据这种理论进一步建构矿业权设立和转让的具体规则。

与此不同，将矿业权定性为所有权的观点，由于所有权规则是非常明确的，所以，康纪田提出了国家矿产资源所有权的利益实现就是直接出售国家矿产资源所有权。这一结论虽有其所谓的操作性，但问题在于其理论逻辑推演是错误的，由此得出的结论背离了国家矿产资源所有权所要实现的价值目标，也不符合各国矿产资源开发利用实践经验。不过这些理论观点的提出，找到了现行民法矿业权理论，尤其是用益物权理论存在的理论构造上的缺陷，提示我们在重新构造矿业权的私法理论时，必须要对这些问题给出理论上的应有回应。

就民法学界内的几种有关矿业权的理论观点来看，准物权理论，因为其“准”的含义具有不确定性，同样也带来对以权利为其客体的无形体财产权利规则的探讨和争议。所谓准用物权法规则，在建构矿业权这些以权利为其客体的物权的规则时，面临的疑惑就是究竟哪些物权法规则可以准用，哪些物权法规则不可以准用，因而需要从理论上划出一个清晰的界限。

而特别法上的物权理论，由于其仅仅指出了权利的依据是特别法，但特别法种类很多，因此便无从根据这一法律定性推演出矿业权运行的具体规则。持特许物权观点的学者，同时又将特许物权归入到用益物权的范畴，但是其将矿业权认定为系国家行政许可行为的结果，这就扰乱了传统用益物权与所有权之间的法律逻辑关系。

矿业权用益物权观点，明确指明了矿业权运作的法律规则，并且被现行立法所采纳，但是其问题在于这一理论是否符合民法上用益物权的理论框架以及如何回应民法学界内外关于矿业权与用益物权要件不符的质疑。因此，如果坚持以用益物权理论范式阐释矿业权，并建构矿业权运作的具体规则，就必须解决两个层次的问题：第一个层次，矿业权是不是私法意义上的权利，如何看待矿业权的公权性色彩，尤其是其设立方式依赖于行政许可或特许的现实；第二个层次，矿业权是不是用益物权，如何看待矿业权的一些非典型物权特征，诸如客体的不特定性和复合性。

第三节　对矿业权法律属性的界定

一、国家设置矿业权旨在使矿产资源的经济价值得以充分实现

（一）矿产资源管理为公法行为而资源开发中起决定作用的是市场配置

国家是矿产资源的所有者，但是，作为一个集行政权力、政治权力于一身的法律实体，它并不具有像企业、劳动者那样直接创造财富的能力。于是，值得探讨的问题就成为，矿业权究竟是一种什么性质的权利？其在市场中是应当扮演一种充分发挥市场资源有效配置的积极主动的角色，还是一种更多的受政府管制的被动的角色？〔1〕

现行实证的矿业权法律制度实际是两个规范基础，一个是以1986年制定、1996年修订的《矿产资源法》和国务院1998年颁布的三个管理办法（《矿产资源勘查区块登记管理办法》、《矿产资源开采登记管理办法》、《探矿权采矿权转让管理办法》）以及国土资源部颁布的一系列规范性文件形成的矿业权法律制度；另一个是2007年颁布的《物权法》第132条勾勒出的粗线条的矿业权用益物权制度。前者对我国矿业权制度进行了尽可能详尽规定，已经自成体系，而后者则仅仅是一种作为大致预期可能性的粗线条勾勒。

（二）早先“行政许可加合同”理论的困惑

1. 在我国改革开放中矿业权最初就是依附于行政权而存在。当前对矿业权的解释学研究是在以《矿产资源法》为核心的一系列法律法规和规范性文件的基础上进行的。从这些法律法规和规范性文件规定的演化趋势来看，呈现出从包含较多的计划经济色彩、行政权配置矿业权向市场经济、私法手段配置矿业权转变，但总体上矿业权是包裹在行政权内，依附于行政权而存在的。

故以此为基础阐释矿业权的法律属性，就很难得出矿业权是用益物权的结论，甚至连私权的属性也受到质疑。〔2〕但是这种解释论的研究本身是存在

---

〔1〕 闫献伟、茜坤、夏少敏：“我国矿产资源国家所有权的价值考量”，载《中国环境管理干部学院学报》2010年第1期。

〔2〕 潘龙、孟繁超：“矿业权用益物权说的批判——兼论矿业权属性”，载《中国国土资源经济》2012年第9期。

问题的，因为《矿产资源法》的颁布是在20世纪80年代，修订是在90年代，其中包含了很多计划经济的因素，并且其后国土资源部颁布的一系列规范性文件也在突破《矿产资源法》所包含的计划经济藩篱。

2. 《民法通则》和《物权法》都是规范市场经济的基本规则。2007年颁行的《物权法》第132条规定："依法取得的探矿权、采矿权……受法律保护。"从法解释的角度看，这个"依法"之"法"系指《矿产资源法》等关于矿业权的专门法律法规。但是考虑到立法背景，《物权法》的上述规定，实际是指明了《矿产资源法》的修改要适应《物权法》规定的立法目的和立法方向。

而当前一些学者依据以《矿产资源法》为基础的法律法规和规范性文件的规定来阐释矿业权，从而否定其用益物权法律属性的研究方式，显然不符合法解释学的目的解释原则。从这个角度来说，一些学者基于矿业权产生须经行政许可或者行政特许，进而对矿业权是否系物权，乃至用益物权展开批评，这恰恰暴露出其法解释学理论基础的弱点。

二、由矿产资源所有权派生的矿业权是一种受公法规制的私权

（一）矿产资源所有权在公法理论中也只能被视为私物

作为矿产资源所有权派生的子权——矿业权是一种具有公权色彩的私权。在矿业权产生过程中，矿产资源所有权起着决定作用。母权起"遗传作用"与"分娩作用"，母权把它自己的占有、使用、收益等若干权能让渡给准物权人分享。没有母权的"遗传"与"分娩"，准物权就不会含有占有、使用、收益等权能，就不会有支配权。[1]

另外，母权中起"遗传作用"或者"分娩作用"的是国家所有权中的核心——私的所有权。在这一过程中，作为母权的矿产资源所有权与典型的他物权的母权所扮演的角色是相同的。然而，行政机关的介入使人产生了矿业权须经行政机关的许可才得以设立的错觉。显然，这也是主张矿业权行政许可应采"赋权说"的重要理由。[2]

（二）矿业权的设立、行使、变更和消灭都离不开公权力的规制

矿业权的设立须申请人向矿产资源行政主管部门提出申请，在获得相关

---

〔1〕崔建远：《准物权研究》，法律出版社2012年版，第121页。

〔2〕杜榕："我国矿业许可问题初探"，中国政法大学2009年硕士学位论文。

行政部门的许可之后，申请人才取得采矿权或者探矿权。在矿业权人行使权利时，其行为要受到公法色彩比较浓厚的《矿产资源法》的规制。所以，矿业权的法律规制也就具有了相应的公法因素，这种公法的成分源于国家对资源所有权的国家行政管理权。

在矿业权行使过程中，公权力存在之意义在于维护矿业秩序，而非直接介入矿产资源的开发利用。因为每个人都是自己利益的最佳维护者，只要矿业权的授予符合社会整体利益，在民事主体行使自己的权利时，矿业权中的公权力仅仅是维持秩序的"篱笆墙"，此时主宰矿业权行使的应是私权利。公权力只有在设立矿业权以及出现不属于私权范围的纠纷时才显现出自己的存在，这恰是矿业权重在矿产资源物尽其用的本质属性的客观要求。

（三）矿业权行政许可应当仅仅是对市场配置矿业权的法律确认

1. 传统法学理论认可行政许可的确可以创设财产权。随着社会的发展，财产的种类愈益增多，从最初的物到债权、知识产权，再到政府创制的各种各样的财产。〔1〕美国法学家雷齐在《新财产》一文中说："在过去的十几年中，美国所发生的最重要的变化就是，政府已经成为财富的最重要的来源，政府就像一个巨大的吸管，它聚敛着财税和权力，然后吐出财富。"〔2〕

其中，雷齐（Reich）认为政府创造的财产有很多种，其中一种就是专营特许（franchise）。〔3〕有的学者将矿业权视为一种公权或许就是因为其是由行政许可所创立的。如果经营许可能够自由转让，那么经营许可将具有转换价值或者说流通价值，将会成为如所有权一样的财产。倘真如此，政府就可以时时刻刻创造财富。问题是，政府经营许可的原权利是什么？应当认为，这种经营许可的原权利来自政府的经营管理权。由于政府的许可，申请人获得了从事某种行为或者进行某种交易的资格，除此之外，申请人并没有获得其他的权利。

2. 行政许可在矿业权设置中无非起着一种法律确认的作用。

（1）矿业权作为由矿产资源所有权派生出来的一项子权利是他物权。在

---

〔1〕 吴汉东："无形财产权的若干理论问题"，载《法学研究》1997年第4期。

〔2〕 Charles A. Reich，"The New Property"，*The Yale Law Journal*，vol. 73，1964，p. 733～787. 转自王涌："私权的建构与分析——民法的分析法学基础"，中国政法大学1999年博士学位论文。

〔3〕 李显冬、李志娜："市政特许经营的双重法律关系"，载《国家行政学院学报》2004年第4期。

不存在政府对矿产资源支配权的情况下，申请人即使获得了政府对其从事矿业活动的许可，其也仅仅具备从事该项活动的资质，对该项活动所针对的对象并不享有任何的权利，也不可能行使此种他物权。行政许可创设矿业权最大的缺陷在于，行政权中并不包含占有、使用、收益、处分等权能。

（2）在行政许可的权力中并不含有子权利所涵盖的权能“基因”。就行政许可之“解禁说”来看，其历来认为权利的产生并非来自于行政机关，许可行为只是解除了符合条件者的一般禁止而已〔1〕，故“行政许可是指在法律一般禁止的情况下，行政主体根据行政相对人的申请，通过颁发许可证或执照等形式，依法赋予行政相对人从事某种活动或实施某种行为的权利或资格的行政行为。”〔2〕

（3）行政许可是引起矿业权民事法律关系成立之必要的事实行为。就权利外观而言，没有矿业权行政许可，就没有矿业权，其实在本质上应当认为，没有经过行政许可，行为人针对矿区实施的占有、收益等行为就得不到法律的确认和保护。正如崔建远老师所说，行政许可或者特许起“催生”、“准生”与确认的作用，赋予行为人以法律上之力，使其占有、使用等状态名实相符，即享有准物权。〔3〕

3. 矿业权是公法私法化的产物故而其表现着公权对私权之规制。在市场经济大背景下，国家作为矿产资源的所有者，通过契约关系将相关权益出让给有关受让者，并经政府管理部门的审批和登记，国家就以出让者的身份与受让者之间形成私法关系即矿业权法律关系，自然资源即已具有商品或资产属性，政府可以收取出让金和自然资源使用费，来实现自然资源国家所有者权益。

除此之外，国家以管理者身份与受让者之间形成公法关系，政府对矿产资源的利用实行监督和管理，维护国家作为矿产资源管理者的利益。这两种关系同时产生、相互结合、密不可分，形成了由私法和公法共同调整的混合法律关系。矿业权人所拥有的矿业权是一种私权性质的财产权，同时，又因为其所具有公共属性在行使和实现的过程中要受到政府的监督和管理。〔4〕

---

〔1〕 刘素英：“行政许可的性质与功能分析”，载《现代法学》2009 年第 5 期。

〔2〕 姜明安主编：《行政法与行政诉讼法》，北京大学出版社、高等教育出版社 1999 年版，第 182 页。

〔3〕 崔建远：《准物权研究》，法律出版社 2012 年版，第 122 页。

〔4〕 李显冬：“法经济学视角下矿业权公法管理之私权制约”，载王卫国主编：《21 世纪中国民法之展望——海峡两岸民法研讨会论文集》，中国政法大学出版社 2008 年版。

4. 矿产资源的开发利用活动本质上应是一种市场行为。矿产资源的私人物品属性，以及矿产资源所有权的私法性质，决定了矿产资源的开发利用活动都是一种市场行为，与此相适应的法律规则自是私法规范，以此规范为基础而产生的矿业权顺理成章即属于私法上的权利。目前理论界形成对于矿业权兼具私法和公法属性的理论观点，实际是对于现行矿业权制度的消极解释，没有从本源上把握矿产资源开发利用活动作为经济基础的客观要求。

三、矿业权是矿产资源所有权让渡其权能所形成的用益物权

（一）矿业权的客体并不完全符合传统用益物权的法律特征

1. 传统民事法律关系的客体、标的和标的物有不同的内涵和外延。民事法律关系的客体，是民事权利义务所共同指向的事物，即权利行使和义务履行的目标。又有人称民事法律关系的客体为权利客体。然而，有权利则必然有相对人的义务，也必然有权利主体与义务主体间的法律关系。权利所指向的事物，同时也必然是义务所指向的事物。因此，所谓权利客体，实际上仍是民事法律关系的客体。[1]

长久以来，关于民事法律关系的客体，在理论界有不同的看法。有人认为客体是物，也有人认为客体是物和行为，依通说，民事法律关系的客体只能是体现一定物质利益的行为。[2]既然民事法律关系是一个统一的概念，它的客体也应该是统一的，把“物”和“行为”这两个不同的事物分别作为民事法律关系的客体，在物必有体的传统民法中自然认为是不妥的。物在民事法律关系中只能作为权利的标的，不能作为客体。单纯的物和行为一样都不能作为民事法律关系的要素。只有把它们结合起来，即结合成“体现一定物质利益的行为”，才能成为民事法律关系的客体。[3]

2. 勘查结果的或然性与开采结果的耗竭性与用益物权客体特征不符。

（1）矿业权与用益物权关系的理论只能在以现行法为基础来建构。在明确了矿业权是私权的情况下，从法学理论上就得进一步确定矿业权属于哪一种私权形式，其是不是可以归入用益物权的范畴。故此，我们只能是从矿业

〔1〕 章戈：“小议客体与标的”，载《西北政法学院学报》1985 年第 1 期。

〔2〕 王利明等：《民法新论》（上册），中国政法大学出版社 1988 年版，第 116 页。

〔3〕 马俊驹：“从人格利益到人格要素——人格权法律关系客体之界定”，载《河北法学》2006 年第 10 期。

权所反映的经济关系事实出发，结合用益物权所反映法律义务关系框架，来研究现行法的理论框架，是否允许我们以用益物权的理论范式来建构矿业权法律制度。以建构论的方法处理矿业权的法律属性归属，所面临的一个主要反对声音是矿业权的客体是否符合用益物权的客体特征。

（2）目前不少学者认为矿业权的客体不适于成为用益物权的客体。其基本观点是在矿产资源勘查阶段，矿产资源存在与否具有或然性，因此，探矿权的客体具有不特定性，从这个角度出发，得出的不是探矿权属不属于用益物权，而是属不属于物权的问题。

而在矿产资源开采阶段，矿产资源会在不断使用的过程中逐渐地消耗，从而导致作为矿产资源的“物质”本体及依附于其上的所有权逐渐地消失殆尽，而依据用益物权理论，用益物权人行使权利的行为并不会导致所用之物实体和处分权利的丧失〔1〕，因此，采矿权客体之消耗性显然不符合用益物权客体为不可消耗物的特征。

（3）关键在矿业权所反映的经济基础与用益物权框架间的匹配程度。应当认为，探讨矿业权与用益物权的关系，其目的在于确定矿业权制度的建构是否可以适用用益物权的权利义务框架。对于矿业权客体特征的把握，也应该放在矿业权人权利义务实现的目的功能角度，要从矿业权人权利义务实现的行为角度确认矿业权的客体是什么，进而探讨矿业权的客体是否能够满足用益物权的权利义务关系对于客体的法律特征的要求。

（二）*矿业权的客体只能是对国家所有的矿产资源之探采权利*〔2〕

1. 矿业权的客体并非矿产资源。有学者认为，矿业权的客体是矿产资源。然而，如果矿业权的客体是矿产资源，那么将会陷入进退维谷的境地。众所周知，矿业权包括探矿权和采矿权。在探矿权行使之语境下，矿产资源可能并不存在，若将探矿权的客体界定为一定的矿产资源，在确实不存在该特定的矿产资源时，就无法解释探矿权无客体何以照样存续的现象。〔3〕换言之，如无矿产资源，则探矿权因失去存在之载体——权利客体——而不能称其为

〔1〕潘龙、孟繁超：“矿业权用益物权说的批判——兼论矿业权属性”，载《中国国土资源经济》2012 年第 9 期。

〔2〕李显冬、刘志强：“论探矿权的客体是权利”，载《当代法学论坛》2008 年第 6 期。

〔3〕崔建远：《准物权研究》，法律出版社 2003 年版，第 185 页；房绍坤：《矿业权法律制度研究》，法律出版社 2013 年版，第 39 页。

权利，进而先前所进行的探矿活动都将丧失其正当性的基础。所以，通说〔1〕否认矿业权的客体为矿产资源。〔2〕

2. 矿业权的客体也并非矿区用地。矿业权客体是地下土地的观点在我国现行法律制度下也是行不通的。《矿产资源法》第3条第1款规定："……地表或者地下的矿产资源的国家所有权，不因其所依附的土地的所有权或者使用权的不同而改变。"所以，在中国现行法律制度下，矿产资源并没有被包含在土地之中，其与土地是两个不同的"物"，在法律上成立的不同的民事权利。所以，矿业权的客体也不是矿区或者工作区下的土地。而那种认为矿业权的客体是特定矿区或者工作区内的地下部分与赋存其中的矿产资源的观点〔3〕更是使自己陷入了逻辑混乱之中，与我国现行法律制度及其法理逻辑完全不相符。

3. 矿业权的客体应是矿业权主体的勘察和开采行为。我国《物权法》第2条规定："法律规定权利作为物权客体的，依照其规定。"故完全可以认为，矿业权的客体乃一定的勘察和开采行为。〔4〕矿业权的客体不是矿产本身，矿产本身只是采矿权的对象，即所谓法律关系客体所指向的标的。同时，探矿权标的之物理定位具有不特定性，因为在探矿的情形下，权利设定之时其尚

---

〔1〕 王利明：《物权法研究》（第3版，下卷），中国人民大学出版社2013年版，第1047页。崔建远：《准物权研究》，法律出版社2003年版，第185页。房绍坤：《矿业权法律制度研究》，法律出版社2013年版，第39页。当然，有学者持不同意见，认为那种否认探矿权的客体为矿产资源的批驳理由是不太站得稳脚的。因为在矿产资源国家所有的条件下，探矿权人从事勘查活动本身就是一种利润与风险并存的经营性事业，因而探矿权作为一个总体性权利时，其客体当然为矿产资源。就单个具体的探矿权而言，依主观权利理论，在探矿权人看来，其所获得并行使的探矿权是建立在其所认为存在的矿产资源这一客体之上的，即使并未勘查矿产资源，其意志自由也因探矿权而得到保障。因此，无论从主观权利还是客观权利的角度进行思考，探矿权的客体是矿产资源的见解有其合理性所在。参见方印："论探矿权的含义、性质及客体——以探矿权的具体内容为分析基础"，载《人口·社会·法制研究》2009年卷。

〔2〕 崔建远、晓坤："论矿业权的客体"，载《法学》1998年第2期。

〔3〕 郗伟明：《矿业权法律规制研究》，法律出版社2012年版，第66页。鲍荣华："作为用益物权的矿业权的管理制度建设"，载《国土资源情报》2009年第6期。崔建远教授也认为矿业权的客体应是特定矿区或者工作区内的地下部分与赋存其中的矿产资源之复合。他进一步指出，在探矿权场合，客体以特定区域或工作区内的地下土壤为主，（局部的）矿产资源不明，或者存在，或者不存在。在采矿权的情况下，客体由特定矿区内的地下土壤与赋存其中的（局部的）矿产资源结合而成，矿产资源居于最有价值的地位。参见崔建远主编：《我国物权立法难点问题研究》，清华大学出版社2005年版，第340页。崔建远：《准物权研究》，法律出版社2003年版，第185页以下。

〔4〕 廖建凯："矿业权性质之探讨"，载《2006年中国法学会环境资源法学研究会年会论文集》。

不能特定化，只有勘查、开采行为完成后才能最终特定，并且客体的范围也会随着权利的行使而不断变化。[1]

（三）矿产资源所有权毋庸置疑是矿业权的母权

1. 矿业权只能是作为所有权人的国家所设定的他物权。在人类早期，所有权人利益的实现依靠自身对所有物的占有、使用和收益来保障，此时，所有权更强调对物的占有，所有权本身就是目的。但是，这是在以社会生活关系呈现静态的社会所拥有的特点。[2]随着经济的发展，人们之间的关系不再是原有的“你的”或者“我的”的关系，而是一种相互交错的“你中有我”或者“我中有你”的关系。所有权人实现其利益的方式变得灵活多样，不再强调对物的直接占有，而侧重于对物之实际利用。[3]

所有权人可以通过与他人签订合同享有债权的方式享受利益，也可以通过设定他物权的方式来享受利益。矿业权其实就是作为所有权人的国家所设定的一种他物权。[4]

2. 矿业权作为一种用益物权是矿产资源所有权让渡权能的结果。罗马法把物权分为自物权（jus in re propria）和他物权（jus in re aliena）。自物权是物权的标的物属于权利人本人的物权，即所有权。他物权是指物权的标的物属于他人所有的物权。由于他物权是派生和依附于自物权的，因此自物权与他物权是一种完全物权与不完全物权的关系。[5]

用益物权是典型的他物权，从用益物权的历史源流考察可以看出，罗马法上的用益物权包括主要体现伦理价值的用益权和反映商品经济要求的地上

---

〔1〕王利明：《物权法研究》（修订版，下卷），中国人民大学出版社 2007 年版，第 288 页。有学者认为当前民法学界将探矿权、采矿权作为一个整体即矿业权来笼统分析其属性是不科学的，其理由是：探矿权与采矿权所采用的勘查和开采两种行为方式及其产生的效果明显不同，探矿权客体也有别于采矿权。他认为探矿权客体应是特定范围内的地质体，即地壳内占有一定的空间、含有固定成分并与周围物质相区别的地质作用的物。采矿权的客体是依法批准开采的特定范围内的矿产资源，具体是指采矿许可证中规定的矿区范围内的具有比较清楚稳定的资源属性的矿体。参见刘欣：《矿业权解析与规制》，法律出版社 2011 年版，第 54 页以下。

〔2〕[日] 我妻荣：《债权在近代法中的优越地位》，王书江、张雷译，中国大百科全书出版社 1999 年版，第 6 页。

〔3〕吕来明：“从归属到利用——兼论所有权理论结构的更新”，载《法学研究》1991 年第 6 期。

〔4〕李显冬、刘志强：“论矿业权的法律属性”，载《当代法学》2009 年第 2 期。

〔5〕周枏：《罗马法原论》（上册），商务印书馆 1994 年版，第 321 页。

权和永佃权。其中前者在现代社会已日渐式微，后者则因为符合市场经济的需要，其所反映的所有权人和用益物权人之间合作实现标的物价值的关系范式，在不同的国家均得以保留和发展。所以说，任何国家特定时期的物权立法都不是简单地从体系内容的完整上考虑物权制度的设计，而更多的是从社会需要的角度进行取舍，对于法稳定性的要求和应然性的探讨都让位于现实需要的思考。[1]

现代用益物权范式总的说来是一种权利义务体系，包括两个层次的结构：其一是体现所有人和用益物权人之间因标的物的使用收益而发生的关系；其二是这种权利义务关系具有对世性，可以作为交易的对象。对于矿业权是否适用用益物权范式来规范调整，要从用益物权整体权利义务关系的角度来把握，而不能截取传统用益物权的某一具体特征，进而否定用益物权所反映的权利义务范式对于矿业权的可适用性。

在矿产资源开发利用过程中，矿业权制度的核心是开发利用者与国家之间围绕开发利用活动所形成的行为自由权与监督管理权，以及所获收益的分配权利。该权利义务内容与用益物权所反映的用益物权人和所有权人之间的权利义务关系，具有极大的契合性，因此，以用益物权范式来阐释、构建矿业权制度，在法律技术上是完全可行的。现今矿产资源物权的研究应顺应物权“从归属到利用”的发展趋势，体现社会分工与社会分权的基本要求，并从资源要素市场建立的需要出发，分析其应具备的独立性、有限性及可流转性的法律特征，进而对我国矿产资源所有权的实现及资源他项权利的进一步完善做了详细的分析和论证。[2]

第四节 准用益物权范式下的探矿权

矿业权包括了探矿权和采矿权，从矿产资源开发利用过程来看，探矿权与采矿权这两个权利有着明显的天然联系，即这两个权利分别产生于开发利用矿产资源过程中的前后紧密相接的两个核心阶段——勘查和开采阶段，矿

---

〔1〕 翟羽艳：“俄罗斯物权立法的现代化进程”，载《俄罗斯中亚东欧研究》2006年第6期。

〔2〕 张璐、冯桂：“中国自然资源物权法律制度的发展与完善”，载《环境资源法论丛》2002年期。

业权的用益物权属性，通过探矿权和采矿权的性质以及权利义务内容鲜明地体现出来。

一、探矿权之内涵与外延

（一）狭义的探矿权

1994年国务院颁布的《矿产资源法实施细则》第6条对探矿权做了如下定义：探矿权是指在依法取得的勘查许可证规定的范围内，勘查矿产资源的权利。取得勘查许可证的单位或者个人称为探矿权人。

这里探矿权被定义为在一定范围内勘查矿产资源的权利 。江平先生主编的《中国矿业权法律制度研究》一书亦采用了此种观点，[1] 将探矿权仅定义为进行勘查行为的权利 。这是最狭义的探矿权定义，因为其只表明探矿权人有权进行矿产资源勘查，而未对探矿权人通过勘查行为所取得的劳动成果及其他方面的收益作出规定。

（二）包括权利标的之广义探矿权概念

鉴于狭义探矿权概念不利于保护探矿权人利益 ，有学者主张将探矿权定义为“由自然人、法人和其他组织依法取得许可证，在规定的勘查区块范围和期限内，出资组织开展矿产资源勘查并享有勘查成果和相应收益的权利”。崔建远教授在其著述《准物权研究》中认为，探矿权不仅包括行使勘查行为之权利，还包括取得矿石标本、地质资料等权利。[2]

（三）包括专为采矿权之期待权的探矿权概念

探矿权为采矿权之必要准备，从此角度出发，探矿权是指探矿权人依法享有的在勘查许可证规定的勘查区块范围内，进行矿产资源勘查作业并优先取得勘查作业区内矿产资源的采矿权的权利。此定义与广义探矿权概念一样，均或多或少地将利用勘查行为获得的收益包括在内，只是具体收益内容有所差异。

（四）最为广泛的探矿权概念

探矿权概念界定之目的在于明确探矿权的法律属性及内容，完善矿业权

---

〔1〕 探矿权是指享有法定主体资格的地勘单位向法定主管部门申请登记，取得勘查许可证，在规定的区域范围和期限内，对规定的矿产资源进行地质勘查的权利。参见江平主编：《中国矿业权法律制度研究》，中国政法大学出版社1991年版，第193页。

〔2〕 崔建远：《准物权研究》（第2版），法律出版社2012年版。

利体系，保护权利人合法利益。以权利保护为出发点，探矿权概念应体现出探矿权人享有的包括勘查矿产资源，依法转让、抵押探矿权等在内的权利。在探矿权利体系中，矿产资源勘查权是最基本、最原始的内容，其他如采矿权优先取得权则是最基本权利内容的附加利益。

因此，宜对探矿权进行概括定义，即探矿权是指探矿权利人为发现并查明工业矿床、取得地质勘查成果，依法在一定范围、一定期限内享有的对某特定矿区进行矿产资源勘查并获得一定附加收益的权利。

二、探矿权法律关系的主体

（一）探矿权人与探矿人是两个不同的法律概念

在我国，矿业勘查实行勘查出资人与勘查作业人相分离的原则。探矿权的归属依投资确定，即投资人为探矿权申请人〔1〕，享有探矿权的一切收益——包括抵押、转让探矿权所获得的收益及行使探矿权所获得的地质勘查成果；而探矿人是实际进行地质勘查的作业人员，只取得探矿权人给予的勘查佣金和其劳动成果的人身权〔2〕。通常情况下，探矿权人与探矿人并不重叠，唯一的例外是勘查单位投资矿产资源勘查，并因其申请成为探矿权人。

（二）探矿权利人完全可以是一般民事主体

1. 有勘查投入资金实力且参与竞争的人都可能成为探矿权主体。从法理角度观察，不应对探矿权主体施加除勘查能力之外的其他限制。市场经济系以竞争为核心，竞争机制对市场主体能力的激发激励作用已经毋庸置疑。矿产资源勘查活动具有风险与收益并存、专业复杂性与投入持续性并存的特点。因而，应通过竞争机制筛选出最优的探矿权主体，从而保证矿产勘查作业高效完成，而不应由矿产资源主管部门决定矿业权主体的授予。

换言之，只要具备公法要求的矿产资源勘查能力，能够从受让探矿权的

---

〔1〕 1998年2月12日《矿产资源勘查区块登记管理办法》（国务院令第240号）第5条规定："勘查出资人为探矿权申请人；但是，国家出资勘查的，国家委托勘查的单位为探矿权申请人。"

〔2〕 之所以不享有地勘成果的财产权，可以类比知识产权中的电影作品来理解。在电影拍摄中，导演是实际拍摄人，却只享有对电影作品的署名权等人身权利，电影作品的著作财产权由投资人（通常是制片人）享有。在矿产勘查过程中，探矿人即实际作业人，相当于进行了实际拍摄活动的导演，而探矿权人是投资人，相当于电影的投资方（通常是制片人）。

竞争中脱颖而出赢得探矿权的人，都应当能够成为探矿权的主体。[1]

2. 考察世界其他实行市场经济的矿产资源大国的相关立法可以发现，其对探矿权主体除国籍外几乎不作任何其他限制，而国籍限制大抵是出于国家主权考虑与日趋激烈的国际竞争的需要，[2] 如《日本矿业法》[3]、《巴西矿业法典》[4]等。探矿权主体准入门槛更低的《韩国矿业法》规定，外国国民、外国法人或外资控股的法人在“某些国家政策上特别需要”的时候，经国会批准可以获准取得探矿权。俄罗斯联邦则完全容许外国人获得矿业权。[5] 南非、波兰、澳大利亚等国矿业法中完全没有提及与探矿权主体限制有关的规定，从侧面说明这些国家对探矿权主体没有特殊限制。[6]

反观我国立法，1994 年《矿产资源法实施细则》第 6 条规定，取得勘查许可证的单位或者个人称为探矿权人。但现行《矿产资源法》并未规定探矿权主体应为何种主体，仅在第 15 条开头提到设立矿山企业应符合的条件，[7] 似是暗指申请探矿权的主体被限定为矿山企业。矿产资源禀赋条件差异很大，对于企业资金实力的要求并不相同，这种一刀切式的限制没有考虑到矿产资源在不同地区、不同地质条件下的差异性，在实践中是十分不合理的。

---

[1] 张家义：“论探矿权主体资格与矿产勘查准入资格”，载《中国地质矿产经济学会资源管理专业委员会 2006 年学术交流论文汇编》。

[2] 正如有学者所言：“矿产资源是一种宪法上的公有财产，其主体是国家，客体是与国家主权、领土不可分离的宝贵而有限的矿产资源。对外具有主权性与民族性。”见刘欣：《矿业权解析与规制》，法律出版社 2011 年版。而一国以石油、煤炭等矿产资源为主的自然资源之储量，是其在国际竞争中胜出的后盾力量。未来的国际竞争即是能源的竞争。

[3]《日本矿业法》仅规定“非日本国民或者非本国法人不得成为矿业权所有者，但属在条约中有规定时，不在此限”。

[4]《巴西矿业法典》规定：“本法典所指的采矿企业是在国内成立并设在国内的公司或股份公司，不管其法律形式如何，但其宗旨之一是在国土内开发矿床。本条所述的公司或股份公司的组成部分，可以是自然人，也可以是法人，可以是本国人，也可以是外国人，但必须在公司组成文书上写明姓名或名称。个人的公司只能由巴西人组成。”

[5]《俄罗斯联邦地下资源法》规定：“企业活动的主体，不论其所有制形式，其中包括法人和其他国家的公民，均可成为地下资源的使用者，如果俄罗斯联邦法未另行规定的话。只有国营企业才能成为放射性原料开采的地下资源使用者。”

[6] 参见国土资源部地质勘查司编：《各国矿业法选编》（上、下册），中国大地出版社 2005 年版。

[7] 1996 年修订的《矿产资源法》第 15 条规定：“设立矿山企业，必须符合国家规定的资质条件，并依照法律和国家有关规定，由审批机关对其矿区范围、矿山设计或者开采方案、生产技术条件、安全措施和环境保护措施等进行审查；审查合格的，方予批准。”

故可以认为，在划定探矿权主体范围时，应当体现市场化原则，广泛募集资金支持矿产资源勘查，从而缓解目前地勘工作中存在的资金不足问题。当然考虑到矿产资源的特殊战略地位，也可以将探矿权的主体限定为一切具有中国国籍的自然人、法人、其他组织以及内资控股合资公司。

（三）探矿活动从事者的资质才更应当受到公法规制

由于专业技术的限制，探矿人的范围比探矿权人要小，要求更高。矿产勘查活动是一种技术密集型的专业活动，[1] 一个合格的探矿作业人需要拥有专业的地质勘查人才团队、精锐的地质勘查专业手段、高精尖的勘查施工设备以及一定的工作经验，从而保证找矿成功率。高质量矿床的发现，不仅为探矿权人带来巨额利益，也意味着国家矿产资源储量的增加与质量的提升。

因此，公权力有必要对探矿人的资质取得设置许可门槛——必须取得行政部门审核颁发的资质许可证，方具有从事探矿活动的合法资质。

（四）现行矿产资源法中探矿权调整对象指向不明

基层调研表明，目前困扰矿业监管部门的一个重大问题是：对矿业权的管理是偏重对矿山企业主体的管理，还是对勘察和采矿行为的管理。事实上，监管部门之所以无所适从并非事出无因，最大诱因便在于现行矿产资源法中有关探矿的规定指向不明。

国家对探矿主体予以管理，理应体现为对探矿权人企业组织形态的审查；而对探矿行为进行管理，则体现为对探矿人资质（如对其是否存在违法行为）进行审查与监管。依据现行《矿产资源法》，探矿权人为取得勘查许可证的单位或者个人。勘查许可证本应是行政许可的结果，即国家对探矿人资质审查的结果，但在现行法上却成了权利取得的证明。这种逻辑无疑是本末倒置。

应当认为，首先，一旦承认了探矿权是以权利为其客体的准用益物权，其取得即应当以有权机关的“登记”作为生效要件，而勘查许可证则是探矿人实施探矿行为的前置条件。其次，如果“注册地质师”制度作为一种审核探矿人资质的制度被引入我国矿业法律体系，同样可以实现国家对勘查行为

---

〔1〕 刘鑫、纪睿：“浅议地质勘查工作的特有经济规律”，载《城市建设理论研究》2012 年第 19 期。

的监管。[1] 至于探矿业准入，如前述，只要满足一般私法主体要求即可成为探矿权主体。

因而，探矿权主体管理应当以核准制取代现行法中的审批制，因为根据行政法中的“比例原则”[2]，对于一般私主体而言，事后的行为监管即可，特别的审批不但没有必要，也没有实际管理效果。

三、探矿权法律关系的客体

（一）权利客体基于行使而存在，故只有从行使角度才能确定客体

对探矿权，学术界甚为流行的观点认为探矿权的客体是矿产资源，但是在勘查阶段，勘查区域内是否赋存有矿产资源具有或然性，因此，探矿权的客体具有不确定性。[3] 依据这种观点，探矿权不属于物权，当然也就更不是用益物权。不过这种将矿产资源作为探矿权客体的观点，本身就是错误的。法学上的权利客体，是权利行使所及的对象，它说明了享受权利的主体在哪些方面可以对外在的客体做出某种行为或者不做出某种行为。[4] 可见权利客体基于权利行使而存在，只有从权利行使的角度才能确定权利的客体是什么。

（二）探矿权内容包括行为自由权和利益取得权两个层面

其一，探矿权人在特定勘查工作区内享有实施探矿行为的自由；其二，探矿权人在发现工作区域内具备开采条件的矿产资源后，可以优先取得采矿权，它是一种利益归属规定，不属于具体行为支配的对象。因此主要根据探矿行为作用的对象确定探矿权客体。

---

〔1〕 2010年4月26日《国土资源部关于构建地质找矿新机制的若干意见》（国土资发［2010］59号）中指出：“探索推进适应市场经济要求的地质勘查质量监理工作，充分发挥行业协会、学会在地质勘查质量监管中的作用，推进注册地质师制度建设，探索形成个人负责和单位负责相结合的责任机制，加强行业自律。”

〔2〕 比例原则引导公权力的行使。它调整两种关系：一是国家活动中目的与手段的关系，二是公民的自由权利与公共利益的关系。虽然两者的侧重点不同，但是都没有超脱其价值坐标，即正确处理好国家权力与公民利益的关系，既要赋予国家权力一定的优越性以实现社会公共利益，又要防止国家权力过分介入私领域而干涉公民权利，在国家权力和公民权利之间找到最佳结合点以迎合现代法治的理念追求。王名扬、冯俊波：“论比例原则”，载《时代法学》2005年第4期。

〔3〕 参阅郗伟明：“当代社会化语境下矿业权法律属性考辨”，载《法学家》2012年第4期；杨士龙、张树兴：“论矿产资源和矿业权的法律性质——矿产资源自然属性的视角”，载《昆明理工大学学报》（社会科学版）2006年第4期；潘龙、孟繁超：“矿业权用益物权说的批判——兼论矿业权属性”，载《中国国土资源经济》2012年第9期。

〔4〕 张文显：《法理学》，高等教育出版社1999年版，第116页。

所谓探矿行为，通俗地说就是探矿权人采用现代科技手段通过对特定勘查工作区内地质条件的研究来寻找矿产资源的行为。[1]探矿活动从人类认识世界的角度来看属于科学调查活动，其所作用的对象是特定工作区内的地质情况，是通过调查研究特定工作区内的地质情况来判断矿产资源的存在与否，因此矿产资源是地质勘查活动所指向的“标的”，而不是地质勘查法律行为的直接对象。

（三）特定矿区或其地下土壤为探矿行为的指向却并非为法律关系客体

1. 探矿人与土地权利人间的关系为土地物权法律关系。

（1）勘查活动一般不影响其他非勘查活动主体对地表的支配权。探矿行为须借助的现代技术手段包括遥感技术、地球物理勘查技术、地球化学勘查技术和探矿工程技术[2]。所谓遥感技术，是通过测量反射或发射电磁辐射以获得地球表面特征的技术，来勘查矿产资源的技术。[3]所谓地球物理勘查技术，是指用地球物理的方法测量所有岩石所具有的客观特征，来勘查矿产资源的技术。[4]固体矿产资源勘查最常用的方法包括磁法、电法、电磁法、重力测量法，其他诸如放射性测量法主要用于勘查放射性矿产，地震测量方法主要应用于石油和天然气勘查中。[5]所谓地球化学勘查技术，是指通过测量天然物质（岩石、土壤、河流和湖泊沉积物、冰川沉积物、天然水、植被以及地气等）中的一种或多种元素或化合物的地球化学性质（主要是元素或化合物的含量）发现矿化或与矿化有关的地球化学异常，来勘查矿产资源的技术。[6]上述三种勘查技术作用的对象一般为地表和浅层土壤，以此进行的勘查活动，一般不影响工作区内其他非勘查活动主体对于地表的支配权，所以探矿人无须取得临时用地或者建设用地的权利。

（2）工程影响其他非勘查活动主体对土地支配权须取得土地使用权。与前述勘查技术手段作用的对象不同，探矿工程勘查技术作用对象是特定工作区域内自地表到地下的立体空间范围。因而，利用此种技术进行的勘查活动就会影响到其他非勘查活动主体对于地表的支配权。所谓探矿工程勘查技术，

---

〔1〕 阳正熙等：《矿产资源勘查学》（第2版），科学出版社2011年版，第1页。
〔2〕 阳正熙等：《矿产资源勘查学》（第2版），科学出版社2011年版，第121页。
〔3〕 阳正熙等：《矿产资源勘查学》（第2版），科学出版社2011年版，第123页。
〔4〕 阳正熙等：《矿产资源勘查学》（第2版），科学出版社2011年版，第138页
〔5〕 阳正熙等：《矿产资源勘查学》（第2版），科学出版社2011年版，第142～143页
〔6〕 阳正熙等：《矿产资源勘查学》（第2版），科学出版社2011年版，第168～169页

包括坑探和钻探两大类，[1] 其中坑探工程是在地表和地下岩石或矿体中挖掘不同类型的坑道，以了解地质和矿化情况；[2] 钻探工程是利用机械碎岩方式向地下岩层钻进，以探明地质和矿体厚度、矿石质量、结构、构造情况。[3] 正是由于坑探工程和钻探工程活动影响到其他非勘查活动主体对地表的支配权，故而须探矿权人取得地表土地使用权。

2. 传统法学中法律关系的客体异于法律关系的标的。不言而喻，将矿产资源作为探矿权客体，在大多数以失败为一般结果的勘查活动中，势必无法自圆其说。

毋庸置疑，探矿行为的指向是特定工作区域的地表和特定工作区域的地下空间。然此所谓特定工作区域的地表及地下空间，具有特定性和同一性，不仅符合物权对于客体的要求，也符合用益物权对于客体的要求。故而有学者修正了探矿权的客体是矿产资源的观点，认为探矿权的客体是特定工作区或矿区的地质体以及赋存在其中的矿产资源。[4]

这种观点看似很全面，实则不当。正如前所分析的探矿活动部分对地表形态的研究，此时探矿行为的客体就是特定工作区的地表，并且在利用遥感技术、地球物理技术和地球化学技术进行地表形态的研究时，无须取得地表的临时用地使用权或者建设用地使用权，仅凭探矿权即可以实施。因此，此时探矿权的客体当然包括工作区域的地表。

四、探矿权法律关系的内容

（一）探矿权人和作为矿产资源所有者的国家之间系以对特定工作区的勘查活动为目的的合同法律关系

1. 探矿权人和作为矿产资源所有者的国家之间为合同关系。现行探矿权

[1] 阳正熙等：《矿产资源勘查学》（第2版），科学出版社2011年版，第191页

[2] 阳正熙等：《矿产资源勘查学》（第2版），科学出版社2011年版，第191页

[3] 阳正熙等：《矿产资源勘查学》（第2版），科学出版社2011年版，第197页

[4] 崔建远：《准物权研究》（第2版），法律出版社2012年版，第33页。李显冬：《中国矿业立法研究》，中国人民公安大学出版社2006年，第123页。需要说明的是：法学研究中就探矿权客体的描述中常采用“土壤”一词，但如此用法并不精准。土壤是地球表面的一层疏松物质，由各种颗粒状矿物质、有机物质、水分空气、微生物等组成，所以地下是不存在土壤的。地质勘查工作常用“地质体”这一概念。地质体通常是指地壳内占有一定的空间和其他固有成分并可以与周围物质相区别的地质作用产物。

之设定和运行虽包含协商因素，但这种协商因素含于行政行为之中，因此不属于私法自治理念上的合同法律关系，故而被称为宽泛合同关系，[1] 亦称行政合同法律关系。然而，考察探矿权人与国家之间的关系形成和运行过程在现行法上之规定，的确可以发现其中包含很多合同关系的要素，这就为我们以合同关系重新定位探矿权人和国家之间的关系提供了可能。

2. 不论民事合同说抑或行政合同说，均不否认其为合意法律关系。《矿产资源勘查区块登记管理办法》规定，探矿权的设立须由探矿权申请人向地质主管部门提出探矿权申请，申请材料包括：①申请登记书和申请的区块范围图；② 勘查单位的资格证书复印件；③勘查工作计划、勘查合同或者委托勘查的证明文件；④勘查实施方案及附件；⑤勘查项目资金来源证明；⑥国务院地质矿产主管部门规定提交的其他资料。

地质矿产主管部门收到探矿权申请后，如经审查同意探矿权申请人之请求，则申请材料的主要内容，比如区块范围、勘查工作计划、勘查合同书和勘查实施方案及附件就构成探矿权人在勘查活动中的权利和义务。显然探矿权申请就具有了民法上要约的性质，行政机关的批准，则可以视为承诺。要约和承诺的内容则构成二者之间的合同权利义务关系。

需要特别强调的是，2011 年国土资源部颁布的《矿业权交易规则（试行）》明确将矿业权人与国家之间的基于矿业权出让形成的关系，界定为合同法律关系，体现在该规则的第 27 条明确规定矿业权出让合同的主要条款。

事实上很多学者也认为探矿权人和国家之间属于合同关系，只不过其是否属于民事合同存在争议。[2] 本书认为，既然矿产资源属于国家所有的私

---

[1] 在行政法学界，普遍认为存在行政合同，以区别于民事合同。行政合同是行政主体为了实现行政管理的目的，与行政相对人通过相互协商而达成的一种协议，进而导致行政法律关系的产生、变更和消灭。在行政合同的签订过程中，行政主体与行政相对人得处于一种平等的地位，这样才能达成协议，否则，便又回到了先前的行政命令。故行政合同首先体现的是一种合意，体现了自由协商的契约精神，同时，行政合同不同于民事合同之处在于其掺杂有行政性与权力性，最典型的就是行政优益权。参见袁益民、曾涛："行政合同制度之综述"，载中国法院网，访问日期：2009 年 4 月 1 日。

[2] 探矿权人与国家之间合同关系的性质取决于国家主体属性的界定，而国家是公权力主体的同时，是否还是民事主体一直存在争议。学者康纪田主张国家双重主体，即公权力主体与民事主体并列存在。国家作为民事主体，主要是指国家在以国有财产为基础从事各种交易活动而形成的民事法律关系中的法律地位。国家在矿产资源出让过程中，民事主体的法律地位是所有权价值实现的重要保障。然而，国家作为民事主体实现其经济功能，仅在特定范围内的国家所有权这一私权性质方面与其他民事私权并列而且平等。广泛地保护产权和限制产权行使是政治国家的基本任务，以主权国家的社会管理

物，从私物利用规则来看，将其架构为国家作为特殊民事主体而形成的民事合同法律关系，更为适宜。

3. 该特定合同法律关系的核心是对特定工作区的利用与收益。根据《矿产资源勘查区块登记管理办法》之规定并结合实际勘查活动运作过程可以看出，一方面国家将特定工作区内开展勘查活动的行为自由权赋予了探矿权人，同时赋予其对工作区内发现的具有市场开采价值的矿产资源优先实施开采的收益权利；另一方面，探矿权人须在遵守相关法律法规的前提下，按照勘查工作计划及实施方案的要求进行勘查活动。如果探矿权期满，仍没有发现具有市场开采价值的矿产资源，探矿权人应返还工作区域。并按照相关规定〔1〕向国家缴纳探矿权使用费，作为国家授予其探矿权的收益。

由此可见，探矿权人和作为矿产资源所有者的国家之间的关系符合用益物权的利用受益特征。

（二）探矿权法律关系所包含的权利义务关系具有对世性

探矿权所反映的权利义务关系具有对世性，这种对世性表现在以下几个方面：

1. 通过探矿权登记制度实现对特定工作区的探矿权客体范围公示。在物债二分的民法学理论体系中，物权与债权的最大区别就在于物权具有对世性，而债权只具有相对性。物权的对世性，对所有权而言，是指所有权人所享有的针对所有物的行为自由和利益实现所具有的对世性，任何人均不得干扰所有人针对所有物采取行为的自由，不得侵害、侵占属于所有人对于所有物的利益。对于基于他物权人与所有人之间的特定法律关系而成立的他物权的对世性，严格说来，是指他物权人与所有权人之间特定法律关系的对世性。

在他物权人行使权利的行为或者其利益受到不特定第三人的干扰或侵害时，他物权人可以基于其所享有的权利排除侵害行为；在他物权具有可转让性的情况下，受让人受让的其实是原他物权人和所有人之间特定的法律关系。由于所有人的权利或者他物权人和所有人之间的权利义务关系都是基于特定

（接上页）者身份，将对国有产权和其他所有私产权人的多元偏好整合于统一的整体中。参见康纪田："论国家在矿业制度中的民事主体地位"，载《中国煤炭》2007 年第 3 期。

〔1〕 具体要求详见财政部、国土资源部：《关于印发〈探矿权采矿权使用费和价款管理办法〉的通知》（财综字［1999］74 号）。

的客体而存在，因此物权的对世性，要求物权所指向的客体范围具有可公示性。[1]

对探矿权而言，由于其客体是特定工作区域的地表和地下空间，所以其客体范围的公示，就是对矿产资源所有人和探矿权人之间划定的工作区的公示。在我国，因探矿权本身尚以行政许可行为的结果形式存在，探矿权附载于勘查许可证，故而不特定第三人只有通过查询勘查许可证记载的工作区域范围才能确定探矿权客体的范围。

目前国土资源部已经在着手推进勘查许可证的登记公示问题，因此探矿权客体的公示问题不存在法律技术上的障碍。

2. 通过权利义务关系基本框架法定化实现权利义务关系内容公示。用益物权人和所有人之间的法律关系，其本质上是合同法律关系的法定化。换言之，从权利产生的逻辑来看，是先有用益物权人和所有人之间围绕用益物权的客体物的利用收益达成合同关系，然后才是国家赋予这种合同关系以对世性，形成用益物权法律关系。

典型的例证之一就是我国的农村土地承包经营权。在改革开放之初，一些地方农村的集体经济组织和农民自发的形成土地承包关系，这种土地承包关系在当时只能算作一种合同关系，到1986年《民法通则》颁行才明确将土地承包经营权规定为与财产所有权有关的财产权即他物权，至2002年我国颁布《中华人民共和国农村土地承包经营法》，该法将土地发包人和承包人之间的基本权利义务法定化，同时规定第三人侵犯承包人的土地承包经营权要承担侵权责任，从而进一步明确了农村土地承包经营权的物权性质，直至2007年我国《物权法》颁行才更予以进一步体系化地予以规定，明确为用益物权。

与农村土地承包经营法律关系来自民间的自发合作不同，探矿权制度的形成体现为从行政权决定矿产资源勘查行为中逐步剥离出民事权利的过程，因此，探矿权人和国家之间的权利义务基本框架一开始就具有法定的性质，即其权利义务框架的公示性是天然具备的。在建构探矿权的私法规

---

〔1〕 物权是指权利人直接支配特定物，并排除他人干涉的权利。这一对世性要求物权的变动必须采取一定的公示方法，将物权设立、移转的事实通过一定的公示方法向社会公开，才能产生物权变动的效果。参见尹飞："明确物权的对世性意义重大"，载《检察日报》2005年8月1日第3版。

则时，只需要将其权利义务关系界定为私权关系即可实现。

3. 探矿权流转制度和侵权保护制度是探矿权对世性的体现。大陆法系的用益物权大致可以分为两种类型，一是具有对人属性的用益物权，即罗马法、法国法和德国法上的用益权，这类用益物权系为特定人的利益而设，并且所有人不想用益权人支付对价，这类权利的存在价值在于其伦理性；[1] 二是彻底摆脱了对人性的用益物权，这类权利是所有人实现其收益权的一种方式，所有权人设置用益物权的行为，属于市场交易行为，这类权利属于市场化的权利。

对前者而言，对世性主要体现为消极地防御不特定第三人干扰、侵犯权利人实现其用益物权，使用益物权成为侵权法保护的对象。对后者而言，对世性除了体现为对不特定第三人之消极防御作用，还体现为用益物权与所有人之间的权利义务关系摆脱了债权关系的相对性约束。

就探矿权而言，其作为侵权法的保护对象，已经为我国现行的法律制度所承认，对于其成为市场化的交易对象，也为国土资源部的一系列规范性文件所允许。不过由于现行的探矿权尚未摆脱行政依附性，所以其交易行为受到行政权的制约。探矿权制度建构应以用益物权模式将其完全私权化为市场化权利，这是符合我国市场化配置资源的改革方向的。

第五节　准用益物权范式下的采矿权之构造

一、采矿权的概念及其法律属性

（一）行政法规对矿业权的概念有明确界定

根据《矿产资源法实施细则》第6条的规定，采矿权是指在依法取得的采矿许可证规定的范围内，开采矿产资源和获得所开采的矿产品的权利。取得采矿许可证的单位或者个人称为采矿权人。采矿权制度是国家作为矿产资

---

[1] 依《学说汇纂》之表述："用益权是指以不损害物的本质的方式利用、收益他人之物的权利。"从罗马古时起，用益权就被家长用作处分其遗产的一种手段，即罗马人经常以遗嘱将某项遗产的使用、收益权遗赠给他需要照顾的人，使其生活获得保障，而保留虚有所有权给继承人，在受照顾的人死亡之后，继承人再恢复其完全的所有权。参见丁玚玚："论罗马法的人役权制度"，载《法制与社会》2009年第6期。

源所有权人依据法律规定，将其享有的矿产资源所有权中的部分权能让渡给符合准入条件的非所有人，并通过收取一定税费的形式实现所有者权益和资源最优利用的法律安排。

（二）采矿权作为一种准用益物权一直是我国矿产资源管理的核心内容

在目前中国的法律体系下，《矿产资源法》是规范采矿权制度的主干性法律。《矿产资源法》调整的是国家、探矿权人、采矿权人和有关组织及公民之间在矿产资源开发利用和保护过程中所发生的各种社会经济关系。我国矿产资源立法伴随着国家经济社会发展和改革开放的深入而渐进式向前发展，这一曲折历程是我国社会主义经济体制从计划经济向市场经济过渡、政府管理由微观控制向宏观调控转变的生动反映。[1]

在计划经济体制下，政府的任务是直接组织生产，调动人、财、物，组织供、产、销。在市场经济体制下，政府是管社会的，这是重大的区别。可是，没有了“人财物供产销六统一”的传统手段，还要把事情管好，这就需要另一套本事和条件。于是，面对改革开放的形势，才着手《矿产资源法》的起草，有法可依，当然必须依法行政。

故1986年《矿产资源法》具有里程碑意义，标志着我国矿产资源开采和保护工作开始步入法制轨道。1996年修改的《矿产资源法》规定了采矿权有偿取得和依法流转制度，促进了矿业生产力的发展。随着改革开放的深入、市场经济的发展、政府职能的转变和有关法律的颁布，《矿产资源法》的某些条款明显滞后于新形势的需要，对其进行再次修改日益显示出了其迫切性。

《矿产资源法》的修订工作当然要以科学发展观为指导，以《物权法》和《行政许可法》等法律的有关规定为依据。以资源配置的市场化为导向，改革并完善采矿权管理制度，矿产资源配置方式；设计采矿权作为用益物权

---

〔1〕 1986年《矿产资源法》带有计划经济色彩，而随着经济社会的发展和改革开放的深入，尤其是社会主义市场经济体制改革目标的提出，其不足日益显现，矿业法领域的改革势在必行。1994年颁布施行的《矿产资源补偿费征收管理规定》，将矿产资源有偿开采的原则落到了实处，1996年《矿产资源法》确立并完善了一些重大制度，为中国矿业开发注入了活力，为推进地勘管理体制改革提供了法律环境，并有力地促进了矿产资源勘查开发领域的对外开放。1998年颁布实施的《矿产资源勘查区块登记管理办法》、《矿产资源开采登记管理办法》和《探矿权采矿权转让管理办法》3个配套法规，为我国探矿权、采矿权进入市场创造了法律环境。参见蒋亚平、梁明哲、丁权利：“见证中国地矿行政管理改革的进程——访原地质矿产部部长宋瑞祥”，载《中国国土资源报》2008年12月22日第1版。

与行政许可审批登记相互衔接配合的制度等。即要重点解决采矿权制度的完善、行政权的依法行使以及二者的有机互动问题。

二、采矿权的客体及其作为用益物权的适格性亦不无争议

目前对于采矿权的客体，一些学者同样认为采矿权的客体是矿产资源，并进而认为矿产资源是消耗物，因此不符合用益物权的客体须为非消耗物的要求，所以不属于用益物权，否认采矿权可以适用有关用益物权的法律规则。[1]

（一）采矿权的客体是否仅包括矿产资源

采矿行为支配的对象当然是矿产资源。既然矿产资源赋存在地下一定的空间，那么采矿行为必须实现对该特定空间的支配，但这已是土地法律关系的要素了。所以，单纯将采矿权的客体界定为矿产资源并不准确，有学者即认为，采矿权的客体是特定矿区或工作区内的地下部分与赋存其中的矿产资源。[2]

对此，如果依前述将探矿权客体视作行为的思维方法，即根据采矿权所包含的行为自由权来分析采矿权客体的话，所谓采矿行为，指采矿权人将赋存于地下的矿产采集到地面，并为其他生产活动利用矿产品的行为。顺理成章，矿产资源只能是将其视为行为指向的标的物；当然可以认为，将客体视为法律事实的构成亦无不可。

（二）如何看待特定矿区或工作区的矿产资源可否为消耗物

1. 作为采矿权标的物之矿产资源并非罗马法上所谓消耗物。明确法律上消耗物的概念，才能进一步讨论特定矿区或工作区的矿产资源是不是消耗物。在罗马法上存在消耗物（消费物）和不消耗物（不消费物）的概念，其是以是否经使用一次就耗尽为标准进行的分类。传统民法中的消耗物是指以通常方法非消耗即不能使用的物。与消耗物相反，不消耗物是指不因使用而消灭的物。罗马上法区分消耗物和不消耗物的法律意义在于：借贷契约中，消费借贷的标的物是消耗物，使用借贷的标的物是不消耗物；寄托契约的标的物是不消耗物，而变例寄托的标的物是消耗物。故传统理论认为，用益权的标

[1] 参见康纪田：《矿业法》，中国法制出版社2011年版，第92~112页；刘欣：《矿业权解析与规制》，法律出版社2011年版，第44~45页。

[2] 崔建远：《准物权研究》（第2版），法律出版社2012年版，第240页。

的物不能是消耗物，而只能是不消耗物。[1]

应该看到，既然消耗物与非消耗物以“是否一次性耗尽为标准”，那么如果对于一个特定物而言，其消耗过程是持续的，则该物在罗马法上就不宜界定为消耗物。

2. 消耗物与不消耗物之存在与特定的法律关系相联系。只有存在特定法律关系中权利义务的行使要求时，才有必要区分消耗物和不消耗物。换言之，特定法律关系的性质要求与此相对应的客体是不是消耗物，而不是以客体是否为消耗物来确定特定法律关系的性质。

这一点在罗马法上的典型例证就是，罗马帝国初期，元老院作出决议，规定用益权可以适用于消耗物，与消费寄托一样，用益权人即享有所有权人的权利，可以将这一部分消耗物处分掉，而在用益权终止时，用同类、同数量的物品返还，称准用益权。[2]

在罗马法上，用益权的客体之所以要求为不消耗物，与其所反映的法律关系的性质相关联。与今天我们通常所说的用益物权反映的是所有权人和用益物权人之间以所有物使用收益为目的的法律关系不同，罗马法上的用益权体现的是一种三方法律关系，即所有人以遗嘱的方式将某项遗产的使用收益权遗赠给他需要照顾的人，使其生活得到保障，而保留虚有权给继承人。在受照顾的人死亡后，继承人再恢复其继承权。[3] 在这样的制度模式下，用益权人作为受益人和虚有权人作为继承人均是法律要保护的对象。因此，用益权终止时标的物的完整性必须得到保障，否则继承人将丧失继承利益。

3. 不能以标的物完整性的变化作为界定用益物权的唯一标准。如前述，现代用益物权反映的是所有权人和用益物权人之间以所有物使用收益为目的

---

〔1〕 周枏：《罗马法原论》（上册），商务印书馆2009年版，第308页。张俊浩：《民法学原理》（上册），中国政法大学出版社2000年版，第374页。然而，在古罗马时期，帝国初期的一项元老院决议“可以将对某人财产的任何组成部分包括可消耗物的用益权留作遗赠”，表明了可消耗的动产可以成为用益权的客体。然而，由于在使用可消耗物时必须以处分该动产为前提，为了维护有关用益权的规范和逻辑，罗马法规定，对于以可消耗物为客体的用益权，在该权利设立时必须转移可消耗动产的所有权，并在该权利消灭时要求必须按时归还同等数量的可消耗物。此种用益权，因它特有的起源以及在经济功能和法律制度方面同用益权的相似性，被彭梵得称之为“准用益权”。参见赵俊劳：“论用益物权的客体及其立法政策选择——兼评我国《物权法》第117条的规定”，载《法律科学》（西北政法大学学报）2012年第2期。

〔2〕 周枏：《罗马法原论》（上册），商务印书馆2009年版，第399～400页。

〔3〕 周枏：《罗马法原论》（上册），商务印书馆2009年版，第399页。

的制度模式，所有权人和用益物权人之间体现为一种合作关系。在这种情况下，如果所有权人在设定用益物权时即表明以标的物的一定程度的损耗为代价，从而换取收益的实现，那么法律没有必要也不能强制终止用益物权法律关系以保障标的物的完整性，更不能以标的物完整性的变化，断然否定该类法律关系属于用益物权法律关系。

根据我们对罗马法上不消耗物概念的分析，以及何以用益物权的客体要求不消耗物的理论探讨，再来反观采矿权的客体，就可以看出，一些学者称采矿权的客体为消耗物的观点，显然是不准确的。从生活常识上看，特定矿区或工作区内的矿产资源确实会随着开采过程而逐渐减少，具有消耗性，但是这种生活常识意义上的消耗性，与罗马法上所称的消耗物的消耗性其含义是不同的，在罗马法上其消耗性系指一次性耗尽的意思，也就说对于消耗物的使用在时间上不能展开为一个过程。

4. 不能单纯以标的物之“耗竭性”来否定采矿权为用益物权。一些学者认为，由于矿产资源会随着开采而消耗，采矿权人不能履行返还原物的义务，故采矿权不属于用益物权。然而，如果整个采矿权人和作为所有人的国家之间的权利义务关系与用益物权所反映的用益物权人和所有人之间的法律关系具有类同性，当然不能仅仅因为其返还义务的不同，就否定采矿权为用益物权。

除了我国《物权法》早已明文规定权利可以作为物权的客体之外，[1] 既然用益物权体现了所有权人和用益物权人之间一种合作利用标的物的经济关系，在这种关系中，用益物权人的使用方式直接关系到所有人利益的实现程度，因此所有人会要求用益物权人按照其设定的方式进行使用、收益。换言之，所有人要控制用益物权人的使用过程，用益物权是所有权行使的一种方式[2]。在这种经济合作模式下，要求对物的使用在时间上具有持续性，否则所有关于使用方式的约定、使用过程的管控也都没有意义了。

因此，从用益物权所反映的法律关系模式考察，我们可以得出用益物权

---

〔1〕《中华人民共和国物权法》第2条规定：“法律规定权利作为物权客体的，依照其规定。”

〔2〕 有学者认为，所有权是所有人对自己财产的一种支配权，这种支配权的行使主要有两种情况：一是由所有人自己行使所有权；二是由非所有人行使所有权，即由所有人之外的人根据法律规定或约定行使所有权，用益物权就是非所有人行使所有权的一种方式，是所有人为更好地发挥所有权的作用而使非所有人行使对其所有物的权利。参见房绍坤：“用益物权与所有权关系辨析”，载《法学论坛》2003年第4期。

的客体不能是一次性耗尽的消耗物之一般通说，但决不能就此认为用益物权客体必须是在使用中没有任何损耗的标的物，否则，不但不符物之使用的经济规律；也否认了有体物的“精神损耗”，[1]也就是在会计学上所谓的“折旧”。其关键无疑在于，这种损耗不能违背所有人（出借人）的意愿，也不能影响所有人与借用人之间的使用收益法律关系的性质。

应当认为，特定矿区或工作区的矿产资源虽然会随着开采过程而损耗，但是在整体上并不影响该特定矿区或工作区作为采矿权客体的法律性质，亦不影响采矿权人与国家作为所有人之间的整体权利义务关系体系，因此，仅仅以特定工作区矿产资源会因开采行为而损耗的事实性质来否定采矿权作为用益物权的法律性质，既不符合传统民法关于用益物权的法理建构，亦不符合法学理论必须随社会发展而与时俱进的历史潮流。

三、采矿权的内容

（一）采矿权以特定工作区的矿产开采为其基本内容

1. 以市场方式调整矿产资源的开发利用活动为各国通例。从比较法的角度看，在矿产资源开采中，许多国家都以合同法律关系调整国家与采矿权人之间的关系。以印度尼西亚和加拿大为例。在印度尼西亚，国家颁布《印度尼西亚矿产标准工作合同》，将矿产资源开采者和印度尼西亚共和国政府之间的关系界定为合同法律关系。[2]在加拿大安大略省，当探矿权人按要求进行勘查投入，并提前支付一年的租金，可申请采矿租约，从而开发与采掘其中的任何矿藏。[3]

这些事实表明采矿权人和国家之间，以对特定工作区的开采活动为内容的合同的方式来处理矿产资源的开发利用活动，代表了当前世界资源开发利用方式的大趋势。

---

〔1〕固定资产的精神损耗是指固定资产在其有效期内，发生了原有价值的贬值。这种贬值产生的原因有二：其一，由于生产同样商品的劳动生产率提高，社会必要劳动时间减少，引起原有商品价值相应降低；其二，由于技术的改进，出现了效率更高的商品，引起原有商品的贬值。参见陈宪、程乐华：“积压产品精神损耗刍议”，载《当代财经》1991年第5期。

〔2〕国土资源部地质勘查司编：《各国矿业法选编》（上册），中国大地出版社2005年版，第141～168页。

〔3〕国土资源部信息中心、有色金属矿产地质调查中心：《矿产资源勘查投资指南2011——加拿大安大略省》（内部资料），第67页、第80页。

2. 在我国，以合同法律关系调整采矿权一直有明确法律依据。与探矿权相比，1986 年《民法通则》就以立法形式确认采矿权为民事权利。根据该法第 81 条第 2 款之规定：“国家所有的矿藏，可以依法由全民所有制单位和集体所有制单位开采，也可以依法由公民采挖。国家保护合法的采矿权。”并且从该条所处的位置来看，其前款规定“国家所有的森林、山岭、草原、荒地、滩涂、水面等自然资源，可以依法由全民所有制单位使用，也可以依法确定由集体所有制单位使用，国家保护它的使用、收益的权利；使用单位有管理、保护、合理利用的义务”，表明采矿权人和国家之间是一种对于矿产资源的使用收益关系；由其后条款“公民、集体依法对集体所有的或者国家所有由集体使用的森林、山岭、草原、荒地、滩涂、水面的承包经营权，受法律保护。承包双方的权利和义务，依照法律由承包合同规定”，亦可推论出《民法通则》的立法者认可“民有私约如律令”。〔1〕

从 1998 年国务院《矿产资源开采登记管理办法》所规定的采矿权人与国家作为所有人之间的法律关系〔2〕来看，尽管该办法将采矿权证的发放作为一种行政行为，但其中包含着合同法律关系的基本要素，因此只要剥离其中的行政权因素，即可以将采矿权人与国家所有人之间的法律关系建构为以对特定工作区内矿产资源的利用收益为内容的合同法律关系。〔3〕

另外 2011 年国土资源部《矿业权交易规则（试行）》第 27 条明确规定了矿业权出让合同的主要条款，也就确认了采矿权人与国家之间属于合同法律关系。因此，以用益物权法律关系来规范采矿人和国家之间的法律关系是不

---

〔1〕“民有私约如律令”是一句习语，刻于所谓的“杨绍买地砖”之上。它的存在证明了这种将民间私契在当事人之间的效力与官府律令的效力等同起来的理念，在中国由来已久。这种理念的长期存在充分说明，那种认为“中国古代不存在民法”的观点是不符合客观事实的。在中国古代，民间长期存在着与官府律令相对应的，以意思自治为主要内容的民事习惯法。参见李显冬：“‘民有私约如律令’考”，载《政法论坛》2007 年第 3 期。

〔2〕《矿产资源开采登记管理办法》第 5 条规定，采矿权申请人申请办理采矿许可证时，应当向登记管理机关提交申请登记书和矿区范围图、矿产资源开发利用方案和开采矿产资源的环境影响评价报告等文件；同时该办法第 6 条规定，登记管理机关接到采矿权申请人的申请后，准予登记的，应颁发采矿权证，采矿权申请人即成为采矿权人。在采矿权存续期间，采矿权人应严格按照矿产资源开发利用方案进行开采，同时要向国家缴纳矿业权使用费，并以取得矿产品的销售收入为基数缴纳矿产资源补偿费；登记管理机关则有权对采矿权人合理开发利用矿产资源、保护环境及其他应当履行的法定义务等情况依法进行监督检查，采矿权人应当如实报告有关情况，并提交年度报告。

〔3〕姚婷：“论采矿权的法律性质及合法煤矿企业的权益保护”，载《2006 年中国法学会环境资源法学研究会年会论文集》。

存在法律技术障碍的。

（二）采矿权所调整的权利义务关系具有对世性

1. 通过采矿权登记制度实现对探矿权客体范围的公示。如前所述，采矿权客体是特定的工作区域或矿区以及特定工作区域的地下空间所赋存的矿产资源，其客体范围的公示性，须在矿产资源所有人和采矿权人间划定工作区，并将其通过法律规定的公示方式来实现。与探矿权一样，目前采矿权也是以行政许可行为的结果形式存在，采矿权附载于采矿许可证。故不特定第三人也只有通过查询采矿许可证记载的工作区域范围才能确定采矿权客体的范围。目前国土资源部已经在着手推进采矿许可证的登记公示问题，因此与探矿权一样，采矿权客体的公示问题也不存在法律技术上的障碍。

2. 以采矿权设定合同的各种临时应急措施的定型化实现对其内容的规制。通过将采矿权人与国家之间权利义务关系基本框架法定化实现权利义务关系的内容公示。与探矿权一样，我国采矿权制度的形成也体现为从行政权决定矿产资源开采行为到逐步剥离出采矿权，[1] 因此，采矿权人和国家之间的权利义务基本框架一开始就具有法定的性质，即其权利义务框架的公示性是天然具备的。在建构采矿权的私法规则时，只需要将其权利义务关系界定为私权关系即可。

3. 采矿权流转制度和侵权保护制度是采矿权对世性的法律体现。依前所述，《民法通则》已将采矿权规定为民事权利，故自然为侵权法所保护的对象，这业已为我国现行的民事法律制度所认可。1986 年《矿产资源法》第 3 条明确禁止采矿权转让，1996 年修订的《矿产资源法》第 6 条确定了“一般禁止，例外允许转让”的法律规则。不过这些规定，在 2000 年以后已经被国土资源部的一系列规范性文件所突破。由于现行采矿权尚未摆脱行政依附性，故其交易行为受到行政权的制约，表现为采矿权转让须经地质主管机关审批。[2] 采矿权制度建构的方向应是以用益物权的模式将其完全私权化为市场化权利，以建立完全市场化的采矿权交易制度。

综合以上论述，应当认为矿业权的客体符合用益物权对于客体的要求，矿业权人与国家作为矿产资源所有人之间的法律关系具有对世性，符合物权

---

〔1〕 孙立男：“我国采矿权许可制度研究”，中国地质大学 2011 年硕士学位论文。

〔2〕 孙立男：“我国采矿权许可制度研究”，中国地质大学 2011 年硕士学位论文。

的特征；矿业权人与国家作为矿产资源所有人之间的权利义务关系系以对矿产资源使用收益为核心，符合用益物权特征，因此以用益物权模式来建构矿业权制度在法律技术层面是完全可行的。

第三章

我国矿产资源所有权的实现

第一节　我国矿产资源所有权的实现形式

一、矿产资源具有资源与财产双重属性

（一）矿产资源作为不可再生稀缺资源同时也是一国重要的公共财产

矿产资源是人们赖以生存和发展的基本生产资料和生活资料，其对整个国民经济的发展和国家安全都有着极其重要的意义。[1]因而，世界各国都依据本国实际情况，通过各种形式实现矿产资源所有权，旨在促进矿产资源充分开发利用的同时最大限度地保证各主体经济收益的最大化。

（二）我国现行法律中已经确立国家为矿产资源的所有人

在矿产资源国家所有权之上设立用益物权属性的矿业权并让渡给符合法律规定的私主体。对此问题的详细论述，更

---

〔1〕 谭克仁："从国家矿产资源安全谈活化构造与成矿学研究的意义"，载《大地构造与成矿学》2002 年第 1 期。

使我们看到，矿产资源所具有的资源与财产双重属性，[1]无疑在客观上要求作为资源属性的矿产需要我们珍惜、保护与合理利用，而作为公共财产属性的矿产资源，则需要我们实现社会成员之间、代与代之间的公平享用与受益，所以其在法律上的保障应依赖于一套科学、合理的收益制度体系。

二、我国以矿产资源税费制度为核心的资源有偿使用制度

以矿产资源税费制度为核心内容的矿产资源有偿使用制度，也是我国重要的矿产资源所有权经济实现方式。[2]其主要表现为国家通过行政审批或市场方式出让探矿权与采矿权，并在矿业权的取得、持有、使用和转让四个环节中，取得矿业权价款、使用费、矿产资源补偿费和资源税等与矿业相关的特殊税费和所得税、营业税、增值税等一般税费。这一制度旨在有效调节国家与矿产资源使用者之间的经济关系，实现各主体之间经济利益的合理分配。[3]

第二节　我国现行矿产资源税费制度及其问题

一、我国现行矿产资源税费规范体系庞杂[4]

（一）我国矿产资源收益体系始于《资源税条例（草案）》

我国的矿产资源收益体系发端于1984年9月18日由国务院颁布的《资源税条例（草案）》，其规定对原油、天然气和煤炭企业开征资源税。[5]1986年3月19日颁布并于同年10月1日实施的《矿产资源法》则标志着我国这一以资源税和资源补偿费为主的制度架构初步形成。1993年12月国务院颁布

---

〔1〕鹿爱莉、张华："议矿产资源的资产化与资源化管理"，载《地质技术经济管理》2003年第5期。

〔2〕晁坤、陶树人："我国矿产资源有偿使用制度探析"，载《煤炭经济研究》2001年第1期。

〔3〕张彦平、王立杰："论我国矿产资源有偿使用制度及完善"，载《中国矿业》2007年第12期。

〔4〕鲍荣华："矿业权管理法规制度国内外对比研究"，载《国土资源情报》2007年第11期。

〔5〕《资源税条例（草案）》第1条规定："在中华人民共和国境内从事原油、天然气、煤炭、金属矿产品和其他非金属矿产品资源开发的单位和个人，为资源税的纳税义务人。"实际上，当年仅对石油、天然气、煤炭开征了资源税，对金属矿产品和其他非金属矿产品未征收资源税。

《资源税暂行条例》，规定自1994年1月1日起对开采矿产资源的单位和个人全面开征资源税。1994年2月国务院发布《矿产资源补偿费征收管理规定》，规定自1994年4月1日起对采矿权人开采出的矿产品征收矿产资源补偿费。该管理规定第1条开宗明义地阐释了立法目的：其一，保障和促进矿产资源的勘查、保护与合理开发；其二，维护国家对矿产资源的财产权益。[1] 自此，1986年《矿产资源法》确立的矿产资源有偿开采制度得以落实。

（二）现行矿产资源税费体系除资源税和矿产资源补偿费外还包括矿区使用费、矿业权价款及石油特别收益金

体系虽然已经较为完备，但仍存在着所有者权益保护不足、税费设置重叠导致的重复征收以及概念界定不清、征收主体不明确等诸多问题，严重影响了矿山企业的生产积极性和我国矿业的持续、健康发展。[2]

二、矿产资源补偿费的征收难以充分实现矿产资源所有权

（一）资源的经济补偿是矿产资源补偿费的理论基础

1. 矿产资源补偿费是矿产资源国家所有权经济收益的直接体现。矿产资源所得收益的分享目的在于维护国家作为矿产资源所有人的基本利益。[3] 矿产资源作为一种稀缺的、不可再生的自然资源，其开发利用的过程实质上就是一个不断耗竭的过程。现行法律规定，国家作为矿产资源的所有权人，通过在所有权上设立探矿权和采矿权这两种用益物权，将矿产资源的使用权让渡给了私主体，通过对私主体开发利用矿产资源所得收益的分享，作为让渡使用权的对价，目的在于弥补采矿权人开采和耗竭了资源所有权人的不可再生的矿产资源所造成的损失，维护国家作为矿产资源所有人的基本利益。这种矿产资源补偿的思想是矿产资源补偿费的理论基础。

2. 为弥补勘查成本以减轻国家负担旨在利用经济杠杆避免资源浪费。20世纪90年代，我国逐步建立起社会主义市场经济体制，但矿业领域仍然存在不少计划经济的思想和做法。在我国建立矿产资源有偿使用制度之前，都是

---

〔1〕 参见《矿产资源补偿费征收管理规定》第1条。

〔2〕 “国务院：今年形成矿产资源有偿使用制度改革方案”，载中国网，访问日期：2013年5月6日。

〔3〕 王传才等：“矿产资源补偿费是矿产资源国家所有权经济收益的直接体现”，载《矿产保护与利用》2000年第4期。

由国家财政投资勘查矿产资源。[1] 而开发和利用矿产资源的主体无须支付相应的对价。一方面国家投入了巨大的勘查成本得不到弥补，增加了国家财政的负担；另一方面，矿产资源开采利用主体在实践中缺乏系统、科学的规划，开采效率极其低下，造成了严重的资源浪费。为了解决这一问题，维护国家作为所有者的合法权益，保障矿产资源的合理利用和开采，国家通过立法确立了矿产资源有偿使用制度。[2]

我国《矿产资源补偿费征收管理规定》中规定："在中华人民共和国领域和其他管辖海域开采矿产资源，应当依照本规定缴纳矿产资源补偿费；法律、行政法规另有规定的，从其规定。"并且在第5条中详细规定了矿产资源补偿费的征收计算标准和计算公式。然而在实践中，矿产资源补偿费并未起到其应有的作用，其制度本身存在着一系列问题。

（二）我国矿产资源补偿费的法律称谓与其性质并不相符

1. 我国目前法律规定的矿产资源税费称谓极不准确。目前矿产资源税费的称谓既不能准确地表达出真正的经济性质，也不能完全表达出矿产资源有偿使用制度的内涵，容易让各个行政机关在实际执法中对收益取得的权源产生误解，从而造成征收主体不明确以及收益分配不合理。这不仅背离了矿产资源有偿使用制度的根本目标，也影响了国家对社会资源分配以及矿业经济发展的宏观调控。

依照我国《矿产资源法》中关于征收矿产资源补偿费的宗旨和目的的要求，矿产资源补偿费构成中应包含用于补偿矿产资源耗竭的重置资本和国家资源性资产收益这两项基本内容，并依据他们在单位矿产品价格中所占的比重形成费率。[3] 通过对现有条文进行解读，可以看出现行的资源补偿费本身已经超出了"矿产资源补偿理论"所界定的范畴。国家征收矿产资源补偿费的另一重要权力依据在于其矿产资源所有者的地位，即矿产资源补偿费中一部分收益体现的是国家资源性资产的收益。[4] 这一收益从根本上看体现的是马克思主义地租理论中的"绝对地租"。

---

[1] 孙习稳、干飞："国家出资地质勘查形成矿业权的经济关系研究"，载《中国矿业》2007年第5期。

[2] 施文波、贾康："全面实行矿产资源有偿取得制度"，载《中国证券报》2010年12月16日。

[3] 刘军："国土部规范矿产资源补偿费征收管理"，载新华网，访问日期：2013年7月19日。

[4] 张序："中国自然资源有偿使用的税费制度建设"，载《中国经济时报》2010年6月4日。

2. 国家矿产资源收益的性质应当为财政法学意义上的“租（金）”而非“费”。这一违背法理的称谓，没有将国家所有者利益凸现出来，直接导致了在我国矿产资源税费体系中，国家所有者利益这一矿产资源流转过程中最重要的利益之一始终没有受到应有的重视。在实践中，国家的资源所有者身份与矿产资源管理者身份没有得到明确的区分，取得收益的权源不明确，不仅不利于国家所有权者权益的维护，也不利于我国矿产资源的合理开发和利用。〔1〕

在立法调研中，云南省（麻栗坡）、江西省和贵州省（盘江县）均指出了现有矿业权价款方面的问题。这一问题主要体现在：一是各个省份根据自身实际情况，对收益分别采用了“出让金”、“矿业权价款”和“矿产资源有偿使用费”等不同的名称；二是对收益的性质缺乏统一认识，征收标准和评估结果差异非常大；三是收益征收、分配和使用状况异常混乱。

因此，规范税费称谓，使其“名副其实”是建立完善有效的矿产资源收益体系的基本前提。现行规定中，“价款”一词并非严格意义上的法律术语，不属于财税法学中税、费、金这三种基本收益形式中的任何一种。这种模糊性极强的法律名词，直接导致这一收益的法律性质不明确，进而造成征收主体和征收标准的混乱。可以说，明确、规范的经济收益法律名称是重构科学合理的矿产资源收益体系的基础，也是矿产资源税费体系改革的一个关键点。故此，称其为“国家权益金”名正言顺。

（三）矿产资源补偿费征收率较低自不利于维护国家所有者权益

1. 在矿山企业所负担的矿产资源税费中资源补偿费所占比重其实很小。在《矿产资源补偿费征收管理规定》的附录之中，按照计算费率的要求、矿产品的性质和重要程度，大体上归纳为20个不同档次的费率。〔2〕根据现有规定，国家征收矿产资源补偿费，应当以依据当时、当地市场平均价格计算出的销售收入作为缴纳矿产资源补偿费的基础，征收比率不高，征收基数比较小。资源补偿费以销售收入为计征依据，实行从价定率计征，费率按照矿种最低0.5%，最高4%。

---

〔1〕张应红：“我国矿产资源税费理论分析与改革建议”，载《中国地质矿产经济学会2001年学术年会论文集》。

〔2〕地质矿产部政策法规司编：《〈矿产资源补偿费征收管理规定〉条文解释》，地质出版社1994年版，第28页。

例如，作为国民经济发展中重要的基础性能源——石油，其资源补偿费费率仅为1%；黑色金属和有色金属等费率仅为2%。而在美国，石油作为最为重要的矿产品，其征收费率高达12.5%。由于事实上，在矿山企业所负担的矿产资源税费中，资源补偿费仅占很小的比重，要远远低于资源税和其他如增值税等普通税种，故而建立在矿产资源国家所有权之上的矿产资源收益体系在实践中并没有将体现国家所有权的资源补偿费作为主体。

2. 我国整个矿产资源收益体系中法律概念的混淆造成制度功能上的重叠。矿产资源收益体系中的收益取得的依据不同，其分配比例和方向亦有极大差别，只是仅仅凭借资源补偿费的收取难以完全实现国家作为矿产资源所有权人的合法利益。这一状况一方面会造成国有资产的大量流失，因为矿产资源作为一种不可再生的自然资源，在经开采和利用后就会从物理上消失，所以国家作为所有权人在丧失了所有权时应当能够得到相应的对价；〔1〕另一方面，从我国现实情况来看，矿业整体而言是一个收益极高的产业，“煤老板”作为一个特殊的群体几乎成了一夜暴富的代名词，这种状况对整个社会的发展和稳定造成了极大的影响。〔2〕

政府为了调节这一群体的收益，也为了尽可能地弥补国家因资源补偿费率过低所蒙受的损失，采取其他矿产资源收益形式加以平衡。目前矿业权价款概念的不断异化、资源税不断上涨等现象都是这一原因造成的。

（四）探矿权、采矿权价款的征收由于制度异化导致重复征收

1. 价款设立旨在弥补国家作为投资人因前期勘查所支出的款项。现行《矿产资源法》第5条明确规定：国家实行探矿权、采矿权有偿取得的制度。其他法律、行政法规和部门规章对此都有比较详细完整的规定。从具体内容而言，主要是采用探矿权、采矿权使用费的形式。

1998年国务院颁布的《矿产资源勘查区块登记管理办法》第13条明确规定：“申请国家出资勘查并已经探明矿产地的区块的探矿权的，探矿权申请人除依照本办法第十二条的规定缴纳探矿权使用费外，还应当缴纳经评估确认的国家出资勘查形成的探矿权价款。”

随后颁布的《矿产资源开采登记管理办法》第10条规定：“申请国家出

〔1〕丁全利：“维护国家矿产资源权益——解读我国首次开征中外合作开采石油资源补偿费”，载《中国国土资源报》2012年4月26日。

〔2〕蓝狮子：“山西煤老板再也不能一夜暴富”，载腾讯财经，访问日期：2012年7月27日。

资勘查并已经探明矿产地的采矿权的，采矿权申请人除依照本办法第九条的规定缴纳采矿权使用费外，还应当缴纳经评估确认的国家出资勘查形成的采矿权价款。”这两个行政法规进一步规定了探矿权和采矿权价款的含义和征收、计算的方法，从中可见，探矿权采矿权价款这一制度设立的目的在于弥补国家前期勘查矿产资源的相应支出，这一部分收益对应的是国家作为投资人所应当获得的收益。[1]

2. 国家矿产资源收益法律性质不明导致征收标准不确定。同其他种类的自然资源开发相比，矿产资源开发最明显的特征就是资源开发的高风险性和前期投资成本巨大。[2] 世界上许多国家，为了降低矿山企业的经营风险，促进本国矿业发展，通常都是由特定的国家行政机关来承担前期的勘查活动，在探明一定储量的矿产资源之后，再由具有资质的私主体来进行后续的勘查和开发。国家在勘查开发过程中所支付的成本，由享受勘查成果的私主体给予经济上的弥补，从而保护国家作为投资主体的基本利益，并以此作为今后勘查活动的主要资金来源。这就是设置矿业权价款的最初目的。

随着我国国民经济的发展，矿业的整体收益在不断上升，矿产资源开发主体获得的利益远远超出了矿业权价款这一制度设定之初的水平。同时，地方政府为了增加自身财政收益，也将目光投向了矿业。[3] 因此这一制度在部门规章和地方政府规章层面被突破了。2004 年国土资源部颁布的《关于进一步加强探矿权采矿权价款管理的通知》规定：“价款是国家依法出让探矿权采矿权取得的收入，包括以行政审批方式出让探矿权采矿权取得的全部收入和以招标拍卖挂牌等方式出让探矿权采矿权并按照成交确认书或出让合同等取得的全部收入。”一些地方政府甚至规定矿业权价款的评估标准应当为预查和普查后探明的储量乘以该矿种对应的单价。

但矿产资源有偿使用经济收益的法律名称不规范却从两个方面突破了这一规定。一方面，一些特定矿种在国家没有投资勘查的情况下仍然要缴纳矿业权价款。另一方面，一些地方政府为了弥补矿产资源补偿费收益的不足，

---

〔1〕 王燕东、李 刚、范振林：“推进矿产资源有偿使用”，载《中国国土资源报》2013 年 11 月 25 日。

〔2〕 王志远：《直接投资矿产资源开发中如何规避风险》，载《甘肃冶金》2009 年第 2 期。

〔3〕 晁坤、荆全忠：《对我国矿产资源有偿使用改革中矿业权价款的思考》，载《中国矿业》2009 年第 12 期。

尽可能地增加财政收入，将价款的征收扩大到尚未被开采的矿产资源。

因此，现行法律规定的矿业权出让价款已经远远超出了填补国家在勘查活动中支出的成本这一行政收费的范畴，〔1〕矿业权出让价款性质在法律上的模糊规定为各部门和各地方政府的“各自为政”提供了可能性。各个地方政府为了取得更多的财政收入，有意识地将价款这一概念扩大化，并制定不同的征收标准。有些政府甚至依照矿业权的价值进行评估，事实上将今后二十年的预期收益都作为了计算价款的依据。这种“寅吃卯粮”的做法严重违背了矿产资源开发利用的自然规律和经济规律，激化了矿产资源开发利用的代际矛盾，从长远来看不利于矿山企业的发展和矿产资源的合理开发和利用。〔2〕

3. 矿产资源税与价款重复征收难保公平。

（1）国家对超额收益征收资源税旨在调节不同开采主体间的收益。依据马克思的地租理论，矿产资源的开发利用所产生的收益——地租，可以分为绝对地租与相对地租两个部分。〔3〕其中，矿山绝对地租是矿产品的市场价格超过其生产成本的部分，按照马克思主义政治经济学，其实质是超过平均利润的剩余价值的余额。所有者把剩余价值中的一部分以绝对地租的形式征收，作为将矿产资源使用权让渡给私主体的对价。

然而在矿产资源的开发利用中，由于矿产资源的自然禀赋不同，开采的难易程度以及矿产资源的地理位置存在着极大的差异，导致在投入同样数量的劳动和资金的条件下，开采出的矿产品数量也存在着极大的差异。

开采蕴藏丰度高、交通位置好的矿山，成本相对较低，产量就会相对较多。而市场上矿产品的定价则是以矿产品的平均价值为依据的。为了调节不同的开采主体收益上的差异，国家还要征收这种超额收益的一部分，这就是所谓的级差收益。基于这种理论，我国矿产资源税费体系中，资源税占据着非常重要的地位。〔4〕

（2）现行资源税具有普遍征收和调节级差的双重功能。如前所述，1984年我国开始针对原油、天然气、煤炭等三种特定的资源开发征税。1986 年

〔1〕 孙习稳、千飞：“国家出资地质勘查形成矿业权的经济关系研究”，载《中国矿业》2007 年第 5 期 。

〔2〕 康纪田：“论矿业权价款的虚无性——兼与王希凯先生商榷”，载《中国国土资源经济》2012 年第 10 期。

〔3〕 党杨：“马克思地租地价理论评述”，载《现代商业》2010 年第 6 期。

〔4〕 殷爱贞、李林芳：“我国矿产资源税费体系改革研究”，载《价格理论与实践》2011 年第 8 期。

《矿产资源法》不再将资源税的征收范围限定在原油、天然气、煤炭。

现行的资源税是在1994年全国财税体制改革中所确立的第二代资源税。这次改革对资源税从性质上进行了修正，其征收依据不再是企业的超额利润，而是按照从量、普遍征收的原则，对所有的矿山企业进行征收而不论其盈利与否。列入征税范围的税种也增加到了7类：原油、天然气、煤炭、其他非金属原矿、黑色金属原矿、有色金属原矿、盐。自此，我国资源税具有了普遍征收和调节级差的双重功能，既体现了矿产资源的国家所有权，又对矿山企业因自然禀赋差异取得的超额利润在一定程度上加以调节。毫无疑问，现行法中的资源税与矿产资源补偿费存在一定程度上的重叠。〔1〕

这种重复征收所造成的最为直接的后果就是矿山企业承担了不合理的高税负，严重阻碍了矿山企业的发展。〔2〕至此资源税已经背离了最初的立法目的，在矿产资源税费体系中处于一种尴尬的地位。在基层调研中，许多矿政管理部门的工作人员和矿山企业的代表都提出了资源税改革的问题，甚至直言取消资源税，将矿产资源的绝对收益与级差收益合并征收，以权益金一种收益方式实现双重作用，为矿山企业减负。

（3）资源税的从价征收直接导致了部分收益的多重征税。2010年初，财政部、国家税务总局公布了《新疆原油天然气资源税改革若干问题的规定》。根据该规定，于6月1日正式启动的新疆资源税改革，具体涉及原油和天然气两大资源。二者资源税将从从量征收转变为从价计征，税率均为5%。这也意味着，我国酝酿数载的资源税改革，以新疆先行的方式正式拉开大幕，由此将给新疆乃至全国的产业运行和经济结构调整带来深远影响。〔3〕

从现实效果来看，资源税改革为地方财政带来了更为丰厚的收益，依据资源税的分配方式，这一收益中相当大的一部分将会留在矿产资源产地。〔4〕这种做法的好处在于，既增加了当地政府的收益，又对平衡东西部发展和解

---

〔1〕高永钰："矿产资源税与资源补偿费或'合二为一'"，载《第一财经日报》2008年9月12日。

〔2〕潘伟尔："论我国煤炭资源采矿权有偿使用制度的改革与重建（上）"，载《中国能源》2009年第9期。

〔3〕韩洁、罗沙："新疆先行试点：资源税改革拉开大幕"，载新华网，访问日期：2010年6月02日。

〔4〕戴丹："资源税改革11月全国推行，地方财政收益最大"，载潇湘晨报网，访问日期：2011年10月12日。

决民族矛盾有着积极的作用。然而这也意味着，矿山企业将承担更加沉重的税负。

特别是对石油企业来说，在已经缴纳矿产资源补偿费和石油特别收益金的情况下，资源税的从价征收直接导致了部分收益将被三重征税。照此发展下去，不仅石油开采企业发展受到影响，生产成本也将最终被转嫁到下游企业和普通能源消费者的身上，对整个国民经济的发展都将产生不利的影响。[1]

第三节　我国矿产资源收益制度体系的重构[2]

一、各国都形成了形式各异的矿产资源有偿使用法律制度

（一）不同国家形式各异的矿产资源收益体系各有千秋难以一概而论

矿产资源的发现与开采，矿产品的生产与利用，成为现代工业化国家发展的支撑点和基础。矿产资源对国民经济发展的特殊作用及其不可再生性、耗竭性等特点，使得各国矿产资源的所有者都采取了矿产资源有偿使用的制度，保护自身的财产权益[3]。但是，不同的国家，存在不同的矿产资源所有权格局，形成了形式各异的矿产资源收益体系，各有千秋，不能一概而论。[4]

我国坚持矿产资源所有权独立于土地所有权，实行矿产资源的国家单一所有，这与一些联邦制国家如美国、加拿大、澳大利亚等矿产资源丰富的矿业大国存在根本的不同。因此，我们必须立足于本国的国情，建立与我国社会主义公有制与矿产资源单一国家所有制相匹配的矿产资源收益体系。

社会主义公有制国家与私有制的资本主义国家是否在财政收入构成上应该有本质的不同，或者说，税收是否应当是私有制国家存在的经济基础，而

---

〔1〕 王开升、刘西红："石油特别收益金政策需调整"，载《中国石油企业》2008 年第 3 期。

〔2〕 魏敬森、郑皓辉、李显冬："中国矿产资源收益体系的反思与重构"，载《中国国土资源经济》2013 年第 9 期。

〔3〕 李显冬主编：《中国矿业立法研究》，中国人民公安大学出版社 2006 年版，第 258 ~ 259 页。

〔4〕 伍雪妙："中国矿产资源开发税费体系的经济学分析"，山西财经大学 2010 年硕士学位论文。

公有制国家是否应当建构自己的财政收入体系？进一步说，在税收之外，公有财产收益特别是国有财产收益是否应当成为公有制国家的重要经济支撑，使公有制国家能够拥有更为稳健的经济基础，是值得深入思考的、具有现实与理论意义的重大课题。

（二）矿产资源收益过低及整个收益体系中的问题已引起中央关注

土地财政局面出现以后，税收在我国财政收入中的比重有所下降，基本是在86%上下浮动。[1] 多年来，资源税占税收收入比重在0.6%左右，资源补偿费仅为资源税的几分之一，换算下来，矿产资源收益对国家财政的贡献大体为0.5%左右。2013年2月3日国务院批准的发改委、财政部、人力资源社会保障部制定的《关于深化收入分配改革的若干意见》涉及了这方面的问题，这对于完善我国社会主义公有制制度下的矿产资源收益体系具有重要的指导意义。[2]

理顺矿产资源收益体系，必须要有大局观念。国家发展改革管理部门、矿产资源管理部门、财税部门需要充分协调、共同协作，调整我国现有的矿产资源收益架构，建立起以权利金为主、资源税为辅、特别收益金为补充的新的矿产资源收益体系，从而保证国家的矿产资源经济权益，为社会经济建设提供稳健的财政收入支撑，并杜绝资源暴富群体再度出现。

二、我国应建立以权益金为中心的矿产资源收益体系

（一）用权利金替代资源补偿费能够准确反映所收费用之内涵

鉴于“费”在财政学的语境下有特定内涵，基于所有权收取的款项不宜使用“费”的概念，而应称之为“租”或是“金”。国外矿业立法对依托矿产资源所有权而向开采出矿产品的主体收取的款项普遍使用“权益金”一词，我国应当在修订《矿产资源法》过程中改变称谓，将之前在学术翻译中较为广泛使用的“权利金”用法实至名归地变更为能够准确反映所收费用内涵的普适概念，即用权益金替代资源补偿费。[3]

1. 矿业权人在耗费了国家的不可再生资源后自得向国家支付对价。权益

---

〔1〕 根据财政部官方网站国库司公布的近几年的财政收支情况计算获取数据。

〔2〕 “国务院批转《关于深化收入分配制度改革的若干意见》”，载新华网，访问日期：2013年2月5日。

〔3〕 高永钰：“矿产权利金或取代矿产补偿费”，载《第一财经日报》2008年10月10日。

金是矿产资源所有权人以其所有权为法律基础，向矿业权人征收的一种矿产资源收益。这一收益从性质上来看，是矿业权人在耗费了矿产资源这一不可再生资源后向矿产资源所有人——国家所支付的对价，准确而又充分地体现了所有权人与用益物权人、权利与经济利益之间的关系。目前，世界上主要的矿产资源国家大都建立了以权益金为中心的矿产资源收益体系，即使名称上并不统一，但所体现的性质是相同的。

2. 权益金有利于实现政府追求的最大多数人之最长远利益。征收权益金之所以会成为世界矿业大国通行的做法，主要原因在于这一制度能够最大限度地体现出政府取得矿产资源收益的目标。各国政府对矿产资源开发利用活动课税，除了获得必要的财政收入外，还要鼓励矿产资源使用者用最小的成本取得最大的收益。

一般来说，政府发展矿业的目标包括：①使地方政府促进矿产资源勘查和开采所获收入的现值最大化；②使环境损害和公司对其采矿活动所造成的损害的补偿最小化；③促进矿业生产与地方经济的前向和后向联系；④关注矿山所在地民众的社会和文化需求。在上述总体目标的框架内，各国政府还希望他们的税制具有国际竞争力。[1]

3. 权益金是与政府矿产资源收益目的最为相符的收益形式。

(1) 权益金的征收成本相对较低且易于管理。权益金与普通的税种不同，属于矿产资源专业收益的范畴。[2] 通常情况下，国家会在立法中明确权益金税率，其计算方法自然简单明了，这使得权益金的征收具有更高的透明性和操作的简单性。同时，权益金较为特殊的性质，使得绝大多数国家都规定征收权由代表国家矿产资源所有者权益的专门部门（通常为一国的矿政管理部门）行使，而非税务部门。

如澳大利亚和加拿大由各州的矿产能源部或者矿业部征收；南非、印度尼西亚等国则规定由国家矿产能源部征收。可以说，代表国家行使矿产资源所有者的权利并取得以此为权源的经济收益是各国矿业主管部门的一项基本职能。这种由专业部门专项管理的制度，使得权益金的征收和管理的成本大

---

〔1〕 美国科罗拉多矿业学院、全球资源政策和管理研究院：《全球矿业税收比较研究》，地质出版社 2006 年版，第 6 页。

〔2〕 郝蕴："我国矿产资源税费法律制度改革研究"，载《法制与经济（中旬刊）》2011 年第 4 期。

大降低，真正高效率地维护了国家矿产资源所有者权益。

(2) 权益金可以确保国家在矿业开发中获得稳定不间断的收益。权益金的征收方式与税的征收方式存在着极大的差异，虽然也存在按照利润征收权益金的情况，但在大多数国家，权益金的征收方式主要为两种：从量征收与从价征收。[1] 这两种方式使得权益金的征收与矿山企业的利润并没有直接的联系。换言之，即使矿山企业因其经营管理状态不佳没能在相应的经济活动中得到利润，只要其从事了矿产资源的开发利用活动，就必须向国家缴纳权益金。因而，这种制度使得权益金的取得与税收的取得相比有着更大的稳定性和可预期性，从而保证了国家基于矿产资源所有权所应取得的经济收益的实现。

(3) 权益金是最能体现矿产资源所有者权益的资源收益形式。权益金是目前为止最能体现矿产资源所有者权益的资源收益形式，其本身的优势决定了其不可替代性。权益金是一种明确且清楚的资源性收益，具有征收简单、易于管理、稳定性强的特点。这些都是其他收益形式到目前为止所无法比拟的。[2]

(二) 权益金制度可能出现的弊端完全可通过扬弃予以完善

1. 权益金制度虽有缺陷但多数国家仍都保留了这一收益形式。权益金制度本身存在着一定的缺陷，具体表现在以下三个方面：第一，除非进行特殊的设计，否则权益金对于价格变化和实现的利润水平不敏感；第二，可能会通过改变公司开采方案、品位选择和可回收储量水平的形式扭曲效率高的经济决策；第三，可能会打击投资者对边际矿山的投资积极性。[3]

事实上，世界各矿业大国在 20 世纪 80 年代末到 90 年代初就意识到了这些问题，并对本国的矿产资源收益制度作出了相应的调整。除了几个国家，大多数国家仍然保留了权益金这一收益形式，仅对其税率和征收方式做出了改进。

2. 权益金的制度缺陷可以在其自身范畴内加以解决。从矿业权人的角度

---

〔1〕 杨柳晗："资源税改革推进：铁矿石税率'六折'改'八折'"，载《每日经济新闻》2012 年 2 月 21 日。

〔2〕 李男、孟磊："我国矿产资源权利金制度构建研究——谈美国矿产资源权利金制度对我国的启发与借鉴"，载《经济师》2008 年第 12 期。

〔3〕 美国科罗拉多矿业学院、全球资源政策和管理研究院：《全球矿业税收比较研究》，地质出版社 2006 年版，第 17 页。

来看，合理的矿产资源收益制度应当能够对企业的利润做出一定的反映，而且不会对回收率和投资决策造成扭曲。权益金是否符合这两个条件，主要取决于权益金的税率和征收方式。在20世纪80年代末到90年代初的权益金改革中，许多国家将权益金税率进行了下调，并且创制了新的权益金征收方法，通过将权利金与企业利润相挂钩，在一定程度上减轻了权益金制度的负面作用。[1]

3. 权益金无法实现的作用可通过其他矿产资源收益方式实现。现代各国的矿产资源收益制度都已经发展为税、费、金三者联动的模式，不同的收益形式体现了不同的权利义务关系，彼此之间协调配合。[2]权益金这一收益形式最主要的作用在于实现矿产资源所有者的权利，故各国基本上都把它作为"矿山早期阶段和利润低的年度确保某些基本收入的方法"，但其本身的作用是有限的。

至于调节企业受益，将国家收入与企业利润紧密联系则可以通过所得税等税收方式加以实现。虽然权益金是矿产资源收益体系的核心，但作为一个完整的体系，在对因矿产资源开发利用所获经济收益方面进行系统的调节时，仍需要其他配套的制度发挥作用。

4. 权益金制度之不足可以在引进过程中不断予以扬弃。要实现将权益金这样一种在世界范围内通行的比较成熟的法律制度，并契合我国矿产资源收益体系中的顶层设计目标，在完善权益金制度时应当注意与中国实践相结合。

(1) 引入权益金制度须确定科学合理的权益金费率。[3]在我国现有规定中，矿产资源补偿费依据不同的矿产品种类，规定了不同的矿产资源补偿费费率。在确定了矿产品的销售收入后，应当再乘以费率，才能得出应当缴纳的矿产资源补偿费的具体数额。现有的从0.5%到4%的费率显然偏低，特别是石油、天然气等价值较高的矿产资源资源补偿费率只有1%。这种规定致使我国这一基于矿产资源国家所有权所取得的经济收益在整个矿产资源收益体系中只占到很小的比例。

虽然在20世纪80年代末到90年代初各国都在矿产资源收益制度改革中

---

[1] "全面实行矿产资源有偿取得制度"，载《中国证券报》2010年12月16日。

[2] "矿产资源税费制度的国际经验及借鉴——全面实行矿产资源有偿取得制度"，载《中国证券报》2010年12月16日。

[3] 晁坤："论矿产资源权利金制度的实施"，载《煤炭经济研究》2003年第4期。

相对降低了权益金的费率，但绝大多数国家仍然将费率定在了平均2.5%左右。在各国实践中，这一费率既能够充分体现出矿产资源国家所有权的地位，又能够将企业的经济负担降到一个比较合理的范围，充分实现了国家与矿山企业之间的利益平衡。[1]这一规定值得我国在立法中加以借鉴。

(2) 我国引入权益金制度应设定灵活多样的权益金征收方式。权益金作为矿产资源收益体系的核心，在世界主要的矿业国家已经经历了漫长的制度演变和发展。在我国还在思考究竟应不应当将权益金这一概念引入法律体系中时，许多发达国家已经在探讨通过丰富权益金的征收形式来最大限度的弥补这一制度的不足。

澳大利亚就是最典型的一个代表。该国征收权益金的主要方式就有三个：从量征收、从价征收以及以利润为基础进行征收。[2]我国也应当借鉴现有的先进制度，依据不同种类的矿产品的特点，在以从量征收为基本方式的基础上，对价格变化幅度较大的矿产品采取从价征收的方式，对一些利润较高的矿产品采用以利润为基础的方式进行征收，最大限度地提高权益金制度的灵活性，维护国家矿产资源所有者权益。[3]

5. 以权益金取代现有的"矿产资源补偿费"有着积极的意义。权益金作为矿产资源特有的收益形式已然成为一种在世界范围内通行的比较成熟的法律制度，既如此，在尊重我国国情的基础上，将这一制度引入我国矿产资源收益体系中来，必将有益于矿产资源法律制度建设。

首先，能够在我国矿产资源税费征收体系的基础概念和基本理论上正本清源，使其名副其实；其次，能够最大限度地体现国家矿产资源所有者的权利，减少国有资产的浪费和流失；最后，通过制定灵活的权益金征收方式和科学的征收费率，还可以最大限度的实现国家所有者权利和矿业权主体权利这二者之间的平衡。[4]

---

[1] 薛惠锋："科学制定矿产资源有偿使用费标准"，载中国人大网，访问日期：2007年1月12日。

[2] 李震中："中澳矿业权法律制度比较"，载《知识经济》2010年第3期。

[3] 怀保光："澳大利亚新南威尔士州公布新的煤炭权利金制度"，载《国土资源情报》2004年第10期。

[4] 李刚："南非权利金制度及对我国矿产资源补偿费改革的启示"，载《中国矿业》2012年第3期。

三、围绕权益金的引入继续构建其他矿产资源收益法律制度

（一）以“矿业权出让费”取代现有的“价款”这一概念

矿产资源出让金是我国现行矿产资源有偿使用制度的起点，是国家在出让矿业权时取得的第一笔资源性收益。我国现有法律法规规定，申请国家出资勘查并已经探明矿产地的探矿权或采矿权的，应当缴纳经评估确认的国家出资勘查形成的探矿权或采矿权价款。用矿业权出让费取代现有的“价款”这一概念，不仅规范了法律用语，更能从根本上将这一收益的性质通过其称谓表现出来。

1. “矿业权出让费”从本质上看应属于行政收费这一收益形式中的“工程受益费”。国家为了降低矿产资源开发利用的风险，促进矿业发展，会在前期投入大量的人力物力进行矿产资源的勘查工作。在取得一定勘查成果之后，国家会通过招标、拍卖、挂牌的市场运作方式或者行政审批的方式，将这一成果连同矿业权一起让渡给私主体来进行后续的开发利用活动。在这种前期投入过程中，国家所扮演的并非是矿产资源所有者或者矿政管理者的角色，而是作为投资主体存在。矿业权受让人在取得矿业权时，事实上享受了国家前期勘查的成果，因此必须在一定范围内分担取得这一成果的成本。[1] 矿业权出让费这一概念最能准确描述出这一收益的性质。

2. “矿业权出让费”需要通过法律规定的程序确定。实践中，矿业权出让费由专门的国家行政机关进行评估。评估所得的结果并非与国家勘查成本相等同，因此很多人质疑矿业权出让费的性质。许多人认为，我国目前的矿业权出让费类似于美国矿业法上的红利。但实际上两者存在着极大的差异。[2]

我国矿业权出让费发生在矿业权的出让环节，几乎所有的矿业权出让时都要缴纳这一费用，而美国的红利则仅仅在竞争招标中，对那些赋有已知矿床或前景较明朗地区的矿产资源才征收。

应当认为，国家用于勘查矿产资源的投资同其他形式的投资一样，投资价值并非是一成不变的。从国家取得一定的勘查成果到矿业权主体取得矿业

---

〔1〕 袁怀雨、刘保顺、李克庆：“矿业权评估的若干理论和方法问题”，载《中国国土资源经济》2011 年第 6 期。

〔2〕 蔡鑫磊：“国内外矿产资源税费制度比较研究”，载《时代金融》2012 年 10 月 15 日。

权，这中间存在着一定的时间差。在这一段时间差里，国家的投资会产生一种增值，当私主体受让矿业权时，其所支付的对价不应以国家勘查时所投入的成本为准，而应以其取得权利当时国家前期投资的实际价值为准，因此，矿业权出让费费的评估结果应当是高于国家实际支出的成本的。〔1〕

3. 定义为矿业权出让费可为国家未来的矿产资源勘查活动提供强有力的资金支持。矿产资源作为一种不可再生的资源，已探明的矿产资源会随着开发利用活动而不断消耗直至耗竭。为了保证一国矿业的持续发展，政府必须不断投入新的成本以寻找新的矿藏，这是一个循环往复的过程。通过"费"这种方式取得收益的特点在于，不必纳入整个国家的预算体系之中，可以做到专款专用。

国家通过收取矿业权出让费的方式取得收益后，可以放入专门的地勘基金当中作为未来勘查工作的资金来源，这种制度安排简单合理，易于操作。同时专款专用省去了通过国家财政再分配的过程，由专业的矿政主管部门进行征收、管理和分配，大大降低了制度的运行成本。〔2〕

（二）探矿权使用费与采矿权使用费应正名为"矿地使用费"

作为由矿政管理部门按照面积征收的一种经济收益，探矿权使用费与采矿权使用费在性质上基本等同于国外立法中的地面租金。这种收益的意义在于以下四点：

1. 保障矿产资源的用益。矿产资源具有稀缺性、耗竭性、共伴生性、赋存条件的复杂性，其中有些还具有战略性、不可替代性，这些特征决定了矿产资源管理部门作为公共管理者，要严格把守探、采大门，将矿产资源的探、采交给真正有能力的人，而这需要进行资质的形式与实质审查、甚至聘请专家进行论证等等，凡此种种无疑不可缺少费用保障。

2. 保护矿业权人正当权益的需要。经过行政许可程序，矿业权从母体权利中产生出来，矿业权人的财产权利需要保护，这就要进行勘界、标桩、登记、公告，缺乏费用的保障必然难以进行。

3. 加大矿业权人的违法成本的需要。通过加大矿业权人的违法成本，可以避免圈而不探、圈而不采，预防倒卖矿权行为的发生；同时也是考虑子孙

〔1〕荣树新："采矿权出让评估中存在的问题与建议"，载《中国资产评估》2008年第1期。

〔2〕"摆正利益的天平——中央地勘基金管理中心副主任杜清坤解读《中央地质勘查基金勘查项目权益管理暂行办法》"，载国土资源部网站，访问日期：2011年5月23日。

后代的利益或者是基于战略性考虑，通过提高探、采的门槛，能够预防可能发生的资源浪费问题。

4. 强化矿山环境修复的需要。规范矿产资源勘查、开采活动，是矿产资源与矿山环境保护的需要。[1]

矿业活动可能引发地质灾害、对周边地区的人民的生活、企业的生产带来影响，需要矿政部门加强管理；进行矿产资源保护和矿山环境保护带有相当的复杂性，如矿产资源管理部门需要在行政许可时进行环境影响评价、对采矿权人的环境治理是否达标需要进行环境监测、矿业企业关闭时需要环境治理验收、对于矿山闭坑后土地的复垦情况进行检查，等等。

为了更好地发挥探矿权使用费与采矿权使用费的作用，在对矿产资源收益制度进行改革时，应当将现有的价款与使用费纳入统一账户进行修正。通过建立使用费专门账户，真正实现“费”的专款专用，[2] 对作为矿政管理者的行政机关提供资金上的有效支持。

（三）在我国，体现级差地租的资源税要继续保留

1. 协调好权益金与资源税两者之间的关系势在必行。现行制度中，矿产资源补偿费与资源税之间就存在着性质部分重合、分工不明的问题，造成双重征收的不良后果，给矿山企业造成了沉重的负担。[3] 在引入权益金制度后，如何协调好权益金与资源税两者之间的关系，是构建新的矿产资源收益制度的一个至关重要的问题。根据马克思的地租理论，权益金所体现的是国家矿产资源所有者所应获得的绝对地租部分，资源税则体现的是级差地租的部分。通过何种形式实现这两种彼此联系但又不完全相同的经济利益，是各矿业国家必须要面对的一个问题。

2. 解决权益金与资源税两者关系的三种途径。

（1）设置所得税等普通税收。正如前文所提到的，在20世纪80年代末到90年代初的矿产资源收益体制改革中，一些国家在意识到权益金制度的缺陷后，干脆取消了权益金制度，改为将矿产资源收益形式与企业利润紧密联

[1] 周玮、郑玮娜：“曾培炎谈我国矿产资源综合利用和矿山环境保护力度不断加大”，载新华网，发布日期：2006年12月26日。

[2] 欧文汉：“改革完善政府非税收入管理”，载《财政研究》2013年9月22日。

[3] 袁怀雨、李克庆：“资源税与矿产资源补偿费制度改革”，载《有色金属矿产与勘查》2000年第1期。

系起来。无疑，以企业的应纳税所得额为税基的所得税是实现矿产资源收益的一个非常好的形式。[1]

(2) 设立超额利润税实现矿产资源级差收益。这一做法的典型代表是澳大利亚。澳大利亚政府于2010年5月宣布计划征收矿产资源超额利润税。该项税收中所指的超额成本是指：矿山企业在扣除生产成本、各项费用、权利金以及股东红利后剩余的净利润，或者说矿山企业的投资收益高于正常利润的部分。联邦政府将这部分收益用于政府养老金、企业减税和基础项目等方面的支出。[2]

(3) 权益金征收方式的多元化。持这种观点的人认为，无论是绝对收益还是级差收益，归根到底都是国家矿产资源所有者利益的体现，通过权益金这一矿产资源特有的收益方式来实现这两部分经济利益在理论上是说得通的。同时，随着权利金制度自身的发展，征收方式逐渐多样化，通过从量权益金的普遍征收来实现绝对地租，通过以利润或价格为基础的权益金的征收来调节级差收益，最终将这两类收益合并到一起，统一纳入国家财政预算体系。[3]

(四) 权益金实现绝对收益与资源税实现级差收益的互补协调机制

1. 借鉴国外有关矿产资源权益金经验时须结合我国实际情况。各国在解决矿产资源国家所有权的收益问题、协调绝对地租与相对地租之间的关系时，在遵循基本经济规律和结合本国实际情况的基础上，制定了不同的法律制度。这些制度对我国矿产资源收益体系的重构有着非常重要的借鉴意义。但是，国外的相关规定都因各国的实践情况而有所差异，与我国的实际情况更是完全不同。因此，在借鉴外国经验时，应当结合我国实际情况，对不同国家立法的理论性和实践效果进行细致的比较和研究，取其精华、去其糟粕。[4] 将"权利金"演化为"国家权益金"就是具有中国特色的理论创新。

从我国实际情况出发，矿产资源补偿费和资源税同为矿产资源经济收益的重要形式。在确立权益金作为矿产资源收益体系的中心制度的同时，也应当保留资源税这一制度。其根本原因在于，资源税作为一种收益形式在整个

[1] "矿产资源体制改革需四轮驱动"，载《中国财经报》2007年7月24日。

[2] 蔡鑫磊："国内外矿产资源税费制度比较研究"，载《时代金融》2012年10月15日。

[3] 匡贤明："煤炭资源税改革迈出关键一步"，载《新京报》2014年10月1日。

[4] 张序："中国自然资源有偿使用的税费制度建设"，《中国经济时报》2010年6月4日。

矿产资源收益体系中发挥着不可取代的作用，同时这一制度几经改造，已经有着相当详细的规定和相当确定的利益群体。在现有的利益格局之下，完全取消资源税，仅以权益金取而代之，面临着巨大的阻力，也与中国实际情况不符。[1]

2. 资源税因其“税”的本质属性存在着征收制度上的优势。税作为国家凭借其政治权利所取得的一种经济收益，是现代国家财政收入最主要的形式。[2]为了保证税收的顺利取得与公平分配，各国都制订了非常成熟完备的税法作为税收运行的制度基础。这其中包括赋予税务机关一定的行政执行权力和行政处罚权力，在平衡中央与地方的关系的基础上，规定了较为合理、完备的税收收益和分配制度。这些都从制度上确保了税收职能的充分实现。资源税作为我国的一个税种，其征收和分配都由税务机关来完成，具有极强的专业性和较高的效率，如果纳税义务人不履行相应的纳税义务，税务机关还可以依据行政法的相关规定对其进行处罚和强制。这使得制度的运行成本大大降低。

基于以上两个原因，在对矿产资源收益体系进行重构时，在引入权益金这一新的制度的基础上，应当保留原有的资源税制度。因此，如何协调权利金与资源税这两种最为基本的矿产资源收益形式，使其既符合相关的经济规律和法学理论，又不至于与中国现实情况脱节，就成了重构中国矿产资源收益体系时须解决的最核心也是最困难的问题。

目前资源税存在的最大争议在于，资源税的普遍征收使得其在性质上与权益金有所重合，从而导致了矿山企业的重复缴纳。而这一问题可以通过改革资源税的相关制度加以解决。

3. 矿产资源收益制度是一个法律规范的有机系统。作为一个具有特定目的功能的系统化的整体，各个收益形式之间应当实现协调配合。如果在未来的制度中明确规定权益金作为矿产资源国家所有权绝对地租的实现形式，那么有关资源税的现有规定就应当有所修正，合理定位，从而将二者之间重复的部分剥离掉，只保留其调节级差收益的功能。

具体而言，需要将资源税的征收对象加以限制，只对一部分利润丰厚的

---

〔1〕 王叶春：“我国矿产资源税制度改革的路径选择研究”，云南财经大学 2012 年硕士学位论文。

〔2〕 翟建华、丁培稳：《税法》，北京交通大学出版社 2007 年版。

矿产品进行征收。同时，也需要对现行的征收方式加以改革，从过去的从量征收转变为从价征收或者以利润为基础进行征收，通过将资源税与价格和利润紧密联系，提高其对市场变化的敏感度。〔1〕通过这种改革，明确权益金与资源税各自的职能，理顺二者的主次关系，从根本上消除矿产资源收益体系中存在的矛盾。

第四节　中央与地方矿产资源所有权实现关系的法治化

矿产资源属于国家所有，矿产资源所有权由国务院代表国家行使。但是矿产资源领域的行政管理工作依然存在中央与地方的权力划分关系，也就是矿产资源的所有权实现过程中存在中央与地方关系法治化的问题。〔2〕将中央与地方关系的法治化理论运用到矿产资源领域，也就是要将矿产资源领域的中央与地方关系纳入法治化的轨道。

一、合理划分中央与地方在矿产资源开发管理领域的事权

在矿产资源领域，要实现中央与地方关系的法治化，首先就应当合理划分中央与地方在矿产资源领域的事权，〔3〕事权的划分要贯彻相对集权与适当分权相结合、公民权利决定公共权力、事权与财权相匹配的原则，应有助于实现依法行政、权力制约和构建有限政府的目标。具体而言，还应注意以下几点。

（一）矿产资源开发管理要以公共权力成本最小为划分标准

中央与地方关系的互动过程本质上就是一种公权力的运行过程，其价值目标在于如何在最小的成本范围内实现中央与地方关系协调效益的最大化。〔4〕为了提供不同的公共服务，中央与地方需要不同的事权。在所提供的

---

〔1〕“煤炭企业望减负，资源税从价计征或明年实施”，载《中国经营报》2013 年 11 月 30 日。

〔2〕杨海坤、金亮新：“中央与地方关系法治化之基本问题研讨”，载《现代法学》2007 年第 6 期。

〔3〕陈丽萍：“矿产资源管理中中央与地方政府事权划分的思考与建议”，载《国土资源情报》2009 年第 9 期。

〔4〕熊文钊主编：《大国地方——中央与地方关系法治化研究》（第 1 版），中国政法大学出版社 2012 年版，第 180 页。

公共服务的数量和质量相当的情况下，如何能达致公共权力成本最小自然是中央与地方事权划分的标准，这同样适用于矿产资源领域。

矿产资源领域涉及的事权有矿产资源政策导向管理、矿产资源规划管理、矿产资源储备管理、矿产资源消耗使用管理、矿产资源保护及监督管理、矿产资源资产化管理等〔1〕，均应以公共权力成本最小的标准进行审视，以实现对矿产资源领域中央权力与地方权力的合理划分。各项事权中由中央权力享有能达致公共权力成本最小的则归中央，由地方权力享有能达致公共权力成本最小的则归地方。

（二）矿产资源开发管理在地方自治和地方民主进程中有其重要性

宪政国家的经验表明，地方自治是理性的中央与地方关系的前提。〔2〕地方自治的必要性在于，地方有特殊的需要和偏好。人的利益是多元的，不同地方的利益也是多元的，不可能通过中央的一个“一刀切”的统一法令全部体现出来，而地方人民和政府显然更清楚当地的利益需求。因而基于地方自治制定的政策显然更符合地方需要，也更能解决实际问题。

在矿产资源领域划分中央与地方的事权，亦应当充分认识到地方自治与地方民主进程的重要性。一些问题能通过地方自治与地方民主进程解决且不损及全体人民利益的，就可以留给地方解决，相应的事权自然应该划分给地方，而不宜由中央大包大揽。

（三）我国矿产资源开发管理相关事权划分举要

1. 依据其事关国计民生的重要性来划分矿产资源规划的编制权。矿产资源规划是国家或地区以保障当前及今后一段时期内社会经济发展对矿产资源的需求，有效地保护和合理开发利用矿产资源、保护生态环境为目标，根据国家或地区矿产资源的特点和开发利用现状，对矿产资源的勘查、开发利用和保护及矿山生态环境保护在时间上和空间上所做的总体安排和布局。〔3〕

矿产资源规划分为国家级、省级、市（地）级和县级；按规划对象和功能分为总体规划、专项规划和区域规划。

---

〔1〕何贤杰、余浩科、刘斌：《矿产资源管理通论》（第1版），中国大地出版社2002年版，第101～308页。

〔2〕张千帆：《国家主权与地方自治——中央与地方关系的法治化》（第1版），中国民主法制出版社2012年版，第264页。

〔3〕何贤杰、余浩科、刘斌：《矿产资源管理通论》，中国大地出版社2002年版，第143页。

矿产资源规划的核心是解决矿产资源的可持续利用问题和矿产资源安全问题。[1]矿产资源规划编制工作就是围绕这一核心展开的，它遵从一系列原则，包括：坚持开发与节约并举的可持续发展原则；坚持制度创新和技术创新的原则；坚持效益统筹，环境优先原则；坚持市场配置资源的基础性作用原则；坚持加强宏观调控，切实维护国家利益的原则；坚持发挥地方资源、区位优势，加快支柱矿业发展的原则。[2]

矿产资源相关法律应当合理设置中央与地方编制矿产资源规划的权力，不但要保证国家级规划真正发挥全国矿产资源宏观管理机制、促进全国矿产资源优化配置与合理利用机制的作用，而且要保证地方各级规划与国家级、上级规划保持一致和具体落实，还应充分赋予地方各级规划上的自主权，在不违背国家整体利益的同时可以最大限度地满足地方的局部利益。

2. 依据其事关国计民生的重要性来划分对矿产资源开发利用的管理权。根据《矿产资源法》第16条、《矿产资源勘查区块登记管理办法》第4条和《矿产资源开采登记管理办法》第3条的规定可知，我国目前是国家、省两级地质矿产主管部门管理探矿权，国家、省、地（市）、县四级地质矿产主管部门管理采矿权。国家规划矿区和对国民经济具有重要价值的矿区内的矿产资源以及国家规定实行保护性开采的特定矿种，由国家级地质矿产主管部门管理。

我国矿产资源的这种分级分类管理办法总体而言有可行性，但也存在一定的缺陷。按矿床规模划块管理容易造成管理的混乱，很多矿的已知程度并不是很高，划定大型矿、中型矿、小型矿的人为因素较多。[3]这很可能引起管理分工和管理职责的混乱。

可以考虑的做法是，国家规划矿区和对国民经济具有重要价值的矿区内的矿产资源以及国家规定实行保护性开采的特定矿种仍由国家级地质矿产主管部门管理。而将其他矿产资源按区域划给国家级地质矿产主管部门或省级地质矿产主管部门具体管理，在其他矿产资源的管理上，国家级地质矿产主管部门和省级地质矿产主管部门之间应是分块管理而不是多层同时管理的关系，分清具体的权利范围和责任，才有助于实际管理。

由于在我国县是最基本的行政单位，中央和省级政府在具体权力行使中，

---

[1] 成金华："中国矿产经济学研究现状和前景展望"，载《理论月刊》2005年第5期。

[2] 熊伟："市、县级矿产资源规划编制方法的探讨"，载《资源环境与工程》2009年第2期。

[3] 鲍荣华：《矿产资源合理配置体制与政策》，地质出版社2010年版，第129页。

尤其是在行政确认中，一直依赖基层矿管部门。对于除国家规划矿区和对国民经济具有重要价值的矿区内的矿产资源，以及国家规定实行保护性开采的特定矿种之外的其他矿产资源，其矿业权审批发证权可以适当下放到基层政府，以解决国家级及省级地质矿产主管部门管理成本高、无法到位，基层地质矿产主管部门缺手段、权小责大的问题。

可以考虑的是，对中央、省、市、县在矿业权审批发证中的事权作如下划分：首先，中央负责海域和跨省界矿产矿业权审批发证及重要矿产的涉外审批发证；其次，省级政府负责未跨省界、但是跨市界矿产的矿业权审批发证；再次，市一级负责跨县界矿业权审批发证，为避免矿业权人大矿小开，应赋予接受申请的政府承担跨界确认义务；最后，县级负责其他矿业权的审批发证。〔1〕

3. 国家各级行政管理机关对矿产资源开发利用的监督权。矿产资源开发利用监督是指，国家国土资源行政管理机关，依据法定的矿产资源开发利用监督权，对采矿权人遵守法律、法规，履行义务，执行国家行政机关命令和决定的情况，所进行的监督、检查。〔2〕

我国的监督管理规定不可谓不众，建立的监督管理机构也不可谓不多。但为什么矿难和黑煤矿屡禁不止？概由于地方政府监管不力。可是地方政府的监管不力并不是地方政府不能管或上级政府不想管。〔3〕在自上而下思维的体制下，地方官员不真正地对地方选民负责，因而就不会为了当地民众的福祉和地方的长期治理着想；相反，他们与安全、环保等措施均不到位、存在非法用工等违法情形的矿山企业有了千丝万缕的利益上的联系，因而不会用心监管。

由此，应当扭转对中央和地方的监督权划分的自上而下思维，树立起自下而上的监督思维，最大限度的发动当地民众对地方政府的监督，迫使地方正确行使对矿产资源开发利用的监督权，而中央的监督在于保证地方民众可以有效地对地方政府形成监督。这样划分中央与地方对矿产资源的监督权才

〔1〕 陈丽萍："矿产资源管理中中央与地方政府事权划分的思考与建议"，载《国土资源情报》2009年第9期。

〔2〕 吕晓澜："关于矿产资源开发利用监督管理的思考"，载《浙江国土资源》2008年第5期。

〔3〕 张千帆：《国家主权与地方自治——中央与地方关系的法治化》，中国民主法制出版社2012年版，第273页。

是合理的。

二、中央与地方在矿产资源领域要进行相应的财权划分

我国东部的自然资源相对贫乏，中西部大多数省份的矿产资源则相当丰富。然而，难以理解的是，越是资源丰富的地方，当地的老百姓越是贫穷。[1]为什么资源越多，地方却反而越贫困、居住环境越恶劣？这种状况在很大程度上是不合理的财权划分造成的。

（一）所有者权益征收权集中于中央，故地方利益须有强制规范来保障

1. 所有权人享有财产性权益是所有权的最本质之体现。如果所有权人不享有财权，其所有权就是无任何意义的空头支票，国家所有权也就成为虚置的所有权。因此，建议所有同矿产资源所有权收益相关的税费的征收、罚款、因矿产资源所有权权益受到损害获得的民事赔偿等，都由国家级矿产资源管理部门直接统一征收（或直接进入国家财政），而非如现在般分为不同层次的矿产资源管理部门征收。[2]

总之，矿产资源领域的税费中，体现国家所有者权益的财权宜统归中央，以最符合矿产资源国家所有的本性。

2. 地方收益可通过强制性立法规范对所有权收益进行再分配。由法律强制规定所有权收益在中央和地方之间分配的比例，必要的情况下，应强制性规定分配到基层的比例（目前县级政府获得的利益很少）；规定省以下管理部门对收益存在质疑时的解决途径；强制规定收益透明公开。[3]只有这样，才能在合理配置中央与地方财权的同时，实现中央与地方利益的双赢。

（二）完善我国矿产资源开发管理领域的财政转移支付制度

中央与地方财政转移支付，属于政府间财政转移支付，其目的是解决中央与地方之间的财政纵向不平衡和地区之间的财政横向不平衡问题，进而满足地方政府完成地方事权和中央移交事权而让渡中央财政收入，并实现中央政府的宏观调控目标。[4]

---

〔1〕 赵晓："为什么资源越丰富的地方百姓生活越贫穷"，载《北方经济》2006 年第 13 期。

〔2〕 陈丽萍："矿产资源管理中中央与地方政府事权划分的思考与建议"，载《国土资源情报》2009 年第 9 期。

〔3〕 陈丽萍："矿产资源管理中中央与地方政府事权划分的思考与建议"，载《国土资源情报》2009 年第 9 期。

〔4〕 张道庆："论中央与地方财政转移支付关系的法律调控"，载《现代法学》2007 年第 6 期。

在矿产资源领域，由于开发、利用和保护矿产资源的管理、监督工作需要，以及为矿产资源产地居民提供满意的公共服务需要，地方政府存在着大量的支出责任。因而，需要考虑清楚的是，哪些支出是可以通过将收入留给地方来解决的，哪些支出是要通过统一的财政转移支付制度来解决的。在需要通过转移支付制度来解决地方政府支出责任时，要明确矿产资源领域的具体转移支付项目，规范转移支付项目的内容、形式、依据、用途、管理和监督等内容，使其发挥其应有的作用。

三、保留资源税对于平衡中央和地方利益关系的不可替代性

（一）资源税是中央与地方共享税中的一种

按照法律规定，对于资源税的归属，除了海洋石油企业缴纳的部分归中央政府，其余部分归地方政府。这一规定使得资源税在一些资源大省已经成为当地主要的财政收入手段之一。从2010年初开始，我国又在新疆开始了资源税改革试点，这项举措使得新疆的资源税收入增加了近四倍，对当地的经济发展和民族稳定都有着积极的意义。[1] 如果盲目地将资源税取消，会造成中央与地方利益关系的突然失衡，不符合法律所追求的稳定秩序的基本目标，也与中国的国情不符。

（二）中央与地方就矿产资源收益分配的协调不容忽视

在云南省（麻栗坡）进行的立法调研过程中，当地政府和企业特别强调了在建设和谐矿区方面所取得的成果，而矿山企业每年上缴的矿业税费是建设和谐矿区最为重要的资金保障。在维护国家矿产资源所有者权益、保证中央财政收入的前提下，通过完善中央与地方在税费金方面的分配机制，适当照顾矿区利益，充分调动各地方政府的积极性，使得地方政府有能力、有动力进行基础设施建设、安全设施建设和矿区环境修复等各项工作，提高矿产资源产地群众的生活水平。这一做法符合中国现阶段的实际情况，对地区发展和稳定有着积极深远的意义。

四、本节的结论

目前，中央与地方关系存在一些不合理的问题，具体到矿产资源领域更

---

〔1〕 韩洁、罗沙："新疆先行试点：资源税改革拉开大幕"，载新华网，访问日期：2010年6月2日。

是如此。因而有必要对矿产资源领域的中央与地方关系进行重新梳理和调整。以中央与地方关系法治化的理论进行审视，针对所存在的问题，对矿产资源领域各级政府的事权和财权进行重新合理分配。具体而言，事权方面，以公共权力成本最小为标准，同时充分考虑到地方自治和地方民主进程的重要性，合理划分中央与地方对矿产资源的各方面事权；财权方面，将所有者权益的征收权集中于中央，地方利益通过强制性规范保护，最后完善矿产资源领域的财政转移支付制度。通过矿产资源领域事权和财权的重新合理划分，达到事权与财权相匹配的状态，实现矿产资源领域中央与地方关系的法治化，从而达致矿产资源领域公共服务提供的效率最大化。

第五节　我国矿产资源法律规范系统中“税费金”子系统的构建

目前，我国业已建立中国特色的矿产资源税费制度。但是从法律规范体系角度考察，迄今为止我国尚无一部专门针对矿产资源税费的法律，而且矿产资源法律规范体系也尚未完全构建起来。十八届三中全会的会议文件——《中共中央关于全面深化改革若干重大问题的决定》明确了健全自然资源资产产权制度和用途管制制度，这就为我国的矿产税费制度改革提出了更高的要求。

一、作为矿产资源法律系统子系统的矿产资源税费立法亟待完善

矿产资源税费改革无疑是一项系统工程。矿业是基础产业的最前端，其价格连锁效应在市场中反应最为明显。长期预测成果是制定税收政策的最重要依据，预测的准确性对政策的适宜性、可行性影响最大。

（一）我国现行的矿产资源税费法律规范子系统过度纷繁复杂

从20世纪80年代开始，我国逐步探索建立矿产资源有偿使用制度，并相继开征了一系列的专门税费。矿产资源开采企业除了要缴纳一般性普遍征收的企业所得税、增值税、城市建设维护税、教育费附加等税费外，还须缴纳资源税、矿产资源补偿费、矿区使用费、探矿权采矿权使用费、探矿权采矿权价款、石油特别收益金等专门税费，此外各地还有一些资源性收费、基金等项目。

现行矿产资源税费制度还很不完善，存在诸多问题，这些问题的存在严重阻碍了我国矿业企业的快速发展和竞争能力的进一步增强，因此，我国需要加快矿产资源税费制度改革的步伐。[1]

（二）现行矿产资源税费系统的制度瓶颈妨碍其应有系统目的功能

1. 矿业现行各种税费调整利益关系之目的功能重叠交错。资源税与矿产资源补偿费、石油特别收益金、矿业权价款在调整的利益关系上发生了重合，未能很好地协调资源税与矿产资源补偿费。

2. 现行的资源补偿费并非我国矿产资源收益的主要收入来源。资源补偿费在矿产资源收益总额中所占比例过低，未能充分体现矿产资源国家所有者的经济权益。

（三）必须寻求解决矿产资源税费制度所遇瓶颈的立法出路

建立与社会主义公有制相匹配的矿产资源收益体系，需要贯彻落实科学发展观的要求。我国要建设资源节约型、环境友好型社会，实现速度和结构质量效益相统一、经济发展与人口、资源、环境相协调，使人民在良好生态环境中生产生活，实现经济社会永续发展，这就必须进行矿产税费制度改革，改善立法，协调中央与地方、企业与地方在经济、环境等方面的利益关系，为矿产资源的勘查、开采创造一个良好的法律环境和社会环境。

二、构建我国矿产资源税费法律规范系统以实现该领域的综合法律调整

矿产资源税费法律规范系统应当视为一个交叉重叠领域，无论是公法还是私法，只要有关于国家自然资源开发收益的分配和自然资源税收监管的法律规范，均应当纳入矿产资源税费法律规范子系统之中。而矿产资源税费子法律规范系统又是法学理性的结果，一个法律系统的构建首要的是界定其基本法律特征。作为子法律规范系统，其仍属于矿产资源开发管理大系统的范畴，系统所具有的整体性、结构功能性、层次性以及综合性同样适用于法律规范子系统。矿业税费子法律规范系统自不例外。

（一）矿产资源税费法律规范系统应保证系统的整体关联性

法律规范系统是由母系统、子系统和孙系统层层构成的。在这个纵向的系统结构中，各个法律规范要素有机结合为一个整体。

[1] 蔡鑫磊："我国矿产资源税费制度存在的问题与改进"，载《现代企业》2012年第7期。

1. 矿产税费法律规范系统必须具有整体性。法律规范系统是由若干子系统以及子系统下的孙系统这种不同层次的要素构成的，因此各个系统必须是一个有机结合的整体。在矿产资源税费子法律规范系统中，各个系统之间也是相互连接成整体的。

（1）矿产资源开发与税收监管和我国基本分配制度的统一。在《矿产资源法》修改过程中，作为矿产资源法律规范系统的重要部分，对与该系统有联系的矿产资源开发利用制度和税收监管制度具有一定的思想指导与确立原则的影响。如果《矿产资源法》修订，必将系统地影响着我国矿产资源开发管理中的各种制度。矿产资源税费法律法规作为处于矿产资源法这个单行法特别法下的子系统的位置，其在立法指导思想与原则上应当与该法保持一致，凡不一致的部分应当予以修改或废止。矿产资源税费法律规范系统将矿产资源保护制度和国家基本分配制度整合起来，构成完整的系统。

（2）经济发展和社会公平以及资源保护的统一。促进国家经济发展是矿产资源开发的终极目的，也是《矿产资源法》的首要目标。社会公平或者称之为社会正义强调的是矿产资源利用与分配的合理性，并在此基础上推动人权事业的保障和社会进步。资源保护则更多地侧重于经济社会的长久可持续发展。矿产资源法律规范系统就是要实现发展、公平和可持续的统一。〔1〕

2. 我国矿产资源税费法律规范系统间必须具有合理的关联性。法律规范之间具有密切的联系，“使其中一些规范的遵守、执行或违反必然引起其他规范从而发挥作用。所以正是法律体系的内部统一性才使社会关系得以统一的调整，并保证了整个社会的相应的稳定。”〔2〕而矿业税费法规所调整的社会关系也涉及各个方面，并且很多社会关系由于在不同方面具有重叠和交叉，无法机械地予以划分。因此，矿产资源税费法律规范是以整体的形式发生作用，并且彼此之间又在各个子系统之间发生复杂的联系，共同形成调整矿产资源税费法律社会关系的整个系统。

（二）*矿产资源税费法律规范系统应具有自己特有的系统结构功能性*

1. 矿产资源税费法律规范系统首先应当具有特定的结构性。法律规范系

---

〔1〕丁全利：“汪民在全国矿产资源开发管理工作会议上要求着力构建与经济体制相适应的矿政管理新制度”，载《中国国土资源报》2010 年 9 月 26 日。

〔2〕李显冬：《从〈大清律例〉到〈民国民法典〉的转型》，中国人民公安大学出版社 2003 年版，第 377 页。

统是由一系列要素通过特有的结构集合而成的，因此其具有结构性。〔1〕所谓系统的结构，是指系统的各组成部分即子系统之间的相互作用顺序和方式。〔2〕构建矿产资源法律规范系统，不仅仅是构建关于矿产资源税费本身的法律系统，还要构建与矿产资源税费相关的自然资源权属制度、当地居民合法权益保护制度、行政监督和责任追究机制等等。而这些互赖又互动的各种要素放在一个整体的系统中，需要对他们进行系统归类，使其具有结构性。

2. 矿产资源税费法律规范系统的各个要素都要具有自己特定的完善目的功能。法律规范系统的功能，是通过系统对不同社会关系的调整表现出来的，即系统中各个结构的功能性是由其所调整的社会关系的不同来体现。每一个系统都有其独立的功能。〔3〕在矿产资源法律规范系统中，各个子系统也具有其独立的功能。例如，如果将矿产资源税费法律规范体系划分为资源开发监管子系统和税收监管子系统，虽然二者同根同源，但是制度目的与功能还是有各自的特点和侧重，资源监管可能更侧重于对矿产资源的开发利用；而税收监管则可能更侧重于矿产资源的经济活动，不能够完全混为一谈。

3. 矿产资源税费法律规范系统的结构与功能互为表里。法律规范系统的各个子系统通过互相依赖而又互区别的形式有机结合为一个整体，因而使其具有了整体的功能。在这个系统中，结构是功能的基础，并且总是为适应功能而不断进行调整。这就是功能通过结构来产生作用，而结构也恰恰会随着功能的需要不断调整以适应变化。二者相互支持共同作用于整个系统之中。〔4〕

（三）矿产资源税费法律规范系统须具有层次性

在法律规范系统的理念中，法律规范系统可以包含众多系统，在母系统下可以存在若干子系统，而每一个子系统又可以包含若干孙系统，不同层次

---

〔1〕 刘作翔：“规范体系：一个可以弥补法律体系局限性的新结构体系”，载《东方法学》2013年第1期。

〔2〕 李显冬：《从〈大清律例〉到〈民国民法典〉的转型》，中国人民公安大学出版社2003年版，第181页

〔3〕 刘作翔：“规范体系：一个可以弥补法律体系局限性的新结构体系”，载《东方法学》2013年第1期。

〔4〕 祁建平、杨舒淇、李显冬：“试论我国的自然遗产保护法律规范系统”，载《国家行政学院学报》2012年第1期。

的要素构成了法律规范系统这一有机整体，从而使得其内部具有了统一性。[1]

1. 矿业税费立法即对矿产资源税收管理体制的法律确认。完备的矿产资源税费法律规范系统是国家进行矿产资源保护和税收管理运行以及合理分配社会资源机制的法律化和定型化。由于法是行政手段的最高表现形式，不但行政手段的形成离不开行政法，就是行政手段的实现即各种行政决定、命令、指示、规章等广义的行政性法规，其本身就是具体的法的表现形式。人们在矿产资源开发过程中，对某一规律性的问题认识的越深刻、越充分，就越需要用法的形式将其固定下来。矿产资源税费法律法规的制定是对矿产资源税费管理体制的法律确认，即狭义的立法。

2. 矿产资源税费特别法处于矿业税费法律规范体系的最高层。目前，我国矿业税费法律规范散见于行政法规、部门规章和地方性法规中。[2] 有关矿产资源税费的各种不同层级法律规范之整合，将改变这一局面。经整合而形成的特别单行法，将对矿业税费立法起到统领的作用，在矿业税费法律规范体系中形成高层级的法律渊源。与此相对应，根据立法的迫切性与被调整领域的特殊性，对矿产资源税费的各个具体领域，根据依法行政的原则，进行针对性的行政立法和地方性法规的制定，通过一个个具体的领域性调整的矿产资源税费法律规范子系统、孙系统的建立和完善，逐步建立起健全的矿产资源税费法律规范系统。[3]

3. 矿产资源税费法律规范系统是整个法律系统的构成要素。矿产资源税费法律规范系统作为整个社会主义法律体系中的构成要素，与其他类似的一个个的法律规范系统，交叉重叠，互相联系，构成一个错落有致的社会主义法律体系这个大的法律规范系统。

（四）矿产资源税费法律规范系统突出地具有系统的综合性

社会系统是一个具有复杂性的复合系统，法律规范系统作为其子系统，

---

〔1〕 祁建平、杨舒淇、李显冬："试论我国的自然遗产保护法律规范系统"，载《国家行政学院学报》2012 年第 1 期。

〔2〕 马明飞："我国自然遗产保护立法的困境与出路"，载《法律科学》（西北政法大学学报）2011 年第 4 期。

〔3〕 祁建平、杨舒淇、李显冬："试论我国的自然遗产保护法律规范系统"，载《国家行政学院学报》2012 年第 1 期。

当然也具有复杂性，该复杂性表现为以统一多样性为特征的综合性：〔1〕

1. 矿产资源税费法律规范系统与涉税费行政法规及地方性法规的统一多样性。矿产资源税费法律规范系统是对矿产资源开发利用中涉及的税费制度所做的总括性规定，与行政法规和地方性法规中的相关规范之间构成统领与被统领的关系。因此，就税费规范而言，矿产资源税费法律规范系统与相关行政法规及地方性法规具有统一性，即相关行政法规和地方性法规不能违反矿产资源税费法律规范系统的规定，但是在具体的制度中有时应贯彻“特殊优于一般”〔2〕的规则。

2. 矿产资源税费法律规范同其他法域的法律规范具有统一多样性。矿产资源税费制度的研究不应局限于矿产资源法领域，民商法、行政法甚至刑法的一些理论和制度都可能有助于研究的展开和深入。因而，具体规范的借鉴必不可少。然而，需明确的是，其他法域税费制度方面的规范必须紧紧围绕矿产资源税费法律规范系统的构建这一核心，亦即应当在矿产资源税费法律规范系统下进行统一的协调。如何在系统下协调矿产资源的开发利用和保护矿业权人的合法权益，同样是矿产资源税费法律规范系统综合性的本质要求。

3. 矿产资源税费法律规范系统形成发展过程的动态性。如上所述，法律规范系统对矿产资源税费领域的调整具有灵活性和开放性。系统在建立过程中，总是经历了一个从无到有，从简单到复杂的变化过程。最初，系统中的子系统数量较少，系统也不健全，但随着法律及社会关系的发展，越来越多的子系统被纳入到系统中。因此，在构建矿产资源税费法律规范系统过程中，系统必须保持一种开放性，〔3〕使得系统中的法律规范同外界能够进行及时有效的互动和借鉴，使系统中的法律规范不断地完善和丰富。动态性不仅表现在系统的开放性上，还表现在系统始终运动的状态上。社会关系会随着社会的发展而变化，相应的，法律规范系统也要应社会发展不断做出调整和改变。

---

〔1〕李显冬：《从〈大清律例〉到〈民国民法典〉的转型》，中国人民公安大学出版社 2003 年版，第 381 ~383 页。

〔2〕喻中：“论‘特别法理优于一般法理’——以日本修宪作为切入点的分析”，载《中外法学》2013 年第 5 期。

〔3〕刘茂林、王从峰：“论中国特色社会主义法律体系形成的标准”，载《法商研究》2010 年第 6 期。

三、我国矿产资源法律规范系统中的国家收益子系统正予重构

矿产资源税费法律制度结构建设是一个复杂的系统工程，可能涉及《矿产资源法》部分法律结构的重构。我国现行法律规范系统难以满足矿产资源税费法律规范对制度结构创新的需求。

首先，矿产资源收益体系的重构，需坚持“税、费、金各归其位”，从理论架构层面厘清税、费、金各自的功能与意义。阐释且纠正既有制度中矿产资源开发的相关税费设计的定位模糊与功能错位。

其次，矿产资源税费制度的设置事关多元利益主体的纠葛，科学合理的税、费、金设置也正是“税、费、金各归其位”的根本要求。

所以，正如学界业已逐步达成的共识所强调，我国矿产资源收益体系的架构是建立起以权益金为主、资源税为辅、特别收益金为补充的新的矿产资源收益法律规范系统。

矿产资源税费法律规范子系统的构建，恰恰可以解决依靠矿产资源法或税法等现有部门法不能解决的难题。当然，具体法律规范系统化建设需要法学家和自然科学家的合作才可能最终得以完成。不言而喻，我国矿产资源税费法律规范系统的构建，不仅为矿产资源税费社会关系抽象和概括出必要的行为规则和裁判规则，而且对整个矿产资源法律规范体系的构建具有重要意义。

第二编

矿产资源准物权法律关系的内容

第四章

矿业法律规范的系统构成

第一节　自然资源准物权法律制度之完善——矿产资源资产产权的制度构成与立法选择[1]

党的十八届三中全会提出了“健全自然资源资产产权制度和用途管制制度”要求。这一要求的提出正是应对我国当下资源利用紧缺问题的解决方法。故分析合理的自然资源产权安排对经济发展和资源保护的作用，并从物权法的角度提出健全自然资源资产产权制度的法律建议，以实现自然资源的高效利用和保护，自然就成了法律人的责任。

一、健全自然资源资产产权制度的价值所在

(一)“社会的集体行动”构建了所有权的交换规则

现代经济学家将制度定义为“集体行动对个人行动的控制”。[2]鉴于所有权的第一要义就是稀缺，而社会的集体行

〔1〕 李显冬、牟彤：“完善准物权理论以健全自然资源资产产权制度”，载《中国国土资源经济》2014 年第 2 期。

〔2〕［美］约翰·康芒斯：《制度经济学》，赵睿译，华夏出版社 2013 年版，第 62 页。

动构建了所有权的交换规则。[1]“至少就无形财产的现代意义而言，所有权意味的是为了维持价格而限制丰裕度的权利，而物质的东西则是利用生产效率来增加东西丰裕度的权利进而产生的。”因此，“所有权变成了制度经济学的基础。”[2]

（二）自然资源使用价值和价值的基础性

自然资源是自然界形成的可供人类利用的一切物质和能量的总称。[3]在联合国出版的文献中，对自然资源的含义也采此种观点，认为“人在其自然环境中发现的各种成分，只要它能以任何方式为人提供福利的都属于自然资源”。[4]

（三）自然资源在经济活动之中具有稀缺性

自然资源按照是否具有再生性能，可以划分为可再生资源、不可再生资源和恒定资源三类。[5]自然资源，特别是不可再生资源，具有耗竭性和稀缺性的特点，即便是可再生资源和恒定资源，也会因为人为的不合理利用而出现短缺。

（四）“定分止争”“物尽其用”是资源开发利用的根本原则

产权制度的功能就在于：激励产权主体以最有效的方式利用资源以实现资源的价值最大化，同时又能给产权主体一定的责任约束。而实现这一功能的关键就在于产权界定必须赋予产权主体明确而对称的权利与责任。[6]制度经济学家们认为，明确的产权是保证每一经济主体追求自利最大化并为此强化自身管理、提高生产技术、参与市场竞争的全部经济活动的基础，也是自然资源发挥其最佳效用的关键。

二、我国的自然资源物权法律制度

所谓的“自然资源产权”是指自然资源的所有、使用、转让等法律制度的总称。自然资源产权体现在民法上主要即自然资源的物权制度，我国的自

---

〔1〕［美］约翰·康芒斯：《制度经济学》，赵睿译，华夏出版社2013年版，第221页。
〔2〕［美］约翰·康芒斯：《制度经济学》，赵睿译，华夏出版社2013年版，第4页。
〔3〕蔡守秋主编：《环境资源法教程》，高等教育出版社2010年版，第275页。
〔4〕曹明德、黄锡生主编：《环境资源法》，中信出版社2004年版，第209页。
〔5〕蔡守秋主编：《环境资源法教程》，高等教育出版社2010年版，第275页。
〔6〕谢地：“论我国自然资源产权制度改革”，载《河南社会科学》2006年第5期。

然资源物权并非单一的物权类型，而是以自然资源为标的的一群物权的总称。[1]目前，我国的自然资源产权主要包括自然资源所有权和自然资源使用权。

（一）我国的土地所有权及他物权法律制度

1. 从看重所有到更看重用益。[2]

（1）土地从来都是农民的命根子。土地既是构成国家的必备要素，亦是百年来中国一切社会关系的焦点。我国改革开放的起点就是与土地制度密不可分的农村联产承包责任制。从肯定“大包干”的中央一号文件始，年年一号文件都有新的主题词。

从太平天国的“天朝田亩制”到孙中山的“平均地权”，再到“舶来品”德国古典哲学、英国古典经济学以及法国空想社会主义，北方吹来革命的风，从此中国革命就是土地革命，中国共产党干的就是“打土豪，分田地”！土地权利成为这场消灭私有制的伟大斗争中的图腾。

在人民公社“一大二公”，特别是“文革”十年的狂热之后，悄然地为“农村联产承包”的改革热潮所淹没的国人，蓦然回首，睁眼看世界的感想只能是：不看不知道，世界真奇妙！用别人的钱过好日子的人，居然成了世界上最聪明的人！老外没有钱可以借钱，没有人可以招人，没有地可以租地，没有资源可以买资源，印满了绿色花纹的纸早已是通行世界的硬通货。

改革初期的“两权分离”其实就是所有人行使支配权之始，传统民法中“用益物权”，亦即对别人所有的财产使用和收益的权利伴随着法治的复兴又再次回到了人们的生活之中。面对当代社会经济的迅猛发展，土地等资源稀缺性问题愈益突出，人们不再仅关注于物之所有，而充分利用资源既可实现市场主体追求个人利益之最大化，也有利于充分发挥社会资源之效用，“物尽其用”因此便成为当代物权法制度设计的核心。

改革开放说到底就是要搞市场经济，其本义即是要能够实现资源的优化配置，正因如此，它才能创造出更多的财富，消除计划经济的资源短缺。而实现市场经济资源优化配置的前提条件，无疑得充分保护产权人自由支配自己所属的财产。但几十年来，中国农村土地的所有者失去的恰恰就是对自己

---

〔1〕崔建远主编：《自然资源物权法律制度研究》，法律出版社 2012 年版，第 1 页。

〔2〕李显冬、石玥：“从看重所有到更看重用益”，载《中国土地》2013 年第 1 期。

土地的支配权。

(2) 虚化的产权结构使得法律上的所有者近乎丧失对集体所有权的约束。空洞地奢谈所有权变革，始终囿于计划经济中习惯了的城乡二元结构，把经济权利赋予政府，这不但强化了行政权力，使其成为土地权益的实际支配者和享有者，而且固化了土地转让的利益被输送给各级政府手中的格局，影响到中国城市化进程，使其诸如房价等均隐含着某种巨额利益所唤起的疯狂驱动。而曾经被法律认定为所有者的农民却只配享有接受一点补偿的权利。而可有的直观假想即：如果农民进城能够带着一笔基于土地权利的收入，他们不但有了创业立足的资本，还不至于陷入两极分化的经济窘境。

目前农村依然存在的集体土地使用权难以流转的问题，伴随着城市化进程，农民工进城，土地抛荒闲置，以及我国传统农业一直无法避免耕地零散分割、规模过小等问题。正像当年的量产承包责任制，遵从中国古代遵守契约、诚实守信的民事法律传统，借助国人历来特有的“民有私约如律令”的传统理念，〔1〕以债权合同之名解决了物权争议之难题。

(3)“无买卖之名却有买卖之实”的典权注重的即是用益而非“名分”。2010 年，海峡对岸的中国人在多年争论之后，在他们的《物权法》修订中以第八章一个整章的篇幅依然保留了我们中国传承千年的典权制度。〔2〕此时，那些经长期积累作为临时应急措施的诸如“以租代征、以典代征”等本土法律资源，再一次突露出其在解决纠纷时所独有的天然优势。

集用益与融资担保功能于一体的典权制度是我国的一项传统法律制度，其最大好处就在于“无买卖之名却有买卖之实”。典权最基本的功能是用益权能，典权人之权能，已近于所有权，故可充分实现典物的使用价值。与其他类似制度相较而言，典权制度融资安全性更高，社会资源利用效率更高，能满足融资者保留不动产所有权的愿望，并在保护弱者、平衡各方利益上，具有得天独厚的优势。〔3〕真正实现了“物尽其用”。

传统典权的客体是土地所有权和房屋所有权，“典桑卖地纳官租，明年衣食将何如?”是老百姓对典权最感性的直观认识，但是我们显然并不了解典权

〔1〕 余钊飞：“民有私约如律令”，载《法制日报》2012 年 9 月 4 日。

〔2〕 谢在全：《民法物权论（中）》（第 5 版），新学林出版有限公司 2010 年版，第 181 页。

〔3〕 周琳静、殷继国：“我国传统典权制度的存废之辨”，载《中国矿业大学学报（社会科学版）》2007 年 1 期。

还可以有“扶贫济困”职能。在这一点上，典权制度确非其他法律制度所能取代。特别是出典人回赎权的行使，“典半”之对价设计都保障了出典人典物所有权回复之期待。

所以，只要完成对典权标的物的再设计，使其适应我国现有的土地制度，就完全可将典物进一步扩大到土地承包经营权等土地使用权上。此种对传统典权制度的复兴和改造，无疑可以在保证所有权不变的前提下，加快农村土地流转，促进土地等生产要素的优化重组，从而满足现代农业适度规模化、集约化经营的需要。

（4）包括矿产资源在内的一切自然资源的经济体制改革均须于法有据。既然任何一项制度的变革，都需要有相关的法律作为依据，那么以立法形式规范社会主义商品经济条件下土地的流转，理应成为三十年来这场从重“归属”到重“利用”的市场化改革中至关重要的一环。

我们面对的已非改革开放前70年的磨难，而是近30年摸着石头过河中种种临时应急措施的法律定型化，农村土地承包制度即是法律对农民自发习惯做法的认可。用典权这一传统的法律制度解决当下的“小产权”问题，同样需要立法的确认。

2. 我国其他的自然资源物权法律制度。

（1）我国的森林所有权及他物权法律制度。我们通常使用的林权乃是以林地和林木为客体的一系列权利的总称，是一组权利群。[1] 作为重要自然资源的森林，其所有权属于国家和集体。对于森林资源的使用权，我国法律规定了林地的使用权和对森林、林木的使用权。

（2）我国的草原所有权及他物权法律制度。我国草原资源的所有权也分为国家所有和集体所有两种。《草原法》对草原的使用权进行了规定，“国家所有的草原，可以依法确定给全民所有制单位、集体经济组织等使用。”这一部分会同集体所有的草原可以由该集体经济组织内的家庭或者联户承包经营。[2]

（3）我国广义土地资源之外的其他自然资源准物权。依据我国《水法》第3条以及第7条的规定，我国水资源的所有权主体为单一主体，即水资源归

---

〔1〕 崔建远主编：《自然资源物权法律制度研究》，法律出版社2012年版，第149页。

〔2〕 刘加文：“加快推进草原承包确权登记颁证工作”，载中国草原网，访问日期：2013年3月22日。

属于国家所有。但农村集体经济组织及其成员对本集体的水塘、水库中的水享有无偿的使用权，对其他水资源实行有偿使用制度，法律还规定了取水权。[1]

依照我国《宪法》和《矿产资源法》的规定，我国的矿产资源由国家所有，并由国务院行使该项权利，且该项权利独立于土地的所有权和使用权。在对矿产资源进行开采利用方面，我国法律设定了探矿权和采矿权两项权利，由此设立了矿产资源有偿取得制度。[2]

3. 我国自然资源产权之流转制度。

（1）土地承包经营权的流转。根据《农村土地承包法》的规定，发生农村土地承包经营权流转，其形式有转包、出租、互换、转让或者其他方式。该法第37条规定："土地承包经营权采取转包、出租、互换、转让或者其他方式流转，当事人双方应当签订书面合同。"所谓流转是指权利人对其享有的承包经营权在经营者之间依法行使处分权。法律规定双方当事人可以商定关于土地承包经营权流转的转包费、租金、转让费金额，即行使有偿流转。流转时以及后来的收益归承包方所有，任何组织和个人不得擅自截留扣缴。[3]

（2）林权流转改革。各地的《林权流转和抵押管理办法》等地方政府规章均对林权流转或土地承包经营权流转作出了规定。通过资源市场化方式实现林业资源的优化配置，构建产业化组织体系，激活农业生产要素。

（二）以所有为中心转向以利用为中心——物权理论的嬗变

1. 将所有变为让渡支配权的起点。作为中国体制改革起点的"联产承包责任制"——"两权分离"，其实就是将所有变为了让渡支配权的起点。[4]

（1）社会资源的优化配置已居于现代物权理论的基础地位。物权理论从所有为中心向利用为中心转变，是生产社会化和资源利用的高效化发展的结果，也是物权社会化发展趋势的体现。[5]在界定财产归属、明晰产权从而保

---

〔1〕 陈德敏、杜辉："关于《物权法》中水资源权属制度合理性的评介"，载《贵州社会科学》2009年第8期。

〔2〕 郗伟明："当代社会化语境下矿业权法律属性考辨"，载《法学家》2012年第4期。

〔3〕 牟立华："农村土地承包经营权流转问题探究"，载中国法院网，发布日期：2004年5月10日。

〔4〕 马俊驹、梅夏英："论物权法的发展与我国物权法体系的完善"，载《武汉大学学报》1996年第2期。

〔5〕 郑云瑞："论西方物权法理念与我国物权法的制定"，载《上海财经大学学报》2006年第3期。

证经济运行有序化的同时，实现资源的充分游移，保证财产利用的畅通性，最大可能地发挥资源的效用，寻求最佳的社会经济效益，业已成为现代物权理论的首要价值目标和立法重心。[1]

(2) 作为社会物质财富法律抽象的所有权重在表彰财产静态归属。权利主体对财产的支配或控制状态获得了法律的认可和保障，但这一确认并不意味着一定能够促进社会财富的增长。现代高度发达的市场经济和社会化大生产，使得人类对本来就不太丰富的资源需求量成倍增长，因而资源显得非常短缺。只有合理利用和分配资源，使资源的配置处于最优状态，才能取得最好的经济效果和物质利益，而资源的优化配置和充分利用又必须以资源最大限度地自由运动为前提。[2] 故而现代财产关系更注重动态的财产关系。[3]

2. 传统的物权在资源利用与优化配置上的弊端需要改革。

(1) 传统所有权的支配权理念过于绝对化。依照传统的物权理论，只要所有人不损害社会或他人利益，就可以对其物任意行使支配权，并排除来自国家或他人的干涉。[4] 故而，只要所有人不愿意实际财产的流转和权能的分离，即使财产长期闲置，甚至明显的浪费、毁损，法律也不过问，从而使资源的优化配置并在运动中实现增值的可能性受到所有人占有欲和支配的制约。[5]

(2) 现行某些物权理论不利于资源优化配置。为使资源最大限度地发挥效用，应当由最有能力利用资源的人对其予以充分占有和利用。可是，依照传统的物权理论，在所有权人依法设定他物权时，无论他物权人的权能多么广泛，他物权人最终不享有对所有物的处分权，因而总是受到所有权人意志的制约。[6] 这样，所有权人所拥有的财产价值难以充分体现出来，当然也就

---

[1] 马俊驹、梅夏英："论物权法的发展与我国物权法体系的完善"，载《武汉大学学报》1996年第2期。

[2] 马俊驹、梅夏英："论物权法的发展与我国物权法体系的完善"，载《武汉大学学报》1996年第2期。

[3] 童列春："私法上财产关系的身份调整"，载《法商研究》2011年第5期。

[4] 韩冰："论近代中国民法变迁中的所有权绝对原则"，载《河北法学》2011年第1期。

[5] 马俊驹、梅夏英："论物权法的发展与我国物权法体系的完善"，载《武汉大学学报》1996年第2期。

[6] 李国强："'权能分离论'的解构与他物权体系的再构成——一种解释论的视角"，载《法商研究》2010年第1期。

谈不上最大限度地发挥其社会效益。[1]

三、健全自然资源资产产权制度的法律建议

(一) 用益物权抑或“准用益物权”之困惑

1. 自然资源准物权不同于用益物权。

(1) 土地以外的其他自然资源产权诸如矿业权等存在着与典型物权不同的法律特征。对于准物权，以康纪田先生为代表的一些学者主张矿业权以矿产资源为劳动对象，开采中即时消耗不须返还。鉴于法律关系的客体和经济关系的劳动对象不可能相通，如果客体在开采中未即时消耗，完全可以返还。客体之处分不为标的物消耗。故主张采矿权是财产权、行政权、行为权三个不同层面整合的多面体，不同层面的性质不同。坚持应重构采矿权为独立的矿产权和采掘权（开采权），矿产权是国有特定矿产所有权的让渡，属自物权。[2]据此，他们认为矿业权的对象既不特定，也不单一。特别是采矿权的对象具有复合性特点，矿业权在权利对象方面存在着与典型物权不同的特征。[3]

矿业权产生或获取方式也与民法保护的私权有着根本的不同。在很大程度上受行政公权力的支配，体现公私融合的特性。[4]矿业权的设定须经行政程序，在很大程度上被作为一项行政行为来对待。从权利设定程序到违法救济方式，矿业权都是由公权力来做出处分和调整。尽管该权利中包含矿产资源勘探开采的经济利益，但其与典型的私权利有本质差异。[5]

(2) 这些权利在法律规范体系中依现行理念无法超越用益物权的范畴。很多学者认为，这些土地以外的其他自然资源产权既然不是所有权，实际考察起来，也非用益物权，将其纳入担保物权又过于勉强，故私法学者才将其解释为特许物权或准物权。[6]特别是2007年《物权法》颁布后，其第123条规定“依法取得的探矿权、采矿权、取水权和使用水域、滩涂从事养殖、

---

〔1〕 马俊驹、梅夏英：“论物权法的发展与我国物权法体系的完善”，载《武汉大学学报》1996年第2期。

〔2〕 康纪田：“采矿权并非用益物权的法理辨析”，载《时代法学》2008年第2期。

〔3〕 郗伟明：“当代社会化语境下矿业权法律属性考辨”，载《法学家》2012年第4期。

〔4〕 郗伟明：“当代社会化语境下矿业权法律属性考辨”，载《法学家》2012年第4期。

〔5〕 郗伟明：“当代社会化语境下矿业权法律属性考辨”，载《法学家》2012年第4期。

〔6〕 郗伟明：“当代社会化语境下矿业权法律属性考辨”，载《法学家》2012年第4期。

捕捞的权利受法律保护”，将探矿权、采矿权规定在第3编“用益物权”中，在立法上明确了探矿权、采矿权的用益物权性质。因此，作为探矿权、采矿权上位概念的“矿业权”等似乎也无法超越用益物权的范畴。

由于我国现行的物权体系及制度设计脱胎于罗马法，经由日本而实则继受自大陆法系德国民法，仅仅是为应对从农业经济步入早期工业社会阶段的现实才作了必要的调整。[1]但囿于当时的经济社会现实，德国法学家设计自物权、用益物权等概念时主要是以土地不动产为蓝本，并考虑农业用地与非农用地的差别等分别抽象构造。如此构造的物权权能表面上看似抽象，实则与其权利对象的属性高度关联。如果以土地不动产的权利体系套用至矿产资源的权利设计，无疑会出现南橘北枳的情况。[2]

(3) 自然资源的耗竭性决定了其使用人必须对其享有一定的处分权。质疑这些准物权为用益物权的学者，其最大的理论依据即在于：土地以外的诸如矿业权等其他自然资源产权的实现，都要求其权利人享有处分这些自然资源物质形态的权利。[3]取水权、狩猎权、矿业权等都无法回避这个法律问题。一直有学者存疑，究竟矿业权人可否享有处分权？国家当然原始取得一切储存在地下的矿产资源的所有权，但矿业权人可否有权为任意处分，包括将它们转让给私人？[4]

2. “有买卖之实却无买卖之名”的传统典权恰具处分权能。

(1) 转典制度使典权在实质上涵盖了所有权的全部权能。作为一项用益物权，典权人对典物享有占有、使用、收益的权利，且与不动产质权不同，典权人对典物的使用和收益并不以其原来的用法为限。依照传统典权的规定，典权人还享有转典、出租典物等权利，同时典权人也有取得典物所有权的可能。[5]

(2) 典权制度在经济生活中还具有融通资金的功能。农业、农村、农民

---

〔1〕 陈华彬：“物权名称的缘起与德国、日本的物权制度”，载《上海城市管理职业技术学院学报》2007年第2期。

〔2〕 郗伟明：“当代社会化语境下矿业权法律属性考辨”，载《法学家》2012年第4期。

〔3〕 程基厚：“自然资源物权之解构”，载《资源节约型、环境友好型社会建设与环境资源法的热点问题研究——2006年全国环境资源法学研讨会论文集（一）》。

〔4〕 郗伟明：“当代社会化语境下矿业权法律属性考辨”，载《法学家》2012年第4期。

〔5〕 隋彭生：“论作为用益债权的典权——兼论确立附有不动产留置权的典权”，载《政治与法律》2011年第9期。

普遍存在融资难问题，农民向银行抵押贷款融资所面临的需要对抵押人经济实力严格审查的标准，以及苛刻的担保条件，往往都会使农民贷款无门。[1]通过设立典权进行资金的融通较之其他方式较为安全稳妥，是农民进行融资的可靠途径。

(3) 传统典权制度事实上还具有“扶贫济困”的社会功能。中国传统的典卖制度对出典人的回赎进行了有利的设计：当典物价格相对较低时，出典人可以选择放弃回赎权以免其负担过重；当典物价格较高时，出典人可以行使“找贴”的权利。这种方式对典权制度中弱势的一方进行了保护，若应用在我国农村土地流转上，可以更好地对农民的利益进行保护。[2]

(4) 典权制度可以实现集体土地资源的高效利用。一方面，随着城市的发展，大量农民进入城市，留下分散的、闲置的土地，依据典权制度可将这些土地重新组合，进行有规模、有计划的开发利用。另一方面，由于典权人对所有权的占有只是一个期待利益，故为了最大程度的发挥典物的效用，典权人较抵押人更为积极主动，这也被称为典卖制度内在的效率督促性。[3]

(5) 传统典权使他物权人享有了处分权。转典与典权让与不同，转典后典权人并不退出典权关系，仍须对出典人负责。可见，这种权利无疑赋予了典权人处分属于他人所有的不动产资源的权利。

因此，复兴我国传统的典权制度，特别是将其适用于我国集体土地等不动产的流转制度，在我国自然资源产权制度深化改革中，就有了特殊的意义。[4]

(二) 完善细化我国的“准用益物权”法律制度规范

1. 自然资源准物权与典型的用益物权存在明显差别。

(1) 自然资源准物权的客体均存在某种不特定性。一方面，有些自然资源使用权的客体很难从物理上或观念上特定化，这以探矿权最为典型；[5]另一方面，有些自然资源使用权的行使在实践中并不需要将客体特定化，包括

[1] 李显冬、刘艳明：“统筹城乡发展语境下典权引入农村土地流转之制度价值”，载刘俊主编：《中国农村土地法律制度创新研究》，群众出版社2012年版。

[2] 张秀芹：“近代中国典权制度的立法研究（1907~1931）”，苏州大学2004年硕士学位论文。

[3] 刘艳明：“典权对农村土地流转的制度价值探讨”，载《经济研究导刊》2012年第9期

[4] 戴嘉宜：“物权法定主义下典权的生存空间”，载《中外企业家》2013年第18期。

[5] 康纪田：“透视矿业权的虚无性”，载 http://blog. sina. com. cn/u/1275951195，访问日期：2012年10月1日。

渔业权[1]和狩猎权[2]等。

(2) 自然资源准物权在权利的构成上具有复合性。例如在矿业权的构成上，一方面的权利为在特定区或工作区内勘探、开采矿产资源之权，另一方面的权利系对特定矿区或工作区内的地下使用权。[3]

(3) 自然资源准物权之权利取得和行使具有公法管制性。在权利的取得上，大部分的自然资源使用权需要经过行政许可或者是特许，例如探矿权、采矿权、大部分的取水权等。

(4) 自然资源准物权在权利的效力上与用益物权并不完全等同。以排他效力为例，典型物权在同一标的物上不能同时成立两个或者两个以上内容互不相容的物权。而以取水权为例，并不存在排他的效力，同一水域可以存在两个甚至多个取水权。

2. “准用益物权”应运而生。正是由于自然资源使用权往往不能够直接适用典型物权的相关规定，因此，不少学者提出了“准用益物权”的概念。

(1)“权利束”说。对此，崔建远教授认为准物权是一组性质有别的权利的总称。它由矿业权、取水权、渔业权和狩猎权等组成。[4]就准物权的本质而言，准物权是与典型物权有所不同的物权，而非物权以外的权利，仍然属于物权范畴。[5]因此，准物权的法律效果在多数情况下与物权的法律效果相同或者相类似。在渔业法、水法、矿产资源法、野生动物保护法等无相应的具体规定时，均适用物权法乃至民法的一般规定。[6]

(2)“不完全物权”说。刘保玉教授在其文章中对准物权的概念进行了阐释，他认为在法律用语上可以将“准”理解为：“近而未达，同类视之”。据此，将准物权定义为：系指在物权法所规定的范物权种类之外，性质与要件等相似于物权并准用物权法有关规定的财产权。[7]相对于范物权而言，准物权是那些“不完全是”物权的特殊权利现象。在由物权、债权、知识产权等

---

[1] 崔建远：“关于渔业权的探讨”，载《吉林大学社会科学学报》2003年第3期。

[2] 宁红丽：“狩猎权的私法视角界定”，载《法学》2004年第12期。

[3] 崔建远：《准物权研究》，法律出版社2012年版，第49页。

[4] 崔建远：《准物权研究》，法律出版社2012年版，第18页

[5] 崔建远：《准物权研究》，法律出版社2012年版，第23页。

[6] 王利明：《物权法研究》，中国人民大学出版社2002年版，第611页。

[7] 刘保玉：“准物权及其立法规制问题初探”，载《山东大学人文社会科学青年成长基金项目〈物权的类型体系研究〉和司法部课题〈物权立法疑难问题研究〉的前期成果》。

私权类别构成的权利色谱中，处在各种典型权利类别夹缝中的混合性权利，其物权色彩偏重者，就可界定为准物权。[1] 刘教授同时提出在我国物权立法中，应当采用原则规定与个别事项的具体规定相结合的方式来规范准物权问题。[2]

（3）“准用”物权一般规范说。王利明教授认为，《物权法》确认海域使用权为物权的一种类型，并将其纳入《物权法》的调整范围，这不仅完善了我国物权法的体系，而且对有关实践具有重大意义。海域使用权之所以能够被纳入《物权法》，是因为它具有物权的一些特征。物权法将海域使用权作为一种物权，有利于明确权利归属，解决权利争议，还有助于维护海域利用秩序，保护海洋环境资源，也为海域使用权制度的发展和完善提供了制度空间。在特别法没有规定的情况下，可以准用用益物权的一般规则。[3]

四、结语

随着中国特色社会主义“五位一体”格局的提出和发展，生态文明越来越受到人们的重视。生态环境不仅是人类生存和发展的依托，也是经济发展的主要来源。随着我国经济的增长，我们对自然资源的需求也在不断增加，因此，准物权制度的引入可以在自然资源的使用权方面完善自然资源资产产权制度，未来的《物权法》除关于权利可以视为“物”的规定外，应另设条款规定：“除法律另有规定外，无形体物准用本法（即物权法）的规定。”具体而言：

（一）“典权入典”并将其改造为具有处分权的准用益物权

如前所述，典权在实质上涵盖了所有权的全部权能，使他物权人享有了处分权，这种“有买卖之实却无买卖之名”的他物权制度能够有效地弥补普通用益物权的缺陷，完善我国的自然资源产权制度。

（二）完善准用益物权法律规范，扩展“物”的内涵与外延

具体而言，尽管《物权法》上所规定的物，原则上限于有体物（或可称为“本体物”），并对其概念和不动产、动产的分类作出规定；但毋庸置疑，

---

〔1〕 刘保玉：“准物权及其立法规制问题初探”，载《山东大学人文社会科学青年成长基金项目〈物权的类型体系研究〉和司法部课题〈物权立法疑难问题研究〉的前期成果》。

〔2〕 刘保玉：“准物权及其立法规制问题初探”，载《山东大学人文社会科学青年成长基金项目〈物权的类型体系研究〉和司法部课题〈物权立法疑难问题研究〉的前期成果》。

〔3〕 王利明：“试论《物权法》中海域使用权的性质和特点”，载《社会科学研究》2008 年。

在法律有特殊规定的情况下，权利也可以作为物权的客体（特别物）；所以，采用法律拟制的方法，将能够为人力控制并具有经济价值的特定空间、能源和自然力等“视为物”（拟制物）。〔1〕对于某些客体特殊的权利类型（如对网络虚拟财产的权利），亦可以将其归入准物权来认识。〔2〕

（三）在物权登记中将现有的准用益物权列为独立的类型

物权可分为自物权和他物权两类，其中自物权即为所有权自不必说，而他物权的内涵则较为丰富。鉴于设置准物权制度的必要性和重要性，应当认为，可以在我国的他物权制度中，将用益物权再细分为一般用益物权和准用益物权。首先，用益物权主要包括对土地的使用权，特别是对林地和草地的使用权；其次，包括典权、矿业权、狩猎权、海域使用权、养殖权、取水权等在内的以权利束形式存在的他物权应属准用益物权类别；其用于抵押时即属于担保物权。

（四）我们应当明确产权归属合理分配权利义务以在公法规制下实现社会整体收益最大化

关于准用益物权属性的折中说认为，矿业权、水权、渔业权和狩猎权具有私法兼公法的性质，是具有公法属性的私法。〔3〕既然产权制度的功能在于激励产权主体以最有效的方式利用资源以实现资源的价值最大化，同时又能给产权主体一定的公法约束，而实现这一功能的关键就在于产权界定必须赋予产权主体明确而对称的权利与责任。既要使权利受到法律的保护，又要使权利行使者无法逃脱相应的责任约束。若只有权利激励没有责任约束，必然导致权利的滥用；而若只有责任约束没有权利激励，又必然导致资源配置效率的低下。〔4〕

产权归属的明确能够增强交易双方的预期，从而提高资源配置的效率。〔5〕自然资源本身所具有的耗竭性和稀缺性使得人类对自然资源的合理开发利用越来越重视。市场经济中，秩序和自由同等重要。只有加强秩序才能

〔1〕刘保玉：“准物权及其立法规制问题初探”，载《山东大学人文社会科学青年成长基金项目〈物权的类型体系研究〉和司法部课题〈物权立法疑难问题研究〉的前期成果》。

〔2〕钱明星、张帆：“网络虚拟财产民法问题探析”，载《福建师范大学学报（哲学社会科学版）》2008年第5期。

〔3〕崔建远：“自然哲学观与准物权乃至民法的命运”，载《法商研究》2003年第6期。

〔4〕谢地：“论我国自然资源产权制度改革”，载《河南社会科学》2006年第5期。

〔5〕陈安宁：“论我国自然资源产权制度的改革”，载《自然资源学报》1994年第1期。

使市场活动更自由，公法规制不是没有权利内容的秩序，而更多的应是对贯彻“契约自由、意思自治”的市场商品交换活动的管制。

所以，不但应加强民法理论研究中准用益物权制度的研究，完善我国的自然资源资产产权制度及其公法规制，还须加强有关单行法与特别法的研究与制定。

第二节 矿产资源开发管理法律事实的构成——民事行为与行政行为的二元区分与互动〔1〕

自1986年《矿产资源法》颁布施行至今，学界围绕着矿业权及相关制度的构建进行了长期的探讨，取得了显著的进展，2007年颁布的《物权法》将矿业权纳入用益物权范畴加以规制，首次标志着矿业权的私权地位于立法上得以明确，体现了矿业权研究在立法层面的跨越；另一方面，不容忽视的是，在实务操作环节，相关矿业制度仍存在可供改进完善的空间，尤其是一部分源自计划经济时代的制度设计，已经远不能适应新时期矿产资源管理工作的需要。这其中，《矿产资源法》有关行政许可的规定，与矿业权流转两套法律关系中存在的混淆与杂糅的现象，亟须学界予以辨清与完善，厘清矿产勘探、开采活动所涉及的行政与民事法律关系，协调其中国家与个人的权利义务，维持矿产资源的开发利用与环境保护间的平衡，对于我国矿产资源的合理利用与有序管理，具有举足轻重的意义。

一、定义矿业权的关键在于辨明公法私权之不同

（一）矿业权界定中的内涵与外延

1. 矿业权目前业已被认为是以权利为其客体的准物权。

（1）矿产资源属于全体人民所有是国家主权的体现。关于矿业权的内涵，通说认为，矿业权系“探采人依法在已登记的特定矿区或工作区内，勘探、开采一定的矿产资源，设定矿产品，并排除他人干涉的权利。”〔2〕

值得一提的是，有学者认为，对于矿产资源的归属，《物权法》及《矿产

〔1〕 邱杨：中国政法大学民商经济法学院硕士研究生。

〔2〕 崔建远：《准物权研究》，法律出版社2003年版，第179页。

资源法》所规定的矿业权人的权利与《宪法》第9条规定的矿产资源所有权存在矛盾，根据《宪法》规定，矿藏的所有权归属于国家，而经过《矿产资源法》及《物权法》所抽象概括出的矿业权，却包含了采矿权人占有、使用、收益以及对于矿产资源进行实际支配的内容。[1]为了解释这一问题，有学者提出，应将矿业权一级市场理解为矿产资源买卖的交易平台，作为矿产资源从政府向个人或团体流转的渠道。[2]

对于上述疑问的解答，涉及我国《宪法》第9条已明确矿产资源的所有权属于国家。[3]不过在对这一规定的理解上，却经常会将“国家”误读为政府，[4]进而才得出《矿产资源法》与《宪法》的规定存在矛盾的论断。实际上，矿产资源的国家所有，其实质即为全民所有，具体而言，所有权人系中华人民共和国全体公民。

(2)行政法上政府对资源开发管理是代表人民实施“普遍禁止的解除”。在我国政治制度设计中，作为委托人的人民，是将自己的权利委托给了政府，而政府作为人民的代理人，来负责行使人民的权力，同时也接受人民的监督，[5]其职能可概括为“公共利益最大化应是政府职能的目标”，表现在矿业领域，政府的身份既是管理者，亦是监督者，[6]政府的职责在于以占全体人民最大多数、最长远之利益为出发点，筛选出具备相应资质的相对人，并通过行政许可行为，针对该部分相对人，解除其对属于全体人民所有的矿产资源实施勘探、开采行为的普遍禁止。[7]简而言之，在矿业领域，行政许可的效力系“解禁”而非“赋权”，[8]更进一步而言，政府在矿业管理活动

---

〔1〕文正益：“妨碍矿产资源国家所有权到位的两个问题值得关注”，载《国土资源情报》2011第8期。

〔2〕樊春辉、李晓莉：“矿业权一级市场建设的思考与对策”，载《中国国土资源经济》2011年第2期。

〔3〕飞扬：“矿产资源国家所有权的内涵与实现”，载中国矿业网，访问日期：2010年5月18日。

〔4〕商红：“国家与政府：概念的再界定——兼论国家与政府的区别”，载《北方论丛》2001年第3期。

〔5〕王林生：“人民政协民主监督的制度安排”，载《广州社会主义学院学报》2012年第3期。

〔6〕董江涛：“转变政府职能：以公共利益最大化为目标”，载《长白学刊》2008年第2期。

〔7〕林毅：“行政许可的性质探讨”，载《西南交通大学学报（社会科学版）》2002年第2期。

〔8〕郭道晖：“对行政许可是‘赋权’行为的质疑——关于享有与行使权利的一点法理思考”，载《法学》1997年第11期。

层面的工作重心，是对矿业活动设置一般性的行为准则，以确保全体人民以及矿业权人的私权利得到切实的保障。[1]

2. 矿业权是一个复杂的权利束。

(1) 矿业行政行为确认矿业权民事法律关系的变动。有关矿业权许可证的属性，有观点认为，矿业权许可证是矿业权的物权凭证。[2] 此种定性，将行政机关发放勘查、采矿许可证的行政行为，与矿业权的产生与变更联系到一起，将政府行政行为视为矿业权民事法律关系产生、变更的源头。

此种观点在当前的矿业制度设计上亦有所体现，以目前《矿产资源开采登记管理办法》及其规章的规定为例，投标、竞拍人经招标、拍卖和挂牌成交程序，并缴纳了约定的费用后，即可领取采矿许可证而成为采矿权人。我国《矿产资源实施条例》第6条第2款规定："采矿权，是指在依法设定的采矿许可证规定的范围内，开采矿产资源和获得所开采的矿产品的权利。"从成交人到"有权获得所开采的矿产品"之采矿权人，仅仅相差付费并取得采矿许可证这一环节而已，该行为确实可以有多角度的诠释，其中一种，将付费"购买"采矿许可证视作许可证规定范围内的特定矿产资源资产归属权的流转，[3] 恰是一个非此而难以"由暗转明"之过程。

(2) 特定矿产的物权归属有别于对其进行开发利用的行为特许权。我国《矿产资源法》第3条规定："勘探、开采矿产资源，必须依法分别申请、经批准设定探矿权、采矿权，并办理登记"。在整合各国立法例及学说的基础上，有学者指出，"矿业权是一个比较复杂的概念，要弄清它的确切含义，有必要对其进行解析，其实矿业权是一个权利束，是由一系列相关权利组合而成的"[4]。这一论述有助于加深对矿业权的全面认知。

矿业权首先具备了鲜明的财产权属性，但矿业权的外延不止于此，从现行采矿许可制度来看，对于规定范围内特定矿产的归属物权与主体对归属物权进行开发利用的行为权，并未作清晰的区分，而是笼统地将两者"糅合"

---

[1] 李显冬、高 婷："矿权的法律定位及立法选择"，载《中国国土资源经济》2005年第8期。

[2] 师安宁："现行矿业权流转制度及其流转效力研究"。

[3] 康纪田："权力和权利合体的多功能采矿许可证"，载 http://blog.sina.com.cn/s/blog_4c0d785b0101cspv.html，访问日期：2012年10月18日。

[4] 戴永生："国内外矿业权之法律属性分析"，载《世界有色金属》2006年第2期。

后，包含在许可证中。[1]

事实上，上述二者是不宜混为一谈的，究其本质，矿业权的物权归属是静态的财产权利，作为市场要素和劳动对象，其是通过民事法律行为才产生与变更的；而矿业行为权是动态行为权，是在市场上由劳动者作用于劳动对象的劳动过程，表现为相对人实施的针对矿区与其下埋藏的矿产资源开展的勘查、开采活动，相对人需经过政府批准，依法办理行政登记，领取采矿许可证才能进入市场从事开采活动，从这一角度出发，政府对相对人授予采矿许可证，其作用在于解除国家所设定的矿业准入一般性禁止，其规制的正是矿业行为，而非矿业权作为物权的权利归属。

（二）*矿业行政行为仅是对探采民事行为合法性的确认*

1. 矿业行政许可的当前法律定位。贯穿矿业权的设定与流转过程的，是意思自治主体平等的民事法律关系；而行政许可则是公权力对矿业领域实施规制管理的主要手段。

矿业领域的行政许可，主要表现为勘查、采矿许可证的审批与授予，而勘查、采矿许可证是行政许可的证照式体现，[2]是对于矿业权人主体资格的认可，此外，在现行制度框架下，勘查、采矿许可证有着产权登记证的地位。根据《矿产资源开采登记管理办法》第13条规定，“采矿权可以通过招投标的方式有偿取得……中标人缴纳本办法第九条，第十条规定的费用后，办理登记手续，领取采矿许可证，成为采矿权人”；《探矿权采矿权招标拍卖挂牌管理办法》第25条则规定“行政主管部门应当按照成交确认书约定的时间为中标人、竞得人办理登记，颁发采矿许可证”。

纵观上述法律法规，可见，在当前我国有关法律法规所设计的矿产资源配置环节中，政府行政许可行为是一道必经程序；而勘查、采矿许可证既是矿业主体资格的证明文件，也在一定程度上带有产权证明的色彩。

2. 行政许可是国家作为监管者对探采行为合法性的确认。然而，上述规定能否在理论层面自洽，实值得商榷。采矿许可证是行政行为的批准登记证书，是行政许可的证照式体现，[3]而矿产资源属平等主体之间的民事财产

---

〔1〕 康纪田：“权力和权利合体的多功能采矿许可证”，载 http://blog.sina.com.cn/s/blog_4c0d785b0101cspv.html，访问日期：2012年10月18日。

〔2〕 顾爱平：“行政许可制度改革研究”，苏州大学2006年博士学位论文。

〔3〕 顾爱平：“行政许可制度改革研究”，苏州大学2006年博士学位论文。

权。[1] 依照民法原理，物权的设立基于法律行为，民事物权设立并不以行政许可为前提。一言以蔽之，在矿业领域，行政许可的客体为勘查、开采行为，而非直接规制隶属于民事法律关系框架中的物权关系。

为了更进一步厘清行政许可与矿业权之间的关系，首先必须辨明行政许可的属性及其效力，在矿业领域，具体到矿业权出让制度中，矿政部门既是矿产资源的直接管理者，其出让矿业权的行为，属于民事合同行为；又是矿业管理的实施主体与责任人，对申请人依法取得的矿业权进行用益物权登记，并向取得矿业权的社会主体颁发矿业权证明文件，以确保这些社会主体合法取得矿业权。

行政许可表现为行政机关经过审查，批准相对人从事矿产资源的勘探、开采等具体行为，在这一环节中，行政机关行使的是矿产资源的管理者、监督者职能，[2] 而不是直接充当私法关系中的交易相对人，行政机关的职责应限于保护矿业权人的共有财产和私有财产权利、保护矿业活动中契约合约的合法执行，对其地位的准确定性，应该是矿业行为的裁判者、监督者，而非矿业经济的参与者。

3. 公权对矿业权的确认及保障。就行政许可之“解禁说”来看，其历来认为权利的产生并非来自于行政机关，许可行为只是解除了符合条件者的一般禁止而已，[3] 故矿业“行政许可是指在法律一般禁止的情况下，行政主体根据行政相对人的申请，通过颁发许可证或执照等形式，依法赋予行政相对人从事某种活动或实施某种行为的权利或资格的行政行为。”[4] 章剑生教授亦赞同此观点，其认为这种观点基于个人的立场，其思考的路径是“权利——法律——权力”，即权利通过法律获得确认，并通过权力保护权利，正契合了政治相对民主下的市场经济体制。[5] 江必新教授则认为行政许可的本质在于对符合条件者的不作为义务的解除。[6] 不乏学者坚持，行政许可证不包含

---

〔1〕 武钧琦、王丽艳：“矿业权出让合同法律属性探析”，载《中国矿业》第20卷增刊。

〔2〕 飞扬：“矿产资源国家所有权的内涵与实现”，载中国矿业网，访问日期：2010年5月18日。

〔3〕 刘素英：“行政许可的性质与功能分析”，载《现代法学》2009年第5期。

〔4〕 姜明安主编：《行政法与行政诉讼法》，北京大学出版社、高等教育出版社1999年版，第182页。

〔5〕 章剑生：“行政许可的内涵及其展开”，载《浙江学刊》2004年第3期。

〔6〕 江必新：“论行政许可的性质”，载《行政法学研究》2004年第2期。

对民事归属物权的明确，即便是为了公共利益目的，按宪法规定强制改变物权归属，该行为性质也是“征收征用”，而非许可。[1]

一言以蔽之，在“解禁说”的语境下，行政许可无关矿业权的变动，而重在为矿业权的具体行使——勘查与采矿行为设定规则，敦促矿业权人合法合理地实施勘查采矿行为，从某个侧面而言，体现了公权力对矿业权效力的确认、保障与规制。这一推导，揭示了行政许可与矿业权的归属是截然不同的两类法律关系。

二、矿业领域行政法律事实与民事法律事实的关系

（一）我国现行矿产资源开发管理法律规范系统

1. 矿业权行政许可之功能在于事先控制开发的负外部性经济效果。

（1）矿业权的财产权属性规定不明是现行《矿产资源法》的不足。具体而言，有关矿业权的设定，《矿产资源法》第3条规定：“……勘查、开采矿产资源，必须依法分别申请、经批准设定探矿权、采矿权，并办理登记……”没有充分体现矿业权的私权属性，也在一定程度上与《物权法》的规定相悖，表明了在当时，立法者仍然将矿业权的设立看成是行政许可的附属品或是当然的结果。[2]

（2）矿产资源管理中的行政许可与矿业许可证及矿业权是不同的概念。行政许可是对一般性禁止的解除，[3]其隐含的意味是申请人具备了法律法规所设定的探采资格，故相关部门准予其进入矿产资源从事勘探开发等活动。从各国的立法规定来看，矿产开发领域的行政许可一般以行政特许为主要形式。行政特许制度是政府公权力机关根据法律和当地的客观实际，对开发申请人的资金、技术、开发计划、环境保护、复垦担保等进行审查，决定其能否进入开发市场的事先管制。[4]其功能是事先控制开发的负外部性经济效果发生，而非《行政许可法》起草专家所总结的“特许的主要功能是分配稀缺

---

〔1〕康纪田：“权力和权利合体的多功能采矿许可证”，载 http://blog.sina.com.cn/s/blog_4c0d785b0101cspv.html，访问日期：2012年10月18日。

〔2〕“刘志强：矿业权审批既是行政特许又是特许物权”，载国土资源部网站，访问日期：2011年6月23日。

〔3〕李海龙：“浅析我国行政制度存在的几个问题”，载《黄河之声》2012年11期。

〔4〕康纪田：“对系列矿业权物权理论的透视”，载《前沿》2007年第11期。

资源”〔1〕。

2. 现行矿业权保障制度缺少充分的民事救济，故难以定分止争。

（1）矿业权法律关系中同样适用“无救济即无权利”。对矿业权私权属性之认定，业已在学界达成共识。〔2〕然而，正所谓“无救济即无权利”，〔3〕具体落实到制度层面，当前法律框架下的矿业权保障体系暴露出系统性与前瞻性的缺失，尤其对于许可证吊销之后的矿业权保护，现行《矿产资源法》的规定更是几近于空白。当前实践中，许可证的吊销往往意味着相对人的探矿及采矿资质以及财产性权利的一并消灭，〔4〕然而，如果仔细分析矿业许可证与矿业权归属背后依附的法律关系，不难发现，此类处理方式的合理性颇值得商榷。

（2）矿业权益保障制度的缺失背后反映理论研究不足之症结。矿业权益保障制度的缺失，折射出实务界对矿业许可制度及矿业权认识的不足。《宪法》所规定的矿产资源国家所有，是抽象的、概括的规定，落实到对特定区块内矿产资源实施开采时，必须从整体而抽象的矿产资源中特定出可排他性支配的块段性矿产资源，一般称为矿产资源资产，即所谓的“矿产”〔5〕。

根据《矿产资源法实施条例》第6条第2款的规定，采矿权是指在依法设定的采矿许可证规定的范围内，开采矿产资源和获得所开采的矿产品的权利。而“采矿权许可证规定的范围内”的“范围”，应理解为特定化了的块段性“矿产”。从条例的规定来看，立法者对于采矿许可证的定位仍停留在矿产的归属物权随着采矿许可证的取得而设立，采矿许可证具有矿产物权设立的功能属性〔6〕。

然而，尽管勘查、采矿许可证涵盖了矿业权行使的相关内容，使之在表面上以物权公示的形象示人，但勘查、采矿许可证与矿业权物权凭证，毕竟

---

〔1〕 汪永清：“行政许可法教程”，中国法制出版社2011年版。

〔2〕 郄建荣：“矿业权私权属性当强化”，载《法制日报》2006年11月20日。

〔3〕 汤圣栋：“无救济即无权利”，载《法制与社会》2008年第15期。

〔4〕 刘莜婕：“我国采矿许可证制度的探析”，江苏省法学会经济法学研究会2009年年会参会论文。

〔5〕 康纪田：“权力和权利合体的多功能采矿许可证”，载 http://blog. sina. com. cn/s/blog_4c0d785b0101cspv. html，访问日期：2012年10月18日。

〔6〕 康纪田：“权力和权利合体的多功能采矿许可证”，载 http://blog. sina. com. cn/s/blog_4c0d785b0101cspv. html，访问日期：2012年10月18日。

是矿产资源开发管理领域公法与私权两种不同的法律关系。

（3）通过行政许可取得的资质证明与物权凭证截然不同。与矿业管理有所类似的机动车驾照管理制度，为厘清矿业制度中的行政许可及私权保护二者的关系提供了有价值的借鉴。这其中，“驾照理论”是其集大成者。[1]

机动车的管理，同矿产资源的管理类似，其设定初衷都是服务于社会需要与公共目的。在机动车管理方面，集中体现为机动车牌照与驾驶证照的审批与发放；而在矿业领域，则以探矿、采矿许可证为外在表现形式，二者的性质也类似，均系行政机关对于相对人资质的认可，对于机动车驾驶人，这种资质是驾驶机动车上路行驶，而对于矿业权人，则表现为从事相应的探矿、采矿行为。

“驾照理论”的价值在于揭示了这样一个命题：即通过行政许可取得的资质证明，与物权凭证是断然不可混同的。以机动车管理来说，机动车相关证照的发放，与机动车在物权层面的归属，是泾渭分明的两类法律关系，前者是典型的行政许可行为，而后者则是基于民事法律行为所产生。早在《物权法》通过前，公安部就曾在给最高人民法院复函中称，行驶证仅是机动车上路行驶的凭证，而不是物权凭证，不能仅根据行驶证上所标明的所有人来确证机动车的实际所有权人。[2]

随着《物权法》的颁布实施以及学界对物权行为理论研究的深入，机动车管理制度中的公私法律关系的界线逐渐趋于明朗，如将机动车驾驶证与机动车的物权凭证混为一谈，无疑是对行政法律关系与物权法律关系的混淆。以此为出发点，机动车驾驶证照的吊销，不等同于机动车物权的丧失，行政机关因机动车驾驶人员的违章行为吊销其执照，但行政行为的边界也止步于此，行政机关不能仅依据吊销执照的决定，直接上升为没收机动车，剥夺相对人的物权；而相对人的救济方式，也应通过行政复议或诉讼而非民事诉讼进行。

上述用于明确区分机动车驾驶证照与机动车物权归属的“驾照理论”，为现行《矿产资源法》相关制度的变革提供了可供借鉴的理论突破口，在矿业

---

〔1〕 康纪田：“我国矿业法可移植国外‘三权分立’的矿业制度”，载 http://blog.sina.com.cn/s/blog_4c0d785b01018k1x.html，访问日期：2012 年 7 月 19 日。

〔2〕 彭道柏：“机动车过户登记应属所有权登记”，载《人民法院报》2008 年 4 月 8 日。

权的管理上，公权力的边界不能超越行政行为本身，[1]其边界限于对矿业许可证实施行政行为加以管理，而对于相对人享有的矿业权，应当给予其私权利应有的地位，予以保障。遗憾的是，矿业管理部门在现实中的一些做法，恰恰违背了这一原则，这集中体现了当前我国的矿产资源实务操作活动处于一种行政权力与民事权利相互杂糅的困境当中。[2]

（二）基于事实行为与占有来对矿业权予以充分法律保护

1. 勘查和开采行为本质上具有事实行为的法律属性。民法中的所谓事实行为，是指行为人不具有设立、变更或消灭民事法律关系的意图，但依照法律的规定能引起民事法律后果的行为。

通说认为，事实行为与民事行为的主要区别在于：首先，事实行为不以意思表示为其必备要素，而民事行为以意思表示为必备要素；其次，事实行为依法律规定直接产生法律后果，民事行为依据行为人的意思表示的内容而发生效力；再次，事实行为只有在行为人的客观行为符合法定构成要件时才发生法律规定的效果，民事行为的本质在于意思表示，而不在于事实构成；最后，事实行为的构成不要求行为人具有相应的民事行为能力，而民事行为以行为人具有民事行为能力为生效条件。按照现行《民法通则》的规定，事实行为分别包括：无因管理行为、正当防卫行为、紧急避险行为以及侵权行为、违约行为、遗失物的拾得行为、埋藏物的发现行为等。行政法上也有所谓"行政事实行为"的概念。[3]

2. 勘查和开采证照被吊销后原权利人存在"事实占有"问题。矿业领域最为重要的一组关系，是行政许可与矿业权流转，前者以行政机关审批相对人资质并发放勘查、采矿许可证为形式，后者则以矿业权一级、二级市场为权利变更的平台，而以矿业权登记为公示要件。

在此基础上，需要阐明的是，矿业许可制度、矿业权的取得以及实际的勘查、开采行为，三者的性质是完全不同的，如果说，矿业许可制度代表的是行政许可，是公法法律关系；那么矿业权一、二级市场代表的则是作为准用益物权的矿业权设定的私法法律关系；与前两者不同的是，勘查、开采行为的本质实为事实行为，其行为效力直接取决于法律规定。

---

[1] 秦佩华："公权力边界在哪里"，《人民日报》2010年1月6日。

[2] 吴勇刚："浅谈矿产资源合理开发与管理"，载《经济师》2012年第9期。

[3] 吕建："行政事实行为的概念"，载《青年文学家》2011年第20期。

因此可以认为，对于许可证的扣押、吊销产生的法律后果，应当有一个清晰的认识，即矿业权人通过勘探、开采此类事实行为取得的对所得的矿产品的占有、使用、收益，不受行政行为影响，诸如扣押、吊销许可证产生的法律后果在于对相对人资质的否定，在于禁止相对人从事相应的矿产资源勘查、开采活动，而非对相对人在丧失资质以前，合法取得的矿产品支配权的剥夺。

三、矿产资源配置环节中的公法监督与私法自治

（一）特许权持有人拥有的仅是一种市场准入资格

在矿产资源的分配上，发挥市场的主导作用，是当前的大势所趋。这其中，“特许权持有人拥有的是一种市场准入资格，要靠资质条件去设定……特许权持有人同采矿权持有人不是同一主体”〔1〕。而要实现这一点，采用与特许权属性相匹配的制度设计，在矿业管理上改自由裁量权较大的审批式为核准式，根据行政机关裁量权的大小将行政审批分为审批、审核、核准和备案四类。〔2〕无疑是一条必经之路。

退一步讲，对于国有私物的矿产资源开发，即使在沿用原有矿产资源采矿许可证的情况下，也应该转换审批的内涵，改自由裁量权较大的审批式为核准式，即细化采矿权申请人提交的材料，降低许可设定标准，只要采矿权申请人提交了相应材料，达到了相应的标准，则应当授予采矿权许可证，同时应当赋予采矿权申请人相应的司法救济途径，允许申请人就不予许可提起行政诉讼。同时允许行政机关就特定矿种通过法律规定的方式予以限制。

（二）公权管制范围外的资源配置只能依据市场规则

通过市场配置资源的方式实现国有私物的有效利用可以成为矿业制度改革的一个突破口。

属于国有私物的矿产资源因不直接承担公共职能，不供公众直接使用，故可以通过市场配置资源的方式实现国有私物的有效利用，而无使用行政审批的必要。可能有学者认为，矿产资源的稀缺性、不可再生性决定其需要国家统一规划，统一管理，施行审批。然矿产资源种类繁多，分布不同，是否

---

〔1〕张文驹：“矿业市场准入资格和矿权主体资格”，载《中国国土资源经济》2006 年第 10 期。

〔2〕周汉华：“行政许可法：观念创新与实践挑战”，载《法学研究》2005 年第 2 期。

都是稀缺、不可再生的，应具体讨论，不能通过概括授权的方式一并交给行政机关自行决定。

矿产资源的管理、开发、转让、利用、保护，攸关国运，寰宇各国，均致力于构建一套先进科学、高效合理的顶层设计，以保障矿产资源的有效利用，尤其对于我国这样的人口大国而言，更是如此。

然而，总的来看，现阶段我国矿产资源立法的质量却是不容乐观的，尤其在顶层设计上，存在诸多难以自洽之处，一方面，是立法以及实务操作层面仍带有明显的计划经济时代的烙印，行政权力的过度干预、市场调节功能的失灵，集中体现为现行《矿产资源法》沿袭“公私杂糅”的一系列制度设计。另一方面，作为制度的基础，理论界面对的一些争议的课题亟须突破：对于矿业权以及矿产资源归属的研究有待深入；行政许可与矿业权保护如何衔接；对矿业权的财产属性的认识首尾两端以致对矿业权的保护缺乏全面性，尤其是行政部门对于公权力在矿业领域的定位，至今仍没有摆脱沿袭自计划经济时代的自我认识，由此造成了矿业管理上，公权力被滥用，私权利未得到充分保障的局面。

四、结语

综上，矿业权流转与行政许可，兼具私权与公权二重色彩，二者本应通过合理的制度建构，实现“公利”与“私权”的兼顾，但现实中，却由于不科学的顶层设计，致使二者相互倾轧，不利于彰显政府的公信力，也损害了矿业相对人的合法权益。

针对这一问题，打破症结的关键在于双管齐下：在理论上，应开展深入研究，进一步阐明矿业权流转过程中的行政许可和物权变动之间的关系，为立法和实务操作奠定翔实完备的理论基础；在立法上，则要推动行政管理与矿业权保障的界定清晰化、制度全面化，并辅之以相应的顶层设计，弥补1986年以来相关法律法规中所存在的公私杂糅、法律关系界定不清的不足之处，促进我国矿产资源立法的完善，以破解当前矿业管理活动中所面临的难题，优化对矿产资源的合理开发及有序管理，尽早实现矿业管理与利用的新飞跃。

第三节 我国的矿产资源开发管理法律规范系统

一、系统分析方法对法学研究带来新的研究方法

（一）系统分析方法学引入法学研究而出现规范系统的概念

论及法学研究，首先进入我们脑海里的即所谓法律体系与法律部门的概念，但是随着经济与社会的发展，民众的生活内容较传统而言已经有质的改变。加之我国在新时期面对的各种错综复杂的政治、经济、社会问题，传统的法律部门理论对法律体系的划分已经越来越凸显其局限，原有的法律体系概念、理论及其结构已经不能满足我们现已发展变化了的这样一种规范体系的内容。〔1〕为了促进法律与社会经济的协调发展，相当多学者将系统分析方法引入了法学研究领域。

有学者指出："过去将法律渊源区分为正式的法律渊源和非正式的法律渊源的分类理论已经失去了法律依据和理论依据而遭到破解。在一种规范已经被法律明确确立为行为依据和裁决依据的情况下，将它仍称为非正式的法律渊源就已经失去了依据，同时，原有的'正式的法律渊源'也随之破解。我们不能对这样一种客观现象熟视无睹。我们应该寻找一种新的可以弥补法律体系局限性的新的概念、理论和结构，这种新的概念、理论和结构即'规范体系'的概念，它可以将法律所确认的规范类型包含进去，形成一种新的理论和结构，即规范体系的理论和结构。"〔2〕

根据现代系统论的创立人贝塔朗菲的权威定义，系统就是由互赖而又互动的各类要素所组成的有机整体。〔3〕系统概念揭示了其整体性、层次性与动态性的特征，基于该特征形成了一般的系统分析方法，即主要是通过把系统视为一个整体，来分析系统内部的各个子系统之间，以及系统与环境或与其他系统之间的互动、沟通，特别是通过对系统内外存在的输入、输出、反馈、

---

〔1〕 刘作翔："规范体系：一个可以弥补法律体系局限性的新结构体系"，载《人民法院报》2012年7月20日第5版。

〔2〕 刘作翔："规范体系：一个可以弥补法律体系局限性的新结构体系"，载《人民法院报》2012年7月20日第5版。

〔3〕 张守文："经济法系统的系统分析"，载《经济法研究》2001年卷。

调适等问题，以及系统的结构和功能问题的分析，来对系统的存续和完善等问题作适当的判断。[1]“系统”这个概念是系统工程中的关键性的基本概念或基本范畴。[2]系统往往是一个多级和多层次的复杂结构。现代系统论的基本思想就是要把各种分散的力量集合起来，组成一个有机整体，以便充分发挥它们的功能作用。[3]

在法律规范体系中，它的组成单位是规范类型，由此而形成一种规范结构，并且形成一种新的位阶关系。“规范体系”的概念、理论和结构可以避免原有的“正式的法律渊源和非正式的法律渊源”的分类理论所存在的弊端。[4]

按照新的法律规范体系，规范的位阶由高到低分别是：法律，司法解释，国家政策；最后可以是习惯。这四种规范类型都是被法律所确认了的规范类型，并组成了一种新的规范结构，并且形成了一种新的位阶关系，即每一种后位阶规范类型的适用须以前一种位阶的规范类型缺位为前提。[5]

（二）矿产资源开发管理系统的引入顺应了社会经济的发展

既然法律规范系统是指由一系列互赖而又互动的要素所组成的有机整体。[6]我们在进行法律规范系统研究时，自可借鉴基本系统分析方法，包括整体分析方法、动态观察方法和结构功能方法等。

对法律体系进行法律规范系统划分，对于解决传统法律部门划分理论的问题有重要意义。[7]这不仅使经济法等调整综合社会关系的法律门类的独立地位得以确定，而且对于整个法律体系的清晰划分亦有重要作用。这顺应了社会经济的发展趋势，符合科学发展观，对于经济、社会、科技、环境与系统法制的和谐发展无疑有着特殊的意义。

---

〔1〕 张守文：“经济法系统的系统分析”，载《经济法研究》2001年卷。

〔2〕 罗辉汉：“法制系统工程及其研究途径”，载熊继宁、何玉、王光进主编《法制系统科学研究》，中国政法大学出版社1987年版，第64页。

〔3〕 李昌麒、周亚伯：“怎样运用系统论研究法学问题”，载《现代法学》1984年第1期。

〔4〕 刘作翔：“规范体系：一个可以弥补法律体系局限性的新结构体系”，载《人民法院报》2012年7月20日第5版。

〔5〕 刘作翔：“规范体系：一个可以弥补法律体系局限性的新结构体系”，载《人民法院报》2012年7月20日第5版。

〔6〕 刘茂林、王从峰：“论中国特色社会主义法律体系形成的标准”，载《法商研究》2010年第6期。

〔7〕 史华祥：“试论当代中国法律部门的划分标准”，扬州大学2012年硕士学位论文。

二、矿产资源法在我国现行法律体系中的地位

矿产资源法在我国整个法律体系中处于何种地位呢？矿产资源法是否属于一个法律部门呢？弄清楚这一“法学定位”对于我们正确认识矿产资源法，理解矿产资源国家所有的基本原则所反映的法律精神，正确适用法律，坚持依法行政，调整好矿业领域的各种社会经济关系，正确处理与其他相邻法律的关系等都有着十分重要的理论和实践意义。[1] 讨论矿产资源法是否构成一个法律部门，必须分析其调整对象、特点。

（一）矿产资源法的调整对象具有纵横结合的复杂性

所谓横向法律关系，在经济法的语境下即单位、个人之间因平等主体间的经济往来而产生的法律关系。[2] 比如，市场配置的关系，矿产资源的所有权与用益物权的关系，探矿权与采矿权的关系以及矿业权的取得、转让、抵押、出租、继承等关系，矿业用地、矿产资源开发中的民事经济关系等等。

所谓纵向法律关系，即国家管理机关与单位、个人之间因管理而产生的法律关系。[3] 具体包括矿产资源的集中统一管理和分级分类管理的关系；矿产资源规划的法律地位、矿业权的取得和流转中的行政许可；矿业权实施中的监督检查；矿山环境保护与治理和矿山安全；地质勘查、开发利用、保护和监督管理中的关系；矿产资源与矿业综合管理中的关系。

（二）矿产资源的开发管理具有“综合法律调整”的特点

因调整对象的复合性和调整方法的多样性，矿产资源法的法律规范具有综合性的特征，其规范具有民商法、经济法和行政法的内容。调整手段既包括调整商品交换关系的平等、等价的民法方法；又包括调整经济管理关系的行政干预和经济调节相结合而以行政指令为主的经济行政方法；同时还包括调整税收关系的强制、无偿、固定和调节的税法方法；甚至还要包括以制裁犯罪为特征的刑罚方法。所以，仅从形式上看，“综合法律部门”这种说法本身就与“法律部门”的原始定义相悖。

---

〔1〕 李显冬、高婷：“矿业权的法律定位及立法选择”，载中国矿业网，发布日期：2007年8月7日。

〔2〕 沈岿：“‘横向法律规范冲突及其解决’大家谈”，载《行政管理改革》2012年第10期。

〔3〕 管荣齐：“试论我国的经济法律体系”，载法律教育网，发布日期：2003年6月4日。

由于既定理论框架的局限性，传统的部门法划分理论自不能承认像矿业立法这种进行领域性调整的综合性的法律规范体系是独立的法律部门，而客观的立法实践却要求矿业立法这种法律规范作为一个整体，在整个法的体系中占有一席之地。[1] 因此，我们必须摆脱传统部门法划分的局限，从另一个角度对矿产资源法进行分析。

（三）矿业立法是区别于传统法律部门的“法律规范系统”

矿产资源开发利用法律规范，是以整体的形式与外界发生作用，从而表现出了矿业立法调整矿业领域内各种社会关系特定的系统功能性。

矿业立法中的法律规范，既有调整纵向矿业法律关系的行政法规范，又有调整横向矿业法律关系的民法规范，还有调整各种经济犯罪的刑事法律规范等，显然具备了系统的综合性。

因此，我们完全有理由把矿业立法这种调整社会某一特定领域内的各种社会关系的法律规范的总和，以及由其组成的法律子系统，共同看作是各种不同层次的元素，因而构成了一个区别于传统法律部门的“法律规范系统”。[2]

三、我国现行矿产资源开发管理的法律渊源

我国现行矿产资源立法规模超乎想象，截止于2012年11月4日，在中国法律法规规章司法解释全库中，以“矿”为关键字段进行标题搜索，涉及法律9条，行政法规98条，司法解释29条，部门规章2164条，地方性法规、地方政府规章以及规范性文件竟然达到7464条。[3] 其中，核心部分是有关规范矿产资源开发的法律规范，俗称“矿业法”。矿业资源法律规范系统，分

---

〔1〕 江平主编：《中国土地立法研究》，中国政法大学出版社1999年版，第220页。

〔2〕 李显冬：《溯本求源集：国土资源法律规范系统之民法思维》，中国法制出版社2012年版，第411～412页。

〔3〕 需要说明的是此处仅仅在于举例说明我国矿业立法的总体规模。检索得到的“法律9条，行政法规98条，司法解释29条，部门规章2164条，地方性法规、地方政府规章以及规范性文件竟然达到7464条”的数据并不必然与规范的实际数目一致，应该略大于实际数量。例如，法律项下的9个检测结果，标题带“矿”的法律仅有《矿产资源法》与《矿山安全法》，但这两部法律都经过两次修改，新旧版本都被计算在内，所以统计结果按4个处理。此外，作为法律制定机关的全国人大及其常委会作出的法律适用解释与答复等亦被统计在“法律”项下。

别涉及民法、刑法、行政法等子规范系统。[1] 其法律渊源以法律效力等级为视角，当前的矿业法律体系囊括法律、行政法规、地方性法规、部门规章、地方政府规章、司法解释以及规范性文件等几乎所有的法律渊源类别。

（一）宪法

《宪法》对于矿产资源开发相关规范涵盖在“自然资源”概念之下，具体包括3个条文，涉及“矿藏的国家所有权”、“矿地使用权”以及“环境保护”三个方面。第9条规定“矿藏属于国家所有，即全民所有。国家保障自然资源的合理利用。禁止任何组织或者个人用任何手段侵占或者破坏自然资源。”第10条规定“一切使用土地的组织和个人必须合理地利用土地”。第26条规定“国家保护和改善生活环境和生态环境，防治污染和其他公害”。

（二）法律

1. 广义的矿业法律规范。全国人大或全国人大常委会制定的法律涉及矿产资源开发的立法都可以理解为广义的矿业法规范。

私法方面，作为权利宣言书的《民法通则》第五章“民事权利”第一节“财产所有权和与财产所有权有关的财产权”规定“国家所有的矿藏，可以依法由全民所有制单位和集体所有制单位开采，也可以依法由公民采挖。国家保护合法的采矿权。国家所有的矿藏不得买卖、出租、抵押或者以其他形式非法转让。”2007年颁行的《物权法》则在其第46条重新强调了矿产资源的国家所有权，第123条则宣示性地表述了“依法取得的探矿权、采矿权受法律保护”。

公法层面，刑法第六章“妨害社会管理秩序罪”第六节“破坏环境资源保护罪”第343条专门针对“擅自开采”与“破坏性开采”进行规制。[2] 而《行政处罚法》、《行政许可法》以及《行政程序法》都对矿产资源开发进

---

〔1〕 矿业法律规范系统由李显冬教授最早提出，是在矿业立法中高于公私法的更高一层的划分。具体的论述详见李显冬：《中国矿业立法研究》，中国人民公安大学出版社2006年版，第58～59页。李显冬：《溯本求源集：国土资源法律规范系统之民法思维》，中国法制出版社2012年版，第498～499页。李显冬：《矿业法律实务问题及应对策略》，中国法制出版社2012年版，第6～9页。

〔2〕《刑法》第343条规定：“违反矿产资源法的规定，未取得采矿许可证擅自采矿，擅自进入国家规划矿区、对国民经济具有重要价值的矿区和他人矿区范围采矿，或者擅自开采国家规定实行保护性开采的特定矿种，情节严重的，处三年以下有期徒刑、拘役或者管制，并处或者单处罚金；情节特别严重的，处三年以上七年以下有期徒刑，并处罚金。违反矿产资源法的规定，采取破坏性的开采方法开采矿产资源，造成矿产资源严重破坏的，处五年以下有期徒刑或者拘役，并处罚金。”

行不同角度的公法规制。

2. 作为单行法和特别法的狭义的矿产资源法。《矿产资源法》在我国的法律体系当中，并没有传统"六法"那样的耀眼地位。特殊的专业属性和相对较窄的适用空间，使得《矿产资源法》并不为大众熟知。其实，新中国矿业立法最早可追溯至1951年4月18日公布的《矿业暂行条例》，其第1条即明确了"全国矿藏，均为国有，如无须公营或划作国家保留区时，准许并鼓励私人经营"的基本原则。当时以国有经济为主导的包括合作社经济、个体经济、国家资本主义经济以及私人资本主义经济并存的经济格局决定了《暂行条例》并不具备苏联矿业立法全面管控的经济基础。[1]

1965年，颁布专门规范矿产资源开发的《矿产资源保护试行条例》。此后，矿业立法陷于停顿，"文革"期间甚至遭到废弛。1986年，《矿产资源法》颁布实施，矿业管理与开发无法可依的时代结束。[2]我国矿业领域长期受制于计划经济体制的影响，改革步伐相对迟缓。近三十年来，《矿产资源法》仅在1996年进行过一次修订。但为了适应矿业市场经济发展的需要，国务院以及矿政主管部门在修法后的十多年里，陆续出台诸多行政法规与部门规章，对矿产资源的开发与管理进行调整。

（三）行政法规

当前我国矿业立法在行政法规层面发挥突出作用的当属1998年国务院连续颁布的三项行政法规。国务院1998年第240号令与241号令发布《矿产资源勘查区块登记管理办法》与《矿产资源开采登记管理办法》。242号令则是开启矿业权市场化实验的《探矿权采矿权转让管理办法》。值得注意的是，国务院于1994年制定了《矿产资源法实施细则》，用以完善和修正颁行8年的《矿产资源法》。但两年之后《矿产资源法》的修改使得《矿产资源法实施细则》的功能与效用大打折扣。立足1986年矿产资源法制定的《矿产资源法实施细则》在当前的矿业法律体系中作用有限，较少适用。

---

[1] 傅英：《中国矿业法制史》，中国大地出版社2001年版，第61页。

[2] 《矿产资源法》（1986）的制定要追溯到1978年7月31日。国家地质总局局长孙大光正式向国务院提出立法建议。次年，在国家经委领导下，成立《矿产资源法》起草办公室。1984年《矿产资源法（草案）》第13稿经国务院常务会议审议通过。1986年3月19日，第六届全国人大常委会第十五次会议审议通过《中华人民共和国矿产资源法》。《矿产资源法》（1986）的制定到颁布历经8年之久，恰逢改革开放的最初十年，必然受到体制转化的思想冲击。但总体看来，中国的矿业立法尽管迈出了"有法可依"的关键一步，立法模式与立法技术方面仍以苏联矿业立法模式为模板。

（四）部门规章

1. 部门规章承担着某种行政立法实验与矿产资源法修正的功能。一方面，不断发展的矿业经济，对矿业立法提出了制度供给的要求。另一方面，《矿产资源法》近二十年没有修正，已难以适应继续发展的矿业经济的要求。所以，作为主管部门的国土资源部在矿业管理方面颁布了大量的部门规章，具体涉及矿产资源开发的方方面面。〔1〕需要注意的是，国土资源部既可以发布行政规章，也可发布规范性文件，仅以发布单位作为法律效力等级界定依据容易引起误判。〔2〕部门规章在行政许可的设定以及行政程序设置等方面的权限与规范性文件截然不同，因此有必要对国土资源部发布文件的效力等级做出正确判断。〔3〕

2. 部门规章需要以部门首长签署命令作为要件。〔4〕例如，2012 年国土资源部第 55 号令发布的《矿产资源规划编制实施办法》，明确说明“已经 2012 年 8 月 31 日国土资源部第 3 次部务会议通过，现予以发布，自 2012 年 12 月 1 日起施行。部长徐绍史”。

鉴于《矿业权出让转让管理暂行规定》、《探矿权采矿权招标拍卖挂牌管理办法（试行）》、《矿业权交易规则（试行）》则是以“印发通知”的方式发布，并无部门首长签字的说明，自应属一般规范性文件。〔5〕

（五）地方性法规与地方政府规章

1. 地方性法规形式的矿业立法以综合性资源保护条例为多。采此种立法

〔1〕当然在安全、环保等方面其他主管部门亦有规章对矿产资源的开发予以规制。

〔2〕研究中之所以专门将矿业立法的渊源纳入讨论并不是为了凑字数，而是当前的矿业立法研究中，法律渊源的认识确实存在一定程度的偏差，不利于理解我国当前矿业立法的具体进程。例如，郗伟明在其《矿业权法律规制研究》一书当中对“矿业权管理方面的部委规章”产生了误判，将部分由国土资源部发布的规范性文件纳入部委规章。具体参见郗伟明：《矿业权法律规制研究》，法律出版社 2012 年版，第 154～155 页。

〔3〕例如，《行政许可法》第 16 条授权规章“可以在上位法设定的行政许可事项范围内，对实施该行政许可做出具体规定。法规、规章对实施上位法设定的行政许可做出的具体规定，不得增设行政许可；对行政许可条件做出的具体规定，不得增设违反上位法的其他条件”，而一般的规范性文件则无此权限。

〔4〕参见《立法法》第 76 条。

〔5〕例如，国土资源部关于印发《矿业权交易规则（试行）》的通知（国土资发〔2011〕242 号）的表述为：“各省、自治区、直辖市国土资源主管部门：为规范各地矿业权交易机构和矿业权人交易行为，促进矿业权市场健康发展，现将《矿业权交易规则（试行）》印发给你们，请遵照执行。”之后为日期 2011 年 12 月 31 日，并无首长名字，这显然不同于《矿产资源规划编制实施办法》的发布形式。

模式的有湖北省、四川省、海南省、江苏省、河北省以及宁夏回族自治区，其都制定有“综合性的资源保护条例”。

2. 地方政府规章更多的是针对具体问题的处理进行规制。例如，湖南省针对责任追究制定地方政府规章《湖南省违反矿产资源管理规定责任追究办法》。[1] 2002年全国人大常委会执法检查组关于检查《中华人民共和国矿产资源法》实施情况的报告显示：为深入贯彻实施1996年修改后的《矿产资源法》，检查的江西省、云南省、辽宁省以及内蒙古自治区四省区初步具备了较为完备的矿业地方性法规规章体系，各自制定了本省的“矿产资源管理条例”。此外，江西省还颁布了《江西省集体矿山企业和个体采矿矿产资源监督管理办法》，辽宁省制定了《辽宁省集体和个体采矿条例》、《辽宁省矿山环境保护条例》等。

3. 地方性法规和规章自主创新立法。江西省针对地质勘查进行专门规制，云南省则对外商投资勘查开采以及古生物化石资源保护方面颁行专门规范，内蒙古自治区针对地热资源的管理制定相关条例。[2]

（六）司法解释及判例

1. 司法解释一经立法机关认可就变成了广义的法律。严格说来，司法解释的制定、修改与废止并没有纳入《立法法》的范围，因此对于司法解释的地位尚存争议，但不可否认的是最高人民法院与最高人民检察院的司法解释具有的实际约束力。[3] 需要注意的是《司法解释备案审查工作程序（草案）》，已于2005年12月16日经十届全国人大常委会第四十次委员长会议通过，其明确规定：最高人民法院、最高人民检察院制定的司法解释，应自公布之日起30日内报送全国人大常委会备案。这意味着司法解释已经具有实质意义上的法律效力，而且是作为成文法的一种具体表现形式，在我国业已具

[1] 《立法法》76条要求，“地方政府规章由省长或者自治区主席或者市长签署命令予以公布”。此处的道理与部门规章的道理一致，地方政府制定的规范性文件不一定是地方政府规章。

[2] 全国人大常委会副委员长邹家华于2002年10月26日，在第九届全国人民代表大会常务委员会第三十次会议上所作“全国人大常委会执法检查组关于检查《中华人民共和国矿产资源法》实施情况的报告”。

[3] 按照《立法法》规定，法律解释仅指立法机关所做的解释，司法解释并没有纳入《立法法》调整。《法院组织法》与《检察院组织法》赋予最高法与最高检法律解释的权力。2007年最高人民法院《关于司法解释工作的若干规定》第5条规定：“最高人民法院发布的司法解释，具有法律效力。”司法解释是由最高人民法院与最高人民检察院做出的法律解释，其他级别法院与检察院指定的指导意见等本文纳入其他规范性文件部分讨论。

有了法律依据。

2. 涉矿司法解释及判例在不断积累。1985年至2012年，最高法与最高检涉矿司法解释仅20多条，且其中并没有针对矿业权的综合性司法解释，而是分别以“司法解释”、“通知”、“答复”、“复函”以及“批复”等形式出现。〔1〕在这些司法解释中，影响力较大的有《最高人民法院、最高人民检察院关于办理危害矿山生产安全刑事案件具体应用法律若干问题的解释》、《最高人民法院行政审判庭关于在已取得土地使用权的范围内开采砂石是否需办理矿产开采许可证问题的答复》、《最高人民法院行政审判庭关于地质矿产主管部门作出的非法采矿及破坏性采矿鉴定结论是否属于人民法院受案范围问题的答复》、《最高人民法院关于审理非法采矿、破坏性采矿刑事案件具体应用法律若干问题的解释》等等。

特别是为了贯彻落实中央关于建立案例指导制度的司法改革举措，最高人民法院于2010年11月26日印发了《关于案例指导工作的规定》，将具有代表性意义的案例公开发布，作为各级法院系统处理类似案例时的重要参考。〔2〕这不但标志着具有中国特色的案例指导制度初步确立，成文法之外的“案例法”得到空前的重视并承担其部分法律的功能，而且也说明中国的法院系统正在尝试将中国从原来人们普遍认为的成文法国家逐步转变，至少是部分转变为判例法国家。〔3〕

（七）其他规范性文件

1. 其他规范性文件是如上法律表现形式的一个兜底。一般规范性文件的制定机关并没有范围与级别的限制。国土资源部门、人民政府、人民法院、地方各级机关，甚至于中央机关都可以制定或者发布其职权范围内的规范性文件。然而，即便如此，不论依照《立法法》，还是法学理论，一般规范性文件都不具有法律效力。

2. 一般规范性文件的法律效力等级较低却在实际中管用。吊诡的是，当前我国矿业立法的改革与推进很大程度依赖一般规范性文件完成。例如，国土资源部为推进矿业权市场建设出台有《矿业权出让转让管理暂行规定》、

〔1〕中国法律法规规章司法解释全库以“矿”为关键字，司法解释项下统计为29条。除去失效的与实质内容不涉及矿业领域的，司法解释数量不到20。

〔2〕参见《最高人民法院关于发布第一批指导性案例的通知》(〔2011〕354号)。

〔3〕黄亚英：“构建中国案例指导制度的若干问题初探”，载《比较法研究》2012年第2期。

《矿业权交易规则（试行）》，并以《国土资源部关于建立健全矿业权有形市场的通知》下发各省，各省又通过其制定的规范性文件进一步细化落实。再如，针对矿业权转让与矿业公司股权变动关系的处理，贵州国土资源厅、青海省政府办公厅、云南省高级人民法院分别以通知、管理办法与指导意见的形式给出规制方案。值得注意的是，尽管一般规范性文件的效力等级较低，但实际运行中不同程度发挥着"法律"的作用。

四、我国现行矿产资源开发法律规范体系的结构

（一）我国现行矿产资源开发立法的形式逻辑起点

1. 探矿权与采矿权的法律设计是我国矿业立法的逻辑起点。我国自1986年《矿产资源法》颁布实施以来，历经近三十年的矿业法制建设，逐渐形成了以探矿权与采矿权为中心的矿业立法体系。我国《矿产资源法》的制定遵循"一明一暗"两条主线。

"明线"是矿产资源的勘探与开采。勘探与开采是矿产资源开发最为核心的两个环节，关系到矿产资源能否在开发利用中实现其经济与社会效益的最大化，而这无疑是矿产制度的最高价值。构成《矿产资源法》主体内容的"矿产资源勘查的登记和开采的审批"、"矿产资源的勘查"、"矿产资源的开采"三章充分说明了我国矿业立法规制的核心内容与矿产资源开发的核心保持一致。

所谓"暗线"则是指探矿权与采矿权的法律概念成为源概念，探矿权与采矿权的法律设计也因此成为具体制度构建的支点。这是因为成文法的立法模式需要分别承载矿产资源勘查与开采的法律概念设计，进而推进整个立法的展开。

2. 我国矿业权即探矿权和采矿权基本制度的构成。我国矿业立法具体制度的法律构建围绕探矿权与采矿权这两个中心概念，分别以矿业权和矿业权人展开具体制度规范。《矿产资源法》确立了探矿权与采矿权的权利类型，但并没有对探矿权与采矿权的权利内容进行规定。《矿产资源法实施细则》从探矿权的范围、期限、对象，附属设施建设，相邻区域通行，矿业用地，优先权以及回收矿产品的销售等方面进行了较为详细的规定。〔1〕对于采矿权的权能，则从附属设施建设，矿地使用权的取得等方面给予明确。〔2〕

〔1〕 参见《矿产资源法实施细则》第16条。
〔2〕 参见《矿产资源法实施细则》第16条。

（二）我国矿业权法律关系的复杂事实构成

1. 调整我国矿产资源开发的社会关系的公私法复杂规范形态。现行法上的矿业权，不是单纯的财产权，更兼具行政许可、企业资格等不同层面的蕴意，捆绑着矿山企业的设立条件，矿业市场的准入资格以及财产权的矿业权，是以公私法元素混搭的风格存在的。[1]我国探矿权与采矿权在形式上采取了私法权利形式，矿业权也可以理解为具有私权属性的同时又受行政许可的公法调整，某种意义上，矿业权是一种与公权力有着紧密联系的私权。[2]协调处理好矿业权所具有的公私权属性是矿产资源开发社会关系调整的抓手所在。矿业权的设立，如同一个人的出生，势必要经历从出生到死亡的权利生命周期。以矿业权为视角的矿业法制建设，需要提供适应各个不同周期的规则支持，即以法律表达的方式完成矿业权的设立、变更与消灭的制度建设。

考察新中国成立以来的法制建设历史，可以明显发现，公法得到了普遍的青睐，而私法则因为意识形态的缘故被冠以保护私有制的标签进而备受冷落。[3]从1986年《矿产资源法》的规定看，其立足点是强化管控而不是突出私权配置。因此，不论依据"利益说"、"主体说"还是"新主体说"，形式上可以作为出让或转让标的的所谓矿业权，就其本质而言不过是行政权力配置的结果，故将其纳入私权范畴不免牵强。

2. 矿业许可证制度无疑是对矿产资源开发的行政规制。

（1）矿业权取得制度的核心是矿业许可证制度。在我国，矿业权取得具体体现为作为权利载体的许可证取得规范制度。勘查许可证又称探矿证、探矿许可证，是指探矿权申请人获得法律许可，对矿产资源进行勘查以及行使探矿权人其他权利的合法凭证。采矿许可证是由国土资源管理部门颁发的，授予采矿权申请人开采矿产资源的许可证明，是采矿权人行使开采矿产资源权利的法律凭证，同时采矿权许可证也是国家管理矿产资源开发利用活动的重要措施，对促进有效合理利用矿产资源有着不可替代的作用。[4]不论是勘探许可证，还是采矿许可证，都由国务院国土资源主管部门统一印制，由各

---

〔1〕 曹宇："规避与管控：矿业权转让与矿股变动关系研究"，载《北京航空航天大学学报（人文社科版）》2014年第2期。

〔2〕 孔宁："浅析矿业权私权属性和行政许可的关系"，载《中国矿业》2012年第11期。

〔3〕 郭明瑞、于宏伟："论公法与私法的划分及其对我国民法的启示"，载《环球法律评论》2006年第4期。

〔4〕 王大鹏："我国采矿许可证制度"，载《法制与经济（中旬刊）》2010年第12期。

级国土资源主管部门按照法定的权限和程序颁发。勘查许可证的发证权限在国务院国土资源主管部门和省一级国土资源主管部门。[1] 开采许可证的发证权限与勘查许可证的权限基本一致，以国家一级与省一级的国土资源主管部门为主。[2] 县级、市级国土资源部门在省部级国土资源权限外拥有一定的采矿许可证发放权限，但需要向上级主管部门备案。[3]

（2）我国矿业立法中的许可证并非单一权利的证明文件。我国矿业权的许可证是以权利束载体的形式出现，并由一系列相关权利组合而成的。[4] 需要明确的是，许可证作为矿产资源行政管理与矿业立法倚重的重要方式，是以管理技术或立法技术的意义存在的，是矿业立法与矿政管理价值选择的制度载体，其本身不具有倾向性和价值性的判断。许可证背后涵盖或者蕴含的制度决定了其法律性质与地位。《矿产资源法》以及《矿产资源法实施细则》确认矿产资源的勘查、开采实行许可证制度。申请、批准以及登记程序完结之后，需要领取勘探许可证或者采矿许可证，才能获取勘探或开采矿产资源的权利。

（3）许可证作为获取权利的最后环节具有独立的法律意义。其一是作为权属证明文件存在的行为许可证明。许可证是勘探与开采矿产资源的权利证明，亦是权利范围的界限所在。例如，采矿许可证的主要内容包括：矿山企业名称、经济性质、开采主矿种及共、伴生矿产、矿区立体范围、有效期限等。其二是作为探矿权与采矿权源的证明文件。对于许可证的法律效力，《矿产资源法》以及相关的行政法规其实没有明确的界定。登陆当前国土资源部网站上的探矿权、采矿权登记信息查检系统，其检索页面用红色字体特别标明“由于信息采集、数据更新存在延迟，查询结果仅供参考。如有疑问，请

---

〔1〕《矿产资源勘查区块登记管理办法》第6条对国土资源部与省一级国土资源部门的发证权限与范围进行了细分。

〔2〕 参见《矿产资源法》第16条，《矿产资源开采登记管理办法》第3条第1款、第2款以及第3款。

〔3〕 参见《矿产资源开采登记管理办法》第3条第4款、第5款以及第6款。

〔4〕 矿业权是一个比较复杂的概念，要弄清它的确切含义，有必要对其进行解析。其实矿业权是一个权利束，通过分析中外学术界对矿业权概念的定义，我们发现有些学者把探矿权和采矿权直接设定一个矿权；有的学者把探矿权分为排他性探矿权和非排他性探矿权，再加上采矿权而构成三类；还有的在两类探矿权和采矿权的基础上又加上一个矿产评议权. 所以成为四分法。我国是采用了两分法，即把矿业权分为探矿权与采矿权。因此，我国的矿业权亦即探矿权和采矿权的合称。具体参见张明涛、陆志明、赵静：《我国矿业权法律属性分析》，载《2006年中国法学会环境资源法学研究会年会论文集》。

以探矿权登记机关颁发的勘查许可证信息为准”。

由此可见，许可证是探矿权、采矿权的源证明文件。对于许可证效力的态度，《矿产资源法》与当前《物权法》以不动产登记簿为源证明文件的法律效力判断存在差异。

3. 矿业权审批登记制度是国家管理矿产资源开发的重要行政工具。现行《矿产资源法》是一部以行政管理为主导思想的立法，其规范出发点是为了维护和保障矿产资源的管理秩序。〔1〕审批登记制是政府控制矿产资源勘探与开发产业链条的主要制度保障。不论是矿业权的出让、转让、续展还是消灭都需要经过主管机关的审批登记方可发生相应的法律效果，而矿业权的行使也依赖于国土资源主管部门的“同意”。例如，《探矿权采矿权转让管理办法》明确规定，国土资源部门的审批登记是矿业权转让的必备条件。非经国土部门审批，需要承担非法转让矿业权的不利后果。具有矿业权转让审批权限的机关为国土资源部或者省级国土资源部门。鉴于登记机关奉行属地管辖的要求，矿业权转让的材料需要从县市一级层层上报，之后再层层返回。矿业权转让申请程序需要完成“申请——提交——报送——审批——返回——登记”等环节。〔2〕统一集中管理与审批登记制的结合，为公权力介入矿产资源的开发活动提供了便捷的入口。

五、我国现行矿产资源开发管理中的私法机制架构

（一）《矿产资源法》中矿业权虚化与私法机制缺失

1. 矿业部门一直都是最典型的实行计划经济的领域。自20世纪50年代以来，矿产资源勘查开采活动由国家统一计划，具体由国家计委统筹安排全国矿产资源勘查开采活动，地质部门则负责组织实施矿产资源的开发利用。矿产资源勘查开采活动没有非国有经济成分参与，国家直接组织和管理矿业经济。〔3〕在优先发展重工业的国家战略与战后积贫积弱现实国情的特定时代背景下，计划经济体制对地质找矿和矿业开发发挥了重要作用。此种根深蒂

〔1〕高富平、顾权：“我国矿业权物权化立法的基本思路”，载《法学杂志》2001年第6期。

〔2〕曹宇：“规避与管控：矿业权转让与矿股变动关系研究”，载《北京航空航天大学学报（人文社科版）》2014年第2期。

〔3〕赵凡：“合理利用矿产资源是根本宗旨——国土资源部原副部长蒋承菘谈地矿行政管理历程”，载国土资源部网站，发布日期：2008年10月21日。

固的理念，也正是矿业在日后改革开放中相对滞后、市场经济较难实施的重要原因。为了服务计划经济体制，矿业领域奉行管控本位的基本思路，强调国家全面控制并管理矿业活动的整个链条。

2.《矿产资源法》是规范我国矿产资源及其开发的基本法。1986 年《矿产资源法》采取了强化国家所有和政府管控、矿业权严重虚化的严格设计，导致私法机制严重缺位，其第 15 条将财产权、行政许可及矿山企业资格三要素融于一体的法律设计最为突出。[1] 1996 年修改的《矿产资源法》也未改变这一点，此前主导修法的原地质矿产部《关于〈矿产资源法修正案〉的汇报提纲》指出："采矿权的审批和开办矿山企业的审批性质不同，前者是矿产资源管理，后者是矿山企业管理。属于不同的法律调整范围，合二为一，既不利于矿产资源管理，又不利于矿山企业管理。"[2]

3. 让市场在资源配置中起决定作用是改革的方向。我国《矿产资源法》私法机制严重缺席的基本架构，导致我国矿产资源开发制度经过近 30 年变迁，至今尚未真正走出政府管制的计划供给模式，矿业权市场运行基本还停留在公权市场阶段，私权进入和交易矿产资源产权仅局限于一些狭小的作用。[3]矿产资源的管理体制长期不顺，导致矿业管理混乱是当前我国矿业管理的主要问题。历史上我国矿产资源曾长期处于多个工业主管部门和地矿主管部门共管的状态，部门管理的印记非常明显。《矿产资源法》的条文中也体现出矿产资源分割管理的迹象。"现在有关工业部门都已撤销，而新的统一有序的管理体制却未理顺，条块分割、相互掣肘、管理越位与缺位并存，这些都影响着权威部门的有效管理，是造成矿产资源秩序混乱的重要原因之一，也是公权力恣意的主要原因之一。"[4]

（二）矿产资源开发的私法化改革在逐步推进

尽管《矿产资源法》在矿业权设置方面存在私法机制虚化的"硬伤"，

[1] 《矿产资源法》第 15 条："设立矿山企业，必须符合国家规定的资质条件，并依照法律和国家有关规定，由审批机关对其矿区范围、矿山设计或者开采方案、生产技术条件、安全措施和环境保护措施等进行审查；审查合格的，方予批准。"

[2] 参见国土资源部地质勘查司编：《各国矿业法选编》（下册），中国大地出版社 2005 年版，第 1181 页。

[3] 郗伟明：《矿业权法律规制研究》，法律出版社 2012 年版，第 174 页。

[4] 李伟锋："全国政协委员金正新建议：建立集中统一高效的矿产资源管理体制"，载《中国国土资源报》2009 年 3 月 9 日第 2 版。

但后来陆续出台的法规政策却开启了矿业权私法化改革的序幕，也对被称为“法律木乃伊”的《矿产资源法》做出相当程度的修正。需要说明的是，1999 年《合同法》、2007 年《物权法》、2009 年《侵权责任法》以及 2005 年修改后的《公司法》等民商事法律，对于矿业权的私法化（不限于转让）具有重要的基础构建和推进作用。

1. 矿业权转让的私法化规制。

（1）市场准入资格与财产权混搭的立法模式日趋式微。随着社会主义市场经济体制建设的深入，矿产资源市场化配置的呼声越来越高。现行法捆绑矿山企业设立的审批，矿业经营权的审批以及矿产资源财产权设立三大要素的法律设置，成为矿业市场化的法律障碍。《矿产资源法》上矿业权设置公私不分，市场准入资格与财产权混搭的立法模式越来越受到批评。〔1〕

首先，1986 年《矿产资源法》将矿业权转让设置为禁区。采矿权不得买卖、出租与抵押，若有违反则承担没收违法所得，处以罚款乃至吊销采矿许可证的不利后果。〔2〕《矿产资源法实施细则》进一步细化了罚款适用的条件与具体的额度，对主管人员与直接责任人的责任承担也予以明确。〔3〕

其次，1996 年《矿产资源法》原则上禁止探矿权、采矿权的转让。修订后的矿法在坚持矿业权转让禁止之原则的同时，以“除按下列规定可以转让外，探矿权、采矿权不得转让”的法律设计，为矿业权的转让提供了可以适用的法律规范依据。探矿权，在完成规定的最低的勘查投入后，依法经批准，可以转让；采矿权，因企业合并、分离、与他人合资、合作经营，或者因企业资产出售以及有其他变更企业资产产权的情形而需要变更采矿权主体的，依法经批准，可以转让。〔4〕

再次，1998 年《探矿权采矿权转让管理办法》：市场化改革。1998 年国

---

〔1〕 张文驹先生 2006 年针对《矿产资源法》15 条设置提出深刻的批评，该观点得到学术界与实务界的广泛关注，并得到了一定程度的支持与认同。具体内容参见张文驹：“矿业市场准入资格和矿权主体资格”，载《国土资源经济》2006 年第 10 期。康纪田：“矿业登记制度探讨”，载《矿业工程》2007 年第 6 期。

〔2〕 1986 年版《矿产资源法》第 3 条、第 4 条以及第 42 条。探矿权的转让问题，立法并没有提及，依据法律的适用逻辑与体系解释，探矿权的转让亦属于禁止之列。另外，在当时的社会经济条件下，探矿权本身未必具备转让的价值。故法律都没有对此进行规定。

〔3〕 参见《矿产资源法实施细则》第 42 条、第 43 条。

〔4〕 参见《矿产资源法》第 6 条。

务院制定《探矿权采矿权转让管理办法》，矿业权市场化改革迈出了第一步。该办法要求矿业权的转让需要满足“申请——审批——登记”程序，并对探矿权、采矿权转让的条件以及提交的材料作出了具体而明确的规定。详言之，探矿权的转让需要满足许可证持有时间、最低勘查投入、权属无争议、缴纳使用费和价款等条件，采矿权的转让也有类似的条件要求。[1] 矿业权的受让人具有勘探或开采矿产资源的资质是矿业权转让的特别要求。[2] 申请材料方面，转让申请书、转让合同、受让人资质条件的证明文件、符合转让条件的证明、勘查或者开采情况报告等都属于必须提交审查的内容。[3] 若涉及国有矿山企业以及外资进入则另有特别的要求。

最后，2000 年《矿业权出让转让管理暂行规定》：原则转让、例外禁止。2000 年，为了培育、规范矿业权市场，国土资源部颁布《矿业权出让转让管理暂行规定》，以应对矿业权市场化改革的制度需求。《矿业权出让转让管理暂行规定》的颁布，对于矿业权的转让具有里程碑意义，成为我国矿业权转让制度的转折点。[4]

之前，我国的矿业立法对于矿业权的转让持审慎的态度，坚守《矿产资源法》划定的框架，采取逐步明确并细化矿业权转让条件的改进思路。2000 年之后，矿业权转让进入大踏步的改革路程。该文件突破了之前矿业立法对矿业权转让严苛条件的限制，明确“矿业权转让是指矿业权人将矿业权转移的行为”，确立矿业权人可以采取出售、作价出资、合作勘查或开采、上市等方式依法转让矿业权，而矿业权的出租、抵押也不再被禁止，但是采矿权的承包则属于禁止之列。[5] 如此，矿业立法改变了一贯以来坚持的“限制矿业权转让为原则，允许转让为例外”的基本态度。

---

〔1〕 参见《探矿权采矿权转让管理办法》第 5 条、第 6 条。

〔2〕 参见《探矿权采矿权转让管理办法》第 7 条。

〔3〕 参见《探矿权采矿权转让管理办法》第 8 条。

〔4〕 尽管国务院 1998 年颁布行政法规《探矿权采矿权转让管理办法》，但全文共计 18 个条文，集中对转让条件与相关资料进行的细化，可以理解为对矿产资源法关于转让规定的深度解释。2000 年国土资源部发布部门规范性文件《矿业权出让转让管理暂行规定》，迈出了我国矿业权市场化改革的关键一步。一方面，矿业权的出让、转让的含义界定，类型梳理得到定型化。另一方面，该规范性文件大幅突破了矿业法律法规的相关规定。因此，笔者倾向于将 2000 年作为我国矿业权转让制度的分界。

〔5〕 参见《矿业权出让转让管理暂行规定》第 6 条、第 38 条。

（2）我国矿业权转让制度的建立与完善。

首先是矿业权转让基本法律框架的构建。矿业权转让制度之建立首先需要确定矿业权转让的范围、类型、条件以及程序等。以《矿业权出让转让管理暂行规定》的颁布为起点，2003 年到 2006 年，国土资源部重点针对矿业权出让改革，先后发布《探矿权采矿权招标拍卖挂牌管理办法（试行）》、《关于进一步规范矿业权出让管理的通知》，进一步加快矿业权市场化的制度建设。

其次是矿业权转让配套制度的完善。矿业权转让制度基本框架成型之后，集中力量加强有形市场的建设、交易平台的探索，以及矿业权网上交易三大配套制度的完善成为转让制度改革的重点。2010 年，国土资源部发布《关于建立健全矿业权有形市场的通知》，要求省级国土资源行政主管部门必须建立矿业权交易机构，地市级国土资源行政主管部门选择性建立矿业权交易机构，并且公布了各级交易机构建成的时间表。20 世纪的前十年，矿业权转让基本含义的界定、转让类型的固化是重点，2010 年以来有形市场的建设、交易平台的探索，以及矿业权网上交易则成为改革的方向。

2011 年 4 月 1 日，国土资源部开发的全国矿业权出让转让信息公示公开系统正式运行，对所有非涉密探矿权采矿权登记信息进行滚动公告，公开审批环节和审批结果，提供网上社会查询服务。截至 2011 年 9 月 28 日，我国 31 个省级矿业权有形市场建成，实现矿业权出让转让信息“五公开”，即申请在先、招标、拍卖、挂牌、协议出让、探矿权转采矿权、转让交易以及相关信息在有形市场、政府网站或行政大厅公示公开。[1]

可见，国务院以及国土资源主管部门官方文件对于矿业权转让的态度，历经“含蓄的暧昧”到“坚决的表白”的转变，矿业权转让市场化改革也经历了从确立到逐步深入的转变。[2]

---

[1] 丁全利：“我国 31 个省级矿业权有形市场建成”，载《国土资源》2011 年第 9 期。

[2] 1998 年《探矿权采矿权转让管理办法》（第 1 条）对于矿业权市场的态度较为含蓄，“为了加强对探矿权、采矿权转让的管理，保护探矿权人、采矿权人的合法权益，促进矿业发展”。2010 年以来有关矿业权有形市场建设的官方文件已经表述到“为推进与社会主义市场经济相适应的矿业权市场体系建设，进一步规范矿业权出让转让行为，确保矿业权市场交易公开、公平、公正”（《国土资源部关于建立健全矿业权有形市场的通知》第 1 句），“为规范矿业权交易机构和矿业权人交易行为，确保矿业权市场交易公开、公平、公正，维护国家权益和矿业权人合法权益”［《矿业权交易规则（试行）》第 1 条］。

2. 矿业权出让的私法化改革。

(1) 矿业权出让制度改革缓慢推进。所谓矿业权出让，是指国家作为矿产资源所有权人，委托主管机关以法定的方式将探矿权、采矿权授予矿业权申请人的行为。“出让”着重强调国家作为矿产资源所有权人，以国家作为出发点；与之对应，若以矿业权申请人作为出发点则称之为矿业权的“获取”或“取得”。

1986 年《矿产资源法》与之后出台的《矿产资源法实施细则》对于矿业权的出让采用无偿授予的做法，即以行政审批的方式授予矿业权，申请人在取得探矿权、采矿权时无需向国家支付对价。自 1996 年《矿产资源法》修法开始，在历经近 20 年的制度完善过程中，我国的矿业权出让制度的演变贯穿两条主线：其一，从无偿到有偿；其二，从行政主导到市场主导。[1] 1998 年《矿产资源勘查登记管理办法》与《矿产资源开采登记管理办法》以使用费和价款的方式对矿业权的有偿取得做出探索。[2] 使用费与价款印证了矿业权有偿取得，而通过拍卖挂牌获取矿业权需要支付的金钱则体现为在有偿使用的情况下获取矿业权需要额外支付的对价。[3]

(2) 矿业权出让模式的丰富和发展。随着矿业权市场化改革的深入，以及矿产资源有偿使用的推进，《矿产资源法》确定的批准申请式矿业权出让模式，逐步得到了丰富。综合考察我国当前的矿业立法与矿管规定，矿业权的

---

〔1〕 对于矿业权出让制度在我国矿业立法中的制度历史，蒋文军律师认为其呈现为三个阶段：①无偿行政授予阶段；②有偿出让为主、招标授予为辅阶段；③以招标、拍卖、挂牌市场竞价有偿出让为主、协议有偿出让和申请在先出让为辅阶段。笔者认为如此鉴定纵然在大的趋势判断没有疑问，但具体的措辞容易造成误解。参见蒋文军：《矿产物权疑难法律问题解析与实务操作》，中国法制出版社 2008 年版，第 10 ~ 14 页。

〔2〕 对此蒋文军律师也表示赞同，并清晰的区分了矿业权有偿取得与有偿开采在我国矿业立法中的区别与发展。笔者认为不论是招标、拍卖、挂牌，还是协议出让，抑或申请审批，是不同矿业权出让机制的差异。矿业权的有偿或无偿，不能仅以是否需要缴纳金钱作为判断。招标、拍卖、挂牌机制的引入更多的体现的是市场竞争机制对于有限自然资源分配的作用，并不是矿业权出让有偿与否的标志。

〔3〕 标底的设置可能影响此处的理解，或者说对于招标、拍卖、挂牌支付金额的构成产生影响。《矿业权出让转让管理暂行规定》第 27 条：“登记管理机关可以根据矿业权的情况，以矿业权价款、资金投入或其他指标设定单项或综合标底。”若是综合标底，通过招标、拍卖、挂牌获取的矿业权支付的金额包括了矿业权有偿取得和竞争取得两个环节的对价。《探矿权采矿权招标拍卖挂牌管理办法》第 21 条规定：“主管部门应当在颁发勘查许可证、采矿许可证前一次性收取探矿权采矿权价款。探矿权采矿权价款数额较大的，经上级主管部门同意可以分期收取。”说明即使是招标、拍卖、挂牌的情况也存在支付矿业权价款的情形。

出让有五种方式，涉及三个基本的类型：

第一，以申请批准的方式出让矿业权。以申请批准的方式出让矿业权是我国矿业立法一直以来遵循的基本模式。《矿产资源法》第3条规定："勘查、开采矿产资源，必须依法分别申请、经批准取得探矿权、采矿权，并办理登记"。《矿产资源勘查区块登记管理办法》和《矿产资源开采登记管理办法》延续了这一制度，并进一步说明探矿权的批准采"先申请原则"，但对采矿权则并无类似的规定。[1]之后的《矿业权出让转让管理暂行规定》明确了申请批准作为矿业权出让的基本类型。[2]当前协议出让、招标、拍卖、挂牌出让等方式逐步取代申请批准的矿业权出让方式，只有在法律法规另有规定以及主管部门规定因特殊情况不适宜其他出让方式时，矿业权申请批准方式才有适用的可能。需要明确的是，申请批准出让矿业权亦是矿业权有偿出让制度的一种方式，只是没有采用市场竞争的机制。

第二，以协议的方式出让矿业权。协议出让矿业权，关注点在于矿产资源主管部门出让矿业权以协议作为授予方式。实际上，该方式依然需要经过严格的审批，不同于申请批准出让之处在于，申请人可以就矿业权价款、使用费、权利年限、矿区范围、付款方式以及开发利用要求等方面同主管机关进行协商。协议出让依然是矿业权有偿使用制度的方式之一，只是没有采用竞争出让的机制。适用空间方面，协议出让是以特殊的矿业权出让方式出现的，体现了一定范围内对于招标、拍卖、挂牌的补充与变通，但这种非市场出让机制必须通过集体会审，从严掌握。[3]针对协议出让，国土资源部在2012年发布《关于严格控制和规范矿业权协议出让管理有关问题的通知》，要求"从严控制协议出让范围，严格执行矿业权协议出让的审批权限和程序，逐步减少协议出让数量"。

第三，以招标、拍卖、挂牌的方式出让矿业权。1998年《矿产资源勘查

---

〔1〕《矿产资源勘查区块登记管理办法》第8条："按照申请在先的原则作出准予登记或者不予登记的决定，并通知探矿权申请人。"

〔2〕《矿业权出让转让管理暂行规定》第18条对批准申请的出让方式界定为："批准申请出让是指登记管理机关通过审查批准矿业权申请人的申请，授予矿业权申请人矿业权的行为。"尽管如此，批准申请并不是规制的重点，仅有4个条文对其做出粗略的解释。令人疑惑的是国土资源部之后出台的若干规范矿业权出让的文件又引入"协议出让"的方式，但对具有类似性的二者没有给出区别。

〔3〕《关于进一步规范矿业权出让管理的通知》（国土资发〔2006〕12号）："以招标拍卖挂牌方式出让探矿权采矿权有下列情形之一的，经批准允许以协议方式出让。"

区块登记管理办法》和《矿产资源开采登记管理办法》新增以招投标的方式出让探矿权与采矿权。〔1〕

2000年《矿业权出让转让管理暂行规定》仿照土地出让，提出矿业权出让的概念，确定矿业权出让可以采取批准申请、招标、拍卖等方式进行。2003年，《探矿权采矿权招标拍卖挂牌管理办法（试行）》，进一步明确并扩展了招标、拍卖、挂牌方式授予矿业权的范围，并明确要求部分矿产资源强制适用招标、拍卖、挂牌出让。〔2〕

2006年《关于进一步规范矿业权出让管理的通知》以分类管理的方式进一步规范矿产资源出让方式，并确定招标、拍卖、挂牌出让是我国矿业权出让的主要方式。〔3〕

六、我国现行矿产资源开发法律制度之规范模式的功能缺陷与实践弊端

（一）现行矿产资源开发法律制度规范模式的功能缺陷

我国现行矿产资源开发法律制度与私法机制架构是以《矿产资源法》为核心的法律体系，其立法基本取向是以强化行政安排为主导，私法化机制并没有成为矿产资源开发立法的主导机制。正因如此，立法理论、基本内容、设置逻辑、私权保护等层面都不尽完善，突出表现为私法化机制的主导定位和运行保障的制度设计不足，由此导致实践中矿产资源开发私法机制动力不够，私权配置、运行和保障屡屡缺失。具体而言，我国现行矿产资源法制架构问题尚多，并集中体现为立法散乱，缺乏内部配合、矿业权取得和流转制度上缺乏一定的科学性和公平性；同时在行政监督管理上忽视经济手段的运用。〔4〕

1. 行政审批登记制为国家控制矿产资源开发的主要抓手。在立法理念上，总揽我国的《矿产资源法》（1986），乃至1996年修改以后的《矿产资源

〔1〕《矿产资源勘查区块登记管理办法》第16条与《矿产资源开采登记管理办法》第13条规定矿业权可以通过招投标的方式出让，并对招投标的基本要求作简要规定。

〔2〕所谓挂牌，并没有基本法律层面的依据，且挂牌不能很好地体现公开、公平、公正，故不应该成为矿业权出让方式。但是，为了叙述现有规定和现行做法的需要，仍然无法回避挂牌一词。

〔3〕《关于进一步规范矿业权出让管理的通知》设置《矿产勘查开采分类目录》将矿产资源分为三类，并明确要求主要适用招标、拍卖、挂牌的方式出让矿业权。

〔4〕虞磊珉："当前我国矿产资源法律制度的不足与完善"，载《能源研究与信息》2003年第2期。

法》，国家继续坚持对矿产资源开发的绝对主导。尽管计划经济经典特征的矿产资源无偿使用已经被有偿取得制度取代，矿业权的市场化改革也在深入探索中，但行政审批登记制〔1〕对矿产资源开发的控制不但未减弱，反而有进一步加强的趋势。可喜的是，国土资源行政审批制度改革已经成为主管部门深化改革的重点方向并将在进一步建立健全国土资源管理新格局的过程中发生深刻调整。

现行矿产资源立法确立的两大支柱制度，即许可证制度与审批登记制度，凸现矿产资源开发立法仍然是计划经济体制模式之下部门分割的授权立法理念与立法技术的作品。计划经济时代遗留下来的行业部门依然存在是中国当前行政体制的最大问题，这不仅导致执法部门之间的利益冲突，更诱发了主管部门与民争利的现象，已经难以适应市场经济的发展。〔2〕因此，现有矿业立法的基本制度架构已经与突飞猛进的中国法治建设与日益提高的法治水平严重脱节。

第一，许可证是探矿权、采矿权的源证明文件，矿产资源法与物权法确定的以不动产登记簿为源证明文件的许可证效力判断存在差异。

第二，矿业权登记并不如物权法中登记仅作为公示方法那般纯粹。不具有物权法确定的“生效要件”抑或“对抗要件”的法律意义，仅是获得矿产资源勘探或开采权利的一个环节。现行《矿产资源法》坚持的矿产资源勘查与开采的许可证制度，使得仅仅作为程序性存在的登记不具有现代民法或者行政法上的意义。

2. 矿业权兼具行政许可、企业资格与财产权之内涵。在基本内容方面，现行矿产资源法对矿业权的设置是捆绑矿山企业设立的审批，矿业市场准入资格审批以及矿产资源财产权设立三大要素为一体的法律设置。〔3〕矿业权不

---

〔1〕 与社会主义市场经济要求相比，我国的行政审批制度仍然滞后于经济社会发展，政府职能转变还不到位，行政审批设定管理还不严，监督机制还不健全，这些问题更加突出地体现在国土资源领域。参见“加快推进国土资源行政审批制度改革——学习贯彻中央领导同志重要讲话精神系列评论之八”，载《中国国土资源报》2011年26日第1版。

〔2〕 牛其昌：“行政立法将护航大部制改革，授权性立法模式当止”，载和讯新闻，访问日期：2014年10月12日。

〔3〕 我国现行《矿产资源法》第15条规定：“设立矿山企业，必须符合国家规定的资质条件，并依照法律和国家有关规定，由审批机关对其矿区范围、矿山设计或者开采方案、生产技术条件、安全措施和环境保护措施等进行审查；审查合格的，方予批准。”该条被认为是当前矿业权“三权合一”设置的法律依据。

单单是财产权，而是兼具行政许可、企业资格等不同层面含义的混合体。[1] 如此的法律设计，不同于公法与私法、公权与私权区分的立法理念与司法实践。

不言而喻，矿山企业的设立是一个不同于且独立于矿业权的法律问题，对此现行公司法的立法实践已经给出了明确的解释，而矿业市场准入资格，也就是资质条件的问题，应该由行政许可法规范。所以，对财产权的理解才较为复杂。

(1) 现行法的规定无疑是依据行政许可法而授予财产权。《行政许可法》第12条第2项规定，“有限自然资源开发利用、公共资源配置以及直接关系公共利益的特定行业的市场准入”可以设定行政许可。实践中，矿产资源主管部门多以此作为行政许可配置矿产资源财产权的法律依据。

应当认为，对于矿业权的法律规制，《行政许可法》似乎可以“自圆其说”，或者说对于自然资源的开发与配置是行政许可法明确规范的内容。首先，通过行政许可的方式配置自然资源，包括处置自然资源之上的财产权（《行政许可法》第12条）。其次，行政许可可以通过“法律法规的例外规定”转让（《行政许可法》第9条）。最后，甚至行政许可亦可以通过招标、拍卖、挂牌的方式授予。《行政许可法》第53条规定：“实施本法第12条第2项所列事项的行政许可的，行政机关应当通过招标、拍卖等公平竞争的方式作出决定，并依法向中标人、买受人颁发行政许可证件。”

(2) 通过理论反思对行政许可配置财产权提出质疑。依据法律的体系解释，行政许可是“准予从事特定活动的行为”，并不涉及财产权的配置问题。立法表达的模糊，以及立法机关相关负责人理解的偏差共同造成了行政许可法分配资源财产权的偏离。[2] 对此，崔建远老师提出著名的“遗传分娩说”。矿产资源所有权（母权）和行政许可的共同作用才可以产生准物权，两者缺一不可，但要强调的是，矿业权的权能并非来自于行政许可。行政许可或特许起“催生”、“准生”与确认的作用。[3] 因此，矿业权财产权配置成为当

---

[1] 即使矿业权财产权的属性认识也是呈现为渐进的过程。法律层面，1986年《民法通则》将采矿权认定为财产权，对于探矿权则没有明确的表态。直到2000年国土资源部门的规范性文件才是矿业权具有财产权属性的官方表态。

[2] 张文驹：“矿业市场准入资格和矿权主体资格”，载《国土资源经济》2006年第10期。

[3] 崔建远：《准物权研究》，法律出版社2003年版，第182页。崔建远：《物权法》，中国人民大学出版社2009年版，第399~400页。

前困扰理论研究与实务操作的重要难题，对整个矿业市场的健康顺利发展具有重要影响。

3. 先取得采矿权后办企业设立登记的设置不合法理逻辑。现行法上，矿区范围的审查是以采矿权的取得为前提的，而依照《矿产资源法》第15条的逻辑，矿山企业的设立又需要获取采矿权。如此，出现了先取得采矿权，之后再办理矿山企业设立登记的逻辑混乱。

应当认为，该现象出现的原因与我国《矿产资源法》的制定背景不无关系。20世纪70年代末至80年代初，办矿与管矿实践采取“一矿一企业”的方式，矿山名为独立企业，实质只是一个生产车间。故而将行业准入资格与市场主体本身设立的条件混淆了。其实早在1996年《矿产资源法》修改之前，原地质矿产部就在《关于〈矿产资源法修正案〉的汇报提纲》中提到：“采矿权的审批与开办矿山企业的审批性质不同，前者是矿产资源管理，后者是矿山企业管理。属于不同法律的调整范围。”〔1〕

遗憾的是1996年修法时对此未做回应。1998年《国土资源部、国家工商局关于矿山企业办理采矿登记与企业工商登记有关问题的通知》对此问题给出了变通性的回应：拟设立的矿山企业先取得划定矿区范围的批复，然后去工商管理部门办理企业设立手续，回过头来再申请矿业权登记，领取开采许可证。该通知虽然缓解了矿山企业设立与矿业权取得的冲突，但并没有从根本上厘清法律关系。

4. 私权难以成为抵御公权力滥用的最后一道防线。政府或者主管机关在矿产资源开发过程中具有强势，而矿业权人则处于弱势地位。〔2〕从制度设计的目的考察，法律赋予国土资源部门强大的行政执法权，以提升其执法的强制力与效果，然而，权力的行使难免扭曲或异化。吊销矿业权、责令关闭矿山、勒令停产整顿、不予办理矿业权年检是国土资源部门权力行使的具体体现，它们对矿业权人的权利存续与行使具有决定性的影响。

（二）以山西煤炭资源整合为例看现行矿产资源法的功能缺陷

1. 山西省煤炭改革的征程历经了三个重要阶段。作为重要的煤炭资源基

---

〔1〕 国土资源部地质勘查司编：《各国矿业法选编》（下册），中国大地出版社2005年版，第1181页。

〔2〕 相较而言，矿业权人相对于主管机关处于弱势的态势，矿老板暴发与奢侈生活是另外一个论题，不涉及政治正确与道德评判的问题。

地的山西省，新世纪以来拉开煤炭改革的大幕。具体而言，历经三个重要阶段：①2004 年，以临汾为试点的煤矿开采权的私有化改革启动，力求实现“有恒产者有恒心”的预期，但效果不尽人意，环境、安全的问题依然严峻；②国企牵头推进煤炭业整合，但因补偿款数额难以达成一致而受到抵制；[1] ③2009 年山西省政府先后出台《山西省煤炭产业调整和振兴规划》与《关于进一步加快推进煤矿企业兼并重组整合有关问题的通知》，在全省范围内展开“指定主体、指定区域、指定方式、规定时间”的煤炭整合。[2] 此次整合，争议焦点集中体现为两个方面：第一，政府能否强行推行企业之间的兼并重组。第二，若可以，矿业权人与投资者的权益如何补偿。整合引起争议的本质则在于如何平衡政府公权力行使与社会主体私权利保护。

2. 山西煤矿整合正当支持论。

(1) 符合国家煤炭产业改革方向。历史遗留与 2004 年私有化改革催生了大批的小煤矿，但受制于资金、技术以及能力等因素制约，小煤矿往往因回采率偏低、资源浪费严重而一度饱受批评与质疑。2005 年《国务院关于促进煤炭工业健康发展的若干意见》明确提出，“进一步改造整顿和规范小煤矿”，并“用 3 到 5 年的时间规范煤炭资源开发秩序”。故合理开发矿产资源，整顿煤炭产业秩序以及促进市场主体发展成为煤炭资源整合的动因所在。[3]

(2) 维护煤炭安全生产。“山西不要带血的 GDP”，将煤炭资源整合推向了道德的制高点。有数据佐证，我国 70% 的煤矿事故发生在年产 30 万吨以下的小煤矿，乡镇小煤矿百万吨死亡率是国有重点煤矿的 11.3 倍。但该数据受到质疑，大型国企的矿难同样层出不穷，每年都有死亡上百人的重大事故发生。

3. 山西煤矿整合反对论。对山西煤矿整合持否定态度的学者认为，山西煤矿整合存在严重的政府违法和私权保护问题。

---

[1] 2005 年《山西省人民政府关于推进煤炭企业资源整合有偿使用的意见（试行）》和《山西省煤炭资源整合和有偿使用办法》先后出台，又是临汾市率先力推以国有企业主导的行业整合，当时的整合补偿标准是 20 元/吨（剩余储量），但在煤炭市场行情高涨的背景下，资源整合受到各方利益集团特别是煤老板们的抵制而难以推进。

[2] 胡乾坤：“山西煤炭资源整合争论与辨析——政府、市场与产权的视角”，载《资源与产业》2010 年第 6 期。

[3] 郗伟明：“山西煤炭资源整合法律问题探析”，载《山西大学学报》（哲学社会科学版）2009 年第 5 期。

（1）整合方式简单粗暴以至于政府公然违法。[1]实践中，资源整合地区的政府和国土资源部门对于拒绝接受整合的矿业权人，动辄采用吊销矿业权、责令关闭矿山、不予办理矿业权年检和矿业权延续等威胁手段，逼迫拟被整合的矿业权人就范。[2]此外，政府也会发挥强大的组织协调能力，调用公安、税务、安检、环保等部门对矿山企业进行突击检查，强行推进整合。[3]其实，被整合的很多煤矿企业是应山西省各级政府招商之请，来山西投资。但连续的整合要求已经突破或者超越了部分企业技术改造的能力。此次整改更是意味着由政府主导并力推，直接将邀请来的投资者赶出该领域。

（2）私人财产权遭到侵害——煤炭整合演化为资源领域的“强拆”。山西省煤矿整合过程中有“三无”现象：无产权交易所，由公开市场给产权以准确的定价；没有平等且具有竞争性的交易方，因为国有大煤矿是在行政权力的护航下控股民营小煤矿；更没有进行估价的中介机构，政府文件出台规定的政府指导价说一不二，谁也没有讨价还价的余地。[4]山西确定的矿业权价款标准不及市场评估价格的一半，政府定价这种方式本身及定价的不合理性，引发了社会各界人士的非议，也遭到很多被整合企业的抵制。[5]

矿业权是矿业权人向国土资源部门缴纳资源价款及各种税费后，对相关矿产资源占有、使用、收益及处分的民事财产权利。由此可见，山西煤矿兼并重组的实质，是对煤矿矿业权的处置和利益的再分配，是二级市场的矿业权转让。然而，国土资源部门不得擅自撤销或变更已经生效的矿业权许可证，更无权强制矿业权人转让。

国土资源部咨询研究中心研究员曹树培于2008年11月26日在西安召开的第三届全国百家地质队座谈会上指出：“在资源整合中，必须按照市场经济的规律，考虑《物权法》的原则，既要保护矿产所有者的利益，也要保护矿

---

〔1〕需要指出的是，此处“反对者”的范围包括批评者，即支持煤矿资源的整合，但反对或者批评对实际当中具体的整合措施。

〔2〕蒋文军：“矿产资源整合中的问题”，载《国土资源》2009年第3期。

〔3〕公安、税务、安检、环保为何可以迫使矿业权人（煤老板）就范？一方面，说明该类煤炭企业在税务、安全、环保等方面确实存在问题，不然身正不怕影子斜。矿业权人继续从事煤炭行业的预期也促使其不敢得罪有关部门。另一方面，说明了政府对于煤炭资源开发的监管本身存在诸多问题，可能存在“普遍性违法，选择性执法”的情形。

〔4〕叶檀：“煤老板的财产权也应当受到尊重”，载南方周末网，访问日期：2013年11月28日。

〔5〕平云旺、张玉成：“山西煤矿整合当重归自由市场”，载南方周末网，访问日期：2013年11月29日。

业权人的合法权益，应该对资源进行合理的评估，主要用经济手段进行处置。”国土资源部“两法”修改办公室研究员傅鸣珂也表示：“资源整合中不能靠行政强迫命令，要靠经济手段，要重视合理的补偿问题，特别对探矿权要考虑风险因素，不能简单地用成本补偿。”

（3）权力支配矿产资源却不受制约必然使腐败大行其道。山西系列腐败案件发生后，坊间纷纷用“地震”、“塌方”、“溃坝”等词语来形容它对官场的巨大冲击。为何山西腐败在全国范围内尤其突出？这与山西是煤炭资源大省有很大关系。资源领域往往是腐败的重灾区，当权力支配资源又不受制约时，腐败必定大行其道。〔1〕

〔1〕“山西腐败一坨一坨的，坍塌式腐败震惊全国”，载股城网，访问日期：2015年3月6日。

第五章

矿产资源市场配置法律制度的构建

第一节　矿产资源开发之市场化运作

一、市场经济条件下矿业权的设立与移转都是广义的交易

（一）矿业权交易概念有广义和狭义之分

1. 狭义的矿业权交易。所谓狭义的矿业权交易仅指矿业权二级市场的交易，交易形式多种多样，比如买卖、租赁、抵押、合作经营等等。

2. 广义的矿业权交易。而在广义上其包括矿业权出让和矿业权转让，除却狭义矿业权交易所指的转让，还将矿业权出让纳入其中。

就矿业权出让是否属于矿业权的交易尚存争议，2011 年国土资源部给出官方表态，即《矿业权交易规则（试行）》（国土资发〔2011〕242 号）第 2 条明确规定，矿业权交易既包括矿业权转让，也包括矿业权出让。本书中矿业权的交易采广义的用法，矿业权出让和矿业权的转让均属于市场交易行为。

从传统民法的理念严格说来，矿业权的出让本质上应是矿业权的设立，其是市场商品交换行为，但并非严格意义上的交易。

（二）矿产资源的“有偿使用”与“有偿取得”是探矿权和采矿权制度的经济概念表达

1. 1986 年《矿产资源法》首次确立了矿产资源有偿使用制度。1996 年修订的《矿产资源法》将“矿产资源有偿使用”表述为“探矿权、采矿权有偿取得”。1998 年 2 月国务院颁布了《矿产资源勘查区块登记管理办法》、《矿产资源开采登记管理办法》，分别规定了地质矿产主管部门采取批准申请的方式授予探矿权、采矿权。探矿权的载体是勘查许可证，采矿权的载体是采矿许可证。另外，这两个《办法》还规定了招标投标的出让方式。

2001 年国土资源部《关于印发〈矿业权出让转让管理暂行规定〉的通知》（国土资发〔2000〕309 号）明确探矿权、采矿权统称矿业权，并规定矿业权取得、出让采取批准申请、招标、拍卖等方式进行。2003 年 6 月国土资源部《关于印发〈探矿权采矿权招标拍卖挂牌管理办法（试行）〉的通知》又增加了矿业权的挂牌出让方式。2012 年 3 月，时任国务院总理温家宝在国务院第五次廉政会议中指出要推进公共资源配置市场化改革，完善矿业权出让制度，整治矿业权出让中规避“招拍挂”、违反规定设置出让条件和领导干部插手干预等问题。〔1〕

2. 1986 年《矿产资源法》还确立了资源税和资源补偿费制度。为了体现矿产资源有偿使用的“有偿”，1998 年的《矿产资源勘查区块登记管理办法》和《矿产资源开采登记管理办法》分别规定探矿权人需要缴纳探矿权使用费，采矿权人需要缴纳采矿权使用费。2003 年国土资源部《关于印发〈探矿权采矿权招标拍卖挂牌管理办法（试行）〉的通知》规定采取招拍挂出让的，要向矿业权人一次性收取探矿权、采矿权价款。

可以说 2003 年我国实证法上的矿业权出让制度已经基本定型，即出让方系国家，受让方系矿业权申请人，出让的标的是矿业权，国家出让矿业权所得收益依据出让方式不同存在差异。总的看来包括以下几种收益：矿业权价款、矿业权使用费、矿产资源补偿费、资源税。〔2〕其中矿业权价款是在国家以招标拍卖挂牌方式出让矿业权时收取的，其他几种收益方式则属于国家普

〔1〕“温家宝在国务院第五次廉政工作会议上讲话”，载中华人民共和国中央人民政府网站，访问日期：2014 年 11 月 10 日。

〔2〕对于上述收益的每个项目是否符合法理，以及整个收益结构是否符合市场要求，这在目前学术界及实务界均存在争议，本书不涉及这种争论。

遍收取的收益项目。

二、我国实证法上矿业权出让制度的法律框架业已基本定型

综合我国1996年修订的《矿产资源法》、国务院1998年《矿产资源勘查区块登记管理办法》和《矿产资源开采登记管理办法》以及国土资源部2003年《探矿权采矿权招标拍卖挂牌管理办法（试行）》、2011年《矿业权交易规则（试行）》的相关规定，我国当前的矿业权出让的基本制度框架在实践操作当中大致可分为三个环节，即权利人的确定——出让合同的签订——许可证的批准并授予。

（一）受让主体的确定均须通过法律行为才能生效

1. 矿业权的出让方式受制于法律规定。所谓矿业权交易是指县级以上人民政府国土资源主管部门（以下简称国土资源主管部门）出让矿业权和矿业权人转让矿业权的行为。[1] 矿业权出让的一方是国家，而另一方也就是矿业权申请人，双方意思表示的一致，须依据法定的规则才能成立并生效。

根据我国目前有关法律规定，矿业权的出让方式有批准申请、协议、招标、拍卖和挂牌五种方式，其中后面三种在法律性质上具有同一属性，所以实践中放在一起阐述。

对于勘查风险大、周期长、成功率低的矿产，批准矿业权申请人主要遵循先申请原则，就是说只要是在没有他人登记的区块，就可以申请登记；申请人在符合设定条件时，只有最先提交申请的人才能成为矿业权申请人，取得进一步缔约主体资格。对于协议出让而言，矿业权申请人的选定由代表国家的地质主管机关自主确定。[2] 对于勘查风险不大甚至不必勘查就可直接开采的矿产，可以以招标拍卖和挂牌方式出让，矿业权申请人的筛选确定是按照招标拍卖挂牌的程序来确定的。

2. 资质审查体现着出让过程中的行政管控。根据相关规定，矿业权申请人需要具备规定的资格，才能取得矿业权。1998年国务院《矿产资源勘查区块登记管理办法》第6条规定，探矿权申请人申请探矿权时，应当向登记管理机关提交勘查单位的资格证书复印件和勘查项目资金来源证明。前者指的

---

〔1〕《国土资源部关于印发〈矿业权交易规则（试行）〉的通知》（国土资发〔2011〕242号）。

〔2〕《国土资源部关于严格控制和规范矿业权协议出让管理有关问题的通知》（国土资发〔2012〕80号）。

是技术资格要求，后者指的是资金条件要求。同年国务院《矿产资源开采登记管理办法》第5条规定，采矿权申请人申请办理采矿许可证时，应当向登记管理机关提交采矿权申请人资质条件的证明。

2000年国土资源部《矿业权出让转让管理暂行规定》第13条规定，矿业权申请人、矿业权投标人、矿业权竞买人、矿业权承租人，应当具备相应的资质条件。对于该资质条件，该暂行规定同样没有明确指出。由于行政法规和国土资源部规范性文件均规定取得矿业权需要具备相应的资质条件，但是对于什么样的资质条件均没有作出明确的规定，所以实践中部分地方政府结合本辖区实际创制矿业权人资质标准。

比如有的地方立法规定，参加招标、拍卖、挂牌以申请取得探矿权的申请人须具备法人资格，具备与申请勘查矿种及规模相适应的资金，注册资金不得低于300万元，提供的银行资金证明不得低于申请项目实施方案安排的本年度勘查投入资金；在一年内申请2个以上探矿权的，其提供的银行资金证明不得低于探矿权申请项目安排的本年度勘查投入资金总和。并且还规定了采矿权申请人应该具备法人资格，具备与开采矿种及规模相适应的资金、专业技术人员和技术设备，拟建规模为大中型矿山或者申请开采储量为中型以上矿产地的，注册资金一般不少于5000万元或者前3年平均纳税额不低于500万元，项目资本金不得低于矿山开发利用方案或者初步设计概算投资额的35%；拟建规模为小型矿山的，注册资金不得少于500万元，项目资金不得低于矿山开发利用方案或初步设计概算投资额50%。自然人申请开采用作普通建筑材料的砂、石、黏土等小型矿山采矿权除外。[1]

（二）矿产资源出让合同的本质亦是商品交换的一般法律形式

1. 其意在矿产资源开发权益的有偿取得。国土资源部2011年颁布《矿业权交易规则（试行）》中第27条规定了出让合同的基本条款。而矿业权出让的实践过程中，是否一定要存在一份书面的矿业权出让合同，现行的国务院法规和国土资源部的规范性文件是存在冲突的。国务院1998年颁布的《矿产资源勘查区块登记管理办法》和《矿产资源开采登记管理办法》也没有出现"矿业权出让"的提法，同样的"意指"这两个办法使用的是"探矿权有偿取得"和"采矿权有偿取得"。"有偿取得"的方式主要是"申请——批准"

〔1〕《云南省探矿权采矿权管理办法》（云政发〔2008〕241号）第11条。

取得，另外还规定可以通过“招标投标”方式取得。

2. 申请在先的“申请——批准”取得矿业权之程序。按照前述两个办法，“申请——批准”取得矿业权的程序为：探矿权或采矿权申请人提交申请书和申请材料，登记管理机关（地质矿产主管机关）审查同意后予以批准申请，颁发勘查许可证或者采矿许可证。

就“申请——批准”程序来说，探矿权申请人要提交勘查工作计划、勘查实施方案及附件，采矿权申请人要提交矿产资源开发利用方案，这些材料在探矿权或采矿权申请人取得探矿权或采矿权后，即成为约束其以后勘查、开发利用活动的法律文件。

3. 以“招标投标”方式取得矿业权的程序。探矿权或采矿权申请人参与投标，登记管理机关（地质主管机关）组织评标，采取择优原则确定中标人。中标人缴纳规定的费用后，办理登记手续，领取勘查许可证。[1] 从上述两个办法规定的探矿权、采矿权“有偿取得制度”的程序来看，均没有提及签订书面的“矿业权出让合同”或者“探矿权（采矿权）有偿取得合同”。不过在这两个办法所规定的探矿权或采矿权“有偿取得”程序都包含了合同的要素。

就以“招标投标”方式“有偿取得”探矿权或采矿权来说，两个办法均明确规定，探矿权人或采矿权人要履行标书中承诺的义务。

（三）*矿业权的取得以完成法定的登记和许可程序为要件*

关于探矿权取得，国务院1998年《矿产资源勘查区块登记管理办法》规定了两种取得方式：

1. “申请——批准”方式取得探矿权。其基本程序是，管理机关收到探矿权申请人的申请之后，按照申请在先的原则作出准授予或者不授予探矿权的决定，授予探矿权的，申请人应该依法缴纳相关的费用后，办理探矿权登记手续，领取勘查许可证，成为探矿权人。《矿产资源勘查区块登记管理办法》第6条规定：“探矿权申请人申请探矿权时，应当向登记管理机关提交申请的区块范围图。”[2]

---

〔1〕《关于印发〈探矿权采矿权转让审批有关问题的规定〉的通知》（国土资勘发［1998］11号）。

〔2〕 孙超：“矿产资源开发中矿业权与土地使用权的利益协调”，载广东省国土资源厅网站，访问日期：2014年11月10日。

2. “招标投标方式”取得探矿权。其基本程序是，管理机关受到探矿权申请人的投标文件后，根据择优原则确定中标人。中标人缴纳相关费用后，办理探矿权登记手续，领取勘查许可证，成为探矿权人。关于采矿权的取得，其依据是国务院1998年《矿产资源开采登记管理办法》，其基本程序与探矿权的取得相同。

与国务院1998年的两个办法相比较，国土资源部2011年《矿业权交易规则（试行）》明确规定了以招标、拍卖和挂牌方式出让矿业权需要签订矿业权出让合同，并且明确了矿业权出让合同与矿业权取得之间的关系。〔1〕

不论是依据行政审批程序，还是通过招标、拍卖和挂牌的民事程序成交，出让人和受让人签订成交确认书；然后根据成交确认书再签订矿业权出让合同，都涉及法律行为的成立与生效等基本法律问题。

可以认为，由于考虑到招标投标是一种竞争性缔约程序的特点，理论与司法实践中均引入了预约合同的概念，这样就可以将招标投标活动大致分为两个阶段，即预约合同的订立与本约的订立，如此，不但解决了《招标投标法》第45条、第46条引发的难题，而且对于理论和实践都有重大意义。

预约合同和本约合同都是合同，如果招标人、投标人在发出中标通知书后不履行合同将按照合同违约条款依据《招标投标法》的相关规定追究相对人的法律责任，这对于严肃招投标程序规则，规范招投标市场有建设意义。〔2〕

三、我国矿业权转让制度的市场化改革

（一）新中国矿业权转让制度的逐步演化

1. 我国1986年《矿产资源法》第3条明确禁止采矿权买卖。1996年修订的《矿产资源法》第6条对探矿权转让和采矿权转让采取了不同的政策，对探矿权规定“在完成规定的最低勘查投入后，经依法批准”，即可以转让探

〔1〕 2011年国土资源部《矿业权交易规则（试行）》存在一个立法上的漏洞，根据该规则第32条规定，申请在先、探矿权转采矿权（含划定矿区范围申请和采矿权登记申请）、以协议方式出让矿业权（协议出让采矿权的含划定矿区范围申请和采矿权登记申请）的，在国土资源主管部门正式受理后，将相关信息直接进场公开。不过对于公开后如果出现异议或者不出现异议的后果，却没有相关规定。该规则也没有明确申请在先、协议出让要不要签订以及如何签订《矿业权出让合同》。

〔2〕 陈川生、王倩、李显冬：“关于中标通知书法律效力的研究——预约合同的成立和生效”，载《北京仲裁》2012年第2期。

矿权；对采矿权转让则规定仅限于“因企业合并、分立，与他人合资、合作经营，或者因企业资产出售以及有其他变更企业资产产权的情形而需要变更采矿权主体”几种特定的情况，经依法批准可以转让采矿权。

2.《矿业权出让转让管理暂行规定》扩大了矿业权转让的范围。2000年国土资源部颁布《矿业权出让转让管理暂行规定》作为一个转折点，在法律上扩大了矿业权转让的范围，将“矿业权转让”界定为“是指矿业权人将矿业权转移的行为，包括出售、作价出资、合作、重组改制等”，同时坚持转让需要“照矿业权转让的条件和程序进行管理，由原发证机关审查批准”。〔1〕

3.《矿业权交易规则》明确矿业权出让和转让系市场交易行为。基于矿业权市场建设与阳光行政的基本考量，国土资源部2011年颁布《矿业权交易规则（试行）》。规则由八部分构成，共计46条，包括总则、公告与登记、交易形式及流程、确认及中止、终止、公示公开、交易监管等内容，是国土资源部第一份专门针对矿业权交易进行规范管理的文件。《规则》主要是对近两年国土资源部下发《关于建立健全矿业权有形市场的通知》、《关于做好矿业权有形市场出让转让信息公示公开有关工作的通知》以及《探矿权采矿权招标拍卖挂牌管理办法（暂行）》和《矿业权出让转让管理暂行规定》等文件的补充完善和细化，除油气和国家规定不宜公开矿种的矿业权交易外，所有矿业权的交易都适用该规则。〔2〕

这些规则以我国矿业权交易的实践作为基础，综合考虑各地矿业权交易规则设计的有益经验，体现了立法理念的进步。认识层面，将矿业权出让和转让行为明确为市场交易行为，从根本上厘清矿业权出让与转让的性质。操作层面，主管机关就矿业权的交易持审慎的态度。其一，坚持矿业权审批登记制。例如，矿业权转让必须完成主管机关的审查批准程序。其二，矿业权交易方式的限定。矿业权出让必须进场交易，至于矿业权转让则没有进场交易的强制要求，但必须在矿业权交易机构提供的固定交易场所或矿业权交易

---

〔1〕《国土资源部关于印发〈矿业权出让转让管理暂行规定〉的通知》（国土资发［2000］309号）第36条。

〔2〕丁全利：“规范矿业权市场的有力举措——解读《矿业权交易规则（试行）》”，载《国土资源通讯》2012年第2期。

机构提供的互联网络交易平台上鉴证和公示。[1]

不论是进场交易，还是鉴证和公示，都有维护矿业权市场健康运行的考虑。实践中，矿业权转让合同引发的纠纷颇多，部分矿业权转让合同的签订并没有体现企业法人的意愿。例如，有其他股东不知情的转让、有伪造受让人所签合同的转让、有转让人与第三方签有协议但受让人并不知情的转让等等。正是鉴于对实践中突出问题的回应，《矿业权交易规则（试行）》以进场交易、鉴证与公示等规则设计避免可能的矿业权交易纠纷，维护各方的合法权益，促进矿业权市场健康发展。

（二）我国矿业权转让制度的基本框架已具雏形

1. 主要依靠行政法规构建的"原则禁止但特殊允许"的矿业权转让制度。我国现行的矿业权转让制度主要包含在1998年国务院《探矿权采矿权转让管理办法》、2000年国土资源部《矿业权出让转让管理暂行规定》和2011年的《矿业权交易规则（试行）》之中。

《矿业权交易规则（试行）》规定了矿业权转让的两种类型的转让方式，一类是以招标拍卖挂牌方式进行的矿业权转让，一类是采取转让方与受让方自主协商方式进行的矿业权转让。[2]

考虑到除非像国有企业作为矿业权转让的主体，要受到国有资产转让规则的限制，采用招标拍卖挂牌的方式进行交易之外，一般市场主体出让矿业权通常会采用自主协商的方式，另外，以招标拍卖挂牌方式进行的矿业权转让与出让程序是基本相同的，所以本书只讨论矿业权转让人与受让人自主协商转让矿业权的制度问题。

2. 我国矿业权转让制度（自主协商转让）基本包括四个环节。转让人和受让人达成转让协议——在矿业权交易机构鉴证下签订矿业权转让合同——转让合同主要内容公示——办理审批登记。

（1）转让人和受让人之间的转让协议。与一般交易活动一样，打算转让矿业权的市场主体和有买受矿业权需求的市场主体，通常都会有一个谈判磋商的过程，最后通过要约和承诺，达成矿业权转让的一致意见。这个一致性的意见可以体现在一系列来往文件之中，也可以具体形成一份书面的矿业权

[1] 参见《矿业权交易规则（试行）》第8条。

[2] 晏波："矿业权不同转让方式比较"，载《中国矿业》2008年第5期。

转让合同书。

不过，即便矿业权转让人和受让人达成了一致意见，甚至已经形成了书面的矿业权转让合同书，该协议也不能自成立时生效，还需要履行鉴证和审批登记手续。

（2）在矿业权交易机构鉴证下签订矿业权转让合同。转让人、受让人无论是通过矿业权交易机构达成一致意见，或者自行协商达成一致意见，签订矿业权转让合同时，均需要矿业权交易机构进行鉴证，并出具鉴证文书。

（3）转让合同主要内容公示。根据国土资源部2011年《矿业权交易规则（试行）》规定，矿业权转让必须进行公示。[1]公示内容涉及当事人双方的名称、场所、法定代表人、矿山或者项目名称以及权利证书情况、矿区（勘查区）地理位置、面积以及资源储量情况、转让价格、转让方式等。

（4）办理审批变更登记。矿业权转让合同需要经过国土资源管理部门审查批准后才能生效，并办理登记手续，发放勘查许可证或者采矿许可证。

第二节 矿业权在本质上属于高度市场化的财产权利

一、我国行政法规中有关矿业权人之资质的设置

（一）现行行政审批登记均预设了矿业权人的资质条件为前提

根据现行法律法规以及国土资源部的规范性文件，对于矿业权的出让、转让均实行行政审批登记制度。这种行政审批登记制度的必要性前提是矿业权人必须具备一定资质条件。

1998年国务院《矿产资源勘查区块登记管理办法》第6条规定探矿权申请人申请探矿权需要提交勘查单位证明和勘查资金来源证明。同年的国务院《矿产资源开采登记管理办法》第5条规定采矿权申请人需要提交采矿权申请人资质条件的证明，不过对于具体资质条件指什么，并没有明确。2000年国土资源部《矿业权出让转让管理暂行规定》第13条规定，矿业权申请人、矿业权投标人、矿业权竞买人、矿业权承租人，应当具备相应的资质条件。对于何谓相应的资质条件，该暂行规定同样未予规定。

---

[1] 《国土资源部办公厅关于做好矿业权有形市场出让转让信息公示公开有关工作的通知》。

探矿权是为勘查矿产资源而设立的，对探矿权人资格的管理是通过要求探矿权人在勘查过程中，一定要具有国家认定的具有地质勘查资格的单位进行勘查工作体现的。这是作为申请探矿权的一个必要条件。对矿产资源开采的风险和特殊技术要求，国家授予采矿权时，要求采矿权人必须具有特定的行为能力。实践中对于矿业权申请人的资质条件要求包括两个方面：第一是资金条件，第二是技术条件。以下我们就围绕矿业权人的资金和技术条件进行阐述和讨论。

（二）矿业权人须具备法定的开发资金条件

1. 相应的资金能力是开展矿产勘查工作的基本保障。

（1）肯定说认为无资金条件就难以限制无开发利用能力的主体。矿业权人的资金条件包括矿业权人的法人资质、注册资金和在申请矿业权时拥有的项目资金量。[1] 对于矿业权人设置资金条件要求，一个看似颇有道理的观点是：矿产资源的开发利用需要大量的资金投入，没有资金条件的要求会导致不具有开发利用能力的主体进入，导致矿业市场的混乱。

（2）相应的资金能力是开展矿产勘查开采工作的基本保障。《关于进一步规范探矿权管理有关问题的通知》的第 2 条对探矿权申请人的资金能力提出量化要求。[2]

2. 按照市场规律办事，那些无开发利用能力的主体自会被市场淘汰。矿业权出让合同不仅仅是出让了矿业权，更设定了矿业权人按照约定的条件进行开发利用矿产资源的义务，不能履行义务者要承担违约责任，直至收回矿业权。所以只要严格执行合同，不存在不具有开发利用能力的主体滞留矿业市场的问题，市场具有其自清功能。

3. 设定的矿业权人资金条件并不能限制不具有开发利用能力的主体进入矿业市场。就要求矿业权人须为法人企业而言，[3] 从法人制度设计的功能目

---

[1]《云南省探矿权采矿权管理办法》（云政发〔2008〕241 号）。

[2]《关于进一步规范探矿权管理有关问题的通知》第 2 条："探矿权申请人的资金能力必须与申请的勘查矿种、勘查面积和勘查工作阶段相适应，以提供的银行资金证明为依据，不得低于申请项目勘查实施方案安排的第一勘查年度资金投入额，同时不得低于申请项目勘查实施方案安排的总资金的三分之一。探矿权人申请新立探矿权时，应将本次申请的、以往申请的和已经取得探矿权的全部勘查项目所需的资金累计计算，并提供相应的资金证明。"

[3]《国土资源部关于进一步规范探矿权管理有关问题的通知》（国土资发〔2009〕200 号），载 http://www.mlr.gov.cn/kqsc/tkq/gsgg/201005/t20100518_719331.htm，访问日期：2014 年 11 月 10 日。

的来看，其恰恰是为了限制投资人的责任。与法人相比较，由于自然人和合伙人承担的是无限责任，其履约担保的能力其实是大于法人的。〔1〕当然，现实中活跃的市场主体以法人为主，但这更主要的是因为自然人更愿意以法人的形式减轻自己的经营风险，而不是为了增强履约能力。就注册资金的要求来说，这显然是将一个企业的注册资金等同于履约能力的又一认识误区。没有任何证据证明法人的履约能力高于自然人和合伙。

注册资金仅仅表明企业成立时拥有的资金，由于企业要开展经营活动，企业的资产是动态存在的，不能认为一个注册资金高的企业，其资产一定高于注册资金低的企业。更何况一个企业实际拥有的投资能力取决于其融资能力，而不是决定于其现有的资产，有些时候由于注册成本高昂，企业在注册过程中虚报注册资本等行为相对比较普遍。〔2〕这就不难理解一个注册资金数亿的企业却可能面临破产的境地。

要求矿业权申请人在取得矿业权时预先提供一笔与勘查、开采项目相关的准备资金也是不符合市场规律的，因为任何一个勘查、开采项目所需要的资金都是随勘查、开采的进度而渐次投入的，与此相应一个企业也是根据实际经营需要进行筹集资金的。〔3〕所以提前要求准备项目资金的做法除了提高矿产资源勘查的准入门槛，增加资金量，导致融资能力强，经营能力强，进而把一些初始资金不雄厚的企业拒之矿业市场之外，似乎乏善可陈。

（三）关于矿业权人须具备的技术条件

1. 我国现行法确立了探矿权人和勘查单位分离的制度模式。由于直接影响到矿产资源开发利用的效率，所以对于技术的要求是绝对必要的，但是不应该要求技术条件必须是矿业权申请人自有。因为在一个市场经济社会里，技术条件既可以通过自有来实现，也可以通过各种形式的合作来实现。从这个角度来说，关于探矿权技术资质的设计比较合理。国务院《矿产资源勘查区块登记管理办法》确立了探矿权人和勘查单位分离的制度模式，即探矿权申请人申请探矿权时，可以提供自己拥有的勘查资格证书，也可以通过与具

---

〔1〕 王建文、范健：“论公司财产独立的价值及其法律维护——以公司资本制度的内在逻辑与变革取向为中心”，载《南京大学学报（哲学·人文科学·社会科学版）》2006 年第 5 期。

〔2〕 “注册资本金限制取消，三个罪名或将消失”，载人民网，访问日期：2014 年 11 月 10 日。

〔3〕 蒋文军、郑海波：“关于进一步规范探矿权管理有关问题的通知”，载国土资源部网站，访问日期：2014 年 11 月 10 日。

备勘查资格的主体签订委托勘查合同来满足国家对于勘查资格的要求。

由于在现行矿业权制度中，勘查许可证本身具有双重作用，一是允许实施勘查行为，二是赋予通过实施勘查行为取得采矿权的财产权。而勘查资格针对的是勘查行为，[1] 因此，在将来制度设计中如果探矿权作为财产权独立于勘查行为的许可，那么在探矿权申请人取得探矿权时是不需要勘查资质的，只是在实施勘查行为时才需要具有勘查资格。[2]

2. 现行采矿权制度将采矿权人与其技术资格施行个案审查二者绑定。《矿产资源开采登记管理办法》规定了采矿权申请人需要具备的一定的资质条件，但是却没有明确采矿权申请人资质条件的具体含义，同时也没有区分资金条件和技术条件。这一规定在实践中的具体做法是登记管理机关对于具体的矿山开采授予采矿权时各地标准并不统一。

《云南省探矿权采矿权管理办法》（云政发〔2008〕241号）关于采矿权申请人的资质条件，在其第24条中规定，采矿权申请人应该具备与开采矿种及规模相适应的资金、专业技术人员和设备。该条对于资金条件作了细化，但是关于何谓“与开采矿种及规模相适应的专业技术人员和设备”并未规定，而且目前我国也不存在采矿企业资质标准和资格制度。

这就导致两个方面的问题，一是各地自行确定标准，二是将技术资质和特定采矿权人绑定，排除了采矿权人可以通过其他合作方式满足技术条件，这样的结果就是强化了地质主管机关对于采矿权受让和转让的审批权力。

3. 与矿业权人绑定的资质致矿业权交易走不出行政审批的圈子。目前的矿业权人资格制度，一方面其资金条件要求不具有经济合理性，也达不到其设定要求所要达到的目的；另一方面关于技术资格的要求，体现在采矿权人上，缺乏统一的可操作的标准。此外，技术资质与特定的矿业权人绑定，限制了矿业权市场的准入，导致国家对于矿业权的交易被限制在行政权的框架之内，走不出行政审批的圈子。

---

〔1〕左金安：“加大勘查力度 规范勘查行为 省国土资源厅进一步加强探矿权管理”，载《河南国土资源》2007年第1期。

〔2〕丁全利：“细化制度，完善管理—— 就《关于进一步规范探矿权管理有关问题的通知》出台访国土资源部开发司负责人”，载《国土资源通讯》2010年第2期。

二、公法私权法律关系的混淆妨碍矿业权市场的正常运行

（一）矿业权出让行为作为市场交易行为有明确的法律依据

2000年国土资源部《矿业权出让转让管理暂行规定》实际上业已使得1996年修订的《矿产资源法》和1998年国务院两个管理办法确定的矿业权通过行政许可授予的规定一步步被突破，市场化的因素逐渐地开始增加。

2011年国土资源部出台的《矿业权交易规则（试行）》，已经完全确认矿业权出让行为是一个市场交易行为。从该规则规定的矿业权出让合同的主要条款来看，企业是一个民事合同应有的内容，尤其是其中还专门规定了违约责任条款。

（二）市场配置之源的矿业权出让行为被拘束于行政许可框架内

矿业权出让作为市场交易行为却被限制在行政许可的制度框架之内，导致矿业权人的合法权利缺乏稳定性，自然影响到了国家利用民事手段规范矿产资源的勘查开采活动。

1. 矿业权投标被界定为申请受制于资金与技术门槛的行政行为。矿业权人要求与国家缔结矿业权出让合同的行为，仍然被视作一种行政法上的申请行为，要接受登记管理机关（地质主管机关）的资格审查，为此登记管理机关设定了资金和技术的门槛性规定（对于这些规定的不必要性，前面我们已经论及）。

2. 出让合同的法律效力不应混同于行政审批的法律效力。矿业权出让合同签订后，还需要履行审查批准程序，勘查许可证和采矿权证不是对于矿业权出让合同的确认，而是当作矿业权申请人的行政许可授权。

这一点完全不同于房产证的法律性质。另外，《探矿权采矿权招标拍卖挂牌管理办法（试行）》的规定，主管部门在签订成交确认书后，不履行成交确认书，拒绝办理登记手续、发放勘查许可证或者采矿许可证，当事人只能要其上级主管部门责令限期改正，造成损失的，也只能申请行政赔偿。正是基于现行矿业权设立过程的规定，所以一些学者就用具有公法色彩的权利来给矿业权定性，这又为一些地方政府以行政权力干预矿业权人的利益提供了似是而非的理论依据。

3. 民事违约责任自然也有别于行政违法责任。依据矿业权出让合同，矿业权人与国家之间是一种民事法律关系，国家可以依据矿业权出让合同约定

的矿产资源勘查、开采计划、方案，约束监督矿业权人的勘查、开采行为，对于严重违反合同义务的矿业权人，国家可以追究其违约责任，严重的还可以终止矿业权出让合同，撤销其矿业权。

但是在将矿业权出让界定为行政许可行为的情况下，地质主管机关更侧重于对于矿业权申请人准入资格的监管（实际上是根本管不了的），而忽略了对于矿业权人履行矿业权出让合同，按照约定实施矿产资源勘查、开采活动的监管，其弊端是客观存在的。

三、不当行政干预影响市场对矿业权配置的决定性作用

（一）矿业权转让的经济学理论基础与现实规范脱节

现代产权经济学认为，明确私人产权的价值在于通过赋予产权人对于标的物的利用受益的专属权，激励产权人尽最大效率来提高标的物的利用效率，但是这只是产权制度的一个作用，另一个作用是通过产权的转移，使产权的标的物从利用效率低的产权人手中转移到利用效率高的产权人手中，最终实现对于产权标的物的最大化利用。所以，要最大化财产的利用效率，一是要明确界定产权，二是要允许产权流动。

矿业权属于私人财产权，矿业权是矿业权人对于矿产资源进行勘查开发利用的权利，要最大化对于矿产资源的勘查开发利用效率，客观上就要求不仅要强化对于矿业权人利益的静态保护，还要允许矿业权按照市场交易规则流动。

目前矿业权属于财产权，这一点已经成为社会常识，可是在矿业权的流转问题上，管理部门和理论界却存在极大的争议。

（二）规范性文件逐渐扩大了《矿产资源法》所限定的转让范围

1. 坚持审批的前提下“原则禁止”转变为了“允许转让”。就主管机关的态度而言，我国矿业权的转让于1986年《矿产资源法》被严格禁止；1996年修订的《矿产资源法》也只承认在几种特定的情况下允许转让；2000年国土资源部《矿业权出让转让管理暂行规定》虽然确认矿业权可以转让的原则，[1] 但是同时又规定“各种形式的矿业权转让，转让双方必须向登记管理机关提出申请，经审查批准后办理变更登记手续”。

---

[1] 国土资源部《矿业权出让转让管理暂行规定》第6条。

2. 我国之前禁止矿业权的流转均未摆脱计划经济体制的影响。政策制定者实际上是认为，矿业权的自由流转可能会导致矿业市场的混乱和无秩序状态，造成矿产资源的无序开采，并最终损害到国家的利益。从某种意义上说，政策制定者的上述担忧并非毫无根据，矿业权的自由流转可能会出现一些负面作用，但不能仅仅因为可能出现的负面影响就对矿业权流转予以否定。在建立规范化的矿业权流转制度前，我国曾经出现过矿业权变相流转、倒卖或黑市交易现象，存在着矿业权管理上的以权谋私，并成为滋生腐败的一个重要根源。[1] 可见，简单的禁止并不能从根本上解决问题。

2011 年国土资源部出台《矿业权交易规则（试行）》明确矿业权的市场交易规则，但是仍坚持矿业权转让必须经登记管理机关审查批准，同时还规定矿业权转让合同必须接受矿业权交易机构的鉴证，矿业权转让的主要情况必须在国土资源部门户网站（矿业权出让转让公示公开系统）、同级国土资源主管部门门户网站、矿业权交易机构交易大厅或互联网络交易平台进行公示。考察我国矿业权转让制度的演进，可以看出自 2000 年以来，国土资源部通过规范性文件逐渐扩大了 1996 年《矿产资源法》所限定矿业权转让的范围，为矿业权的市场化流转做出了贡献，但是矿业权转让审批登记制度仍然是主管机关规制矿业权转让的主要抓手，新增矿业权转让的鉴证和公示环节是主管机关寻求矿业权市场建设改革的审慎选择。

第三节　以准用益物权范式建构矿业权交易规则

我国现行矿业权制度从以行政为主导到逐渐融入市场因素，直接影响到理论界对于矿业权法律性质的讨论，形成了目前所谓矿业权是兼具公法色彩和私法色彩权利的主流观点。而理论界对于矿业权兼具公法色彩和私法色彩的“折中”认识，又成为当前矿政主管部门坚持行政干预的理论武器。我们已经明确了矿业权属于私法上的权利，并且符合用益物权的制度架构的基础，因此有充分的理由解释按照用益物权的范式来建构矿业权的交易规则，防范

[1] 孙宏涛、田强：“论矿业权的流转”，载《中国矿业大学学报（社会科学版）》2005 年第 3 期。

行政权的不当介入。

按照用益物权范式建构矿业权交易规则，其主要包括以下内容：

一、取消现行矿业权市场准入的资格限制

（一）剥离资格许可使矿业权为单纯财产权以消除制度障碍

1. 市场准入资格限制本质上即行政权力对矿业权流转市场行为的干预。我国现行矿业权制度要求矿业权必须具备规定的资金条件和技术条件，并把这些条件作为一个主体是否能够进入矿业权市场的前提条件，不具备这些规定的条件则不能作为矿业权出让的相对人，也不能作为矿业权转让的受让人，这就是所谓的矿业权市场准入的资格限制。〔1〕

鉴于矿业权市场准入资格限制的本质无非是国家行政权力对于矿业权流转市场行为的干预，其理论基础在经济理论方面，是认为市场的自身存在所谓失效（失灵）问题。经济学家认为所谓的市场失灵就是单凭市场机制的自发调节难以达到“帕累托”最优状态，也即任何资源的重新配置都不可能在不使任何人的处境变坏的同时使一些人的处境变好的状态。〔2〕而在法学理论方面，是认为矿业权兼具公法和私法的色彩，相当一部分学者主张是行政权产生了矿业权。〔3〕

可以认为，前者失之于笼统，后者则根本上是基于对现行不合理矿业权制度的阐释所得出的结论，我们已经分析矿业权兼具公法色彩和私法色彩这种“折中”理论的模糊性。特别是一些学者称因为市场具有不完备性，因而需要国家对于矿业权市场进行干预。可以认为，所谓市场失效，通常是指市场无法有效率地分配商品和劳务的情况。〔4〕市场失效的情形很多，在论述矿业权市场失效时，学者通常指的是矿产资源开发利用活动具有负外部性，也就是矿产资源开发利用活动的开发者为了追求利益最大化，不顾及环境保护，

---

〔1〕 蒋瑞雪：“矿业权与股权自由转让原则的冲突及解决”，载《中国国土资源经济》2010年第1期。

〔2〕 杨欢亮：“对市场经济中‘市场失灵’与‘政府失灵’问题的思考”，载《山东财政学院学报》2001年第1期。

〔3〕 孔德峰、李显冬：“矿业权之特许属性辨析”，载《国家行政学院学报》2014年第1期。

〔4〕 樊纲：“资源稀缺与市场配置方式”，载国土资源部调控和监测司、国土资源部咨询研究中心：《国土资源管理改革与发展战略论坛——资源配置与发展方式转变（2011年度）》（内部资料），第8~9页。

有造成环境破坏的潜在可能性。[1]

2. 资金技术不一定非要矿业权人自己所有，关键在于其可否用益。用矿产资源开发利用活动具有负外部性来论证国家设置市场准入的资金技术条件，其论证并不充分。就资金条件而言，任何一个市场主体都以追求利益的最大化为目的，这一点不因这个公司的资金能力大小而改变，物权制度的演化，早已由重在所有变为了重在用益。自20世纪以来，所有权呈虚化倾向，所有权绝对性受到抨击和动摇。因此物权立法出现他物权优位化，其中用益物权的地位尤为重要。[2]就技术条件而言，其作用更多地体现在矿产资源的开发利用过程，并且技术条件的取得，在市场经济条件下，不一定非要矿业权人自己拥有，而是可以通过多种合作形式来取得。

所以，要求欲取得矿业权者在交易之初必须拥有一定资金条件和技术条件并无必要。而且根据前面我们的分析可以看出，为了落实资金条件而规定诸如注册资金之类的具体要求，并不能达到其所要实现的目的。所以对于资金条件的市场准入条件，应予取消。

但是，对于技术条件的要求，不能简单地取消，而是要改变现行制度设计。应当注意到，现行探矿权人并不要求一定具备勘查单位资格，在申请探矿权时，可以提交合作方的勘查单位资格证明，取得的探矿权也与合作勘查单位无关。因此，必须要改革的是关于采矿权技术资格的所谓的市场准入制度。

（二）将矿业权的财产权作为抵御公权力滥用的市场交易防线

1. 矿业权人与勘查单位和采矿施工企业分离的制度设计。应当认为，完全可以建立如探矿权人与勘查单位一样区分的采矿权制度。我国现行的采矿权与采矿许可证合一的“权证合一”的矿证管理制度与物权法相悖，不利于保护矿业权人的合法权益，易造成矿业权主体的混乱。[3]但是与国家有统一的勘查单位资格认证制度不同，我国目前尚未统一采矿施工企业资格认证制度，因此未来应建立全国统一的采矿施工企业资格认证制度。这样取得采矿

---

〔1〕 刘欣：《矿业权的解析与规制》，法律出版社2011年版，第102～105页。

〔2〕 张胜先、何炜：“论我国现行用益物权制度的缺陷与完善”，载《长沙铁道学院学报（社会科学版）》2003年第3期。

〔3〕 鹿爱莉：“‘权证分开’更合理——关于建立‘一权二证’矿政管理制度的探讨”，载《中国国土资源报》2013年4月3日第7版。

权施工企业资格的企业既可以自己取得采矿权，自行开采拥有采矿权的矿产资源，也可以受其他采矿权人的委托开采他人享有采矿权的矿产资源。

一旦承认了要采取矿业权人与勘查单位、采矿施工企业分离的制度设计，那么矿业权即可以成为纯粹的财产权利，与国家对于矿产资源勘查、开采施工资格的许可区分开来，为矿业权的自由流转奠定制度基础。

2. 国家对矿业权人财产权与市场准入资格的授予应当分离。现行的勘查许可证、采矿许可证，虽然在习惯上，很多人称其为矿业权证，但其实包含国家对于矿业权人财产权的授予和市场准入资格的批准。在取消国家对于矿业权人市场准入资格限制后，勘查许可证、采矿许可证所包含的市场准入资格也就不存在。建议未来以探矿权证、采矿权证取代勘查许可证、采矿许可证。〔1〕

二、明确矿业权出让合同中民事权利义务关系的法律属性

（一）矿业立法须明确矿业权出让即矿业权设立的民事法律行为

矿产资源所有权属于民事权利，矿业权是作为矿产资源所有人的国家为了实现对于矿产资源的开发利用而在特定区域内的矿产资源所有权之上设立的用益物权，因此矿业权的产生过程在法律性质上属于所有权行使行为，属于民事法律行为。

我国相关法律法规和规范性文件从矿业权申请人取得矿业权的角度称其为矿业权的“有偿取得”，从国家让渡矿业权给矿业权申请人的角度称其为“矿业权出让”，突出了矿业权出让的有偿性，但是掩盖了矿业权设立在物权法上的定位，导致了围绕矿业权出让行为法律性质的诸多争议。现行法律法规及规范性文件以行政许可的方式涉及矿业权出让，属于制度设计的错位，应予纠正。按照用益物权范式重新定位矿业权出让法律关系，明确矿业权出让属于矿业权设立行为，在此过程中国家是以矿产资源所有人的身份与矿业权人形成民事法律关系，矿业权人依据矿业权出让合同约定依法享有矿业权的各项权能，同时国家依据矿业权出让合同行使对于矿业权人收益权和监督勘查开发利用行为的权利。

〔1〕鹿爱莉：“‘权证分开’更合理——关于建立‘一权二证’矿政管理制度的探讨”，载《中国国土资源报》2013年4月3日第7版。

（二）国家在矿产资源出让中为私权所有人而非公共事务管理者

从国家的角度来看，国家在矿业权出让法律关系中的身份是矿产资源所有人，而不是社会公共事务管理者。在矿业权出让中，行政机关是以普通的民事主体参与其中的，在法律法规允许的范围内，与相对人协商一致，达成共识，不能由一方将自己的意志强加于另一方当事人。所谓的矿业权出让合同，是指为了实现特定的社会目标和公共利益的最大化，矿业主管部门以民事主体的身份，在与具有特定资格的社会民事主体之间经过协商、达成一致时，将矿业权出让给受让人所达成的协议。合同目的的实现最为关键的环节就是合同的履行，与民事合同有一定的区别，由于合同的一方是行政机关，受公共利益优先的理念影响，在合同履行过程中，常常将权力转化为合同中的某些特权而存在。其实，矿业权出让合同同样应当遵循合同的基本准则和履行规则。基于法律法规的规定和合同的约定，双方当事人都必须对合同所约定的义务认真履行，必须恪守诺言、讲求信用、不得损害他人利益、社会利益和国家利益。在履行合同时，还应当追求经济效益的最大化。在当事人双方或第三人之间发生因履行规则的不明确或违法等诸多复杂事情时，应当在借鉴司法救济原则的基础上，维护当事人利益，充分体现公平原则。[1] 因此国家在处理与矿业权人因履行矿业权出让合同而发生的争议时，不享有国家公共管理者的单方强制权，必须依据民事法律规定的要求，通过自主协商或者民事诉讼、仲裁等方式解决争议。这不仅保证了相对人作为弱势群体应当具有的合法权益，而且对行政机关的行为也起到了监督的作用。[2]

（三）国家作为矿产资源所有权人的处分权区别于其监督管理权

矿业权的出让突出了其设立的有偿性，但容易忽视矿业权人和矿产资源所有权人是一个持续存在的用益物权法律关系。国家在出让矿业权后，除了依据公法保有对于矿产资源开发利用活动的行政监督管理权力，还保留所有者的最终处分权利，但这并非作为社会公共管理者的公权力，由此形成的法律关系应属于民事法律关系。对于矿业权人违反用益物权人义务的行为，国家可以作为所有者追究矿业权人的违约责任，甚至可以终止矿业权。

---

〔1〕 史学庆、李博文、付强："对矿业权出让方式的法律思考"，载中国矿业网，访问日期：2014年11月10日。

〔2〕 史学庆、李博文、付强："对矿业权出让方式的法律思考"，载中国矿业网，访问日期：2014年11月10日。

强调国家作为矿产资源的所有人所享有的对于矿产资源开发利用活动的最终处分权区别于监督管理权，有助于改变国家对于矿产资源的开发利用的管理模式，从利用僵硬的行政手段配置矿产资源转变到主要利用民事手段通过市场来配置矿产资源。

（四）明确矿业权出让的民事法律关系属性有利于权利制约权力

长期以来，我国的矿业立法并不是将矿业权界定为单纯的私法权利。行政权力不当的干预矿业权不利于保护矿业权人的合法权益。按照矿业权出让的用益物权理论，矿业权人和国家之间的关系，是所有人和用益物权人之间围绕矿产资源的开发利用而形成的平等主体之间的民事法律关系。在这种法律关系中，任何一方均应该尊重另一方的权利，均应该承担相应的义务，任何一方的违约行为都应该承担违约责任。因此，以用益物权范式建构矿业权人和国家之间的关系，有利于保护矿业权人的合法权益，抑制国家公权力的专横。〔1〕

三、区分矿业权转让合同与行政审批的效力从而为矿业权流转提供通畅的法律制度平台

（一）与私法“民有私约如律令”不同，公权行使均须于法有据

目前我国法律法规和规范性文件均承认矿业权具有可转让性，但是转让要受到行政权的严格限制。要实现矿业权交易的市场化，就要消除行政权对于矿业权转让的过度限制。如前文所述，从2011年国土资源部《矿业权交易规则（试行）》来看，矿业权转让的行政干预环节主要包括矿业权转让合同鉴证、对于矿业权转让的主要内容公示以及对于矿业权转让行为的审批。矿业权转让合同鉴证和矿业权转让的主要内容公示，在《矿业权交易规则（试行）》里进行了规制，更多的体现了矿政主管机关行政立法实验的意味，但终究没有法律法规层面的上位法支持，有合法性基础不够完备的嫌疑。矿业权转让合同的审批，是1998年国务院《探矿权采矿权转让管理办法》所规定的必备程序，对于矿业权转让合同的效力具有决定作用。

行政审批与矿业权转让合同效力的关系以及未经行政审批之矿业权转让合同处于何种效力状态，成为学术讨论和司法实践中争议颇大的问题。法律

〔1〕 李献水：“学习矿产资源法规 营造矿业权市场”，载《中国煤田地质》2002年第1期。

法规将行政审批与矿业权转让合同效力进行了绑定。[1]

（二）区别不同法律关系来确定矿业权转让合同之法律效力

1. 未经行政审批之矿业权转让合同的效力，学界有不同见解。

（1）“未生效合同说”。行政审批为矿业权转让合同之生效要件，未经审批的矿业权转让合同不生效。此意见解亦符合《合同法》第44条将行政审批作为合同生效要件的立法精神。

（2）“无效合同说”。未经行政审批的合同是严重欠缺生效要件的合同，因而法律上不按当事人合意的内容赋予效力，“未经相关部门批准的采矿权转让合同，属无效合同”。[2]

（3）债权合同有效成立并生效而物权合同效力未定说。我国《物权法》业已确认了合同效力与物权变动效力的区分，故矿业权转让合同效力一经签订即可成立生效；而未经登记不产生物权变动的效力。[3]

2. 上述各种观点之瑕疵。

（1）“合同尚未成立”说与有关立法宗旨相违背。依照“合同未成立”的观点，中标通知书发出后合同未成立当然也未生效，这显然同《招标投标法》第45条关于中标结果应当受法律保护的条款抵触。其次，如果在这种状态下，招标人发出中标通知书却对合同没有任何法律约束力，无疑将使招投标作为一个特殊缔约过程的性质被模糊，这只能使招投标活动的随意性被肆意放大，显然这同《招标投标法》的立法宗旨相违背。

（2）“成立未生效”说不能客观反映经过招投标后所缔结的合同双方的真实意思表示。依照“成立未生效”的观点，中标通知书发出后的法律效力就处于二难推理的尴尬位置，如果依法成立的合同将受法律保护，双方自应当自觉履行；但如果其被违反，因为合同尚未生效，所承担的法律责任顶多

---

〔1〕《探矿权采矿权转让管理办法》第10条规定：“申请转让探矿权、采矿权的，审批管理机关应当自收到转让申请之日起40日内，作出准予转让或者不准转让的决定，并通知转让人和受让人。”“批准转让的，转让合同自批准之日起生效。不准转让的，审批管理机关应当说明理由。”

〔2〕《探矿权采矿权转让管理办法》第10条规定，探矿权、采矿权转让合同自批准之日生效。据此，并根据《合同法》第44条：“法律、行政法规规定应当办理批准、登记等手续生效的，依照其规定”，此采矿权转让合同应在具有相应审批权限的矿产资源主管部门批准后生效。故而没有办理批准手续的，双方所签采矿权转让合同无效。

〔3〕《物权法》第15条规定：“当事人之间订立有关设立、变更、转让和消灭不动产物权的合同，除法律另有规定或者合同另有约定外，自合同成立时生效；未办理物权登记的，不影响合同效力。”

也就是缔约过失责任，显然，缔约过失责任与违约责任不能同日而语。实践中，如果中标人实际履行了一部分或全部，但招标人不同其签订书面合同，有关司法部门依据《合同法》的有关规定判决合同成立并生效，招标人承担违约责任赔偿损失，但是这种实际履行的案例同在中标通知书发出后，招标人迟迟不同中标人签订书面合同，双方也未履行的案例不是相同的法律状态，而后者在招标投标中时有发生，法律对其保护力度很有限，同时，有学者认为成立未生效的合同也不具备对抗第三人的法律效力。因此“成立未生效”的观点没有客观表述经过招投标活动合同缔结的真实状态。

3. “合同成立并生效”的观点论据不足。“合同成立并生效”的观点论据不够严密，其论据的基础，一是推断《合同法》对合同生效的认定采用证据效力的原则，二是认为当事人约定采用书面形式，但没有明确设定为生效条件，当然不会妨碍合同的生效。这一观点的基础是证据效力原则，但在招标投标活动中这一原则并不成立。因为，《招标投标法》之所以要求招标人与中标人在合同成立之后另行签订书面的合同，是考虑到招标项目的重要性、复杂性、特殊性而对合同的形式和合同生效时间提出的要求，书面合同实际上是生效的要件，而非是合同成立生效的证明。有鉴于此，合同生效的认定应当采用“生效效力原则”，即依据《合同法》第32条规定：“当事人采用合同书形式订立合同的，自双方当事人签字或者盖章时合同成立。”法律既然明确规定：通过招投标活动订立合同必须是书面形式且同时规定了其生效时间。那么，坚持认为发出中标通知书后，本合同成立并生效的论据显然不足。

正是鉴于上述观点都有其不完善之处，故可以建议引入“预约合同”的概念，这样，既可以准确描述发出中标通知书后双方合意的法律状态，也符合招投标实践的现状。

第四节　矿业权登记及其物权变动理论

一、现行矿业权登记的制度架构

（一）我国矿业权登记概述

1. 矿业权登记的内涵与外延。矿业权登记是指申请人依照法律规定，就矿业权的取得、延续、变更、保留等事项登记于主管机关特定簿册的行为。

主要包括矿业权的设立、变更和消灭三个方面。矿业权登记，是我国矿业管理的重要组成部分，是支撑矿业市场正常有序运行的重要规则。兼具实体规范与程序规范的矿业权登记，涉及矿业权设立、变更以及消灭的全过程，涉及矿业权状态的动态表达。若以矿业权登记为主线，甚至可以系统的阐释整个《矿产资源法》的基本制度。[1]

2. 登记在我国矿产资源勘查开发的法律规制中处处可见。作为法律技术的登记明文规定于《矿产资源法》第3条，即勘查、开采矿产资源需要申请、批准并登记。在《矿产资源法实施细则》（以下简称《实施细则》）亦多处涉及矿业权登记。国务院1998年第240号令与241号令发布《矿产资源勘查区块登记管理办法》与《矿产资源开采登记管理办法》，其进一步细化矿产资源勘查与登记的要求与程序。我国现行的矿业立法法律规范系统对新立登记、延续登记、变更登记、注销登记等不同的登记类型均有规范。此外，地方结合本地区矿业管理的实际，出台矿业权登记的地方性法规与规章。不论是法律，还是法规，抑或规章，都对登记情有独钟。

（二）现行矿业权登记的问题与困境

1. 我国矿业权登记方面的理论困惑。

（1）杂糅财产权与经营权的矿业权登记与现代登记立法技术格格不入。矿业权登记，并不如物权法中登记仅作为公示方法那般纯粹。现行法上作为登记对象的矿业权，不是单纯的财产权，而是兼具行政许可、企业资格等不同层面的蕴意。捆绑着矿山企业的设立条件，矿业市场的准入资格以及财产权的矿业权，以其公私法元素混搭的风格，成为当前立法技术日益精湛的法律运行环境中的特例。

当然任何人不能以如今的立法标准去苛责甚至全盘否定那些产生于特定历史时期的矿业权法律登记。但杂糅财产权与经营权的矿业权设置已然成为当前矿业经济发展的轴衬。矿业权登记，不具有物权法确定的“生效要件”抑或“对抗要件”的法律意义，仅是获得矿产资源勘探或开采权利的一个环节。物权变动的使命则是由接下来要谈的许可证来实现的。

（2）作为矿产资源勘探开发源证明的许可证制度与《物权法》基本精神

[1] 本节部分内容已经发表。具体参见曹宇：“矿业权登记的理论反思与修正面向”，载《河北法学》2014年第5期。

明显冲突。《矿产资源法》以及《实施细则》确认矿产资源的勘查、开采实行许可证制度。申请、批准以及登记程序完结之后，需要领取探矿权证或者采矿权证，才能获取相应的权利。对于矿业登记簿与权证之间的效力关系，矿产资源法以及相关的行政法规其实没有更多的界定。

登陆当前国土资源部网站上的探矿权、采矿权登记信息查检系统，其检索页面用红色字体特别标明“由于信息采集、数据更新存在延迟，查询结果仅供参考。如有疑问，请以探矿权登记机关颁发的勘查许可证信息为准”。可见，许可证是探矿权、采矿权的源证明文件。对于许可证效力的态度，《矿产资源法》与当前《物权法》以不动产登记簿为源证明文件的效力判断存在差异。

（3）矿业权转让登记并不具有矿业权变动的法律效力。

第一，《矿产资源法》曾留有浓厚的计划经济色彩。受制于立法背景、立法理念与时代因素，1986 年《矿产资源法》制定时，明确禁止矿业权的流转。尽管 1996 年修改后的《矿产资源法》改变了原法禁止矿业权流转的规定，但过高的转让门槛以及“禁止将探矿权、采矿权倒卖牟利”的红线，使得矿业权流转环节的登记受到严重影响。

第二，国务院的相关规定后来才进一步扩大了矿业权转让的范围。国土资源部制定的《矿业权出让转让管理暂行规定》甚至系统的规定了矿业权转让的规则。构成矿业权登记核心的矿业权变更登记，以矿业权的流转为前提。否则，矿业权流转方面的登记无从谈起，矿业登记也将欠缺核心内容。从效力着眼，当前的矿业权转让登记只是在一定程度上认可了受让人会成为矿业权人，只是物权变动的一个阶段，并不直接的产生物权变动的效果。〔1〕

2. 我国矿业权登记在实践中的困境。

（1）矿产资源开发管理的实践先于矿业立法的理念。《矿产资源法》在我国的法律体系当中，并没有“六法”那样的江湖地位。特殊的专业属性和相对较窄的适用空间，使得《矿产资源法》并不为大众熟知。尽管如此，矿产资源对于国民经济的基础地位，促使我国矿业立法起步较早。

1965 年颁布《矿产资源保护试行条例》。1986 年，《矿产资源法》颁布实施，矿业权登记制度得到明确，矿业开发无法可依的时代结束。但长期受制于计划经济体制的影响，我国矿业领域改革不断徘徊。近三十年来，《矿产资

〔1〕 李显冬：《矿业法律实务问题及应对策略》，中国法制出版社 2012 年版，第 85 页。

源法》仅在1996年进行过一次修订，但此次修改没有摆脱原有体制的束缚，依然维系传统的以行政审批和严格管控为主的立法理念；也没有从根本上满足市场经济条件下社会经济对矿产资源开发利用的要求，矿产资源与利益配置技术呈现私权化的不足特征。[1]

为了适应矿业市场经济发展的需要，国务院以及矿政主管部门在修法后的十多年里，陆续出台诸多行政法规与部门规章，一定程度上突破了《矿产资源法》原先的理念。矿业权流转由严禁到有限转让的态度转变历程说明了矿业市场经济的建设促使矿政主管部门理念的变动。但总体而言，《矿产资源法》确立的以公权力为主导的管制理念，已经无法适应矿业市场经济的基本要求，也无法达到维护公平竞争与社会公益的基本标准。

（2）我国矿产资源开发管理中审批的决定性强势完全弱化了登记的色彩。我国矿业权设置内容杂糅，矿业权流转限制严格，以及各个层级规范性文件内容冲突，都使得作为法律技术存在的登记无所适从。登记在不断地向审批靠拢的过程中，又受到许可证制度的夹击，仅在程序意义上存在。1986年的时代局限使得登记进入《矿产资源法》并不可能蕴含如今那样丰富的法律意义，只是更多的肩负着主管机关信息备案的职能。

应当认为，《矿产资源法》范畴内登记意义的凸显是受我国法治环境不断进步的结果影响。《矿产资源法》意义上的登记，无疑只能是依照《物权法》基本理论，以法律解释的方式才获得了新生。

（3）改革“于法有据”与法本质上是临时应急措施的定型化难于定位。以法律的效力等级为视角，当前的矿业立法囊括法律、行政法规、地方性法规、部门规章、地方政府规章、司法解释以及规范性文件等几乎所有的法律渊源类别。但年久失修的《矿产资源法》与肩负行政立法实验的其他法律渊源存在激烈的效力冲突。法律的效力高于行政法规、部门规章以及其他规范性文件，因此不属于同一效力层级的规范无法适用“新法优于旧法”的法律适用规则。当法律与行政法规或行政规章出现冲突的时候，以法律为准。

而事实上，为适应矿业经济改革需要所出台的一系列规范性文件与《矿产资源法》的不少规定明显冲突，矿业经济运行主体往往以矿政主管部门颁布的规范为行为准则。这不仅涉嫌违背《立法法》的精神，而且使主管机关

[1] 石江水：“矿产资源立法的私权化进路分析”，载《河北法学》2012年第3期。

与司法机关陷于法律适用的被动。矿业政策的激增进一步导致老化的《矿产资源法》空洞化。

(三) 我国的矿业权登记负载了超越私权规制的法律功能

1. 新中国矿业权制度的逐步构建具有其特殊的历史背景。

(1) 矿业权登记当然应具有私权确认与保障的功能。新中国矿业权制度的逐步构建所具有的特殊历史背景,使我国的矿业权登记承载了超越于民法登记之外的更多功能与价值,随之蕴含着更多的内容。

矿业权登记的私权确认功能,主要体现为强调矿业权登记体现了登记权利人的私人意愿,服务于登记权利的私人利益。[1]具体而言,其表现在两个方面:首先,矿业权登记系申请行为的结果;其次,矿业权登记是为了公示矿业权的权属及其变动,便于权利人享有和行使权利。

(2) 我国的矿业权登记同时又具有着行政许可的功能。矿业权是一项准物权,但因其关乎社会公共利益、国家战略利益,故在取得、转让、行使等诸方面被课以种种公法上的义务,法律对矿业权设置不少监督规定,因而矿业权又具有公权性,是具有公权因素的私权。[2]矿业权的公权性体现在登记上,就是矿业权登记并非简单是登记申请人意思表示的直接结果,而是还要受到作为登记机关的矿业行政管理部门审批权力的约束。与房屋产权登记相比,矿业权登记的公法色彩尤为突出。

2. 我国现行矿业权的登记之功能受有很大的局限。

(1) 理论与实践中对矿业权登记法律属性的界定争议颇多。实务中,呈现出行政许可、行政登记以及物权登记等不同的观点。矿产资源的开采登记被解释为"采矿登记管理机关依法对采矿权的取得、延续、变更和注销等法律行为,按照统一的标准进行审批、登载记录或备案,并颁发、换发或注销采矿许可证的具体行政行为。采矿登记是不动产物权实行以登记为形式要件的物权公示制度在矿产资源开采管理中的具体体现。"[3]采矿权既然为物权,采矿权制度设计上就应与物权法的相关制度相衔接,登记作为不动产变动的

---

[1] 郑维炜:"中国矿业权流转制度的反思与重构",载《当代法学》2013年第3期。

[2] 张丽华:"矿业权流转是一种准物权流转——中国人民大学法学院院长王利明关于矿业权流转的若干法律问题一席谈",载中国矿业网,访问日期:2014年11月9日。

[3] 山西省晋中市国土资源局编:《矿产资源开发监督管理培训讲义》(2002年10月),第5页。转引自杜榕:"我国矿业许可问题初探",中国政法大学2009年硕士学位论文。

法定公示方法，应在《矿产资源法》中予以明确规定，将采矿权登记作为与采矿权变动审批相独立的程序和制度。

（2）矿业权作为私权进行登记的公示与公信制度功能仅于静态上得以表现。现行法律框架对采矿权的设立、变更及注销的登记作了实体和程序上的规定，但并没有规定登记的法律效力，与矿政管理范畴的备案式登记纠结在一起，没有体现出矿业权作为财产权登记的公示和公信功能。而且登记只注重静态的登记，而无法或者说没有一个确定的程序来反映采矿权的动态变化。此外，现有法律框架对采矿权的变更、延续登记作了原则性的规定，但没有对其流程和条件进行规定，实践中只能以各地国土资源行政主管部门的文件为依据进行操作，制度功能难以体现。

“矿业权适用于不动产法律法规调整”的态度，使得矿业权登记进入了物权法的美丽新世界。2007 年不动产登记作为专门一节纳入《物权法》。登记作为物权公示的方法，产生“物权变动”或“对抗第三人”的法律效果。此等法律效果与《矿产资源法》中登记作为许可证获取环节中“打酱油”的效力定位截然不同。已然脱胎换骨的登记与僵化的《矿产资源法》规定格格不入。

3. 矿业权登记理应兼具公法与私权的两种功能效用。我国当前矿业权登记制度设计的局限，使得矿业权登记并没有发挥出其应有的作用。

（1）登记的私法效用在于确认权利并降低交易成本以保护交易安全。

第一，矿业权登记旨在发挥其促进矿业经济发展的积极作用。在静态意义上，矿业权登记是物权意义上财产归属的象征。动态意义上，矿业权登记是矿业权作为财产权流转的保障。相较于我国《物权法》确立的登记簿是物权状态效力的“源文件”的规定，当前《矿产资源法》的规定仅将登记定位成获取许可证的一个环节。

第二，耗费巨大的矿业权查检系统难以降低交易成本并维护交易安全。矿业权登记实践中，国土资源部门登记信息系统的效力要低于许可证记载的效力。国土资源部探矿权、采矿权登记信息查检系统，并没有不动产登记簿的法律意义，仅为交易当事人提供了一个信息参考，无法产生“权利的正确推定效力”。矿业市场经济的主体，基于交易安全的考量，依然需要花费成本去考证交易信息的真实性与准确性。

(2) 公法对矿业权转让过程中的管制只能使规避行为更加层出不穷。

第一，实践中矿业权流转限制严格且门槛过高。矿业权登记，是指登记机构根据当事人的申请并经审批，把矿业权的设定、变更、转移、消灭等事项记载于专门簿册的事实。矿业权登记是国家矿业经济管理、税赋征收的重要依据，亦是掌握矿业权市场运行状态，制定、修改相关规则的信息参考。然而矿业权登记与矿业经济的实际运行存在脱节。当前的法律不允许矿业权人自由地处分其矿业权。

第二，矿业经济对流转的迫切需求事实上使矿业权地下流转非常普遍。许多权利人以“承包”为名，行转让之实，或者私下转让之后，不变更企业名称，也不到矿产资源管理部门进行登记，只是变更法定代表人，使得管理部门查处缺乏法律依据。地下交易与规避行为的广泛存在，使矿业权登记所显示的交易信息与实际交易状态不符，进而造成矿业权登记数据的失真。矿业权登记本应促进流转，而在我国现行矿业法律体系下，无疑异化为交易的限制。

(四) 矿业权登记的基本法律功能的实然解析

1. 确认矿产归属的登记应适用物权统一登记制度。所谓矿业权，简而言之就是将国有矿产资源的某一块段的资源特定出来，通过市场配置模式出让给受让人，而受让人因此享有的对该矿产勘探性使用权或开采性矿产准物权。其可以像土地使用权一样单独设立，其权利主体只要不为法律禁止即为一般物权主体。

因此，矿业权在一级市场的设立和二级市场的转让、变更等均应按《物权法》规定进行统一登记。适用物权统一登记制度的还应包括矿区土地使用权的用益物权登记和矿业财产担保的抵押物权登记，形成矿业的物权登记体系。[1]

2. 准予开发特定矿产的行政准入一直囿于行政许可制度。物权性的矿产权人或其他组织申请开发已经过物权登记的特定矿产，必须由矿业行政管理部门根据法定标准对申请者的资质要求、开发计划、环境保护、工作场所安全、矿区建设以及相邻关系等项目进行严格审查，决定是否批准。[2]

获得批准的才给予登记，将审查批准的所有项目逐一记载于登记簿。这

---

[1] 张小敏：“物权法视角下的矿业权登记制度研究”，武汉理工大学 2012 年硕士学位论文。

[2] 李显冬、刘宁：“矿业权物权变动与行政审批之效力研究”，载《国家行政学院学报》2011 年第 1 期。

种行政性登记是行政机关社会管理的事先控制和相对人的事前承诺，其目的就是为了便于政府和社会全程予以监督。

3. 实施开发矿产行为的矿山企业还需进行商事行政登记。允许具有相应资金、技术、设施和管理水平的法人设立为矿山企业。根据世界通行做法，对勘探、开采矿产的矿山企业在资金、技术、设施等各方面进行严格的审查，符合标准的才能设立企业进行开采。[1] 矿山企业既可以帮助特许人进行开发，又可以以特许权人的身份申请设立。根据国外的经验，为节约成本和实行矿业产业化以及盘活矿业城市，应当尽量避免“一矿一企业”的短期行为。这就要求特许权人与矿山企业各自独立，就像房地产开发项目人与建筑施工企业一样分开。

矿山企业设立的登记机关、登记内容、登记程序与特许权登记有区别。有相应设备、技术、条件的矿山企业是勘探和开采活动实施人。实施人的设立要经过行政认可其主体资格，一般称为行政登记，我国称为工商行政登记。工商行政登记依据《公司法》、《公司登记条例》以及《矿产资源法》等规定进行形式性审查，符合条件的给予登记。[2]

二、矿业权登记的《物权法》化修正

我国现行的采矿权登记具有强烈的行政管理色彩。既有的矿业权登记制度，以采矿许可证作为采矿权的权属证书，模糊了行政许可与采矿权的关系，而且将采矿许可证作为吊销这种行政处罚的标的，混淆了民事责任和行政责任。采矿权登记簿不完备，可查询性较差，要强化采矿权登记的物权效力，完善采矿权登记程序，进一步厘清行政许可与采矿权的关系，以采矿权证取代采矿许可证作为采矿权的权属证书，整合现行关于采矿许可证撤销、吊销、注销的规定，统一规范采矿权收回的情形，包括有偿收回和无偿收回，并以注销登记作为采矿权消灭的公示方式。

（一）强化矿业权登记物权效力，彰显登记生效之物权变动原则

1. 不动产物权的变动以登记生效为原则，以登记对抗为例外。[3] 其中，

---

[1] 康纪田：“矿业登记制度探讨”，载《矿业工程》2007 年第 6 期。

[2] 康纪田：“矿业登记制度探讨”，载《矿业工程》2007 年第 6 期。

[3] 我国《物权法》第 9 条规定：“不动产物权的设立、变更、转让和消灭，经依法登记，发生效力；未经登记，不发生效力，但法律另有规定的除外。依法属于国家所有的自然资源，所有权可以不登记。”

例外的情形主要包括三种情形：[1]

（1）依法属于国家所有的自然资源所有权可以不登记。这是因为法律明确规定哪些自然资源属于国家所有，这比将权利记载于登记机构管理的不动产登记簿有着更强的公信力。

（2）非依法律行为进行的物权变动不需要登记。因人民法院、仲裁委员会的法律文书或者人民政府的征收决定等，导致物权设立、变更或者消灭的，自法律文书或者人民政府的征收决定等生效时发生效力。因继承或者受遗赠取得物权的，自继承或者受遗赠开始时发生效力。因合法建造、拆除房屋等事实行为设立或者消灭物权的，自事实行为成就时发生效力。但是要处分这些物权时，需要登记。

（3）对土地承包经营权、地役权和宅基地使用权的变动没有强制登记。这是考虑到现行法律的规定以及我国的实际情况尤其是农村的实际情况所决定的。

由上述分析可知，《物权法》不将登记作为某些不动产物权变动的生效要件，要么是因为有其他比登记更具有公示力的法律规定，要么是因为非法律行为变动，要么是因为现实情况。

2. 登记在市场交易中主要体现着安全秩序的终极关怀功能。

（1）在最大限度上矫正了因信息缺陷而导致的市场失灵。自然资源登记管理是指由自然资源法确认的自然资源的所有人、使用人占有、利用自然资源时必须进行相关登记的行政管理活动。自然资源登记管理是一种十分古老的行政管理手段，而且也是世界上许多国家普遍采用的一种行政管理手段。同时，登记制度所体现的对安全、秩序的终极关怀，在很大程度上促进了市场交易的规模与发展，从而成为“财产法中的激励机制”。[2]

（2）通过国家信誉保障了的登记信息的应有真实性。赋予公示的信息以社会公信力，从而减少了交易的不确定性，保证了市场交易安全、有序地进行。

3. 矿业权作为不动产物权以权利取得之要式性为特征。“不动产物权的一个突出特点就是权利取得的要式性，须经登记方能取得。据此，采矿权作

---

〔1〕 参见全国人大常委会法制工作委员会民法室编：《中华人民共和国物权法条文说明、立法理由及相关规定》，北京大学出版社2007年版，第13～14页。

〔2〕 张维迎：《信息、信任与法律》，生活·读书·新知三联书店2004年版，第125页。

为典型的不动产物权，其取得也必须经过特定的法律形式。现行的一些用行政方法解决纠纷的做法，常常使问题久拖不决，甚至使矛盾激化，如果把本来就是法律问题的纠纷诉诸法律，想必解决问题的成效会明显提高。

（1）要区分矿产资源领域中三种登记的不同法律属性。一是，适用《物权法》规则而进行的采矿权登记，属物权登记；二是，经特许授权的探采资格登记，由国土资源行政主管部门办理，属行政许可；〔1〕三是，对矿山企业的设立登记，由工商行政管理部门办理，属行政登记。现行矿产资源法律法规缺少"经特许授权的探采资格登记"，才使得目前的登记物权属性不明确。

（2）明确矿业权登记的物权效力非经登记不能生效。采矿权作为一种不动产物权，由于其权利的享有和行使涉及多个利益，而且现行矿产资源法律法规已经明确了采矿权的登记机关和登记的意义，因此，对于采矿权的变动，要实行登记生效原则，并进一步明确登记的物权形成效力。〔2〕不仅发挥登记的行政管理功能，而且发挥登记的物权公示公信功能。

（3）完善不同的矿种分级分类的登记需求。譬如应建立立体上的采矿权区分登记制度，根据矿产资源埋藏的情况，矿体的形状、深浅等，进行空间分割界定，并把深浅不同的若干个利用空间，授予不同的采矿权人利用。

（二）根据《物权法》中的不动产登记制度建立符合市场规则的矿业权登记公示制度

1. 现行矿业权登记的效力与《物权法》的规定不符。

（1）我国《物权法》业已认可了物权合同与债权合同的区分。依据我国《物权法》关于不动产登记制度的规定，不动产物权的设立、变更、转让和消灭，依照法律规定应当登记的，自记载于不动产登记簿时发生效力。〔3〕关于不动产登记与当事人之间订立有关设立、变更、转让和消灭不动产物权的合同的关系，《物权法》规定，当事人之间订立有关设立、变更、转让和消灭不动产物权的合同，除法律另有规定或者合同另有约定外，自合同成立时生效；

---

〔1〕 现行法律法规中对勘查开采资质、资格管理，也有行政许可的制度规定。如2008年3月3日国务院发布《地质勘查资质管理条例》（第520号令），国土资源部于2009年1月5日发布了国土资源部颁发的地质勘查资质证书公告，对799个勘查资质申请发放了有效期为5年的资质证书。在探矿权、采矿权审批发证过程中，对各项相关行政许可都要进行审查，全部合格后发给两权证。

〔2〕 程艳如："未登记物权效力探析"，载《公民与法（法学）》2011年第5期。

〔3〕《物权法》第14条规定："不动产物权的设立、变更、转让和消灭，依照法律规定应当登记的，自记载于不动产登记簿时发生效力。"

未办理物权登记的，不影响合同效力（第15条）。鉴于不动产登记虽由登记机关负责并记载于登记簿上，但是登记机关本身不需要进行审批或核准，而只是要将已经发生的物权变动通过登记加以公示。[1] 因此，不动产登记行为实际上只是对当事人变动物权这一事实的公示行为。关于物权登记与不动产权属证书之间的关系，我国《物权法》规定，不动产登记簿是物权归属和内容的根据，[2] 不动产权属证书是权利人享有该不动产物权的证明。[3] 在二者发生矛盾时，除有证据证明不动产登记簿确有错误外，以不动产登记簿为准。

（2）现行矿业权登记制度与物权法规定的不动产登记制度存在差异。与上述《物权法》规定的不动产物权登记制度不同，依据1998年国务院《探矿权采矿权转让管理办法》和2000年国土资源部《矿业权出让转让管理暂行规定》、2011年《矿业权交易规则（试行）》规定。

第一，矿业权出让合同和转让合同的效力取决于行政审批结果。矿业权登记与矿业权出让合同和转让合同不直接发生关系，在矿业权出让和转让行为之间插入了对于矿业权出让和转让的行政审批行为。[4]

第二，矿业权物权登记的法律地位并未得到明晰确认。在勘查许可证、采矿许可证与矿业权登记之间的关系上，探矿权、采矿权人取得矿业权是基于勘查许可证、采矿许可证的颁发，而非矿业权产生、转移事项记载于矿业权登记簿。事实上，在现行的关于矿业权的法律法规及规范性文件中，矿业权登记的法律地位并未得到明确。对于矿业权登记内容与勘查许可证、采矿许可证登记出现不一致，登记管理机关的意见是以勘查许可证、采矿许可证为准。[5] 尤其是在现行制度下，矿业权登记不具有法律规定的公示和公信效力，严重影响了矿业权交易的安全。

---

〔1〕 王利明：《物权法研究》（上卷），中国人民大学出版社2007年版，第305页。

〔2〕《物权法》第16条规定："不动产登记簿是物权归属和内容的根据。不动产登记簿由登记机构管理。"

〔3〕《物权法》第17条规定："不动产权属证书是权利人享有该不动产物权的证明。不动产权属证书记载的事项，应当与不动产登记簿一致；记载不一致的，除有证据证明不动产登记簿确有错误外，以不动产登记簿为准。"

〔4〕 李显冬、刘宁："矿业权物权变动与行政审批之效力研究"，载《国家行政学院学报》2011年第4期。

〔5〕 李显冬：《矿业权法律实务问题及应对策略》，中国法制出版社2012年版，第87页。

2. 作为不动产物权的矿业权之物权变动应适用物权法的规定。

(1)“特殊优于一般”须受“法律规范效力等级”的约束。

第一,“特别法优于一般法”为传统法律的基本适用规则之一。“特殊优于一般”是与“上位法优于下位法”以及“后法优于前法”相并列的传统法律的基本适用规则之一。我国《立法法》第 83 条的规定既是我国法律首次对“特别法优于一般法”规则的明文确认,也是首次对“特别法优于一般法”规则适用条件的设定。这一规定自然就须解决三个疑题:首先是如何理解所谓“同一机关”?其次,如何理解什么叫法与法之间的“不一致”?最后,就是司法实践中究竟如何来识别所谓的“特别规定”与“一般规定”?[1]

第二,界定法律文件效力等级的条件应是综合性的。目前,我国除宪法外,已制定了数百部法律和有关法律问题的决定,上千部行政法规,近万件地方性法规和数以万计的规章,它们是调整不同性质社会关系,实施社会管理和依法治国的依据。由于这些法律规范是不同机关制定的,因此,需要首先明确它们的效力等级,以便在实践中正确把握和适用这些法律规范。根据制定机关的不同,《中华人民共和国立法法》把法律规范分为以下七个效力等级层次。首先立法主体的地位与法律文件的效力等级相对应。立法主体地位越高,其制定的法律文件的效力等级就越高,反之则低。所以,全国人大制定的宪法高于全国人大常委会制定的法律,其他行政法规、地方性法规、规章等各依其制定机关的级别定高低。但是,在立法主体地位平等或立法主体地位高低不能确定时,这两个或数个主体制定的法律文件的效力等级高低就会难以界定。其次确立法律文件效力等级的还有立法依据。多数学者认为,制定法律文件的立法依据也是有位阶等级的。[2]

(2)据此理论,争议的采矿权转让合同即应自成立时生效。依我国《物权法》第 15 条的规定,可以认为:一般情况下,不动产物权合同在成立时生效;当法律另有规定或者当事人另有约定时,从其规定或约定。在这个除外规定中强调的是“法律”另有规定,而不是“行政法规”另有规定。与《合同法》第 44 条相比,合同效力界定的法律依据范围变窄了,即由“法律、行政法规”变为了“法律”。

---

[1] 顾建亚:“‘特别法优于一般法’规则适用难题探析”,载《学术论坛》2007 年第 12 期。

[2] 李岳德:“法律文件效力等级座谈会综述”,载《中国法学》1992 年第 4 期。

据此，并按照“新法优于旧法”的适法原则，在界定采矿权转让合同何时生效方面，《物权法》的适用应优先于《合同法》。同时，《物权法》也是《探矿权采矿权转让管理办法》的上位法。因此，采矿权转让合同效力的界定标准在《物权法》实施后有了质的变化，而并不是《探矿权采矿权转让管理办法》规定的批准生效说。

（3）应以用益物权范式为基础构建新的矿业权登记制度。

第一，确定矿业权登记的基础是矿业权出让合同和矿业权转让合同。登记行为是对于矿业权出让、转让行为的公示。

第二，明确矿业权登记簿才是矿业权归属和内容的根据。在以探矿权证、采矿权证取代勘查许可证、采矿许可证的前提下，探矿权证、采矿权证是权利人享有该矿业权权属的证明，在二者发生矛盾时，除非有证据证明登记存在错误，自应以矿业权登记簿为准。

第三，明确法定矿业权物权变动的法律效力。在立法上明确，矿业权取得、变更（包括转让）以及消灭自登记记载于矿业权登记簿时发生法律效力；当事人之间订立的矿业权出让合同和转让合同，自合同成立时生效；未办理矿业权登记的，不影响合同效力。

第四，法律推定矿业权登记记载的矿业权事实合法有效。凡基于对记载事项的信赖而发生的矿业权交易行为，其法律效力自应受法律的保护。

三、矿业权登记应纳入不动产统一登记的范围

2013年3月28日，国务院办公厅发布关于实施《国务院机构改革和职能转变方案》任务分工的通知，明确要求“2014年6月底前，出台并实施不动产统一登记制度”。2013年11月20日，国务院常务会议决定“整合不动产登记职责、建立不动产统一登记制度”。国土资源部负责指导监督全国土地、房屋、草原、林地、海域等不动产统一登记职责，基本做到登记机构、登记簿册、登记依据和信息平台“四统一”。2014年12月22日，国务院通过中国政府网正式公布《不动产登记暂行条例》（国务院令第656号），标志着不动产统一登记制度的正式建立。此后，国土资源部给定的时间表显示：2014年建立统一登记的基础性制度，2015年推进统一登记制度的实施过渡。

不动产的登记问题既是民生问题，又是法律问题，但首先是民法问题，

其次才是行政法问题。不动产统一登记工作同样需要处理好私权体系的构建，即如何才能构建起抵御公权力滥用的篱笆墙的问题。《不动产登记暂行条例》的出台正体现政府在市场秩序维护方面的功能之强化，其颁行使我国学界对不动产统一登记的长期呼吁终于得以实现，弥补了我国长期以来不动产登记基本法的缺位，贯彻了依法行政的基本原则，使不动产统一登记这一重大问题做到“于法有据”。[1]

不动产统一登记制度的创设为矿业权登记的改进与纳入提供了重要机遇。可惜的是，矿业权登记并没有在此轮不动产统一登记制度的构架中实现升级。尽管矿业权尚未纳入不动产统一登记制度，但是矿业权登记适用不动产登记规则于法有据，其纳入不动产统一登记亦有讨论的空间。

（一）矿业权登记纳入不动产统一登记的必要性

1. 我国矿业权登记纳入不动产统一登记的理由。

（1）矿业权登记事关不动产统一登记的程度与范围。探讨矿业权登记纳入不动产统一登记的可能性，逻辑层面需要明确两组关系：

第一，矿业权是不动产中重要的财产内容。国土资源部制定的《矿业权出让转让管理暂行规定》第3条明确规定：“矿业权，适用于不动产法律法规的调整原则”。[2]

第二，“不动产统一登记条例”将会对矿业权登记产生约束作用。既然矿业权受不动产法律法规调整，那么“不动产统一登记条例”将会对矿业权登记产生约束作用。换言之，矿业权登记应属于“不动产统一登记条例”的调整范围。矿业权登记是否纳入统一登记的范围，充分的影响到“不动产统一登记条例”统一的程度与范围。

（2）只有统一登记才能解决分散登记问题，提升政府管理服务水平。当前我国的不动产登记呈现“多头管理，分散登记”局面。矿业权登记作为其中的“一头”，若纳入不动产统一登记，将为解决当前分散登记的局面做出积极的贡献。同时，也会有效地减少矿业权登记当事人的负担。当事人可以一并办理或者查询与矿业权登记相关的房屋、土地等信息，而不需要再奔走于各个部门之间。[3]

---

〔1〕 李显冬：《〈不动产登记暂行条例〉条文解析》，中国政法大学出版社2015年版，序言。

〔2〕 陈屹：“采矿权纠纷法律适用问题研究”，载《人民司法》2010年第17期。

〔3〕 陶金节：“建立不动产统一登记制度的社会意义”，载《民主与法制时报》2013年4月8日。

(3) 顺应当前政府机构改革与职能转变的要求。据不完全统计，我国当前涉及不动产登记的机构和部门繁多，有近10个。矿业权登记纳入不动产统一登记，符合《国务院机构改革和职能转变方案》要求的“减少部门职责交叉和分散，最大限度地整合分散在国务院不同部门相同或相似的职责，理顺部门职责关系”的政策目标。

(4) 深入贯彻《物权法》精神并促进矿业权登记改革。现行《矿产资源法》坚持的矿产资源勘查与开采的许可证制度，使得仅仅作为程序性存在的登记不具有现代民法或者行政法上的意义。《矿产资源法》中“登记的”含义与《物权法》中“登记”含义具有“代差”。矿业权登记，仅仅作为获取许可证的一个环节而存在。矿业权登记纳入不动产统一登记，一方面是贯彻《物权法》要求建设统一登记制度的需要。另一方面，也有助于矿业权登记的法治化升级，推进矿业权登记制度的现代化。

2. 排除矿业权登记进入不动产统一登记的弊端。

(1) 不动产统一登记欠缺矿业权登记势必造成法律适用的困难。排除矿业权登记进入不动产统一登记，可能出现“新的一般法”与“旧的特别法”之间的法律适用困难，进而给司法裁判与矿政管理带来适用法律上的困境。被排除的矿业权登记主要适用国务院和国土资源部制定的专门性立法，而新制定的“不动产统一登记法”统筹不动产登记，同样会对矿业权登记产生规制。那么《立法法》确认的“新法优于旧法”，“特别法优于普通法”的规则，将面临“新的一般法”与“旧的特别法”如何适用的困境。[1]制定时间较早、内容较为陈旧的矿业权登记法律将游离于“不动产统一登记条例”之外，形成不动产登记条例在矿业权登记领域适用的新问题。

(2) 欠缺矿业权登记的“不动产统一登记条例”与其立法主旨相悖。不包含矿业权登记的“不动产统一登记条例”，“统一”这一用法则名不副实。被排除的矿业权登记势必只能继续维持自成一派的局面。一方面，无法为“减少部门职责交叉和分散”助力。另一方面，也没有全面落实提高政府服务水平，方便群众的根本宗旨。如此，排除矿业权登记的不动产统一登记，是不完整的统一登记，是打折扣的统一登记。[2]

---

〔1〕 余文唐：“法律冲突三大适用规则关系论”，载中国法院网，访问日期：2014年11月9日。

〔2〕 王俊禄：“建不动产统一登记制度用意何在”，载新华网，访问日期：2014年11月9日。

(3) 欠缺矿业权登记的不动产统一登记立法将浪费立法资源。矿业权登记纳入不动产统一登记，符合国家对不动产登记进行法律调整的初衷，顺应不动产统一登记的历史潮流。若强行将矿业权登记排除在外，违背不动产统一登记的立法规律，无视矿业权适用不动产规则调整的法律规定，无法一揽子解决当前“多头管理，分散登记”的现实问题，无疑会浪费国家的立法资源。[1]

(4) 继续囿于部门分割立法势必错失重要的历史机遇。不动产统一登记立法，是我国当前矿业权登记制度修正的重要历史机遇。现行法框架下的矿业权登记存在如下问题：第一，杂糅财产权与经营权的矿业权登记与现代登记立法技术格格不入；[2] 第二，矿业权转让登记不具有矿业权变动的效力；[3] 第三，作为矿产资源勘探开发证明的许可证制度与《物权法》基本精神明显冲突。不动产统一登记立法，可以进一步发挥登记在矿业权管理方面的积极作用，一定程度修正当前矿业权登记存在的问题，更为《矿产资源法》的修改积累宝贵的经验。

(二) 矿业权登记纳入不动产统一登记的可行性

1. 矿业权登记纳入不动产统一登记有现行法上的充分依据。矿业权登记纳入不动产统一登记，具有充分的法律依据。主要包括但不限于：

(1)《矿业权出让转让管理暂行规定》。国土资源部的部门规章《矿业权出让转让管理暂行规定》第3条规定：“探矿权、采矿权为财产权，统称为矿业权，适用于不动产法律法规的调整原则。”因此，矿业权适用不动产法律法规调整的规定，为矿业权登记的“被统一”提供了法律可能。[4]

(2)《物权法》。《物权法》第123条明确规定，依法取得的探矿权与采矿权受到法律保护。依据法律适用规则，作为用益物权的矿业权，在没有特别规定的时候，可以适用《物权法》总则的规定。《物权法》中“不动产登记”的相关规定对矿业权登记具有现实的影响。《物权法》第10条对于国家实行不动产统一登记制度的授权性规定，为矿业权登记纳入不动产统一登记

[1] 黄小虎：“6部门6标准作乱不动产登记，多头管理因利益作祟”，载新浪网，访问时间：2014年11月9日。

[2] 秦涛：“论近现代中国不动产登记模式的立法选择”，载《法学评论》2010年第1期。

[3] 李显冬、刘宁：“矿业权物权变动与行政审批之效力研究”，载《国家行政学院学报》2011年第1期。

[4] 郗伟明：“当代社会化语境下矿业权法律属性考辨”，载《法学家》2012年第4期。

提供了法律入口。

2. 矿业权登记的理论基础与运行规则与不动产登记一致。

（1）矿业权登记的理论基础。矿业权具有用益物权的法律属性。[1]矿产资源对于土地的强烈依附性，要求其法律调整遵从不动产登记的基本原理。登记作为不动产物权变动的公示手段，在矿业权变动情况下也可以同样适用。登记簿也同样可以承担矿业权源证明的角色。

（2）矿业权登记的运行规则。矿业权由不动产法律调整的法律适用规则，决定了矿业权的设立、变更、转让和消灭需要依托不动产登记完成。在登记的类型方面，"总登记"、"初始登记"、"变更登记"、"注销登记"、"更正登记"、"异议登记"、"预告登记"以及"查封登记"等都可以从容地在矿业权登记实现对接。[2]

3. 国土资源部门矿业权登记实践积累了宝贵的经验。国土资源部门负责当前的矿业权登记工作。国务院1998年第240号令与241号令专门发布《矿产资源勘查区块登记管理办法》与《矿产资源开采登记管理办法》规范矿业权登记。由国土资源部建设的探矿权、采矿权登记信息查检系统已经日臻成熟。矿业权登记的具体操作以及信息化、电子化已经没有技术层面的障碍。[3]

（三）矿业权登记纳入不动产统一登记的可能路径与借鉴因素

1. 我国矿业权登记法律地位的重新界定。适用不动产登记规则的矿业权登记，是专门机关依据法定程序将矿业权的状态记载于特定簿册上，并产生特定法律结果的现象。[4]不动产登记意义之上的矿业权登记，不同于当前我国《矿产资源法》确立的程序意义存在的矿业权登记。重置的矿业权登记由登记实体法与登记程序法构成，并符合不动产登记立法的基本原理与精神，理应成为不动产统一登记的重要组成部分。

2. 我国矿业权登记机构的设置与选择。我国不动产统一登记的机构设置，曾为统一登记的争论焦点。不动产统一登记条例制定与出台的困难，关键在

[1] 姜丽丽："矿业权的用益物权属性与行政许可的关系"，载中国矿业网，访问日期：2014年11月9日。

[2] 车昆："不动产物权登记的种类、要件及其法律效力"，载《法制与社会》2007年第8期。

[3] 《关于加强矿业权管理信息化建设工作的通知》（国土资发〔2007〕137号）。

[4] 李显冬：《矿业法律实务问题及应对策略》，中国法制出版社2012年版，第88~90页。

于不同部门之间权力的整合。说到底，谁统谁是一个艰难博弈。当时可供选择的方案主要表现为：

（1）大方案：重新设置不动产统一登记机构。重新设置不动产统一登记机构。可以规避谁统谁这一博弈难题。将当前分头登记的主管机关负责的不动产登记权能统一剥离，纳入新的登记机关。

（2）小方案之一：国土资源部统一进行登记。早在2004年，国土资源部相关机构就已经开展了不动产登记立法研究，并起草了不动产登记法建议稿的国际版与国内版。

（3）小方案之二：住房和城乡建设部统一进行登记。2007年，住建部的前身建设部也做过不动产统一登记的立法研究，并形成了不动产登记条例征求意见稿。多数学者认为，不论方案的选择如何，以土地为核心的不动产统一登记制度更为妥当。自然属性因素将是重要的考量。土地是最重要、最基础的不动产。房屋、林木、草原以及矿产资源等往往需要依附土地而存在。〔1〕

2013年国务院第31次常务会议指出，整合不动产登记职责、建立不动产统一登记制度，是国务院机构改革和职能转变方案的重要内容，也是完善社会主义市场经济体制、建设现代市场体系的必然要求，对于保护不动产权利人合法财产权，提高政府治理效率和水平，具有重要意义。会议决定，要将分散在多个部门的不动产登记职责整合由一个部门承担。由国土资源部负责指导监督全国土地、房屋、草原、林地、海域等不动产统一登记职责，基本做到登记机构、登记簿册、登记依据和信息平台“四统一”。行业管理和不动产交易监管等职责继续由相关部门承担。各地在中央统一监督指导下，结合本地实际，将不动产登记职责统一到一个部门。建立不动产登记信息管理基础平台，实现不动产审批、交易和登记信息在有关部门间依法依规互通共享。推动建立不动产登记信息依法公开查询系统。〔2〕

3. 矿业权登记纳入不动产统一登记过程中可资借鉴的各种因素。

（1）立法技术可以《土地登记办法》为参照的重点。国土资源部制定，2008年正式施行的《土地登记办法》，共十章78条。主要对土地登记的概

---

〔1〕 蔡卫华：“贯彻落实物权法，促进不动产统一登记”，载《国土资源情报》2010年第5期。

〔2〕 “国土部：着手建立国家不动产统一登记工作机构”，载中国网，访问日期：2013年11月23日。

念、原则、效力、类型、内容、程序以及土地登记各项基本制度等作出了明确规定。不论是制度构建，还是程序设计，《土地登记办法》完成了与《物权法》的全面对接，尊重了土地管理实践中的有益经验，体现了对先进登记立法理念与技术的借鉴，有力地推进了土地产权制度的建设。

尽管当前的矿业权登记法律依据在立法理念、立法技术、体系设置等方面与《土地登记办法》差距较大。但土地登记与矿业权登记都由国土资源部门主管的事实，证明了主管部门在立法理念与技术方面，具备将矿业权登记纳入以土地登记为核心的不动产统一登记的能力。〔1〕

（2）具体内容可以借鉴我国台湾地区的“矿业登记规则”。台湾地区“矿业法”将矿业权界定为准物权，准用“民法”不动产物权之规定。尽管与物权法“用益物权”的定性不同，但“准用不动产物权规则”的意见一致。第14条以“矿业权之设定、展限、变更、自行废业或因让与、信托而转移者，非经向主管机关申请核准并登记，不生效力”确定了登记作为矿业权变动的生效要件。并明确授权主管机关制定矿业权登记的相关规则。“经济部”依据“矿业法”制定“矿业登记规则”，从申请人资格条件、申请程序、登记程序、登记事项、应备图件等方面予以明示。台湾“矿业登记规则”与“矿业法”第二章“矿业权”的逻辑结构一脉相承。以矿业权的设定、续展、变更、消灭为展开，并对采矿权的抵押登记进行专门的规定。〔2〕

（四）矿业权登记纳入不动产统一登记可能遇到的困难

矿业权登记纳入不动产统一登记具有充分的必要性与可行性，但也将面临诸多的困难。仅以矿业权登记为语境，包括的困难主要包括但不限于：

1. 现行有关矿业权登记的法律规定与统一登记的冲突。矿业权登记纳入不动产统一登记，会对当前的矿产资源法律体系造成新的冲击。可以预见的是矿业权登记的纳入必然会遵从不动产物权变动的基本模式。登记作为物权变动的“生效要件”抑或“对抗要件”显然不同于当前《矿产资源法》对于登记仅是获得矿产资源勘探或开采权利的一个环节的定位。矿业权登记统一化后与当前矿业法律体系既有规定的冲突会较为突出。有利的方面是促进矿业法律的修正与调整。

---

〔1〕 曹宇：“矿业权登记的理论反思与修正面向”，载《河北法学》2014年第5期。

〔2〕 曹宇：“矿业权登记的理论反思与修正面向”，载《河北法学》2014年第5期。

2. 矿业权登记特殊性保有为其现实的需求。矿业权登记纳入不动产统一登记后，矿业领域的特殊性与专业性应该得到继续的保有，否则矿业权登记将会失去本该存在的价值。不动产统一登记会统一登记机构，统一登记程序，统一登记系统，但矿业权登记特有的内容需要继续保留。

第六章

矿业权市场运作的法律规制[1]

伴随市场经济的发展，不可再生矿物质能源的经济地位愈发重要，越来越多的民事主体期望通过矿业权获益。因矿业权转让条件严格，部分民事主体则另辟蹊径，通过股权转让方式控制矿业权。但是，对于股权转让是否被界定为矿业权转让；矿产资源管理部门应否监管矿业权人之股东股权转让行为，如果应该，又应如何监管；人民法院如何认定以股权转让方式转让矿业权；以股权转让方式转让矿业权的行为是否都应予以规制等问题，尚无统一定论。

第一节　以股权转让方式转让矿业权的概述

一、矿业权人之股东转让股权是否构成矿业权转让

（一）理论界关于股权转让是否被界定为矿业权转让的不同观点

1. “矿业权的股权转让即为矿业权转让说”。若以国家产业政策和战略需求为视角，应将股权转让界定为矿业权转让。

---

〔1〕　本章的内容来自于中国政法大学民商经济法学院硕士研究生陶江嫄2013年提交的硕士学位论文。

但行政机关应尽量避免不当干预，维护矿业权人及其股东的合法权利。[1]

2. 矿业权的股权转让与矿业权转让应予“实质界定说”。股权转让是否被界定为矿业权转让，应主要判断矿业权转让之“转让”的实质含义。如果实质上构成矿业权转让，例如矿业权人之股权结构发生重大变化，因在实质上已经导致权益人发生变化，故应要求转让行为符合矿业权转让的法律规定。[2]

3. 矿业权之股权与物权“区分说”。基于“传统的股权性质物权化的特点”[3]，股权与属于公司资产的矿业权，无论从法理还是法律规范的角度出发，均分属不同法律规范系统，故股权转让原则上不应被界定为矿业权转让。但同时，如果转让的范围仅限于特定的矿业权资产时，可能因名不符实，而被认定为矿业权转让。[4]

（二）矿产资源管理部门针对矿业权人之股东股权转让行为的不同监管模式

1. 将股权转让视为广义上的矿业权转让。全国将股权转让视为矿业权转让的省份不到1/5，且实施效果不太理想。[5]

陕西省依据《探矿权采矿权转让管理办法》第3条第1款第2项[6]的规定，将股权转让界定为广义的矿业权转让，股权变化意味着矿业权主体变更，故股权转让审批手续是矿业权主体变更手续之前置程序。

青海省发布的《关于印发青海省矿业权转让管理办法的通知》亦规定，当出现原控股股东变化，将矿业权作价折股出资等情形时，即使企业法人未发生改变，也须经矿产资源管理部门审查批准后，矿业权人方可办理矿业权

---

〔1〕参见康乐君：“矿业公司股权变动与矿业权转让关系研究”，中国地质大学2012年硕士学位论文。

〔2〕参见李晓峰：《中国矿业法律制度与操作实务》，法律出版社2007年版，第37页。

〔3〕康乐君：“矿业公司股权变动与矿业权转让关系研究”，中国地质大学2012年硕士学位论文。

〔4〕参见蒋文军：《矿业物权疑难法律问题解析与实务操作》，中国法制出版社2008年版，第222~223页。转引自李显冬、王宁：“从典型案例看矿业公司股权转让与矿业权变动之效力规制”，载王利明主编：《判解研究》（2011年第2辑），人民法院出版社2011年版，第161页。

〔5〕参见陈静、陈从喜：“矿业公司股权转让法律规则思考”，载《国土资源情报》2013年第5期。

〔6〕《探矿权采矿权转让管理办法》第3条第1款第2项规定：“除依照下列规定可以转让外，探矿权、采矿权不得转让：……（二）已经取得采矿权的矿山企业，因企业合并、分立，与他人投资、合作经营，或者因企业资产出售以及有其他变更企业资产产权的情形，需要变更采矿主体的，经依法批准，可以将采矿权转让他人采矿。”

转让审批和变更登记手续。工商管理部门须以矿产资源管理部门的转让批准文件或矿业权变更登记文件为依据，办理相应工商登记。[1]

2. 矿业权人向矿业权登记机关进行变动股权结构的备案。以福建省为例，矿业权人出现股权结构变化，法人代表变更等事项时，应向工商行政机关办理变更登记，并向颁发矿业权证的原矿业权登记机关备案。[2]

3. 因缺乏规范性文件的指引暂时未进行相关监管。因尚无特别法对股权转让是否导致矿业权转让作出明确界定，矿产资源管理部门对公司名称不变，但控股股东或实际投资人变更且不新设立企业是否需审批股权转让，如何审批等问题较难把握，为避免不当干预，选择暂时未予监管。[3]

（三）人民法院面对以股权转让方式转让矿业权的不同判决

因欠缺统一的界定标准，对于以股权转让方式转让矿业权的事实认定，同一案件两审法院的标准不同。

例如，赵某通过签订“煤矿转让合同”，将采矿许可证载明“乡办”，煤矿矿长资格证书载明“私营”的某煤矿股权，转让给瞿某。瞿某接管该矿后，与第三人签订“合股协议”，后又签订“退股协议”。赵某遂起诉法院，要求确认瞿某转让行为无效。一审法院依据《矿产资源法》第6条第1款第2项的规定，认定“煤矿转让合同”因违反法律强制性规定而无效；二审法院则依据“煤矿转让合同”、“合股协议”、“退股协议”的内容，认定“煤矿转让合同”属于内部股权转让，未违反国家禁止性规定，故驳回了赵某的诉讼请求。[4]

---

〔1〕 参见青海省《关于印发青海省矿业权转让管理办法的通知》第5条规定：“有下列矿业权转让情形之一的，矿业权人必须向原发证机关提出申请，经审查批准后办理矿业权转让审批和变更登记手续。工商管理部门凭矿业权管理部门的转让批准文件或矿业权变更登记文件办理相应工商登记。（一）企业法人发生变化；（二）企业法人未发生变化，但原控股股东发生变化；（三）将矿业权作价折股出资；（四）企业被收购、兼并、联合、上市、重组改制；（五）矿业权出租、抵押；（六）矿业权赠予他人或继承他人矿业权主体发生变化。”转引自陈静、陈从喜：“矿业公司股权转让法律规则思考”，载《国土资源情报》2013年第5期。

〔2〕 参见康乐君：“矿业公司股权变动与矿业权转让关系研究”，中国地质大学2012年硕士学位论文。

〔3〕 参见康乐君：“矿业公司股权变动与矿业权转让关系研究”，中国地质大学2012年硕士学位论文。

〔4〕 参见中国土地矿产法律事务中心、国土资源部土地争议调处事务中心编著：《土地矿产典型案例评析与法律实务操作指南》，中国法制出版社2012年版，第81～82页。

"申峻山、曹志杰与林锡聪等11人股权转让纠纷案"中，申峻山、曹志杰与林锡聪等人（简称乙方）签订《股权及资产转让协议书》，约定乙方将其所持100%股权和金鹰公司资产那陵郭勒河东铁矿的矿业权转让给申峻山、曹志杰。后乙方主张该协议以股权转让之名，行矿业权转让之实，属以合法形式掩盖非法目的，应认定无效。青海省高级人民法院认为，《股权及资产转让协议书》虽包含资产转让条款，但未对矿业权主体变更事项进行约定，其实质要件为股权转让，矿业权仍属金鹰公司所有，协议书符合法律规定；最高人民法院亦认为，案涉矿业权属于金鹰公司所有，东铁铁矿的矿业权虽被明确列明在协议书上，但全体股权转让不产生同转让公司矿业权一样的法律效果，故《股权及资产转让协议书》所涉资产属于股权范畴，履行该协议不当然发生金鹰公司矿业权转移的结果。〔1〕

二、对以股权转让方式转让矿业权的分类

（一）若符合法律规定则通过受让股权控制矿业权的行为无可厚非

1. 股权在法律秩序内自应可以自由转让。股权自由转让原则是现代公司制度成功之典范，其指股东依法将其股份有偿让渡给他人，使他人成为公司股东的民事法律行为，〔2〕股东在是否转让所持股份，转让多少，转给何人等事项上均有自主决定权。〔3〕

股权转让作为资本流转的主要表现形式，是现代公司制度得以存在和发展的基石之一。因有限责任公司兼具资合性和人合性特征，为保证股东间的人合信赖关系，应允许法律及公司章程在不干涉股东意思自治的前提下，对股权转让作出适当限制，以维护正常的市场交易秩序。

以现行《公司法》为例：涉及国有股份，须经国有资产管理部门批准；涉及上市公司股权，须由证券管理部门审查；对有限责任公司的股权转让的限制有对内和对外两种。〔4〕上述规定表明，股权转让的价值目标是协调平衡股东的私人利益和社会的公共利益：股权转让自由原则在维护公共利益不受

〔1〕参见最高人民法院民事审判二庭编：《最高人民法院商事审判指导案例（7）——公司与金融卷》，中国法制出版社2013年版，第189~197页。

〔2〕参见百度百科"股权转让"词条，载百度百科，访问日期：2014年3月8日。

〔3〕参见陈静、陈从喜："矿业公司股权转让法律规则思考"，载《国土资源情报》2013年第5期。

〔4〕参见国土资源法律评价工程实验室编著：《国土资源法律评价报告（2011）》，中国法制出版社2011年版，第166~167页。

侵害的前提下，最大限度地尊重财产权利人的自我意志。其“自由”的程度取决于股东和社会的利益较量，“自由”界限在于这样一个平衡点：股东转让股份应获得的利益是个人利益最大化和公共利益最大化的临界点。〔1〕因此，根据《公司法》关于有限责任公司股权转让的一般规定，矿业权人之股东对内转让其股权时，须符合《合同法》、公司章程的相关规定；对外转让股权时，须满足“书面通知其他股东征求同意”，“其他股东过半数同意”等程序性条件。当股权转让符合《合同法》、《公司法》等相关法律规范规定的条件和程序时，受让人是否通过股权，控制矿业权则在所不问。

简言之，矿业公司的特殊性仅在于其经营范围，而依据现行法律，公司经营范围不构成限制股权自由转让的理由。因此，对于正常合法的矿业公司股权转让，法律法规应予以保护。〔2〕符合法律规定的，以受让股权方式控制矿业权的行为无可厚非。

2. 矿业权人在法律秩序内可自由从事商事活动。随着市场经济地发展，特别是《物权法》将矿业权纳入用益物权编后，应赋予矿业权人尽可能大的自治空间，助其充分、有效利用矿业权，实现矿产资源之使用价值。

矿业公司的发展与资本市场的联系日益紧密，其可以利用股权转让的途径进行融资；通过股东或投资者认购股权或资本的方式，增加公司资本总额；以矿业权作价入股；以矿产资源项目新设公司；在无足够经济能力从事勘查、开采矿产资源活动时，选择转让矿业权以获利。〔3〕

因此，无论是股东的股权转让行为，抑或矿业权人增资扩股、作价入股等商事行为，只要满足法律规定的条件，履行法律规定的程序，无害于国家利益、公共利益或其他民事主体的合法权益，都应充分尊重当事人的意思自治。

（二）对“规避法律限制，避免行政审批和逃避高额税费”为目的的以股权转让方式转让矿业权应区别对待

不可再生矿物质能源的经济地位愈发重要，越来越多的民事主体期望通

---

〔1〕 李显冬、王宁：“从典型案例看矿业公司股权转让与矿业权变动之效力规制”，载王利明主编：《判解研究》（2011 年第 2 辑），人民法院出版社 2011 年版，第 162 页。

〔2〕 中国土地矿产法律事务中心、国土资源部土地争议调处事务中心编著：《土地矿产典型案例评析与法律实务操作指南》，中国法制出版社 2012 年版，第 84 页。

〔3〕 参见李显冬、王宁：“从典型案例看矿业公司股权转让与矿业权变动之效力规制”，载王利明主编：《判解研究》（2011 年第 2 辑），人民法院出版社 2011 年版，第 160 页。

过矿业权获益。在矿业权转让市场交易中，矿业公司股东转让股权十分普遍，且多数股权转让行为合法、有效。但同时，因矿业权转让条件严格，亦存在股权转让就是以转让矿业权为目的的情形。〔1〕例如，在股权转让协议中约定，转让范围仅涉及特定的矿业权，其他公司资产依然由转让人享有，负债由转让人继续承担的；股东邀请公司股东以外的民事主体参股后，自己退出公司的；将公司全部或绝大部分股权向外转让等。〔2〕其目的在于规避法律强制性规定，逃避名目繁多的税费或通过待价而沽的方式炒作矿业权。例如，西部矿业集团公司以2300万的价格参与青海境内一处铜矿的竞标，以微弱差价输给某私人老板，几个月后该老板就以1.2亿元的价格将采矿权倒卖。〔3〕

若让在矿业权出让环节未获得矿业权或不符合法定资质的民事主体规避法律限制，避开国家对矿业权人能力、资质的审查，通过受让股权方式，获得矿产资源勘查、开采的权利，其在不具备或不完全具备资质和能力的情况下开采矿产资源，是极易造成矿产资源的破坏和浪费的。此举有损于矿产资源国家所有权与基于矿产资源产生的社会公共利益。正常的矿业监管秩序以及矿业经济健康、持续的发展，都将受到威胁。〔4〕而矿业权转让人不需缴纳高额税费和履行繁杂审批手续，就可基于矿产资源本身特有的资源属性、财产属性的升值获得矿产资源的市场价值，有损于矿产资源国家所有权。〔5〕因此，对矿业权市场运作予以适当经济管制，是十分必要的。

综上，应当认为，对于“以股权转让方式转让矿业权”的效力不可一概而论，依据股权转让之目的，可以将其划分为“无害的以股权转让方式转让矿业权行为”和“以股权转让之合法形式，掩盖规避法律强制性规定之非法目的，实现矿业权实质转让的行为”。

---

〔1〕参见陈静、陈从喜：“矿业公司股权转让法律规则思考”，载《国土资源情报》2013年第5期。

〔2〕参见李显冬、王宁：“从典型案例看矿业公司股权转让与矿业权变动之效力规制”，载王利明主编：《判解研究》（2011年第2辑），人民法院出版社2011年版，第160~161页。

〔3〕参见张丽华：“如今，矿业权是‘烫山芋’还是‘金疙瘩’”，载中国矿业网，访问日期：2013年3月19日。

〔4〕参见中国土地矿产资源法律事务中心、国土资源部土地争议调处事务中心编：《土地矿产争议典型案例与处理依据》（第2辑），中国法制出版社2007年版，第195页。

〔5〕参见赵丽平：“以股权转让方式转让土地使用权研究”，西南政法大学2010年硕士学位论文。

三、小结

现行法律规范尚未对以股权转让方式转让矿业权的行为性质、法律效力等事项予以统一认定。无论是学界以法理、法律规范或国家产业政策等为视角，在关于股权转让是否被界定为矿业权转让方面，得出的不同观点；还是矿产资源管理部门在是否介入矿业权人之股东股权转让行为问题上，以矿业秩序监管者的身份，所为的不同模式；抑或人民法院以审查股权转让协议标的、实质内容为途径，作出的判决，都有可借鉴之处。

实践中，股东转让股权之目的形形色色，有单纯地利益追求，有为其公司长远发展的考量，更有对高额税费的逃避和对法律强制性规定的规避。对于以股权转让方式转让矿业权究竟应如何看待之争议，我们不妨依据股权转让之目的，予以区分，即依据“私法自治”原则，从市场经济的视角，鼓励符合法律规定的股权转让、矿业权转让，赞成无非法目的的以股权转让方式转让矿业权行为。对“以合法形式掩盖非法目的的以股权转让方式转让矿业权行为”应予以规制。

第二节　以股权转让方式转让矿业权的法理分析

一、以股权转让方式转让矿业权的产生原因

尽管国家允许矿业权有条件地转让，但民事主体仍然选择以股权转让方式获得矿业权实质转移之结果的原因，主要有：

（一）矿业权转让法律规范系统的严格规定令行为人选择此行为

1. 国家严格限制矿业权转让有其原因。探矿权、采矿权合称为矿业权。“探矿权是指在依法取得勘查许可证规定的范围内勘查国有矿产资源，并在没有违反法律规定的禁止性规定的情况下当然取得采矿权的权利”〔1〕；“采矿权则是指在依法取得的采矿许可证规定的范围内，开采特定的矿产资源并获

〔1〕 李显冬主编：《中国矿业立法研究》，中国人民公安大学出版社2006年版，第66页。转引自李显冬主编：《矿业权法律实务问题及应对策略》，中国法制出版社2012年版，第17页。

得所开采的矿产品的权利”[1]。

我国《宪法》第9条第1款[2]、《矿产资源法》第3条第1款[3]规定，国家对不可再生的矿产资源享有所有权，由国务院代表国家行使权利。同时，公民、法人或其他组织通过国家出让矿产资源使用权或矿业权人出租、转让矿业权等方式使用矿产资源。

不可再生矿物质能源的经济地位越来越重要。出于矿产资源巨大经济价值的诱惑和人们追求利益的本能，极易发生滥采、滥挖、圈而不探、探而不采等权利滥用的情形。同时，市场经济具有的缺陷，需要政府的适当干预和调控。因此，在多元主体利用矿产资源的情境下，国家选择通过限定矿业权转让条件，防止国有资产流失，保障矿产资源被合理地开发利用，维护民事主体的合法权利。[4]

我国矿产资源法律规范逐步确立了“矿业权以禁止转让为原则，允许有条件的转让为例外”的矿业权转让制度。《矿产资源法》规定矿业权仅在两种情形下可以转让，[5]《探矿权采矿权转让管理办法》、《关于印发〈矿业权出让转让管理暂行规定〉的通知》等规范性法律文件对转让条件作出了具体规定。

2. 我国矿业权转让在法律上严格予以管制。

(1) 我国矿业权转让的条件苛刻。管理者主张如果令矿业权流转，其结果可能导致矿业权市场的混乱和无秩序，甚至损害到国家利益，[6]故而在现行法律规范关于矿业权转让的规定中，采取“自颁发勘查许可证之日起满2

---

〔1〕李显冬主编：《矿业权法律实务问题及应对策略》，中国法制出版社2012年版，第17页。

〔2〕《宪法》第9条第1款规定：“矿藏、水流、森林、山岭、草原、荒地、滩涂等自然资源，都属于国家所有，即全民所有；由法律规定属于集体所有的森林和山岭、草原、荒地、滩涂除外。”

〔3〕《矿产资源法》第3条第1款规定：“矿产资源属于国家所有，由国务院行使国家对矿产资源的所有权。地表或者地下的矿产资源的国家所有权，不因其所依附的土地的所有权或者使用权的不同而改变。”

〔4〕参见中国土地矿产资源法律事务中心、国土资源部土地争议调处事务中心编：《土地矿产争议典型案例与处理依据（第2辑）》，中国法制出版社2007年版，第193页。

〔5〕《矿产资源法》第6条第1款规定：“除按下列规定可以转让外，探矿权、采矿权不得转让：（一）探矿权人有权在划定的勘查作业区内进行规定的勘查作业，有权优先取得勘查作业区内矿产资源的采矿权。探矿权人在完成规定的最低勘查投入后，经依法批准，可以将探矿权转让他人。（二）已取得采矿权的矿山企业，因企业合并、分立，与他人合资、合作经营，或者因企业资产出售以及有其他变更企业资产产权的情形而需要变更采矿权主体的，经依法批准可以将采矿权转让他人采矿。”

〔6〕参见孙宏涛、田强：“论矿业权的流转”，载《中国矿业大学学报》2005年第3期。

年”[1]，“矿山企业投入采矿生产满1年”[2]来规制矿业权人不予投入仅凭转让来炒作牟利；凭借“须完成规定的最低勘查投入”[3]来防止买空卖空；通过“按照国家有关规定已经缴纳探矿权、采矿权使用费，探矿权、采矿权价款”[4]来保证矿产资源国家所有权的实现，防止国有资产的流失；以“矿业权转让合同自批准之日起生效”[5]来体现国家的控制和管理。[6]

但本书认为，上述时间的规定过于僵化。对于矿藏所处地质环境比较简单或矿产资源储量较少的情形，探矿活动不需要两年或可开采量不足一年，此时意味着矿业权根本无法流转，甚至可以在实质上看作禁止了矿业权的转让。[7]

（2）矿业权转让的审批制度更加烦琐。市、县级主管部门登记的采矿权的转让，需经省级主管部门审批后再返回原登记部门后，方可办理变更登记。如此，不适合矿产资源丰富、地域辽阔的省份，亦不符合砂、石、黏土等矿产资源的开采特性，导致转让方、受让方私下转让采矿权以避免烦琐、周期长的审批程序的现象屡见不鲜，与国家设立两级审批制度以宏观调控采矿权之目的相违背。[8]

（3）在我国与矿业权相关的税费名目众多。我国矿山企业税费名目、数额较多，如增值税、资源税、所得税、矿产资源补偿费、城建税、土地使用

---

〔1〕《探矿权采矿权转让管理办法》第5条规定：“转让探矿权，应当具备下列条件：（一）自颁发勘查许可证之日起满2年，或者在勘查作业区内发现可供进一步勘查或者开采的矿产资源；（二）完成规定的最低勘查投入；（三）探矿权属无争议；（四）按照国家有关规定已经缴纳探矿权使用费、探矿权价款；（五）国务院地质矿产主管部门规定的其他条件。”

〔2〕《探矿权采矿权转让管理办法》第6条规定：“转让采矿权，应当具备下列条件：（一）矿山企业投入采矿生产满1年；（二）采矿权属无争议；（三）按照国家有关规定已经缴纳采矿权使用费、采矿权价款、矿产资源补偿费和资源税；（四）国务院地质矿产主管部门规定的其他条件。”

〔3〕同上。

〔4〕同上。

〔5〕《探矿权采矿权转让管理办法》第10条规定：“申请转让探矿权、采矿权的，审批管理机关应当自收到转让申请之日起40日内，作出准予转让或者不准转让的决定，并通知转让人和受让人。准予转让的，转让人和受让人应当自收到批准转让通知之日起60日内到原发证机关办理变更登记手续；受让人按照国家规定缴纳有关费用后，领取勘查许可证或者采矿许可证，成为探矿权人或者采矿权人。批准转让的，转让合同自批准之日起生效。不准转让的，审批管理机关应当说明理由。”

〔6〕参见李显冬、刘宁：“矿业权物权变动与行政审批之效力研究”，载《国家行政学院学报》2011年第1期。

〔7〕参见杨新风：“我国矿业权流转法律制度研究”，海南大学2010年硕士学位论文。

〔8〕参见杨新风：“我国矿业权流转法律制度研究”，海南大学2010年硕士学位论文。

税、营业税、资源税外的销售税金等。其中增值税占税费总额的66.25%。〔1〕其中，仅矿业权转让所需缴纳的费用就包括营业税、城市维护建设税、教育费附加、地方教育费附加、企业所得税或个人所得税，签订矿业权转让合同应缴纳的印花税等。〔2〕

因此，沉重的矿业权转让税费，导致矿业权人另辟蹊径，以股权转让的形式转让矿业权应运而生。

（4）转让限制较多致矿业权转让市场化程度不高。市场经济中的矿业权应利用价值规律，充分发挥市场配置资源的基础性作用，使矿业权在不同主体间充分、公开流转，吸纳各类资金共同参与矿产资源勘查开发，优化资源配置，提高矿产资源的开发利用率，实现矿产资源的物尽其用。

3. 矿业权转让限制条件过多不符合市场经济的客观要求。矿业权转让限制条件过多，不利于矿业权在二级市场的充分、公开流转；不利于吸纳各类资金共同参与矿产资源勘查开采，以优化资源配置和提高矿产资源的开发利用率；不符合市场经济价值规律和客观要求；阻碍了市场配置矿产资源的基础性作用地发挥。

（1）市场经济中的矿业权应被允许在法律秩序内自由转让。从维护矿产资源国家所有权和政府宏观调控职能的角度出发，现行法律规范的立法目的应予肯定。但是，随着市场经济地发展，特别是《物权法》将矿业权纳入用益物权编后，现代矿业须充分发挥市场配置资源的基础性作用，〔3〕通过赋予矿业权人尽可能大的自治空间，助其充分、有效利用矿业权，实现矿产资源之使用价值。而现行矿法以行政权过分介入本应由矿业权人自主决定的场合，强调矿产资源的行政保护，易致资源效用最大化成为一纸空谈。〔4〕因此，市场经济应允许矿业权自由、充分地流转。

（2）在矿业权流转问题上应尊重民事主体的意思自治。扩大私权利的行

---

〔1〕参见钟自然："中国矿业税费制度及其国际比较分析"，载能源新闻网，访问日期：2013年12月19日。

〔2〕参见"矿业权转让过程需要缴纳的税费"，载贵州省地方税务局网站，访问日期：2014年3月14日。

〔3〕参见杜辉、陈德敏："论《矿产资源法》重构的模式选择与具体路向"，载《资源科学》2012年第1期。

〔4〕参见李显冬："法经济学视角下矿业权公法管制之私权制约"，载王卫国主编：《21世纪中国民法之展望——海峡两岸民法研讨会论文集》，中国政法大学出版社2008年版。

使，限制公权力的行使是宪政宪法的要求。应肯定民事主体的意思自治，让其能依据民法的基本规则自主行使私权，公权在确有必要时才介入，即公权的行使要以保障私权为目的，否则会构成对私权的不当干预。[1]

（3）市场配置资源过程中政府“看得见的手”亦非万能药。政府的行政介入不是解决矿业权诸问题的万能药，同“市场失灵”一样，“国家失灵”或“政府失灵”亦可能存在，政府很难避免不当干预的发生。[2]

当然，为保护国家利益、公共利益运用符合市场经济要求的手段，对矿业权转让进行合理调控，平衡矿业权人及其股东利益、矿产资源国家所有权和基于矿产资源产生的公共利益，并防止或减少矿业权人的不当行为和市场失灵时对矿业权市场造成的负面影响亦是必要的。

（二）股权转让的成本在经济上明显小于矿业权的转让

1. 股权在法律秩序内都可以自由转让。股权即股东权利，产生于股东的直接投资行为，是股东基于其地位而取得的财产权、经营管理权、股东诉权等多种权利的集合体。

我国有限责任公司股权转让分为内部转让和外部转让。依据《公司法》第71条[3]，对于股东内部之间的股权转让行为，在“股权内部自由转让”原则的基础上，《公司法》授权公司章程对此作出限制；对于股东将股权转让给公司股东之外的第三人，《公司法》仅作出了三方面的限制，如应经其他股东过半数同意。换言之，“有限责任公司股东可以在法律和公司章程规定范围内按照自己意志自由处置股权，而不受他人非法干预和制约”[4]。

2. 我国税务部门均不介入矿业权的股权转让。税务部门在股权转让领域履行行政管理职责时，常经历行政复议或行政诉讼，且多以败诉终结诉讼。

[1] 参见李显冬：“法经济学视角下矿业权公法管制之私权制约”，载王卫国主编：《21世纪中国民法之展望——海峡两岸民法研讨会论文集》，中国政法大学出版社2008年版。

[2] 参见姜雪：“行政备案的概念及法律属性分析”，中国政法大学2011年硕士学位论文。

[3] 《公司法》第71条规定：“有限责任公司的股东之间可以相互转让其全部或者部分股权。股东向股东以外的人转让股权，应当经其他股东过半数同意。股东应就其股权转让事项书面通知其他股东征求同意，其他股东自接到书面通知之日起满三十日未答复的，视为同意转让。其他股东半数以上不同意转让的，不同意的股东应当购买该转让的股权；不购买的，视为同意转让。经股东同意转让的股权，在同等条件下，其他股东有优先购买权。两个以上股东主张行使优先购买权的，协商确定各自的购买比例；协商不成的，按照转让时各自的出资比例行使优先购买权。公司章程对股权转让另有规定的，从其规定。”

[4] 张平：《股权转让前沿理论与实务问题研究》，中国法制出版社2012年版，第25页。

因此，为降低行政管理成本，维护税务管理部门的公信力，国家税务总局、财政部、地方税务局均发布批复，规定“股权转让不征收营业税”〔1〕；“仅发生股权变动不发生企业资产权属变动的，不征收契税”〔2〕。可以认为，税务部门已经放弃了对股权转让的监管。〔3〕

综上，股权作为资本流转的主要表现形式，令现代公司制度得以存在和发展，且“我国矿业公司的发展与资本市场的联系愈益紧密，矿业公司进行融资，股权转让无疑是其一条基本途径”〔4〕，故越来越多的民事主体倾向于通过股权转让这种高效的方式，控制权矿业权。〔5〕同时，股权转让因不涉及公司的具体资产，自由程度更高，投入更少，令以获取暴利为目的的矿业权人并不都依照《公司法》、矿产资源法律规范行事，利用其股东转让股权将矿业权予以转让，便成为“理所应当”。

---

〔1〕《财政部国家税务总局关于股权转让有关营业税问题的通知》（财税〔2002〕191号）第1.2条指出：“近来，部分地区反映对股权转让中涉及的无形资产、不动产转让如何征收营业税问题不够清楚，要求明确。经研究，现对股权转让的营业税问题通知如下：一、以无形资产、不动产投资入股，与接受投资方利润分配，共同承担投资风险的行为，不征收营业税。二、对股权转让不征收营业税。”。

〔2〕《国家税务总局关于股权变动导致企业法人房地产权属更名不征契税的批复》（国税函〔2002〕771号）指出：“宁波中百股份有限公司因北京首创集团受让其26.62%的股权而于2000年更名为宁波首创科技股份有限公司，2001年哈工大八达集团受让宁波首创科技股份有限公司16.62%的股权，企业再次更名为哈工大首创科技股份有限公司。上述由于股权变动引起企业法人名称变更，并因此进行相应土地、房屋权属人名称变更登记的过程中，土地、房屋权属不发生转移，不征收契税。”

《四川省地方税务局关于股权转让有关契税问题的批复》（川地税函［2005］273号）规定：“一、关于股权全部转让的契税问题。按照《财政部、国家税务总局关于企业改制重组若干契税政策的通知》（财税［2003］184号）和《国家税务总局关于股权变动导致企业法人房地产权属更名登记不征契税的批复》（国税函［2002］771号）规定：‘在股权转让中，单位、个人承受企业股权，企业土地、房屋权属不发生转移，不征收契税’。因此，企业股权无论是部分转让还是全部转让，其引起的企业投资主体及名称发生变化，并因此进行土地、房屋权属人名称变更登记的，均不征收契税。二、关于增资扩股的契税问题。企业因增加注册资本，吸收新股东，从而引起企业名称发生变化，并因此进行土地、房屋权属人名称变更登记，其契税分以下两种情况：如果吸收的新股东是以土地、房屋权属作价入股或作为出资投入企业，应照章征收契税；如果吸收的新股东是以现金投入企业，则不征收契税。”

〔3〕参见陈静、陈从喜：“矿业公司股权转让法律规则思考”，载《国土资源情报》2013年第5期。

〔4〕李显冬、王宁：“从典型案例看矿业公司股权转让与矿业权变动之效力规制”，载王利明主编：《判解研究》（2011年第2辑），人民法院出版社2011年版，第160页。

〔5〕参见李海婷、蔡传辉、孙映祥：“矿业权股权转让的规制探讨”，载《当代经济》2014年第1期。

（三）我国尚无特别法规制此矿业权的股权转让

现行《矿业资源法》对矿业权的规定没有细化，调整矿业权转让的《矿业权出让转让管理暂行规定》效力层级又低于法律、法规。对矿业公司股权转让的条件、范围未予以确定；没有调节股权转让价款的机制；无特殊的交易审批制度适用于矿业公司的股权转让；矿产资源管理部门亦因此而不知应否、如何监管矿业公司的股权转让行为，导致矿业实务中出现大量法律真空。〔1〕

（四）行为人难以抗拒矿产资源勘查开采所蕴含的巨大利益诱惑

如若矿业权转让人不需缴纳高额税费，履行烦琐审批手续，亦可基于矿产资源本身特有的资源属性、财产属性的升值而获得矿产资源市场价值〔2〕,那么，以股权转让方式转让矿业权就成为矿业权人何乐而不为的选择。

二、可能以股权转让方式转让矿业权的行为方式及其结果

（一）以股权转让方式转让矿业权之行为模式

1. 直接转让矿业权人之股权。直接转让矿业权人之股权是最简单的方式。矿业权人之股东在符合法律规定的前提下，通过与受让人达成股权转让的合意，在双方依照法定程序予以履行后，受让人即可继受矿业权人之股东身份。

2. 投资者通过资本认购成为矿业权人之股东后转让其股权。有限责任公司增资指公司以筹集资金，扩大经营等为目的，依照法律规定，通过股东或投资者认购股权或资本的方式，增加公司资本总额，以增强公司实力，扩大经营规模，保持现有运营资金，调整现有股东股权比例等。〔3〕

在法律规定的股东人数范围内，投资者通过签订资本认购协议，经过法定程序，可成为矿业权人之股东，并依据其意思自治，以符合法律规定为前提，将其所持股权向股东以外的第三人进行转让。

---

〔1〕 参见陈静、陈从喜："矿业公司股权转让法律规则思考"，载《国土资源情报》2013 年第 5 期。

〔2〕 参见赵丽平："以股权转让方式转让土地使用权研究"，西南政法大学 2010 年硕士学位论文。

〔3〕 参见赵旭东主编：《公司法》（第 2 版），高等教育出版社 2006 年版，第 251 ~ 252 页。

3. 矿业权作价入股后转让股权。依据《公司法》第27条第1款[1]之规定，矿业权作为可以用货币估价并可以依法转让的非货币资产，可以作价入股。

因此，符合入股条件的矿业权进行法定的权属变更登记后[2]，为入股公司所有，且缴纳的增值税远少于矿业权转让时应缴纳的营业税、城市维护建设税、企业所得税、印花税等税费的总和。[3]

4. 分立新公司后转让新公司股权。“公司分立指一个公司通过签订协议，不经过清算程序，分为两个或两个以上公司的法律行为”。[4]方式分为派生分立和新设分立，前者指本公司继续存在的基础上，设立一个以上的新公司；后者指设立两个以上公司，且本公司解散。[5]

而矿业权人通常选择派生分立方式，即以其拥有的矿产资源勘查、开采项目，新设矿产资源开发项目公司，本公司仅为该公司股东，在其出资范围内承担有限责任，亦可依据《公司法》的相应规定，转让新公司的股权。[6]

新设的矿产资源开发项目公司转让股权时，可能受让方继受的是其100%的股权，也可能继受部分股权，仅导致公司股权结构的变更。[7]

5. 收购矿业公司股权。上市公司通常选择收购矿业公司股权的方式，涉足矿产资源的勘查、开采，而鲜少采用直接收购矿业权的办法。例如，2011年发布购矿公告的十多个上市公司中，仅ST国创以直接收购矿业权的方式取得桂花煤矿的采矿权，而金岭矿业、兴业矿业、盛屯矿业等公司均以收购矿

---

[1] 《公司法》第27条第1款规定：“股东可以用货币出资，也可以用实物、知识产权、土地使用权等可以用货币估价并可以依法转让的非货币财产作价出资；但是，法律、行政法规规定不得作为出资的财产除外。”

[2] 《矿业权出让转让管理暂行规定》第37条规定：“各种形式的矿业权转让，转让双方必须向登记管理机关提出申请，经审查批准后办理变更登记手续。”因此，作为矿业权转让方式之一的以矿业权作价出资入股行为，其法定的权属变更登记程序就是双方当事人向矿业权登记机关提出申请，由该登记机关审查批准后办理变更登记手续。

[3] 参见赵丽平：“以股权转让方式转让土地使用权研究”，西南政法大学2010年硕士学位论文。

[4] 赵旭东主编：《公司法》（第2版），高等教育出版社2006年版，第478页。

[5] 参见赵旭东主编：《公司法学》（第2版），高等教育出版社2006年版，第479页。

[6] 参见赵丽平：“以股权转让方式转让土地使用权研究”，西南政法大学2010年硕士学位论文。

[7] 参见赵丽平：“以股权转让方式转让土地使用权研究”，西南政法大学2010年硕士学位论文。

业公司股权方式购矿。[1]

（二）以股权转让方式转让矿业权之行为追求的结果

通过对可能以股权转让方式转让矿业权的行为方式进行列举，可以认为，无论是“无害的以股权转让方式转让矿业权行为”，还是“以股权转让之合法形式，掩盖规避法律强制性规定之非法目的，实现矿业权实质转让的行为”，行为人所追求的结果主要有以下两种：

1. 转让人丧失的股权利益由受让人获得。无论以何种目的，实施以股权转让方式转让矿业权的行为，从表面上看，行为人都是为将转让人所持有部分或全部股权，转归受让人所有。当转让人转让部分股权时，受让人与转让人一样，成为公司股东；当转让人将持有的股权全部转让时，受让人则取代了其原股东地位。

在“无害的以股权转让方式转让矿业权行为”中，当行为人依据《合同法》第2章、第3章签订了股权转让协议，由公司依据《公司法》第74条[2]进行了“公司内部股东变更登记”[3]，并依据《公司登记管理条例》第31条办理工商变更登记后，股权转让的效力将及于转让人、受让人、公司及第三人。[4]

2. 受让人若取得控股股东地位则获得矿业权之实际控制权。

（1）矿业公司实际控制权的界定。作为重要的经济权利，公司语境下的实际控制权是能够通过各种方式，对公司的经营、财务、管理等起决定性影响的权利。其本质属性包括控制的意志、控制的行为、控制的结果以及控制的排他性，[5]即控制人以其积极的自由意志取代公司的自由意志并最终外化为公司的行为，从而对公司资源的状态起着排他的支配性的影响，享有控制利益。简言之，公司控制权的产生根源是股东利益冲突，谁能控制公司谁就

[1] 参见李海婷、蔡传辉、孙映祥：“矿业权股权转让的规制探讨”，载《当代经济》2014年第1期。

[2] 《公司法》第74条规定：“依照本法第七十二条、第七十三条转让股权后，公司应当注销原股东的出资证明书，向新股东签发出资证明书，并相应修改公司章程和股东名册中有关股东及其出资额的记载。对公司章程的该项修改不需再由股东会表决。”

[3] 赵旭东主编：《公司法学》（第2版），高等教育出版社2006年版，第336页。

[4] 参见张平：《股权转让前沿理论与实务问题研究》，中国法制出版社2012年版，第107页。

[5] 参见林堃：“上市公司实际控制人认定标准法律问题研究”，中国政法大学2007年硕士学位论文。

能获得更多利益。

实际控制权的主要类型有控股股东的实际控制权、经营者的实际控制权和实际控制人的实际控制权。与本文主题相关的，主要是控股股东的实际控制权。

（2）控股股东的实际控制权。股权结构作为公司治理结构的产权基础，决定了公司控制权的分布及治理机制的构成和运作。基于“资本多数决”，控股股东以其积极的自由意志取代公司的自由意志并最终外化为公司的行为，从而对公司资源的状态起着支配性的影响。〔1〕

施天涛教授认为，控股股东应具有支配公司的意思，控制公司主要经营活动，决定重大经营决策，且控制力是持续、强力、有计划的。〔2〕

控股股东通过表决权的行使和表决权的影响力，实现控制权的表现有：控股股东可以对股东会决议事项行使表决权，因其优势地位而使个人意志演变为集体意志。亦可经选聘“代表自己利益的董事充斥董事会的多数席位”〔3〕，解聘不属于自己利益集团的董事，间接控制董事会。或直接入主董事会，参与公司的经营管理。〔4〕故也可以说“控股股东的认定不仅取决于其持股比例，更取决于其表决权对公司的控制力”〔5〕。

控股股东可以是个人、家庭、家族、政府、机构投资者等。股权构成是其身份特征，对控股股东的认定，现行《公司法》第217条第1款第2项〔6〕选用了数量标准与实质标准相结合的方法。具体来说，若股东的出资额占有限责任公司资本总额50%以上，则为绝对控股股东；但在股权分散的情形下，尽管股东出资额不足50%，但依然能以其出资额所享有的表决权对

〔1〕 参见林堃：“上市公司实际控制人认定标准法律问题研究”，中国政法大学2007年硕士学位论文。

〔2〕 参见张彩莲：“关于控股股东受信义务在我国公司法中的立法思考”，载榆林法院网，访问日期：2014年3月22日。

〔3〕 韩智超：“国美之战，公司实际控制权探究”，吉林大学2012年硕士学位论文。

〔4〕 参见韩智超：“国美之战，公司实际控制权探究”，吉林大学2012年硕士学位论文。

〔5〕 罗云力：“《公司法》关于控股股东诚信义务相关规定的解读”，载《经济师》2006年第10期。

〔6〕《公司法》第217条第1款第2项规定：“（二）控股股东，是指其出资额占有限责任公司资本总额百分之五十以上或者其持有的股份占股份有限公司股本总额百分之五十以上的股东；出资额或者持有股份的比例虽然不足百分之五十，但依其出资额或者持有的股份所享有的表决权已足以对股东会、股东大会的决议产生重大影响的股东。”

股东会决议产生重大影响，也被认为是达到控股状态，此即为相对控股股东，如《上市公司收购管理办法》第84条[1]。

应当认为，除传统的单一控股股东的50%的数量认定标准以外，有利益关系、密切联系或享有亲属权的，易作出一致意思表示的数人（夫妻、父母子女等）均为某公司股东，且数人所占出资额或所持股份的总和大于50%时，亦能影响股东（大）会或董事会，从而令数人通过共同作用，取得实质上的控股地位。

（3）受让股权可能达到受让公司资产及获取资产收益的效果。“就有限责任公司而言，股权是股东出资形成的对公司的一种控制权，股权转让方转让的正是这种控制权。”[2]

股东在有限责任公司运行中，扮演了公司大脑的角色，其通过参与公司的重大决策，对公司财产能实施有效的占有、使用和处分；对公司财产利益享有收益权；甚至在公司终止时，有权处分公司剩余财产，实现对公司财产的最终处置和所有。[3]因此，基于股权与物权权能在财产性质范围内的交叉，“享有公司股权就能达到与享有公司财产所有权同样所具有的控制资产并获取财产收益的目的；转让股权也就是转让控制公司资产及获取资产收益的权益”[4]。

以直接转让矿业权人之股权为例，尤其当公司股权100%对外转让，且不指向公司资产转让时，受让人因取得该公司全部股权而当然地取得了作为公司资产的矿业权之控制权。

3. 受让人可能获得矿产资源增值收益。

（1）矿业公司的股权转让与资产转让存在质的区别。“资产指企业或公司拥有或控制的能以货币计量的经济资源”[5]，是公司实际拥有的全部财产，

---

[1]《上市公司收购管理办法》第84条规定：“有下列情形之一的，为拥有上市公司控制权：（一）投资者为上市公司持股50%以上的控股股东；（二）投资者可以实际支配上市公司股份表决权超过30%；（三）投资者通过实际支配上市公司股份表决权能够决定公司董事会半数以上成员选任；（四）投资者依其可实际支配的上市公司股份表决权足以对公司股东大会的决议产生重大影响；（五）中国证监会认定的其他情形。”

[2] 赵旭东主编：《公司法学》（第2版），高等教育出版社2006年版，第334页。

[3] 参见何丽丽：“房地产公司股权转让法律制度研究”，西南政法大学2007年硕士学位论文。

[4] 何丽丽：“房地产公司股权转让法律制度研究”，西南政法大学2007年硕士学位论文。

[5] 徐文彬：《会计学原理》，立信会计出版社1993年版，第24页。转引自张平：《股权转让前沿理论与实务问题研究》，中国法制出版社2012年版，第10页。

包括现金、知识产权、土地使用权和设备等。

资产转让本身是买卖行为，主要涉及的是资产所有权的变动，不会导致股东地位的变化。其与股权转让的区别有：

第一，矿业公司的股权转让与资产转让适用范围不同。股权的概念专属于公司，股权转让行为只可由依《公司法》成立的公司企业之股东实施；而资产的概念所有企业都可以适用，资产转让行为亦可广泛适用于所有企业。[1]

第二，矿业公司的股权转让与资产转让的主体不同。股权和股权转让的主体均为股东；而资产属于公司，故公司是资产转让的主体。股东无权转让公司资产，公司不能转让由股东享有的股权。[2]

第三，矿业公司的股权转让与资产转让的客体不同。公司股权是股权转让的客体；公司资产是资产转让的客体。

第四，矿业公司的股权转让与资产转让的程序不同。有限责任公司股权转让程序，依照《公司法》第3章的规定履行；而公司资产转让应由公司根据法律和公司章程规定进行决策。[3]

第五，矿业公司的股权转让与资产转让的法律效果不同。股权转让仅导致公司股权结构的变化，公司成员的变更，不发生资产的增加或减少；反之，资产转让对公司股权结构没有影响。[4]

第六，矿业公司的股权转让与资产转让之目的不同。“从经济学理论上讲，财产的转让会实现价值的增值，其目的是为了获取差额利润。”[5]一般而言，公司股权转让不会令公司资产发生价值增值，而只可能因资源稀缺、通货膨胀等因素发生货币增值，且货币增值不意味实际财富的等值增长，故股权转让不发生价值增值，其目的不是获取差额利润；[6]而资产的转让以获

---

〔1〕 参见张平：《股权转让前沿理论与实务问题研究》，中国法制出版社2012年版，第9~10页。

〔2〕 参见张平：《股权转让前沿理论与实务问题研究》，中国法制出版社2012年版，第10页。

〔3〕 参见张平：《股权转让前沿理论与实务问题研究》，中国法制出版社2012年版，第10~11页。

〔4〕 参见张平：《股权转让前沿理论与实务问题研究》，中国法制出版社2012年版，第11页。

〔5〕 参见高源：“论有限责任公司的股权转让”，对外经济贸易大学2005年硕士学位论文。转引自何丽丽：“房地产公司股权转让法律制度研究”，西南政法大学2007年硕士学位论文。

〔6〕 参见何丽丽：“房地产公司股权转让法律制度研究”，西南政法大学2007年硕士学位论文。

取差额利润为目的。

（2）矿业公司股权转让不同于一般公司股权转让。矿业公司股权转让除当然地适用《公司法》规定外，还具有不同于与一般公司股权转让的特点：

第一，设立条件更严格。除满足《公司法》规定的条件和程序外，矿业公司的设立还须符合矿产资源法律规范的要求，故设立条件更严格。例如，设立一般公司以遵守《公司法》的相关规定为原则，满足特殊规定的条件为例外；而依据《矿产资源法》第15条〔1〕，矿业公司的设立以具备足够的专业技术人员和生产条件等条件为必须。〔2〕

第二，存续具有有限性。矿产资源的勘查、开采属于周期性行为，项目结束，公司可能就结业；而一般公司通常周而复始地进行扩大化经营，公司长期存续。〔3〕

第三，以未来财产利益为内容的矿业权，具有对矿业用地的依附性。矿业权作为公司主要资产，其流动性差，但价值量较高。公司通过矿产资源的勘查、开采，进行矿产品开发，积累财富。〔4〕

第四，矿业权的经济价值随着开发利用表现出自然耗竭性。矿业公司的公司资产伴随出售矿产品的增多而减少；而一般公司通过生产要素生产产品，还可对原有生产要素增加投入，进行扩大再生产，故公司资产不会随着产品的售出而减少。〔5〕

（3）矿业公司股权转让与资产转让存在附随性。基于股权转让与资产转让目的的不同，且矿业权作为矿业公司主要资产，矿产资源的勘查、开采，矿产品的开发都是在原有资产基础上逐渐积累价值、创造价值的过程。〔6〕

"股权转让的价款通常是以转让时的公司净资产额来衡量。"〔7〕而矿业公司的净资产额、发展状况与其拥有的矿业权紧密相关：若矿业公司股东是在

---

〔1〕《矿产资源法》第15条规定："设立矿山企业，必须符合国家规定的资质条件，并依照法律和国家有关规定，由审批机关对其矿区范围、矿山设计或者开采方案、生产技术条件、安全措施和环境保护措施等进行审查；审查合格的，方予批准。"

〔2〕参见何丽丽："房地产公司股权转让法律制度研究"，西南政法大学2007年硕士学位论文。

〔3〕参见何丽丽："房地产公司股权转让法律制度研究"，西南政法大学2007年硕士学位论文。

〔4〕参见赵丽平："以股权转让方式转让土地使用权研究"，西南政法大学2010年硕士学位论文。

〔5〕参见何丽丽："房地产公司股权转让法律制度研究"，西南政法大学2007年硕士学位论文。

〔6〕赵丽平："以股权转让方式转让土地使用权研究"，西南政法大学2010年硕士学位论文。

〔7〕何丽丽："房地产公司股权转让法律制度研究"，西南政法大学2007年硕士学位论文。

公司完全还没有对矿产资源进行开采时转让的股权，则有炒作矿产资源之嫌；若在已经开采或者完成开采后转让股权，则股权权益中必然包含了价值增值的成分。[1] 故可以说矿业公司股权转让具有获取利润的直接性，其实质同于财产转让的增值。

例如，上述第二种行为，没有矿业权的民事主体或不符合矿业权出让条件的民事主体，通过资本认购的方式，成为矿业公司股东，便间接地成为矿业权收益的获得者。倘若再将此矿业公司股权予以转让，其还可因矿产资源的资源属性、财产属性的升值获得矿产资源的市场价值，即矿产资源的增值收益。[2]

三、对"以股权转让之合法形式，掩盖规避法律强制性规定之非法目的，实现矿业权实质转让的行为"的法律评价

（一）以股权变动转让矿业权之行为方式

行为人实施"以股权转让之合法形式，掩盖规避法律强制性规定之非法目的，实现矿业权实质转让的行为"，通常会在股权转让协议中作出如下约定：转让范围仅涉及特定的矿业权，其他公司资产依然由转让人享有，负债由转让人继续承担；股东邀请公司股东以外的民事主体参股后，自己退出公司；将公司全部或绝大部分股权向外转让等。[3]

除上述受让人通过取得控股股东地位以获得矿业权之实际控制权，实现矿业权实质转让外，行为人还可以利用股权转让与矿业权转让分属不同法律关系的原理，完成矿业权的实质转让。具体步骤是：行为人依法定程序完成公司内部股东变更登记和工商变更登记。一段时间后，该公司可在股权结构不发生变化的情形下，再向工商行政管理部门申请公司名称的变更登记。而后，持工商行政管理部门开具的股权结构、出资人和出资比例未发生改变的证明文件，到矿产资源管理部门变更矿业权人名称。[4]

---

〔1〕参见何丽丽："房地产公司股权转让法律制度研究"，西南政法大学2007年硕士学位论文。

〔2〕参见赵丽平："以股权转让方式转让土地使用权研究"，西南政法大学2010年硕士学位论文。

〔3〕参见李显冬、王宁："从典型案例看矿业公司股权转让与矿业权变动之效力规制"，载王利明主编：《判解研究》（2011年第2辑），人民法院出版社2011年版，第160~161页。

〔4〕参见何艳丽："采矿权转让法律制度研究与重构"，西南财经大学2010年硕士学位论文。

（二）以股权变动转让矿业权之危害后果

实践中很多人认为，既然受让人通过股权转让获得控股股东地位时，实质上已使对该公司矿业权进行控制、支配并获利的主体发生变更，故“以股权转让之合法形式，掩盖规避法律强制性规定之非法目的，实现矿业权实质转让的行为”以规避矿产资源法律规范强制性规定为目的，那么，其获得的矿业权之实际控制权，不是如“无害的以股权转让方式转让矿业权行为”那般自然、当然地转移，而是故意绕开法律要求必须具备的资质、条件，逃避矿产资源管理部门的监管，达到的矿业权实际控制权的转移，属于以股权转让为名，行矿业权转让之实。对矿产资源国家所有权、矿业监管秩序以及矿业经济地良性发展等均危害较大：

1. 规避法律破坏矿业监管秩序将损害矿产资源国家所有权及公共利益。“以股权转让之合法形式，掩盖规避法律强制性规定之非法目的，实现矿业权实质转让的行为”中，双方当事人真正的交易对象是作为公司资产的矿业权，若受让人据此获得公司控股股东地位，则掌控矿业权并享受其利益的公司实质上已经“易主”，尽管此时矿业权仍属公司。〔1〕

若让在矿业权出让环节未获得矿业权，或不符合矿产资源法律规范规定的资质的民事主体通过受让股权方式，避开国家的审查，获得矿产资源勘查、开采的权利，其在不具备资质和能力的情况下开采矿产资源，极易造成矿产资源的浪费和对周围地质环境的破坏，甚至在纠纷、事故发生时，无法确定矿业公司法定代表人等，扰乱了矿业监管秩序。〔2〕

不符合开发资质要求的受让人以“囤积”或是“炒卖”为目的，通过股权转让方式，不需缴纳高额税费，就获得矿产资源的市场价值，是有损于矿产资源国家所有权的。〔3〕

2. 规避法律将不利于资源的开发利用与优化配置。矿业权转让利润巨大，而勘查、开采矿产资源周期长、风险大、利润低，若炒作矿业权合法化，矿业权人探矿、采矿的积极性必减小。矿业权人若把注意力从勘查、开采矿产

〔1〕参见赵丽平：“以股权转让方式转让土地使用权研究”，西南政法大学2010年硕士学位论文。

〔2〕参见赵丽平：“以股权转让方式转让土地使用权研究”，西南政法大学2010年硕士学位论文。

〔3〕参见赵丽平：“以股权转让方式转让土地使用权研究”，西南政法大学2010年硕士学位论文。

资源转移到“勘查、开采”受让人上，矿业权将成为利益追逐者的“接力棒”，其不利于矿产资源的优化配置。[1]

3. 规避法律多发势必影响国家的财政收入。税收是国家财政收入的主要来源和国家宏观调控的主要手段，对国家财富的积累，财政转移能力和改善民生有重要意义。矿产资源的自然增值应为社会共享，然以规避法律强制性规定为目的的以股权转让方式转让矿业权，“合法”避开矿产资源增值税、营业税等税费的征收，矿业权人及其股东不需缴纳高额税费，履行繁杂审批手续，就可基于矿产资源本身特有的资源属性、财产属性的升值而获得矿产资源市场价值，[2] 实属待价而沽、炒作矿业权、获取暴利，影响了国家财政收入，有违企业之间的公平竞争，国家通过税收手段调控矿业经济的机制亦失灵。[3]

（三）“以股权转让之合法形式，掩盖规避法律强制性规定之非法目的，实现矿业权实质转让的行为”类似于隐藏行为

1. 其本质上是一种隐藏的法律行为。隐藏行为作为意思与表示故意不一致的类型之一，“指当事人之间为通谋虚伪表示，但其真意在于实施产生其他民事法律效果的意思表示，即行为人将其真意隐藏在虚假的意思表示中”。[4] 其以“存在意思表示”，“表示与意思不一致，即意思表示虚假”，“表意人认识到其意思表示虚假”，“表意人与相对人对非真意表示有意思联络”为构成要件。[5]

现行立法尚未就基于隐藏行为所为的民事行为之效力设置一般性规定。学界通说认为，此时表面行为不生效力，但被隐藏的法律行为是否生效，应依据该行为是否符合与之有关的法律规定而定。

换句话说，隐藏行为不因虚假行为的无效而无效，其效力大致可以分为三种：被隐藏行为若符合生效要件，则可以有效；[6] 当被隐藏行为不具备或不完全具备应当具备的生效要件时，隐藏行为不生效；[7] 若被隐藏行为存在

---

〔1〕 参见赵丽平：“以股权转让方式转让土地使用权研究”，西南政法大学2010年硕士学位论文。

〔2〕 参见赵丽平：“以股权转让方式转让土地使用权研究”，西南政法大学2010年硕士学位论文。

〔3〕 参见赵丽平：“以股权转让方式转让土地使用权研究”，西南政法大学2010年硕士学位论文。

〔4〕 王卫国主编：《民法》，中国政法大学出版社2007年版，第120页。

〔5〕 参见马俊驹、余延满：《民法原论》（第4版），法律出版社2010年版，第194页。

〔6〕 参见江平主编：《民法学》，中国政法大学出版社2007年版，第177页。

〔7〕 参见白玉廷、苑全耀：《法律行为研究》，群众出版社2006年版，第296页。

非法目的，损害了国家利益、公共利益或他人合法权益，则行为无效。[1] 我们亦可参照上述三种情形，对以股权转让方式转让矿业权的行为效力进行判断。

2. 类似于隐藏行为的以合法形式掩盖非法目的之矿业权股权转让无效。“以合法形式掩盖非法目的”类似于隐藏行为，“指行为人为了违法目的而实施的以合法形式出现的法律行为，包括以通谋虚伪表示而达成的合法行为隐藏另一非法行为”。[2] 依据《民法通则》第58条第1款第7项[3]、《合同法》第52条第1款第3项[4]的规定，合法的表面行为和非法的隐藏行为均无效。

以合法形式掩盖非法目的不生效力，非意思与表示不一致造成的，是由于该民事行为违反了法律强制性规定或对国家、社会、集体、第三人之合法利益造成了损害。[5]

“以股权转让之合法形式，掩盖规避法律强制性规定之非法目的，实现矿业权实质转让的行为”不同于“无害的以股权转让方式转让矿业权行为”中矿业权转让是股权转让的自然结果。前者的股权转让行为是虚伪的，当事人之真意是在规避法律强制性规定的情形下实现矿业权转让，故依据民事立法关于“以合法形式掩盖非法目的”的规定，“以股权转让之合法形式，掩盖规避法律强制性规定之非法目的，实现矿业权实质转让的行为”，因损害国家利益、公共利益而无效。

四、以股权转让方式转让矿业权的认定

现行法律、法规尚未对以股权转让方式转让矿业权的行为性质、法律效力等问题给予认定，我们不妨借鉴国土资源管理部门在处理以股权转让方式转让与矿业权同属用益物权之土地使用权时的处理方式，以及地方人民法院依据审判实务颁布的指导性意见，为以股权转让方式转让矿业权行为的认定

[1] 参见江平主编：《民法学》，中国政法大学出版社2007版，第177页。

[2] 王卫国主编：《民法》，中国政法大学出版社2007年版，第120页。

[3] 《民法通则》第58条第1款第6项规定：“下列民事行为无效：……（六）以合法形式掩盖非法目的的。”

[4] 《合同法》第52条第1款第3项规定：“有下列情形之一的，合同无效：……（三）以合法形式掩盖非法目的的；……”

[5] 参见王卫国主编：《民法》，中国政法大学出版社2007年版，第120页。

探寻一条途径。

（一）国土资源管理部门针对以股权转让方式转让土地使用权的处理方式

国土资源办公厅认为太古可口可乐有限责任公司将其全部拥有的独资企业太古饮品（东莞）有限责任公司全部转让给可口可乐（中国）投资有限公司的行为包含土地使用权的转移，属于企业资产的整体出售，是土地使用权转让行为，应按照土地使用权的规定办理变更登记。[1]

（二）云南省高级人民法院《关于审理探矿权、采矿权相关纠纷案件的指导性意见》[2]

云南省高级人民法院主张，对于矿业权人之股东的股权转让，若行为人仅转让部分股权，公司资产及相关权证未予移交，实际经营中的矿业权人未发生变更，不能确认行为人以股权转让为名，变相转让矿业权时，可以认定股权转让协议有效；若股东将全部或大部分股权对外转让，公司资产及相关权证予以移交，原矿业权人退出实际经营管理，而争议的主要标的系公司资产及相关权证的归属、投资、收益等，且可以确认为以股权转让之名，行矿业权转让之实时，应依据“以合法形式掩盖非法目的”之规定，认定股权转让协议无效。[3]

（三）通过审查股权转让协议实质内容确定协议效力

从上述国土资源管理部门的处理方式可以看出，行政管理部门不再只关注行为方式，已开始考察转让协议的实质内容和所欲达到的最终目的了。[4]

---

〔1〕参见中国土地矿产资源法律事务中心、国土资源部土地争议调处事务中心编：《土地矿产争议典型案例与处理依据》（第2辑），中国法制出版社2007年版，第195页。

〔2〕《关于审理探矿权、采矿权相关纠纷案件的指导性意见》指出：“对于矿业公司的股份转让，应当根据相关情况进行综合判断，以认定其是否属于变相转让矿业权。当股权转让合同约定了将全部或绝大部分股份进行转让，明确了涉及矿山企业财产及相关权证的移交，在实际经营中原来的探矿权人、采矿权人已经完全退出了矿山的经营管理，由新的经营者进行管理，诉至法院后争议的主要标的系矿山企业及相关权证的归属、投资及收益等时，在审理中可以确认为变相转让矿业权，应当按照《中华人民共和国合同法》第五十二条第（三）项（即‘以合法形式掩盖非法目的’）的规定认定合同无效；如在合同中仅约定了部分股份的转让，不涉及矿山企业财产及相关权证的移交，在实际经营中探矿权人、采矿权人未发生变更，在审理中不能够确认实际是变相转让矿业权的合同，可以认定有效。”

〔3〕参见陈静、陈从喜：“矿业公司股权转让法律规则思考”，载《国土资源情报》2013年第5期。

〔4〕参见中国土地矿产资源法律事务中心、国土资源部土地争议调处事务中心编：《土地矿产争议典型案例与处理依据》（第2辑），中国法制出版社2007年版，第195页。

面对以股权转让方式转让矿业权行为，我们不妨也通过考察转让协议的内容，例如股权是否全部或部分转让；是否邀请其他投资者参股后，邀请人便选择退股；是否只涉及特定矿业权转让，而公司其他资产、债务依然由转让人享有、承担；矿山企业财产及相关权证是否移交；原矿业权人是否退出实际的经营管理等，[1] 探寻当事人所欲达之最终目的，挖掘股权转让行为的实质，以辨别当事人的股权转让行为是否属于“以股权转让之合法形式，掩盖规避法律强制性规定之非法目的，实现矿业权实质转让的行为”。

1. 符合法律规范的，无非法目的的股权转让协议有效，受让人获得矿业权实际控制权是股权转让的自然结果。矿业公司的发展与资本市场的联系日益紧密，其可以利用股权转让的途径进行融资；通过股东或投资者认购股权或资本的方式，增加公司资本总额；以矿业权作价入股；以矿产资源项目新设公司；在无足够经济能力从事勘查、开采矿产资源活动时，选择转让矿业权以获利。[2]

如果转让合同的双方当事人确实没有规避转让矿业权的法律规定之故意，无损害矿产资源国家所有权、公共利益或他人合法权利，且严格按照《公司法》、《合同法》等涉及股权转让的法律规范为行为时，该转让协议的效力应当予以承认。[3] 尤其当合同仅约定了部分股份的转让时，且不涉及矿山企业财产及相关权证的移交，实际经营管理者的变更时，股权转让协议可以认定有效。[4]

因此，无论是股东的股权转让行为，抑或矿业权人增资扩股、作价入股等商事行为，只要满足法律规定的条件，履行法律规定的程序，无害于国家利益、公共利益或其他民事主体的合法权益，都应充分尊重当事人的意思自治。此时，即便受让人获得矿业权实际控制权，也是股权转让的自然结果。

2. 无非法目的的以股权转让方式转让矿业权，当不符合生效要件的瑕疵

[1] 参见李显冬、王宁：“从典型案例看矿业公司股权转让与矿业权变动之效力规制”，载王利明主编：《判解研究》（2011 年第 2 辑），人民法院出版社 2011 年版，第 160 页。

[2] 参见李显冬、王宁：“从典型案例看矿业公司股权转让与矿业权变动之效力规制”，载王利明主编：《判解研究》（2011 年第 2 辑），人民法院出版社 2011 年版，第 160 页。

[3] 参见中国土地矿产资源法律事务中心、国土资源部土地争议调处事务中心编：《土地矿产争议典型案例与处理依据》（第 2 辑），中国法制出版社 2007 年版，第 196 页。

[4] 云南高级法院课题组：“云南矿业权流转的司法问题研究”，载云南省政府网站，访问日期：2014 年 3 月 8 日。

得到补正时，矿业权实际控制权转让便发生效力。[1] 例如，受让人欲通过参与股权转让之商事行为，获得控股股东地位，以控制矿业权，且其不以规避法律强制性规定为目的，亦具备开采矿产资源的资质和能力，即便转让协议符合法律规定，但在其未向公司申请修改公司章程和股东及其出资表或未经工商行政管理部门变更登记时，股权转让协议仅对协议双方当事人产生效力，当其履行上述程序后，矿业权实际控制权发生转移。

3. 以规避法律强制性规定为目的的股权转让协议无效，不发生矿业权转让。如果有证据证明股权转让协议双方当事人确实以股权转让为名，规避矿产资源法律规范强制性规定，以股权转让为名，行矿业权转让之实，令不具备资质、条件的民事主体开采矿产资源，损害到矿产资源国家所有权及基于此产生的社会公共利益，那么，依据“以合法形式掩盖非法目的”的规定，应认定合同无效，将权利状态回复到合同订立时的初始状态，即转让方应返还取得的收益股权转让款，受让方应将取得的股权和证照返还。[2]

同时，依据《公司法》第214条[3]、《矿产资源法》第42条[4]，对于以掩盖法律关于矿业权转让之强制性规定，以股权转让方式转让矿业权的双方当事人，应由相关主管部门依法处理，由工商管理部门吊销营业执照或由矿产资源管理部门没收违法所得等。

五、小结

矿业权转让法律规范系统的严格规定，股权转让成本明显小于矿业权转让，尚无特别法的规制以及矿产资源蕴含的巨大经济利益的诱使，共同“孕育”了以股权转让方式转让矿业权行为的产生。

无论行为人以哪种方式为此行为，也不管是“无害的以股权转让方式转让矿业权行为”，还是“以股权转让之合法形式，掩盖规避法律强制性规定之

---

〔1〕 参见白玉廷、苑全耀：《法律行为研究》，群众出版社2006年版，第296页。

〔2〕 参见中国土地矿产资源法律事务中心、国土资源部土地争议调处事务中心编：《土地矿产争议典型案例与处理依据》（第2辑），中国法制出版社2007年版，第196页。

〔3〕《公司法》第214条规定：“利用公司名义从事危害国家安全、社会公共利益的严重违法行为的，吊销营业执照。”

〔4〕《矿产资源法》第42条规定：“买卖、出租或者以其他形式转让矿产资源的，没收违法所得，处以罚款。违反本法第六条的规定将探矿权、采矿权倒卖牟利的，吊销勘查许可证、采矿许可证，没收违法所得，处以罚款。”

非法目的，实现矿业权实质转让的行为”，本文认为，其追求的结果不外乎有三：其一，依据《合同法》签订了股权转让协议，依据公司法律规范进行了公司内部股东和工商变更登记的，转让人丧失的股权利益，由受让人获得；其二，受让股权可能达到受让公司资产及获取资产收益的效果，因此受让人若取得控股股东地位，则获得矿业权之实际控制权；其三，基于矿业公司股权转让与资产转让存在附随性的特殊性，受让人可能获得矿产资源增值收益。

应当认为，符合法律规范的，无非法目的的股权转让协议有效，受让人获得矿业权实际控制权是股权转让的自然结果；无非法目的的以股权转让方式转让矿业权，当不符合生效要件的瑕疵得到补正，矿业权实际控制权转让便发生效力；以规避法律强制性规定为目的的股权转让协议无效，不发生矿业权转让。简言之，“无害的以股权转让方式转让矿业权行为”应遵循“意思自治原则”；“以股权转让之合法形式，掩盖规避法律强制性规定之非法目的，实现矿业权实质转让的行为”应认定无效。

而对于股权转让协议是否存在非法目的的判断，则通过对股权转让协议实质内容的审查，以探寻当事人真意的方式进行。例如，股权是否全部或部分转让；是否邀请其他投资者参股后，邀请人便选择退股；是否只涉及特定矿业权转让，而公司其他资产、债务依然由转让人享有、承担；矿山企业财产及相关权证是否移交；原矿业权人是否退出了实际的经营管理等。

第三节　以股权转让方式转让矿业权的法律规制

矿业公司股东转让股权行为连通了矿业权市场和资本市场；当矿业权人欠缺经济能力时，通过发挥其融资功能，使矿产资源得以继续勘查、开采；为我国经济发展提供了更好的资源保障。[1] 但如果转让、受让矿业公司股权，只是为了利用股权在法律秩序内可自由转让的规则，进行的是圈占资源，牟取暴利的倒卖行为，那么，将严重危害矿产资源国家所有权、公共利益的实现，影响矿业公司、矿业经济的良性、持续发展，扰乱矿业监管秩序。

资本市场具有投机性、风险性，结合矿产资源由国家所有的特殊性，本

〔1〕 参见陈静、陈从喜：“矿业公司股权转让法律规则思考”，载《国土资源情报》2013 年第 5 期。

文认为，对于矿业权人股权转让，特别是“以股权转让之合法形式，掩盖规避法律强制性规定之非法目的，实现矿业权实质转让的行为”，矿产资源管理部门如何在现行法律、法规未予规定的情形下，以尊重意思自治为前提，正当履行行政管理权的问题，应慎重对待。[1]

一、以“平衡股东个人利益和国家利益与基于矿产资源产生的社会公共利益”为视角规范以股权转让方式转让矿业权

（一）排除对矿业公司股权转让的公法干预有损国家和公共利益

股权转让与矿业权转让分属不同的法律关系，适用的法律规范，受监管的部门亦不一样，若因此忽略股权转让可能对矿业权行使造成的影响，仅依照股权、矿业权的法律属性，由相应的行政管理机关在职权范围内对转让行为进行监管，那么，因工商管理机关对于法定代表人的变更，企业的合并与分立，控股股东的变化等情形的变更登记实行备案制，故股权受让人在不易被察觉的情况下，可能基于其获得的控股股东地位，实际支配公司矿业权，而令矿业权主体发生实质变更。某些时候，可能威胁国家安全、矿产资源国家所有权和战略性核心利益。

以“Vimetco N. V 成为豫联集团和中孚实业实际控制人”一案为例，因股权全部转让协议的签订，豫联集团实际控制人由国资委变更为东英公司。据此，第一大股东为豫联集团的中孚实业的实际控股人亦变更为东英公司。后欧洲最大铝业企业马可公司通过与东英公司签订股权转让协议获得豫联集团股份，并新设合并成立 Vimetco N. V，且通过换股协议最终持有豫联集团78%的股权，成为豫联集团和中孚实业实际控制人。通过代理人收购策略，Vimetco N. V 以豫联集团和中孚公司名义并购国内多家企业，规避政策和舆论压力的同时，整合了其上下游产业。

本案中，外商通过股权转让成为矿业权人之实际控制人的负面影响，除破坏了公法秩序外，还威胁到以经济安全为核心内容的国家安全、矿产资源国家所有权和战略性核心利益。[2] 因此，以股权转让之名，行矿业权转让之

---

〔1〕 参见陈静、陈从喜：“矿业公司股权转让法律规则思考”，载《国土资源情报》2013 年第 5 期。

〔2〕 参见霍金辉：“外商投资我国矿产资源勘采业的法律规制研究——基于国家安全的视角”，河北大学 2012 年硕士学位论文。

实的行为，需要矿产资源管理部门的适当干预。

（二）将资源管理部门的审批作为股权转让之前置程序亦有不妥

市场经济下的股权，因其具有价值而可以在法律秩序内自由转让，这也是资源的流动方式之一，通过股权转让可实现市场资源从低效益的公司流向高效益的公司，优化资源配置，从而提高社会经济效益之目的。

“比例原则〔1〕”通过考量行政行为手段与目的之间的关系，要求行政主体的行政活动在合法范围内。若矿产资源管理部门基于小部分违法行为的存在，对股权转让的私法活动进行干预，不符合行政法上平衡、协调的理念，易损害行政相对人的合法权益。〔2〕

（三）平衡上述两种制度

1. 股权在法律秩序内自由转让的程度取决于股东利益和社会利益的较量。《公司法》关于股权转让程序的规定表明，股权转让的价值目标是平衡股东利益和公共利益：以维护公共利益为前提，最大限度地尊重财产权利人的意思自治。〔3〕与矿业权人之股东转让股权利益相较量的就是矿产资源国家所有权和基于矿产资源产生的公共利益，即矿业权人之股东通过意思自治，自由转让股权获取的最大限度之利益，不能损害矿产资源国家所有权和基于矿产资源而产生的公共利益。一旦股权转让造成国家利益、公共利益受损，行政机关介入则理所应当。

2. 对矿业权人之股东转让股权的行为应有适当的监管措施。基于“受让股权可能达到受让公司资产及获取资产收益的效果”，而且实务中确实存在“以股权转让之合法形式，掩盖规避法律强制性规定之非法目的，实现矿业权实质转让的行为”。

3. 矿管部门也应依其权限范围来合法合理地履行矿业监管行政职能。根据行政法之“比例原则”，行政机关实施行政行为前，应进行利益衡量，选择

---

〔1〕 学界通说认为，行政法中比例原则是指行政权力的行使除了有法律依据这一前提外，行政主体还必须选择对人民侵害最小的方式进行。作为行政法的一项重要的基本原则，比例原则包含适当性原则、必要性原则和狭义比例原则三个子原则。比例原则对我国行政法治建设无疑具有很强的借鉴意义。

〔2〕 参见高仁波：“理性解读与现实探索：行政法比例原则”，载中国法院网，访问日期：2013年3月16日。

〔3〕 参见李显冬、王宁：“从典型案例看矿业公司股权转让与矿业权变动之效力规制”，载王利明主编：《判解研究》（2011年第2辑），人民法院出版社2011年版，第162页。

对相对人利益损害最小且不损害公共利益或虽不得不损害公共利益，但相对人利益大于公共利益的方案。〔1〕矿产资源管理部门也应据此在其权限范围内，既合法，又合理地履行自己的矿业行政监管职能。

二、我国应建立矿业权人股权转让信息披露制度

可以认为，基于矿业权人之股东转让股权对矿业权实际控制权可能产生的影响，既要坚持“意思自治”和“股权在法律秩序内自由转让”原则，又要确保矿产资源管理部门对矿业权人股权变动等可能对矿业权带来影响的信息及时了解，不妨对《证券法》之信息披露制度予以借鉴。

（一）传统的证券信息披露制度

1. 信息披露的概念。证券信息披露有广义和狭义之分，前者指“凡涉及证券市场信息公开事宜的法律制度均可为信息披露制度”，〔2〕后者仅指“证券发行公司在证券的发行、上市、与流通各环节中，为维护投资者利益，依法将与证券相关的一切真实信息予以公开，以供投资者作投资判断参考的制度”。〔3〕有初始信息披露义务和持续信息披露义务之分。

依据《证券法》第21条〔4〕实施的初始信息披露义务，是通过发行人发布招股说明书和募集说明书，帮助投资者理解发行申请文件，加强社会对发行核准的监督；〔5〕持续信息披露义务则要求公司上市期间，定期或不定期公开一切与公司及所发行证券相关的重要信息，其文件主要有上市报告书、定期报告和中期报告。〔6〕

证券商品的交易价值由交易双方对信息的熟知程度和据此作出的判断决定，而上市公司的信息因经营决策的不断变化而呈现出动态，投资者唯有及时了解真实信息，才能作出理性判断。〔7〕发行人对证券信息享有控制权，若其不及时、不真实、不准确、不全面地披露信息，将影响投资者决策的作出，

〔1〕参见张弢：“股权转让中行政审查的审慎义务”，载《法制日报》2005年5月24日。

〔2〕叶林主编：《证券法教程》，法律出版社2005年版，第65页。

〔3〕叶林主编：《证券法教程》，法律出版社2005年版，第65页。

〔4〕《证券法》第21条规定：“发行人申请首次公开发行股票的，在提交申请文件后，应当按照国务院证券监督管理机构的规定预先披露有关申请文件。”

〔5〕参见张严方：《证券法原理》，中国社会科学出版社2009年版，第203页。

〔6〕参见张严方：《证券法原理》，中国社会科学出版社2009年版，第188~189页。

〔7〕参见张严方：《证券法原理》，中国社会科学出版社2009年版，第193~194页。

扰乱证券管理部门的监管。因此，作为证券法律制度的基石，信息披露制度可以令证券的发行和交易透明化，有益于证券欺诈的防范；可以缓解信息不对称性，有益于投资者决策的作出；可以将公司经营管理、人事、资产摊在“阳光下”，有益于社会的监督和行政管理部门的监管，还可使公司不断完善，吸引更多投资，增强市场竞争力。[1]

2. 传统证券信息披露的原则。

（1）信息披露须真实。信息披露须真实是发行人的一般义务，要求其所披露的信息是实际发生或将要发生的情势，是确定存在的，是没有扭曲或粉饰的。若违反真实性原则，发行人将承担相应责任。[2]

（2）信息披露须完整。此处的完整即一切。在不涉及国家秘密、商业秘密的前提下，发行人公开的信息包括涉及证券发行和交易的所有信息，包括影响投资者作出决策、判断的所有信息和发行人内部信息等。[3]当然，完整的信息亦是真实的信息。

（3）信息披露须准确。披露的内容精确，无模糊不清，无歧义。准确的标准依据“是否会给一般理性的资产证券投资者造成投资误解”。[4]

（4）信息披露须及时。发行人应保证在法定时间内，对影响证券价格的情势真实、完整地予以披露。

3. 发行人不实陈述须承担法律责任。具有证券市场信息披露义务的自然人、法人或其他组织，对应披露的信息做虚假陈述，严重误导性陈述或重大遗漏，给受害人造成损害后果，且该损害后果与虚假陈述，严重误导性陈述或重大遗漏存在因果关系时，将依据《证券法》第193条[5]的规定，承担

---

〔1〕 参见刘黎明主编：《证券法学》，北京大学出版社2006年版，第183页。

〔2〕 参见张严方：《证券法原理》，中国社会科学出版社2009年版，第197页。

〔3〕 参见张严方：《证券法原理》，中国社会科学出版社2009年版，第198页。

〔4〕 刘黎明主编：《证券法学》，北京大学出版社2006年版，第184页。

〔5〕《证券法》第193条规定：“发行人、上市公司或者其他信息披露义务人未按照规定披露信息，或者所披露的信息有虚假记载、误导性陈述或者重大遗漏的，责令改正，给予警告，并处以三十万元以上六十万元以下的罚款。对直接负责的主管人员和其他直接责任人员给予警告，并处以三万元以上三十万元以下的罚款。发行人、上市公司或者其他信息披露义务人未按照规定报送有关报告，或者报送的报告有虚假记载、误导性陈述或者重大遗漏的，责令改正，给予警告，并处以三十万元以上六十万元以下的罚款。对直接负责的主管人员和其他直接责任人员给予警告，并处以三万元以上三十万元以下的罚款。发行人、上市公司或者其他信息披露义务人的控股股东、实际控制人指使从事前两款违法行为的，依照前两款的规定处罚。”

责任。

（二）矿业权人信息披露制度的设想

1. 矿业权人依法应负之信息披露义务。本文认为，借鉴《证券法》信息披露制度，矿业权人信息义务也可划分为初始信息披露义务和持续信息披露义务。义务主体为在我国境内注册的矿业公司以及在境外注册但在我国境内从事经营活动的矿业公司。

矿业权人初始信息披露义务主要指矿业公司在其成立之初，应将公司章程、股东名册等涉及公司股权结构，控股股东的认定标准等文件向矿产资源管理部门进行备案，以便矿产资源管理部门日后依据公司章程的规定，股权结构的变动，判定股权转让是否可能引起矿业权实际控制权之转移。

矿业权人之持续信息披露义务主要指矿业权存续期间，矿业权人应就股权结构的变动，股权全部转让，控股股东发生变更，新投资人入股后控股等内部股权变动相关信息以及以矿业权作价入股，收购主要资产为矿业权的其他公司的股权等可能影响矿业权人的经营策略之情势，及时、准确、真实、完整地向矿产资源主管部门披露，由矿产资源管理部门对股权转让协议进行审查。[1]

实务中，青海省就要求矿业权人在股权结构发生变化时，将股权转让协议交矿业权发证机关备案，而不论企业名称、法定代表人、原控股股东是否变化；[2]《上市公司临时公告根式指引第十八号：上市公司矿业权的取得、转让公告》（上海证券交易所）和《信息披露业务备忘录第 14 号——矿业权相关信息披露》（深圳证券交易所），均要求上市公司对主要资产为矿业权的其他公司股权进行收购、出售时，应对矿业权的权属情况和有权部门的审批情况予以披露。[3]

2. 矿产资源管理部门可以要求矿业公司对其股权转让信息予以备案审查。

（1）以行政备案审查保证行政机关对相对人重大行为的知悉，并限制行

---

[1] 参见李显冬、王宁："从典型案例看矿业公司股权转让与矿业权变动之效力规制"，载王利明主编：《判解研究》（2011 年第 2 辑），人民法院出版社 2011 年版，第 167 页。

[2] 《关于印发青海省矿业权转让管理办法的通知》第 6 条规定："企业法人、法定代表人、原控股股东未发生变化，但股权结构发生变化的，矿业权人应持相应的合同向原发证机关备案，并应在 30 日内到原注册地工商管理部门办理股权变更登记。"

[3] 参见李显冬、王宁："从典型案例看矿业公司股权转让与矿业权变动之效力规制"，载王利明主编：《判解研究》（2011 年第 2 辑），人民法院出版社 2011 年版，第 166 页。

政权力强势介入股权转让活动。行政备案指行政机关依法要求行政相对人将与行政管理有关的材料报送，并对该材料进行收集、整理、存档备查，用以收集与行政管理相关的信息，加强行政监督检查。[1]其与行政审批的不同之处在于：因行政机关无自由裁量权，行政备案不产生行政意义上的赋权或解禁之效果，仅是将既有权利或状态向社会公示，便于行政机关的必要记载和监控。[2]

（2）矿产资源管理部门要求备案审查的法律依据。矿产资源管理部门依据《矿产资源法》第11条[3]赋予的矿产资源勘查、开采的监督管理权，有权探寻以股权转让方式转让矿业权的行为合法性和目的合法性。当符合“以股权转让之合法形式，掩盖规避法律强制性规定之非法目的，实现矿业权实质转让的行为”时，矿产资源管理部门出于对国家利益、公共利益的保护，通过其权限范围内的方式，对矿业权人予以规制，例如对矿业权证作出不年审、不续期的决定。具体而言：

通过审查股权转让协议，若认同股权行为及目的具备合法性的，矿产资源管理部门应遵守“股权自由转让原则”，尊重股权转让人和受让人之间的意思自治，任符合转让条件的股东依据法定程序，完成股权转让，股东仅需依据其法律规范系统内诸法的要求实施转让行为，接受工商、证券等行政管理部门的监管；若发现变化的股权结构影响了矿产资源合理利用，阻碍了矿业权的实现时，应督促矿业权人整改；情节严重时，例如“以股权转让之合法形式，掩盖规避法律强制性规定之非法目的，实现矿业权实质转让的行为”，可向工商行政管理部门提出监管建议的同时，对矿业权权证作出不予年检、不予续期的决定。[4]若矿业权人未按规定备案或未及时、准确、完整、真实地予以信息披露的，矿产资源管理部门在其权限范围内，可以运用不予通过

---

〔1〕 参见姜雪：“行政备案的概念及法律属性分析”，中国政法大学2011年硕士学位论文。

〔2〕 参见姜雪：“行政备案的概念及法律属性分析”，中国政法大学2011年硕士学位论文。

〔3〕《矿产资源法》第11条规定：“国务院地质矿产主管部门主管全国矿产资源勘查、开采的监督管理工作。国务院有关主管部门协助国务院地质矿产主管部门进行矿产资源勘查、开采和监督管理工作。省、自治区、直辖市人民政府地质矿产主管部门主管本行政区域内矿产资源勘查、开采的监督管理工作。省、自治区、直辖市人民政府有关主管部门协助统计地质矿产主管部门进行矿产资源勘查、开采的监督管理工作。”

〔4〕 参见陈静、陈从喜：“矿业公司股权转让法律规则思考”，载《国土资源情报》2013年第5期。

年检或其他方式，对矿业权人作出处罚。

矿产资源管理部门可对矿业权人之股权结构情况进行定期或不定期地评估。如若发现股权变化导致矿业权人丧失或不完全具备勘查、开采矿产资源的资质和能力，对矿业权的行使和义务的履行带来影响，或者股权转让、股权结构不符合国家产业政策的，可以要求矿业权人提供控制权变动报告，并要求矿业权人及时进行整改。〔1〕

综上，通过建立矿业权人信息披露制度，由矿产资源管理部门对矿业权人之股东股权转让协议进行备案审查，不仅可以尊重私法自治原则，还能提早防范“以股权转让之合法形式，掩盖规避法律强制性规定之非法目的，实现矿业权实质转让的行为”，亦有利于减少矿产资源主管部门的工作量，提高行政效率和监管力度。此即为契约自由和行政管理权的平衡，令维护股东转让股权的正当利益之“鱼”和防治以股权转让方式转让矿业权行为，以维护国家利益、社会公共利益之“熊掌”，亦可兼得。

三、结合矿业权人内部控制机制共同规范以股权转让方式转让矿业权

尊重私法自治的同时，权利如何正当行使也是应考虑的问题。除建立矿业权人信息披露制度外，我们可以通过提高控股股东自律性的方式，助“规范以股权转让方式转让矿业权”一臂之力。

（一）正确定位矿业权人之控股股东在经营活动中的权限

经济发展的规律和趋势要求公司的所有权与经营权分离。不论公司股权是分散还是集中，股东会都不是常设机关。股东因投入公司事务的时间有限，应将经营管理交给专业的人才实施，以实现公司的高效运作，不可一味地将其个人意思强加给他们。股东参与公司事务应限定在对管理人的监督和公司重大事务决策上，维护董事会的独立地位和公司的治理结构。因此，控股股东不能以其享有控制权而改变股东与管理者之间的权力划分，仅可依据选举董事、对公司重大事务表决等方式对董事予以制衡。〔2〕

（二）对控股股东行使矿业权控制权的约束机制

控股股东积极参与公司治理的关键在于“控制利益”的存在。例如，其

〔1〕 参见陈静、陈从喜：“矿业公司股权转让法律规则思考”，载《国土资源情报》2013 年第 5 期。

〔2〕 参见崔雄：“控股股东参与公司治理法律问题研究”，西南政法大学 2007 年硕士学位论文。

通过组合其他股东资金以实现自己对公司战略或经营方向的偏好。因此，控股股东行使权利过程中，基于其持股比例或出资份额的优势，对公司资源、资产进行支配和管理。若不约束控股股东的控制权，其极有可能为一己私欲而滥用权利，通过矿业权非法牟利，损害其他股东利益、公司利益、社会公益和矿产资源国家所有权。故可通过完善投票制度，加强中小股东的制衡作用；发挥独立董事制度的作用，实现独立董事的制衡；〔1〕利用监事会制衡由控股股东选派构成的董事会等内部权力制衡机制以及借助市场经济价值规律、优胜劣汰和人的理性选择规律，实现对控股股东滥用控制权行为的阻吓之外部市场机制，约束控股股东行使控制权〔2〕。

（三）矿业权人之控股股东的诚信义务

控股股东的诚信义务源自英美国家信托法理论。传统公司法理论认为，诚信义务是董事及高级管理人员对于公司应承担的义务。基于控股股东的实际支配力和影响力对公司和中小股东产生的重大影响，现代公司法理论将诚信义务扩展到控股股东。我国《公司法》第 20 条第 1 款〔3〕、第 21 条第 1 款〔4〕，《上市公司章程指引》第39 条〔5〕，均规定了控股股东的诚信义务，以防治控股股东对控制权的滥用。

控股股东的诚信义务包括处理公司事务时，应尽如同一个合理谨慎的人处于同等情形下对其所经营的事项所给予的注意义务和控股股东不得因自己利益，而损害公司和其他股东合法权益的忠实义务，前者是积极地为公司利益的作为义务，后者则是消极地不得损害公司利益的不作为义务。〔6〕因此，

---

〔1〕参见崔雄："控股股东参与公司治理法律问题研究"，西南政法大学 2007 年硕士学位论文。

〔2〕参见许梅英、韩克勇："论控股股东公司控制权的约束"，载《江汉论坛》2005 年第 9 期。

〔3〕《公司法》第 20 条第 1 款规定："公司股东应当遵守法律、行政法规和公司章程，依法行使股东权利，不得滥用股东权利损害公司或者其他股东的利益；不得滥用公司法人独立地位和股东有限责任损害公司债权人的利益。"

〔4〕《公司法》第 21 条第 1 款规定："公司的控股股东、实际控制人、董事、监事、高级管理人员不得利用其关联关系损害公司利益。"

〔5〕《上市公司章程指引》第 39 条规定："公司的控股股东、实际控制人员不得利用其关联关系损害公司利益。违反规定的，给公司造成损失的，应当承担赔偿责任。公司控股股东及实际控制人对公司和公司社会公众股股东负有诚信义务。控股股东应严格依法行使出资人的权利，控股股东不得利用利润分配、资产重组、对外投资、资金占用、借款担保等方式损害公司和社会公众股股东的合法权益，不得利用其控制地位损害公司和社会公众股股东的利益。"

〔6〕参见崔雄："控股股东参与公司治理法律问题研究"，西南政法大学 2007 年硕士学位论文。

矿业权人之控股股东的诚信义务包括行使表决权和支配矿业权时，从维护公司利益、其他股东利益和国家利益、社会公益的角度，尽如同一个合理谨慎的人处于同等情形下对其所经营的事项所给予的注意义务和控股股东不得为自己利益损害公司和其他股东合法权益的忠实义务。[1]

四、小结

股权转让对矿业权实际控制权可能产生影响，“排除对矿业权人之股东股权转让行为的公法干预”，可能导致损害公共利益之结果；而股权转让和矿业权转让分属不同法律体系，令“资源管理部门的审批作为股权转让之前置程序”亦有不妥。

《证券法》上的信息披露制度，为矿产资源管理部门既尊重“意思自治”和“股权在法律秩序内自由转让”原则，又能实时了解矿业权人股权变动等可能影响矿业权行使的信息，提供了“模板”。

通过矿业权人履行初始信息披露义务和持续信息披露义务，为矿产资源管理部门了解公司股权结构及其变动，控股股东的认定标准及发生的变更等信息和可能影响矿业权人经营策略和矿业权实现之情势，提供了途径。

矿产资源管理部门出于对国家利益、公共利益的保护，则依据法定的监督管理权，对“以股权转让之合法形式，掩盖规避法律强制性规定之非法目的，实现矿业权实质转让的行为”，以其权限范围内的方式，对矿业权人予以规制。对于股权行为及目的均具备合法性的“无害的以股权转让方式转让矿业权”，必须尊重当事人的意思自治。

同时，除矿业权人信息披露之外部控制机制外，还应结合矿业权人内部控制机制的辅助作用，共同防治“以股权转让之合法形式，掩盖规避法律强制性规定之非法目的，实现矿业权实质转让的行为”。

第四节 本章的结论

实践中，矿业权人之股东转让股权的目的形形色色，有单纯地追求利益，

[1] 参见崔雄：“控股股东参与公司治理法律问题研究”，西南政法大学2007年硕士学位论文。

有为其公司长远发展的考量，也有对高额税费的逃避和对法律强制性规定的规避。而“矿业权转让法律规范系统的严格规定”；“股权转让成本明显小于矿业权转让的成本”；“尚无特别法的规制”以及“矿产资源蕴含的巨大经济利益的诱使”，共同促使了以股权转让方式转让矿业权行为的产生。

受让人通过继受股权成为矿业权人之股东，除获得转让人的股权利益外，可能基于其获得的控股股东身份，达到受让公司资产及获取资产收益的效果，即获得矿业权之实际控制权，并基于矿业公司股权转让与资产转让存在附随性的特殊性，还可能获得矿产资源增值收益。而转让人虽丧失股权利益，亦可能“因祸得福”，获得矿产资源增值收益。因此，以股权转让方式控制矿业权，可能是因受让人获得控股股东身份，或是公司股权100%转让后自然、当然的结果，也可能是双方当事人精心设计、刻意追求的结果。为此，依据股权转让之目的和“私法自治”原则，从市场经济的视角，本书将“以股权转让方式转让矿业权”区分为“无害的以股权转让方式转让矿业权行为”和“以股权转让之合法形式，掩盖规避法律强制性规定之非法目的，实现矿业权实质转让的行为”。

本书认为，符合法律规范的，无非法目的的股权转让协议有效，受让人获得矿业权实际控制权是股权转让的自然结果；无非法目的的以股权转让方式转让矿业权，当不符合生效要件的瑕疵得到补正，矿业权实际控制权转让便发生效力；以规避法律强制性规定为目的的股权转让协议无效，不发生矿业权转让。简言之，“无害的以股权转让方式转让矿业权行为”应遵循“意思自治原则”；“以股权转让之合法形式，掩盖规避法律强制性规定之非法目的，实现矿业权实质转让的行为”应认定无效。

对股权转让协议是否存在非法目的的判断，可通过审查股权转让协议的实质内容，探寻当事人真意的方式进行。例如，审查股权是否全部或部分转让；是否邀请其他投资者参股后，邀请人便选择退股；是否只涉及特定矿业权转让，而公司其他资产、债务依然由转让人享有、承担；矿山企业财产及相关权证是否移交；原矿业权人是否退出了实际的经营管理等。

同时，鉴于股权转让对矿业权实际控制权可能产生影响，为确保矿产资源管理部门能够收集到与监督管理矿产资源勘查、开采相关的信息，本文借鉴《证券法》上的信息披露制度，赋予矿业权人披露初始信息和持续信息的义务，为矿产资源管理部门了解公司股权结构及其变动，控股股东的认定标准及发生的变更等信息和可能影响矿业权人经营策略和矿业权实现之情势，提供了途径。矿产资源管理部门出于对国家利益、公共利益的保护，依据法定的矿产资源勘查、开采之监督管理权，对“以股权转让之合法形式，掩盖规避法律强制性规定之非法目的，实现矿业权实质转让的行为”，以其权限范围内的方式，对矿业权人进行规制。而对于股权行为及目的均具备合法性的“无害的以股权转让方式转让矿业权”，则必须尊重当事人的意思自治。

通过建立矿业权人信息披露制度，由矿产资源管理部门对矿业权人之股东股权转让协议进行备案审查，不仅可以尊重私法自治原则，还能提早防范“以股权转让之合法形式，掩盖规避法律强制性规定之非法目的，实现矿业权实质转让的行为”，亦有利于减少矿产资源主管部门的工作量，提高行政效率和监管力度。除平衡了契约自由和行政管理权外，维护矿业权人之股东转让股权的正当利益之“鱼”和防治以股权转让方式转让矿业权行为，以维护国家利益、公共利益之“熊掌”，亦可兼得。

另外，除矿业权人信息披露之外部控制机制外，本书认为还可通过发挥矿业权人内部控制机制的辅助作用，共同防治“以股权转让之合法形式，掩盖规避法律强制性规定之非法目的，实现矿业权实质转让的行为”。

第七章

矿业权流转的重要实现形式

矿业权市场的流转存在的较多问题，关键在于其极不规范。这无疑是《矿产资源法》修改的核心问题。现行《矿产资源法》对探矿权人、采矿权人的主体资格和地位的规定不平等，权利和义务也规定得不具体、不明确。由于进入矿业权市场的门槛过高，手续过于繁杂，影响到了矿业权人投资的积极性。特别是矿业权的二级转让实行部、省两级审批，对矿业企业的资质要进行严格的审查，因此矿业权人从增加自身利益和操作手续简便的角度来考虑，宁愿采用“租赁”或“承包”特别是矿业企业“股权转让”等方式流转矿业权，而不愿意采用“矿业权”转让方式。

而承租方或承包方为了在承租或承包的范围内获得最大利益，往往采取采富弃贫的短期行为，使实践中采取这些方式存在着很多问题，并且实际上许多承包合同和租赁合同的时间都相当长，其实际效果与转让矿业权的效果并无根本性的区别。因而不可避免地造成了实践中当事人之间的隐形转让、非法转让的情况非常之多，而管理机关基于难以取证致使查处得很少。《矿产资源法》第 6 条这一带有计划经济色彩的规定，在实践中其实并无助于矿产资源的有效配置，反而人为地把勘查者的利益和采矿者的利益对立起来，不利于矿业权生产要素的市场配置。

矿业权人应可自由处分自己依法享有之矿业权，但目前矿业权人间的权利买卖，无论是以矿业权作价出资入股、合作、出租等形式都受到较多的限制，致进入门槛过高而窒息了二级市场的正常发展。一方面是流转的迫切需求，另一方面则是现行法规和政府管理的高度管制，这不但使得秘密的地下流转现象非常普遍，许多权利人以"承包"为名，行转让之实；还使得以转让矿山企业股权的形式规避转让矿业权法律限制的种种地下交易非常普遍。管理部门事实上根本没有能力进行监控，更难以及时查处。在矿业权流转市场中，民事案件、行政案件数量增多，政府及公务人员所存在的权力寻租现象在所难免，黑社会势力介入矿业权流转领域现象也普遍存在。

第一节　矿业权出租

一、矿业权出租所涉原则之博弈

（一）*矿业权出租符合市场经济本质的要求*

1. 矿业权作为生产要素其自由流动是市场经济之题中应有之义。我国正在完善具有中国特色的市场经济体制。在市场经济下，市场应对资源配置起决定性作用。市场本来就具有通过产品、服务的供给和需求所产生的复杂的相互作用达成自我组织的机能，所以，让生产要素在市场上自由流动是市场经济之真谛。〔1〕

2. 矿业权出租本属民事主体的自我安排，故应尊重其意思自治。民法既为私法，本就以私法自治为核心并在此基础之上予以建构，当事人不但有权依其自我意志作出自由选择，而且当事人的意思应当受到最大限度的尊重。在财产法领域，私法自治原则自要求经济活动之运作不必经由国家之支配，而应经由个人意思来决定。〔2〕

3. 矿产资源的稀缺性凸显市场经济中社会资源流通的必要性。商品经济的核心特征即商品的流通，而社会分工的愈加细化及资源的有限性，促使商

---

〔1〕 谭俊华："浅议市场经济对资源配置的作用"，载《黑龙江对外经贸》2004 年第 11 期。

〔2〕 林国华："私法自治原则的基础"，载《山东大学学报（哲学社会科学版）》2006 年第 3 期。

品流通广泛而频繁。而在现今市场经济下，更是存在频繁而广泛的物之流通，以解决每个主体所拥有的资源有限问题——矿产资源的稀缺性问题表现得尤为突出，因而越发的关注资源的利用问题——使社会资源得到充分利用。民事主体将物投放到市场中，在市场主体间流转、交换，以互通有无、物尽其用。租赁无疑是不动产及不动产权利进行流转，实现用益的重要方式之一〔1〕，鉴于采矿权租赁符合市场经济的内在要求，故而现实中存在着大量的采矿权租赁现象。

（二）对采矿权出租公法干预旨在构建私法意思自治秩序

1. 公法私权的制度建构需要公权力服务并保障矿业私权利。私权利与公权力之区分，要求公权力只在服务与保障私权利的范围内运行。私法制度中涉及的公法外部管控旨在提供规范流程以保障、确认当事人真意之形成。法律规定必备的条款、要件等，有助于规范法律关系的行为模式，明确当事人的权利义务，有助于当事人更好的形成和表达自己的内心真意。公法规制除了单方行政行为外，更多的是外部证据的确定，例如公示制度。这样的制度运作模式使当事人有了大致预期的可能性，而具体的经济效益则由当事人私法自治，通过市场机制予以解决。同时，实践中存在大量的实质不平等、信息显著不对称等情形，只能由公法予以干预、矫正，为当事人意思自治提供平台、为当事人责任自负构筑真正的意思自治之基础。〔2〕

2. 公权对矿业权的直接规制有利于纠正矿业权市场失灵。私权的行使造成他人负担，发生成本的转嫁，即产生经济学上的负外部性。社会成员（包括组织和个人）从事经济活动时其成本与后果不完全由该行为人承担，外部性扭曲了市场主体成本与收益的关系，会导致市场无效率甚至失灵，而负外部性如果不能够得到遏制，经济发展所赖以存在的环境将持续恶化，最终将使经济失去发展的条件。

同时，由于开采矿产资源的过程中所产生的负外部性影响反应迟滞、影响面广泛、影响后果难以补救，再加上因交易成本和信息收集而无法进行私人谈判〔3〕，这就需要政府“事先管制，通过阻止妨害的制造者出现而把外

〔1〕 原振雷、冯进城、薛良伟：“矿产资源开发利用的经济学特性及其优化配置”，载《中国矿业》2006年第4期。

〔2〕 龙卫球：“公法和私法的关系”，载中国民商法律网，访问日期：2013年11月10日。

〔3〕 康纪田：“采矿权制度的产权分析”，载《行政与法》2006年第9期。

部性成本减少到最少”[1]，如此对私人产权的行使给予一定限制，就可以防止权利滥用而造成的对他人的损害。

澳大利亚农业与资源经济局向联邦政府提供的一份采矿报告中即提出，“政府对采矿及矿产品加工部分进行政策干预的最主要目的之一就是纠正明显的市场失灵”[2]。在产生负外部性后，由相应主体承担相应的民事及行政责任甚至刑事责任。

3. 资源领域的公法干预首先旨在保障国家经济与国防安全。我国现时对矿产资源的需求旺盛，加之目前全球经济波动较大，而矿产资源又是对国家安全和经济发展有深远影响的战略性资源，因此有必要予以一定的干预与监管，以保障国家国防安全和经济安全。[3]

如美国对联邦拥有所有权的矿产资源不允许外国公司或个人申请矿业权，外国主体往往通过持股方式间接拥有矿业权。美国 1977 年《能源部组织法》对能源的统计分析职能进行了分配，规定了要对外国资本控制本国能源资源的情况进行监视和报告。2007 年，美国国会批准通过《外国投资与国家安全法案》，加强了对外国公司投资美国资产的审查与限制，其中加强了外国企业是否为他国政府所控制的审查，是否涉及与美国国家安全有关的核心基础设施、核心技术及能源等核心资产的审查。澳大利亚、俄罗斯等国亦有类似的规定。[4]

二、现行法有关矿业权出租的规定

（一）改革开放后我国矿业权出租制度之历史沿革

1. 改革开放之初法律法规均禁止矿业权转让、出租或抵押。1986 年颁布实施的《矿产资源法》、1994 年颁布实施的《〈矿产资源法〉实施细则》禁止矿业权的转让、出租和抵押。1986《矿产资源法》第 3 条第 4 款明确规定“采矿权不得买卖、出租，不得用作抵押”；第 42 条规定：“买卖、出租或者其他形式转让矿产资源的，没收违法所得，处以罚款。买卖、出租采矿权或

[1] [美] 罗伯特·考特、托马斯·尤伦：《法和经济学》，张军等译，上海三联书店、上海人民出版社 1994 年版，第 246 页。

[2] 国土资源部地质勘查司编：《各国矿业法选编》，中国大地出版社 2005 年版，第 733 页。

[3] 明贵栋：“战略矿产资源应实施国家管制”，载《中国工业报》2007 年 3 月 13 日第 A3 版。

[4] 陈丽萍、孙春强：“国外矿业权交易相关制度简述”，载《国土资源情报》2010 年第 5 期。

者将采矿权用作抵押的，没收违法所得，处以罚款，吊销采矿许可证”；《〈矿产资源法〉实施细则》第 42 条第 3 项进一步规定：“买卖、出租或者以其他形式转让矿产资源的，买卖、出租采矿权的，对卖方、出租方、出让方处以违法所得一倍以下的罚款”。在这一时期，禁止任何形式的矿产资源或矿业权的市场流通，矿业权处于一种无法流转的状态，是在计划经济体制下进行的制度安排。

2. 1996 年颁布的《矿产资源法》规定矿业权在满足一定条件下可以转让，但所规定的条件过于严格。1996 年《矿产资源法》出台于我国经济体制改革初期，对矿业权流转制度进行了一定的修订，取消了“采矿权不得买卖、出租，不得用作抵押”的规定，允许矿业权一定条件下的转让，第 6 条规定：“除按下列规定可以转让外，探矿权、采矿权不得转让：（一）探矿权人有权在划定的勘查作业区内进行规定的勘查作业，有权优先取得勘查作业区内矿产资源的采矿权。探矿权人在完成规定的最低勘查投入后，经依法批准，可以将探矿权转让他人。（二）已取得采矿权的矿山企业，因企业合并、分立，与他人合资、合作经营，或者因企业资产出售以及有其他变更企业资产产权的情形而需要变更采矿权主体的，经依法批准可以将采矿权转让他人采矿。前款规定的具体办法和实施步骤由国务院规定。禁止将探矿权、采矿权倒卖牟利。”

1998 年 2 月，国务院相继颁布施行了《矿产资源勘查区块登记管理办法》、《矿产资源开采登记管理办法》、《探矿权采矿权转让管理办法》（以下简称《转让管理办法》）三个配套的行政法规，对矿法的基本法律制度进行了细化，提高了 1996 年《矿产资源法》的可操作性，并确定了矿业权（探矿权、采矿权）的财产属性和商品属性，强化了矿业权的排他性。

但 1996 年《矿产资源法》并未明确采矿权是否可以出租，且规定的流转条件过于严格，仍带有浓厚的计划经济色彩，尤其“禁止将探矿权采矿权倒卖牟利”的规定和市场经济的本质不符，亦与鼓励矿业权交易、健全矿业权二级市场的精神不符。这主要是由于当时处于从计划经济向市场经济的转轨阶段，对市场的作用仍存在疑虑，1996 年《矿产资源法》规定有一定的合理性，但在需要健全完善矿业权二级市场、促进形成规范有序的矿业权流转市场的当下中国，这条制度已不再适应，应当予以废除。

3. 2000 年颁布的《矿业权出让转让管理暂行规定》（以下简称《暂行规

定》）首次明确允许矿业权出租只是立法层级较低且部分规定失之允当。2000年国土资源部颁布实施的《暂行规定》首次明确了矿业权可以进行出租，[1]为我国矿业权流转制度的改革进行了积极、有益的探索。但该规范仅为国土资源部的规范性文件，尽管有行政立法实验与促动矿业权市场化改革的合理缘由，但终因效力层级较低，突破了矿产资源法与实施细则的相应规定，而有违宪之嫌。[2]故而应当将有关规定尽快上升到修法层面。同时由于该暂行规定所处的特定历史条件及立法者的有限理性，部分规定有失妥当，亦应有选择地予以扬弃。

（二）矿业权出租的概念

1. 2000年颁布的《暂行规定》并未规定探矿权出租。根据2000年《暂行规定》，矿业权出租是指矿业权人作为出租人将矿业权租赁给承租人，并向承租人收取租金的行为。我国《矿产资源法》规定，矿业权包含探矿权和采矿权。探矿权设置的目的在于在所勘查的区块之内优先取得所勘查矿产资源的采矿权，勘查的过程本身并不带来直接收益，相反，勘查的过程需要投入大量的人力与物力，即从根本上来说，探矿权人是为了取得将来采矿的权利才去投资勘查探明矿产资源的。而不论是不动产还是动产，甚至是权利，对其进行租赁之目的都在于用益。[3]

由此可见，探矿权的“优先获得采矿权”的期待权并不具备现实的用益功能，与租赁的本质相去甚远，因此探矿权不适合出租。而《暂行规定》在矿业权出租项下的进一步规定也仅出现了采矿权的概念，并未提及探矿权，自表明该规定并不承认探矿权的出租。因此，建议在矿产资源法的修订中对此予以明确，避免实践中的混乱。

2. 世界各国一般均明确矿业权出租仅为采矿权的出租。《法国矿业法典》

[1]《矿业权出让转让管理暂行规定》第6条明确规定：“矿业权人可以依照本办法的规定采取出售、作价出资、合作勘查或开采、上市等方式依法转让矿业权。”

[2]《立法法》第80条规定：“国务院各部、委员会、中国人民银行、审计署和具有行政管理职能的直属机构，可以根据法律和国务院的行政法规、决定、命令，在本部门的权限范围内，制定规章。部门规章规定的事项应当属于执行法律或者国务院的行政法规、决定、命令的事项。……”第88条规定：“法律的效力高于行政法规、地方性法规、规章。行政法规的效力高于地方性法规、规章。”因此，若部门规章与法律、行政法规相抵触，即归于无效。

[3] 刘光华、薛建伟：“论我国矿业权取得及流转中的相关实务问题研究”，载《生态文明与环境资源法——2009年全国环境资源法学研讨会（年会）论文集》。

第 119 - 5 条规定矿山或采场的开采许可证的出租，只有经批准后方能生效；《日本矿业法》第 13 条明确规定："采掘权可以成为租矿权的标的"；《韩国矿业法》第 13 条规定矿业权除可进行继承、让渡、租矿权或抵押权的设定、滞纳处分和强制执行外，不能当作权利的标的，且该法第 5 条第 2 款规定租矿权是指依设定行为在他人矿区采掘和取得作为矿业权目的矿物的权利。

这些地区的立法对探矿权、采矿权的流转方式也有着明确的规定，却只明确规定采矿权在一定条件下可以出租，应当认为，其暗含着探矿权不得出租。

3. 必须厘清采矿权流转中租赁与承包的法律区别。《转让管理办法》第 15 条规定禁止将采矿权以承包等方式擅自转给他人开采经营；《暂行规定》第 38 条规定禁止将采矿权以承包等方式转给他人开采经营。矿山工程是需要大量人力物力与技术的工作，特别是采矿、掘进与剥离工程。在实践中为减少前期投资，一般矿山企业很少实施自营，而大量采用工程外包方式。[1] 实践中还存在采矿权主体自己组织开采，但将矿产品承包给他人依法进行销售的情形。

贵州省高级人民法院联合贵州省国土资源厅于 2003 年发布的《关于处理乡镇煤矿采矿权案件的若干意见（试行）》中，即对煤矿承包案件区分经营性承包和劳务性承包合同，并将经营性承包合同认定为采矿权出租的一种形式，应当具备采矿权转让的条件。云南省高级人民法院 2009 年下发的《关于审理涉及探矿权、采矿权相关纠纷案件的指导性意见》将采矿权经营性承包合同认定为无效。[2]

采矿权出租与采矿权承包的区别主要在于以下几点：

（1）权利义务的内容不同。承包合同的主要内容应是采矿工程或者劳务的承包，而采矿权出租是以采矿权为标的物设定的租赁关系。

（2）对矿产品所有权的享有不同。采矿权租赁中，承租人享有矿产品的所有权，并从处分矿产品中直接获得收益，而承包中，发包人负责矿产品的

---

〔1〕 李四德、李瑞元："加强矿山工程承包管理，提高安全综合治理水平——矿山企业工程承包管理问题探讨"，载《经济管理》2009 年第 3 期。

〔2〕 云南省高级人民法院《关于审理涉及探矿权、采矿权相关纠纷案件的指导性意见》规定："四、对于当事人签订的承包合同中约定将采矿许可证项下的矿山全部或者部分承包给他人进行采矿，由承包人交纳一定数额的承包费，开采出来的矿产品由承包人享有，由承包人自负盈亏、独立核算，可以视为以承包方式擅自转让全部采矿权或者部分采矿权的，人民法院应当认定合同无效。"

生产、经营、销售、调运、过磅、货款结算等生产经营活动，承包人并不享有矿产品的所有权，获得的是合同约定的发包人给付的劳务收益。

(3) 对日常经营管理的责任不同。发包人不得退出对矿山企业的日常经营管理，而采矿权出租中，矿业权人虽仍然是法定义务的承担者，但通常退出对矿山企业的日常管理。[1]

(三) 我国目前采矿权出租的条件

1. 对出租的行政管制应旨在维护物尽其用的矿业生产要素之交易。《暂行规定》第36条规定，矿业权的出租按照矿业权转让的条件和程序进行管理，由原发证机关审查批准；第49条第2款规定，矿业权出租应当符合国务院规定的矿业权转让的条件；而根据《转让管理办法》的规定，已经取得采矿权的矿山企业，因企业合并、分立，与他人合资、合作经营，或者因企业资产出售以及有其他变更企业资产产权的情形，需要变更采矿权主体的，经依法批准，可以将采矿权转让他人采矿。

同时，转让采矿权，应当具备下列条件：矿山企业投入采矿生产满1年；采矿权属无争议；按照国家有关规定已经缴纳采矿权使用费、采矿权价款、矿产资源补偿费和资源税；国务院地质矿产主管部门规定的其他条件。国有矿山企业在申请转让采矿权前，应当征得矿山企业主管部门的同意。这些规定均旨在尽可能地避免矿业权二级市场中的不事生产而仅为投机炒矿的行为，但矿业本是资金密集型、技术密集型的产业，需要充分的资金涌动，在市场经济国家，矿业权交易十分普遍，一宗矿业权交易数十次乃至上百次的现象屡有发生。[2]

由此可见，对采矿权流转的过分限制并不利于此产业内资源的优化配置。其中已经缴纳相关税费的条件设置亦存在不妥，采矿权人通常正是由于资金周转不灵而产生流转之需要，故建议应修改为：转让（广义）的价款须优先缴纳已产生的相关税费。

2. 矿业行政管制的客体主要应是采矿行为。根据《暂行规定》第13条的规定，矿业权承租人应当具备相应的资质条件。矿产资源的开采要求具备

---

〔1〕 师安宁："以'承包'方式进行矿业权投资的法律风险"，载《人民法院报》2008年11月9日第7版；云南省高级人民法院课题组："正确认定涉矿合同效力，规范矿业市场健康发展——云南法院审理探矿权采矿权纠纷案件的调研报告"，载《人民法院报》2009年9月17日第5版。

〔2〕 陈丽萍、孙春强："国外矿业权交易相关制度简述"，载《国土资源情报》2010年第5期。

一定的技术水平、设备与人员配置、资金能力等有着深厚的综合考虑：其一，矿产资源的合理开发与利用，其二，矿产资源开采中的环境污染的防治，与重大安全事故的避免。现行法律和管理体制中，国土资源管理部门对资源进行管理，也对矿业权进行管理，还对采矿权人合理开采利用矿产资源进行监管。如前所述，公权力只在服务与保障私权利的范围内运行，公权力所应规范管制的应该是市场经济无法规范的范围，尤其是矿业权行使过程的负外部效应。

具体在此处则表现为：对矿产资源的管理应着重于国家的税费机制的建立健全；矿业权权利义务的清晰界定与矿业权的行使得避免不必要的行政干预，使得矿业权人对相应矿产资源的开发作出全面、长远的判断，进而实现合理开发利用矿产资源。现行矿业权有关立法将调整矿业权流转的私法性规范与调整矿业开发管理的公法性规范不加区分，混淆了主体法和客体法〔1〕，也混淆了矿山开发管理的行政许可与矿业权物权属性及其自由流转之间的区别。〔2〕矿业行政管制的客体主要应是采矿作业相关行为，如矿山安全设施和环保设施的设置、合理合规开采等等，而并非人或物本身。我国采矿权流转制度应借鉴我国在土地立法方面的经验，严格区分矿业市场准入资格和矿业权物权的区别，将矿业市场准入的行政许可与矿业权物权权属证书分别管理，而将采矿权的流转交由当事人的意思自治。〔3〕

（四）我国目前有关采矿权出租的法律限制

1. 关于采矿权租赁法律关系之“用益债权”说。《暂行规定》第50条第2款规定，已出租的采矿权不得出售、合资、合作、上市。

允许出售已经出租的采矿权固然存在一定的风险，但市场经济运行的条件与本质即市场主体假定为理性经济人，每个人是自己利益最大化的决策者。只要信息完全、真实、准确和及时地公开，市场机制与法律制度完备，市场中的主体有能力作出自己的选择和判断，实现趋利避害，自我保护。因此应当由抵押权人来进行判断和权衡，而非由法律一概进行“家父”式的管理，过多的干预甚至会事与愿违。

---

〔1〕 李显冬：《中国矿业立法研究》，中国人民公安大学出版社2006年版，第45页。

〔2〕 李显冬、刘宁：“矿业权物权变动与行政审批之效力研究”，载《国家行政学院学报》2011年第1期。

〔3〕 蒋文军主编：《矿产物权疑难法律问题解析与实务操作》，中国法制出版社2008年版，第56页；康纪田：“我国矿山开采管理‘三权分立’模式初探”，载《中南大学学报》2011年第3期。

同时，将采矿权进行出租是发挥采矿权的使用价值，而将采矿权进行出售利用的则是采矿权的交换价值。虽然交换价值建立在使用价值的基础之上，但是二者并不完全等同。根据合同法的规定，租赁物在租赁期间发生所有权变动的，不影响租赁合同的效力，采矿权人转让采矿权时，不仅转让了这一准用益物权，同时转让了该权利上的负担，受让人继受原采矿权人的负担继续履行出租人的义务，即继续将采矿权的相应部分出租于承租人，供承租人占有、使用、收益。禁止矿业权出租人将其矿业权再行转让他人的规定，不利于矿业权人充分利用其矿业权，限制了采矿权人的意思自治，同时也不利于物最大限度地发挥其效用。[1] 采矿行业的特殊性不足以构成禁止出售已出租采矿权的充分理由。

根据《暂行规定》第42条的规定，合作勘查或合作开采经营是指矿业权人引进他人资金、技术、管理等，通过签订合作合同约定权利义务，共同勘查、开采矿产资源的行为。若以采矿权进行合资，也需提供相应采矿权以供支配，已出租的采矿权已由采矿权人交由承租人直接支配，自不能另行提供他人共同开采矿产资源。该规定是合理的。

而上市即首次公开发行股票，企业通过证券交易所首次公开向投资者增发股票以期募集用于企业发展的资金，上市要求较高程度的信息披露，采矿权的价值本身具有一定的不确定性，加之出租将使采矿权的价值大打折扣且用益程度较难确定，而鉴于我国证券市场尚不稳定，机制尚不健全，此时信息的极不对称性将使投资者极具风险，从而暂行规定禁止了已出租采矿权的上市，具有一定的合理性。

2. 采矿权租赁之抵押同样适用“抵押不破租赁”的规则。《暂行规定》第50条第2款规定，已出租的采矿权不得设定抵押。但我国《物权法》第190条规定，订立抵押合同前抵押财产已出租的，原租赁关系不受该抵押权的影响。抵押权设立后抵押财产出租的，该租赁关系不得对抗已登记的抵押权。因此，在已出租的采矿权上设定抵押并不影响承租人的权利。

同时，如前所述，“家父”式的管理实无必要，设定抵押为采矿权人与抵押权人之合意，法律无须也不应对当事人安排自己的事务干涉过多。禁止采矿

---

〔1〕 张爱琪、胡卫：“矿业权流转中的疑难问题及对策研究”，载《人口·社会·法制研究》2011年第1期。

权人在已经出租的采矿权上设定抵押，对保护矿业权租赁关系双方的利益并无太大意义，而与禁止出售已出租的采矿权相类似的是，此举限制了采矿权人对采矿权交换价值的利用，堵塞了以设定抵押的方式进行融资的渠道〔1〕。

（五）采矿权出租人的法定义务

1. 采矿权人并没有退出与国家之间的用益物权法律关系。采矿权的转让是采矿权这一物权的转让，权利受让人继受原采矿权人的权利义务，原采矿权人退出采矿权法律关系；采矿权出租中，采矿权出租人为采矿权承租人设定了以租赁为内容的债权，但采矿权出租人仍为采矿权这一用益物权的主体，出租人并没有退出采矿权法律关系，应当继续遵守相应法律法规及矿业权出让合同的约定，仍然需要履行采矿权人的义务并承担法律责任。〔2〕《暂行规定》第49条第3款即规定，矿业权人在矿业权出租期间继续履行矿业权人法定的义务并承担法律责任。

而根据我国《矿产资源法实施细则》第31条的规定，采矿权人的义务有：在批准的期限内进行矿山建设或者开采；有效保护、合理开采、综合利用矿产资源；依法缴纳资源税和矿产资源补偿费；遵守国家有关劳动安全、水土保持、土地复垦和环境保护的法律、法规；接受地质矿产主管部门和有关主管部门的监督管理，按照规定填报矿产储量表和矿产资源开发利用情况统计报告。

2. 与矿产资源开采行为"绑定"在一起的义务不可移转。

（1）采矿权人的义务按照是否转移给采矿权承租人分为两类。按照是否转移给采矿权承租人，采矿权人的义务可分为两类：一是可以转移给承租人的义务，如缴纳相关税费的义务；二是不可以转移给承租人的义务，剩余的义务便是此类。但是第二类的义务本为矿山经营人因生产、经营矿山而衍生的安全生产、合理经营、资料汇交、接受相关主管部门监督管理等义务，这些义务是因生产、经营而生之义务，可以说是与矿产资源开采"绑定"的。〔3〕

（2）采矿权出租的意思自治决定了有关责任须其自负。有学者认为，采矿权人此时作为出租人，并不实际运营矿山，无法履行此类义务，与此同时，

〔1〕刘光华、薛建伟："论我国矿业权取得及流转中的相关实务问题研究"，载《生态文明与环境资源法——2009年全国环境资源法学研讨会（年会）论文集》。

〔2〕孙宏涛、田强："论矿业权的流转"，载《中国矿业大学学报》2005年第3期。

〔3〕田峰："矿业权租赁若干法律问题研究"，载《重庆与世界》2011年第13期。

采矿权人在与承租人的关系中仅处于出租人的法律地位，二者仅存在民法上的合同之债，采矿权人对承租人的权利局限于请求支付租金的权利，而请求承租人合理开采等权利并不具有事实上的执行力，而对于资料汇交、接受监管的义务更是难以履行。[1]

实际上，虽然采矿权人与承租人间仅存在民法上的合同之债，但债本就是“法律上可期待的信用”[2]，出租人必然对承租人全面适当履行合同义务抱以期待，而在承租人不履行或不适当履行并造成其损害时，出租人可以选择救济方式，不论是以承租人交纳的违约定金、保证金的抵扣或是向承租人请求损害赔偿等方式对损失进行弥补。而若在这些制度安排设计仍然不足以弥补其损失时，属于出租人对自己事务安排之风险判断出现了失误甚至错误，只能对自己的决定负责，此处也正是意思自治决定了责任自负。

因此，法律要求采矿权人继续履行因生产和经营而产生的公法义务并在未履行义务时承担法律责任的规定是合理的。

三、完善对采矿权出租的监督管理制度

采矿权出租主要属于私权自治的范围，应当充分尊重当事人意思，并尽可能发挥物之效用，但采矿权租赁制度的设计亦须关注矿业行业的特殊性所导致的安全生产、关注公共利益等要求。因此，在建构采矿权租赁制度时，仍需关注以下几点：

（一）对采矿权出租相关主体资质的审查

1. 政府对矿业活动的监管主要应体现于对各类具体作业主体行为的监管。采矿权行使中，除矿业权人外，还涉及很多从事各类开采及有关矿业作业的主体，比如矿山经理、矿山安全经理等。一些发达矿业国往往对矿业权人的准入资格要求相对较低，政府对矿业活动的监管主要体现在对各类作业主体的监管上[3]。矿业权承租人并不一定为实施某项具体矿业作业的主体，因

---

〔1〕 李显冬、刘志强：“公权‘守护’下的矿业权流转”，载《中国改革》2008 年第 3 期。

〔2〕 张俊浩主编：《民法学原理》，中国政法大学出版社 1997 年版，第 542 页。

〔3〕 如美国矿山安全与健康局制定的矿山安全与健康标准，包括了煤矿和非煤矿的详细标准：从设计到施工、从开工到报废、从地面到地下、地质测量、采煤、掘进、通风、瓦斯、煤尘、防火、治水、环保、复田、提升、运输、机电设备、仪表器具、检验程序、取样方法、授权单位、收费标准、人员资格、培训考试、事故登记、调查处理、起诉、奖惩赔偿等无所不包。此外，各州政府还根据情况，制定本州的法规，作为补充。

此，政府需要负责审查的要点应是建设单位而非矿业权承租人，审查内容应在于其是否拥有所开采矿种的资质；采矿过程中的环境保护和闭坑后的环境恢复是否有保障，采矿过程中环境破坏和污染的控制措施是否得当；安全生产和突发事故善后处理是否有保障，以及是否有保证安全的技术措施；是否缴足了环保保证金、安全保证金等。〔1〕

2. 将矿业市场准入的效力性行政许可与矿业权物权权属的行使区分开来。如前述，鉴于采矿权与土地使用权的相似性，我国矿业权流转制度改革应借鉴我国在土地立法方面的经验，严格区分矿业市场准入资格和矿业权物权的两种不同的法律，同时，参照我国对房地产开发经营资格的管理制度，对矿产资源的开采实施严格的效力性行政许可与资质管理制度〔2〕，而放松对矿业权在市场中流转的管制。

（二）建立采矿权出租登记制度并使之不断完善

1. 采矿权出租登记公示制度旨在维护交易安全。登记制度是针对不动产物权及其变动而设计的公示制度。公示将物权的实际状态表彰于外，通过对交易人信赖的保护，使交易人超越信息成本的局限而做出决定进行交易，从而在不增加第三人交易成本的前提下即可保障正常的交易秩序。〔3〕于采矿权出租更是如此。加拿大马尼托巴省矿业法即规定："登记员可以在矿业权登记簿上登记将会影响矿业权权利状况的财产转让证书、售据、期权、信托、契约、抵押、债券、收费、留置权、中止诉讼手续的申请或其他文件。"〔4〕

2. 在不增加交易成本的前提下保障正常市场交易秩序。采矿权的出租涉及缴纳税费、安全生产、合理开采、提交报告、接受监管等义务的履行，同时还决定了采矿权的支配、使用主体，无疑对采矿权的交换价值有着重大影响，进而影响对已出租采矿权的处分、抵押等。

---

〔1〕 张文驹："矿业市场准入资格和矿权主体资格"，载《中国国土资源经济》2006 年第 10 期。

〔2〕 蒋文军主编：《矿产物权疑难法律问题解析与实务操作》，中国法制出版社 2008 年版，第 56 页；康纪田："我国矿山开采管理'三权分立'模式初探"，载《中南大学学报》2011 年第 3 期。

〔3〕 田银辉："物权公示原则解析"，载中国法院网，访问日期：2014 年 11 月 10 日。

〔4〕 笔者注：我国《暂行规定》第 54 条仅有办理注销出租手续的规定，可能是考虑到现行制度下，采矿权出租本就需要审查批准，因此，已出租的采矿权自会在主管机关文件内存有记录、档案；同时，因禁止将已出租的采矿权进行出售、合资、合作、上市或等行为，采矿权出租后无流转的空间，也就没有交易安全需要维护了。

第二节　矿业权抵押

一、矿业权抵押制度概述

（一）矿业权的财产价值使其成为融资担保的重要金融工具

1. 矿业权依法属于财产抵押法定范围之内的民事权利。2014年7月16日，国土资源部发出通知，根据《物权法》、《担保法》的有关规定，为保证财产权人依法行使抵押权，停止执行《暂行规定》第55条的规定。

2000年11月1日，国土资源部以国土资发〔2000〕309号印发《暂行规定》，分总则、矿业权出让、矿业权转让、监督管理、附则共五章69条。其中，第55条为：矿业权抵押是指矿业权人依照有关法律作为债务人以其拥有的矿业权在不转移占有的前提下，向债权人提供担保的行为；以矿业权作抵押的债务人为抵押人，债权人为抵押权人，提供担保的矿业权为抵押物。

业内人士表示，《暂行规定》第55条停止执行，主要是为了与《物权法》、《担保法》等法律法规中有关抵押的规定保持一致，恢复了财产抵押的法定范围，这在法律上意味着，矿业权人既可以用矿业权的债务设定抵押，也可以作为第三方，将该矿业权抵押给债权人。〔1〕

2. 探矿权特别是采矿权所具有的财产权价值属性是使其成为融资担保重要金融工具的前提和基础。在20世纪60年代以前，矿业开发主要利用投资者自有资金，包括企业自身的利润积累和股本资金，很少利用债务资金。在开采技术迅速提高和资源需求的极度扩张中，开发仅依靠自有资金已不现实。〔2〕因此矿业权人便需要进行融资，探矿权、采矿权具有财产权的价值属性，都是融资担保的重要金融工具。根据矿业权的物权属性和财产权属性，矿业权抵押是矿业权财产权市场化的必然产物，这不但是矿业成熟的市场经济国家的通行做法，而且也是适应我国建立矿业权市场的需要。〔3〕只要抵押财产状况符合了其能抵押的上述条件，在法律并不能详尽列举可能抵押之物

〔1〕“《矿业权出让转让管理暂行规定》第55条停止执行”，载新民网，访问日期：2014年7月23日。

〔2〕袁华江：“论采矿权抵押的经济法律特性”，载《西部经济管理论坛》2011年第3期。

〔3〕许朋伟、胥莉：“浅议矿业权抵押”，载《法制与经济》2010年第6期。

的客观现实下，除却特别法的禁止性规定，均应视作“其他可以抵押的财产”并承认其效力。[1] 故而，矿业权既可以出资入股，就应可予抵押。[2]

（二）我国矿业权抵押制度的现实意义

1. 矿业权抵押能够满足矿业权投资者的资金需求。我国是矿业资源大国，截至2009年时已探明拥有10.6万个采矿权，3.87万个探矿权。[3] 从各地区目前的操作实践来看，矿业权受让人在勘查、开发的初期需要大量的资金投入，而且要一次性支付较大数额的矿业权价款和矿业权使用费，但是矿业权投资者在勘探、开发、利用的初期，还没有从矿业权项目中获得收益。

因此，矿业权抵押制度便可以很好地满足矿业权人的融资需求，解决矿业权人缺乏后备资金的困难，进而有利于我国矿业经济体系的完善。

2. 矿业权抵押有利于债权人参与矿业投资开发从而获利。以矿业权为抵押标的的商业贷款在还款来源上不同于信用贷款，也不同于消费贷款。其还贷本质上依赖于抵押品即矿业权的收益或者矿业权市场转让交易价值的实现，这种贷款的抵押品与还贷来源是同一的。[4] 在经济全球化的今天，资源成了财富的代名词。[5] 对于不可再生的矿产资源，消耗量越来越大，因此矿产资源便显得愈发的稀缺，矿产价值在不断攀升。随着商业银行资金来源的多元化，对收益和风险的要求也会不同，矿业权抵押对于贷款方商业银行而言，不仅能够促进资金的流动，而且有利于其拓展贷款业务。[6]

3. 矿业权抵押已经成为商业银行一项重要的信贷业务。矿业权人将矿业权设定抵押的类型依目的划分通常有三种：

第一，矿业权人以矿业权担保其自身债务的履行。这种情况下，抵押权人是矿业权人的债权人。

第二，矿业权人将矿业权抵押给银行等金融机构以获得融资。这种情况下，矿业权人为了扩大生产经营的需要，将矿业权抵押给银行等金融机构以获得融资，抵押权人为我国境内经中国人民银行批准有贷款业务经营权的银

[1] “采矿权抵押的法律依据及抵押效力”，载富宝资讯，访问日期：2012年12月15日。

[2] 薄燕娜：“矿业权作价出资入股初探”，载《中国地质大学学报（社会科学版）》2010年第3期。

[3] 黄道平：“矿业权抵押贷款研究”，载《中国集体经济》2009年第33期。

[4] 黄道平：“矿业权抵押贷款研究”，载《中国集体经济》2009年第33期。

[5] 视频新网：“掌握资源就是掌握财富”，载和讯视频，访问日期：2012年9月13日。

[6] 杨永磊：“试论矿业权抵押”，载《中国矿业》2011年增刊。

行或非银行金融机构。

第三，矿业权人为关联企业或其他第三人的债务或对外融资提供担保。这种情况下，抵押权人是第三人的债权人。[1] 其中，商业银行作为抵押权人的情况在实践中最为普遍，矿业权人通过将矿业权抵押给银行从而获得较大数额的融资，转而将资金投入矿产项目的开发之中，并且以该项目的收益作为其还款来源。

矿业权抵押已经成为商业银行一项重要的信贷业务，既可以满足矿业权人融资的需要，同时也有力地保护了债权人的利益，具有重要的现实意义。

二、矿业权抵押法律关系三要素

（一）我国矿业权抵押法律关系的主体

在矿业权抵押法律关系中，以矿业权作为抵押的债务人为抵押人，接受该抵押的债权人为抵押权人。通常情况下，矿业权人将矿业权设定抵押的目的有两种：一种是以矿业权担保矿业权人自身债务的履行。在这种情形下，抵押权人为矿业权人的债权人，包括公民和法人。另一种是矿业权人为了扩大生产经营的需要，将矿业权抵押给银行等金融机构以获得融资。[2] 此时的抵押权人可能只局限在几家大型国有银行和一些资质过硬的金融公司里。

虽然根据我国《暂行规定》第 55 条的规定，矿业权抵押人必须同时为债务人，但实践中对于矿业权人以其矿业权为他人债务提供担保的情形也很常见，而且这并未违背法律、法规的禁止性规定。矿业权人用其矿业权为他人债务提供担保一方面可以为他人融资提供方便，另一方面也可以充分发挥矿业权的担保功能，实现物尽其用，繁荣矿业经济。[3] 因此我们才有必要扩大矿业权抵押人的范围，将矿业权人为他人提供担保的情形纳入矿业权抵押制度之中予以规范。

（二）矿业权抵押法律关系的客体

1. 矿业权抵押多以容易确定价值的采矿权来予以实现。矿业权抵押法律关系的客体即矿业权。矿业权可以分为采矿权和探矿权。采矿权的价值容易

---

〔1〕 许朋伟、胥莉："浅议矿业权抵押"，载《法制与经济》2010 年第 6 期。

〔2〕 孙宏涛、田强："论矿业权的流转"，载《中国矿业大学学报（社会科学版）》2005 年第 3 期。

〔3〕 郭豫："关注矿业权抵押担保的法律风险"，载《甘肃金融》2010 年第 6 期。

确定，作为抵押物争议不大。[1]采矿权抵押正是在我国由计划经济向市场经济过渡过程中，从对资源的禁锢向资源的竞争性开发改革中确立的。基于资源的市场化配置考虑，世界主要国家都建立了矿业权抵押制度。[2]

2. 探矿有风险且价值难以评估，故抵押会变成风险投资。探矿权不同于采矿权，其勘查结果具有很大的不确定性。探矿权按勘查程度不同可以分为预查、普查、详查和勘探四个阶段。在整个勘查程序走完之前，探矿权的价值是不能确定的，[3]探矿权覆盖的潜在矿产资源尚未探明储量和品位，经济价值难以估算。从历史数据来看，探矿成功的概率只有1%～2%。[4]如果将其设定抵押，一般的抵押权人恐难以承受如此大的风险。因此，除法国、韩国等少数国家外，多数国家的矿业法律一般都只规定采矿权可以抵押，而探矿权（或称矿业勘探权、钻探权等）不能抵押或限制抵押。[5]

3. 探矿权抵押多采用“私募”形式且常通过“对赌”来予以实现。尽管探矿权的价值不容易确定，但是价值能否确定以及价值的多少更多是一个商业风险的判断问题，应当交给债权人自行决定是否接受。[6]实践中可以采取高风险高回报的私募形式专业运作，[7]而且能够通过“对赌条款”来解决投资方对目标企业了解不充分，以及未来经营成果不确定的问题。[8]对赌协议可以是一种双向的约定：如果达不到预先设定的探矿成果，被投资方向PE进行补偿；相反，如果达到预先设定的探矿成果，PE向被投资方进行补偿。对赌协议也可以是一种单向的约定：如果达不到预先设定的探矿成果，被投资方向PE进行补偿；而如果达到预先设定的探矿成果，则没有任何约定。

4. 矿业权制度价值取向鼓励风险投资以吸引勘查资金。然而，从物权层面来说，探矿权作为用益物权的一种，矿业权人对其享有占有、使用、收益的排他性权利，权利人对其进行抵押是合乎法理的。作为登记机关的国土资

---

〔1〕刘育民：“采矿权价款与采矿权价值若干问题的讨论”，载《中国矿业》2009年第10期。

〔2〕袁华江：“论采矿权抵押的经济法律特性”，载《西部经济管理论坛》2011年第3期。

〔3〕张金路：“探矿权的价值确认与计价方法”，载《中国国土资源经济》2006年第4期。

〔4〕柏文喜：“矿业权融资的困境及对策探讨”，载《南方国土资源》2009年第12期。

〔5〕孙宏涛、田强：“论矿业权的流转”，载《中国矿业大学学报》2005年第3期。

〔6〕杜德娜、张引千、邱寒：“规范市场防范风险 推动发展确保稳定”，载《人民法院报》2010年4月22日第8版。

〔7〕王雪峰：“论私募股权投资基金概念”，载《法制博览（中旬刊）》2013年第1期。

〔8〕“私募股权投资——‘对赌’条款”，载百度文库，访问日期：2012年11月21日。

源管理部门不应当武断地禁止探矿权的抵押，悖逆矿业权制度价值取向——鼓励风险投资以吸引勘查资本，[1] 反而降低探矿权的利用效率。因此探矿权应该可以成为矿业权抵押的标的。

（三）矿业权抵押法律关系的内容

通过设置矿业权抵押，抵押人可以获得融资，投入矿业经营管理。若到期不能归还贷款，抵押权人便有权将矿业权拍卖、变卖，并从所得价款中优先受偿。[2] 但是矿业权抵押的财产一般是矿产资源，其所有权归属于国家，并且关乎国家经济安全，因此在实现抵押权时，抵押权人应当首先报请相关的国土资源部门审查批准。[3] 而且在抵押权实现过程中，如果抵押权人不具备矿业权受让人的资质条件（如商业银行），就不能适用折价的方式，而只能委托法院或其他拍卖单位对矿业权进行处置，转让给符合国家规定的资质条件的主体后，从处置的矿业权所得中依法受偿。[4]

三、我国矿业权抵押存在的安全风险

我国矿业权抵押制度刚刚建立，存在着许多不足，制度设计自相矛盾或者缺位，给贷款方和抵押权人都带来了诸多不便。从目前的实践来看，矿业权抵押存在一定的安全风险。比如，采矿权抵押既要面对来自采矿权抵押的成立和效力阶段的风险，又要面对来自采矿权的安全生产阶段的风险，而且在权利的实现阶段，因为可能不具备采矿权要求的资质条件，债权人同样需要面对抵押权不能实现的风险。

（一）矿业权价值的确定存在评估失真的风险

1. 矿业权益实现的不确定性决定了其价值的不确定性。

（1）矿业权益经济贬值与评估失真两种风险均会存在。依据《中国建设银行信贷业务手册》规定，抵押物价值的确定主要须考虑如下两个方面：一是抵押物的适用性、变现能力。选择的抵押物适用性要强，由适用性判断其变现能力。对变现能力较差的，抵押率应适当降低。二是抵押物价值的变动趋

---

〔1〕 鲍荣华、闫卫东："建立稳定的法规制度全面鼓励外商投资中国矿业"，载《国土资源情报》2006 年第 5 期。

〔2〕 程万邦："关于矿业权抵押的法律分析"，载《佳木斯教育学院学报》2010 年第 4 期。

〔3〕 胡卉明："采矿权抵押权如何才能实现"，载《中国国土资源报》2006 年 3 月 23 日第 8 版。

〔4〕 潘志国："浅议矿业权抵押如何来实现?"，载中国矿业网，访问日期：2012 年 10 月 9 日。

势。抵押物的贬值主要有三类原因：实体性贬值，即由于使用磨损和自然损耗造成的贬值；功能性贬值，即由于技术相对落后造成的贬值；经济性贬值，即由于外部环境变化引起的贬值。

我国《探矿权采矿权转让管理办法》规定，转让国家出资勘查所形成的探矿权、采矿权的，必须进行评估，探矿权采矿权的评估工作，由国务院地质矿产主管部门会同国务院国有资产管理部门认定的评估机构进行；评估结果由国务院地质矿产主管部门确认。矿业权用做抵押时，其变现能力和价值的变动趋势都是难以估量的，主要原因是矿业权包括探矿权和采矿权。探矿权只有勘查矿产资源的权利，探矿权投资风险性很高，特别是勘查程度低的探矿权，其勘查结果有很大的不确定性，并且，探矿权转采矿权时，探矿权人未必是必然的采矿权人，根据我国的法律，探矿权人仅仅是有优先取得采矿权的权利，因此，探矿权作为抵押品风险极高。采矿权是开采矿产资源和获得所开采的矿产品的权利，采矿权不同于土地使用权和房屋建筑物等不动产，不仅其价格处于动态变化中，其资源储量也处于动态变化中，而且矿产资源储量很难准确计量。

土地和房屋建筑物是有形的、直观的，正常情况下是不变的，例如一套200平方米的房屋或一块100亩的土地，正常情况下，在经济使用年限的几十年内，仍然是200平方米或100亩，面积不变，不会因为使用而消耗其面积，其价值的变动主要是受市场价格的影响而变动，如果市场价格不变，其价值也保持不变。而采矿权则不同，因矿产资源大多是深埋在地下的，无法直观测量，资源储量本身难以准确计量，并且随着开采的深入，矿产资源储量的也会逐步减少，甚至为零，例如一个正常生产的矿山，即使矿业市场一直是稳定不变的，但其采矿权价值还是会递减。因此对矿业权的评估便会存在失真的风险。〔1〕

(2) 矿业权作为以权利为客体的准用益物权价值存在很大的不确定性。矿业权类似于一种无形资产，矿业权也被传统民法理论界定为以权利为客体的用益物权，其客体不具有实物形态，属于非货币性长期资产，只能归入为企业使用而非出售的资产，在创造经济利益方面存在较大不确定性，导致矿

---

〔1〕 张利红、吴宏："浅议矿业权抵押评估的风险与防范"，载中国矿业网，访问日期：2010年9月27日。

业权价值也存在很大的不确定性。[1] 不仅如此，矿业权的抵押率不易准确界定。

对于采矿权而言，一是，采矿权抵押本身价值不易确定，无法准确计量，个别无法变现；二是，采矿权具有变动性，采矿权随着采矿程度的深入，其作为抵押物的价值却会随之递减，无法准确界定。[2] 而探矿权又可按勘查程度不同分为预查、普查、详查和勘探探矿权，在不同的勘查阶段，其抵押率同样是不同的。一般情况下，勘查程度越高，探矿权的风险越小，收益也越确定。

2. 对矿业权价值的评估在很大程度上依赖于对该矿体信息之获知程度。由于对矿体的信息获知情况依赖于矿体的赋存情况，而对矿体赋存情况的知晓程度又有很大的不确定性，只能随着勘查程度的逐步加深才能真正了解。而采矿权则必须与采矿机械、通风设备、提升运输设备等其他资产相结合才能创造经济利益。这些设备的技术先进程度，矿业权投资者的管理水平，投资者勘查和开采选冶方法，设备的使用效率等都将极大地影响矿业权的价值。

同时，矿业权与其他资产组合所生产的矿产品价格受市场的影响也较大，[3] 也存在一定的不确定性。一般来讲，矿产品的价格与竞争度成反向关系。竞争越激烈，价格越低，反之，越缺乏竞争，价格越高。[4]

3. 各种有关矿业权的税费对其价值亦有非常大的影响。目前我国涉及矿业权的税费有：矿业权价款、资源税、矿产资源使用费、矿产资源补偿费、增值税、城建税、教育附加、安全生产费以及对生态环境的补偿等税费。即使其中某一种税费制度改革，对矿业权价值的影响也是很大的。如资源税的计税依据，如果由现在的从量计征改为从价计征，很多矿种的矿业权价值将发生很大的变动。[5]

（二）抵押权人与矿业权人和矿业权投资者间信息不对称

1. 矿业权抵押涉及的利益相关方多而且复杂。矿业权抵押涉及多个利益

---

[1] 伦淑华：“无形资产的管理与运营”，载《对外经贸财会》2005 年第 9 期。

[2] 李树森：“对采矿权抵押贷款风险的思考”，载《广西金融研究》2004 年第 5 期。

[3] 崔荣国、怀保光：“矿产品价格的影响因素分析”，载《国土资源情报》2010 年 5 月 12 日。

[4] 崔荣国、怀保光：“矿产品价格的影响因素分析”，载《国土资源情报》2010 年 5 月 12 日。

[5] 黄道平：“矿业权抵押贷款研究”，载《中国集体经济》2009 年第 33 期。

相关方，[1] 比如政府国土资源部门、矿业权勘查机构、矿权评估机构、商业银行、矿产储量评审机构、担保机构等。各个主体获得的信息量并不相同，尤其是抵押权人与矿业权人和矿业权投资者之间，存在严重的信息不对称。所有信息中最重要的便是影响矿业权价值的信息。然而影响到矿业权价值的因素很多，除了各方都可以公开获取的影响因素外，一些影响因素信息单独掌握在各方手中，另外还有一些影响因素由各方自己判断，后两种信息都是不对称的。

2. 专业领域内的有关信息相对人欠缺把握优势。对于属于矿业领域内的有关矿产资源的各种信息，抵押权人因为不具有相关的专业知识，便无法及时有效的做出风险判断。[2] 比如：矿产资源的储量、可采储量、矿产品质量、品位、赋存状态、矿石加工选冼性能，探矿权各个勘查阶段的勘查标准及规范，即便矿业权人向抵押权人进行了披露，抵押权人也极有可能决策失败。即使矿业权人对探矿权进行了评估，但是不管用何种方法对勘查区进行评估，由于采用参数不同，评估出的价值将会有很大的差距。[3] 不仅如此，抵押权人对矿业权人和矿业权投资者的矿业开发技术水平和管理能力缺乏信息优势，对矿业权人和矿业权投资者本身资本实力、信用能力等信息不够了解，这也会使得债权人在接受矿业权抵押时产生诸多犹豫，甚至对抵押贷款采取较为苛刻的态度。

（三）矿业权主体存在严格的资质限制致使抵押权变现难

矿业权抵押权实现时，以折价方式受偿矿业权的，自身须具备法定的探采资质条件。[4] 矿业权受让人是否具备这些资质条件，必须通过地质矿产主管部门对申请人进行审查认可。目前矿业权抵押最普遍的形式便是商业银行同时作为债权人和抵押权人，然而商业银行作为抵押权人，是不具备采矿权受让人的资质条件的，所以在其实现矿业权抵押时不能适用折价方式，这无疑会降低矿业权的变现能力。

---

〔1〕 秦勇："浅析《物权法》实施后对担保行业的影响——谈物保与人保并存时担保责任承担规则的变化"，载中国法院网，访问日期：2007 年 5 月 23 日。

〔2〕 王琴、崔彬："浅析探矿权评估方法应用中存在的问题"，载《地质与勘探》2004 年第 1 期。

〔3〕 王琴、崔彬："浅析探矿权评估方法应用中存在的问题"，载《地质与勘探》2004 年第 1 期。

〔4〕 黄忠全、施国庆："矿业权流转制度的现状、问题及其对策"，载《中国矿业大学学报》2008 年第 2 期。

商业银行在申请实现抵押权时，只能委托法院或者其他拍卖单位对采矿权进行处置，转让给符合国家规定的资质条件的主体后，从处置的采矿权所得中依法受偿。如果没有符合条件的受让人，银行将无法实现矿业权的价值，从而难以实现抵押权。

（四）采矿权抵押极易过期

采矿权抵押贷款一般为固定资产贷款，期限至少在1年以上，多数甚至在5年以上。[1]《矿产资源开采登记管理办法》第7条第1款规定："采矿许可证有效期，按照矿山建设规模确定：大型以上的，采矿许可证有效期最长为30年；中型的，采矿许可证有效期最长为30年；小型的，采矿许可证有效期最长为10年。采矿许可证有效期满，需要继续采矿的，采矿权人应当在采矿许可证有效期届满的30日前，到登记管理机关办理延续登记手续。"

例如，《甘肃省国土资源厅矿业权抵押备案管理暂行办法》中规定的"采矿权抵押期原则上不超过一年"显然与贷款期限不相匹配。因此商业银行办理抵押权登记只能进行连续登记，否则债权便会丧失第二还款来源保障，而这无疑会增加银行的抵押权实现成本，甚至造成抵押权的落空，给债权人带来不必要的麻烦。

（五）被抵押的矿业权注销或吊销会影响抵押权的实现

矿业权证被吊销的原因主要有：矿业权许可证取得时存在重大法律瑕疵，面临被发证机构吊销的风险；矿业权人未履行法律法规规定的义务，如未缴纳税费、未履行安全生产、环境保护义务等；矿业权许可证期限届满前未依法申请续延；违反法律的禁止性规定，如未经批准进行出租、承包，发生重大安全事故等，矿业权行政管理部门有权吊销许可证，导致矿业权消灭。[2]

采矿许可证在有效期内被依法注销和吊销的，地质矿产主管部门应当在合理期限内通知抵押权人，抵押权人在接到通知后的合理期限内向地质矿产主管部门申请拍卖、变卖采矿权。依法批准后，按照抵押财产拍卖、变卖程序拍卖、变卖采矿权，所得价金除了应支付拍卖变卖等相关费用和开销外，可提前偿还债务人的债务，实现抵押权，或是依法向有关单位提存。但在实际操作中，一旦矿业权人的探矿证、采矿证被权力机关依法吊销，抵押物不

---

〔1〕 杨永磊："试议矿业权抵押"，载《中国矿业》2011年增刊。

〔2〕 许朋伟、胥莉："浅议矿业权抵押"，载《法制与经济》2010年第6期。

复存在，抵押权极易落空从而导致无法实现抵押权。[1] 根据《担保法》，抵押权人只能要求抵押人提供其他担保，或者要求债务人提前清偿债务。因此抵押权人接受矿业权抵押后应密切关注矿业权人的经营行为，发现抵押人有违法违规行为可能被注销、吊销矿业权的，要果断采取措施尽可能保全债权。

四、完善我国矿业权抵押法律制度的立法建议

（一）我国矿业权抵押制度的立法现状

1996 年《矿产资源法》的修改，删掉了“采矿权不得买卖、出租，不得用作抵押”的规定，并正式提出了矿业权转让的概念。2007 年颁布实施的《物权法》规定：“依法取得的探矿权、采矿权、取水权和使用水域、滩涂从事养殖、捕捞的权利受法律保护”，这两部法律的规定为矿业权抵押扫清了障碍，使之成为可能。此外，在法规规章层面，国务院的三个行政法规《矿产资源勘查区块登记管理办法》、《矿产资源开采登记管理办法》、《探矿权采矿权转让管理办法》，共同奠定了矿业权抵押的基础。随后，国土资源部颁发的《暂行规定》明确规定了矿业权抵押制度，其第 6 条第 3 款为：“矿业权人可以依照本规定出租、抵押矿业权。”第 36 条第 2 款为：“矿业权的出租、抵押，按照矿业权转让的条件和程序进行管理，由原发证机关审查批准。”《暂行规定》的第 55 条至 58 条针对矿业权抵押的含义、评估、登记备案和抵押权的实现做了进一步规定。[2]

然而，作为一项重要的矿业权流转制度，有关矿业权抵押的法律规定比较笼统，可操作性不强，仅仅是散见于一些法律效力比较低的行政法规或部门规章。因此我们应尽快以《矿产资源法》为中心，全面构建矿业权抵押法律制度。

（二）完善我国矿业权抵押制度的立法建议

1. 出租的采矿权应该成为矿业权抵押的标的。根据《探矿权采矿权转让管理办法》和《暂行规定》的规定，已经出租的采矿权是不能抵押的。然而根据《物权法》第 190 条的规定，订立抵押合同前抵押财产已经出租，原租赁关系不受该抵押权的影响。以出租的采矿权设定抵押，如果抵押人已经明

[1] 杨永磊：“试议矿业权抵押”，载《中国矿业》2011 年增刊。

[2] 许朋伟、胥莉：“浅议矿业权抵押”，载《法制与经济》2010 年第 6 期。

确告知抵押权人，抵押权人在能够承担的风险范围之内同意抵押，在租赁期限届满后并不影响抵押权人实现抵押权。[1]

因此，《暂行规定》规定的已经出租的采矿权不得抵押，违背了上位法的规定。未来立法应该遵照《物权法》的相关规定，允许矿业权人在出租后的矿业权上设定抵押权，但在该抵押权实现时不得对抗先前已存在的租赁权。通过这样的制度设计有效地保障矿业权承租人的合法权益。

2. 建立统一的矿业权抵押登记制度。我国《暂行规定》第3条明确规定，矿业权适用于不动产法律法规的调整原则。根据《物权法》规定，不动产物权的设立、变更、转让和消灭，自登记时生效，未经登记，不发生效力。既然矿业权应当适用于不动产法律的调整规则，其抵押自应办理登记，且抵押权自登记之日起设立。但是同时，《暂行规定》第57条规定："矿业权设定抵押时，矿业权人应持抵押合同和矿业权许可证到原发证机关办理备案手续。矿业权抵押解除后20日内，矿业权人应书面告知原发证机关。"

故而有观点认为，抵押登记和抵押备案在矿业权抵押过程中属同一概念。[2]也有观点认为，矿业权抵押并未严格遵循登记要件主义，其设定只需矿业权人持抵押合同和矿业权许可证到原发证机关办理备案手续，对于备案的法律效力没有做出规定。备案并不等同于登记。[3]由此可见我国现行立法对矿业权抵押登记和备案的效力都规定的较为模糊。[4]

《暂行规定》第3条规定："探矿权、采矿权为财产权，统称为矿业权，适用于不动产法律法规的调整原则。"因此，矿业权抵押权设立、变更、终止应采取登记要件主义，即非经登记，矿业权抵押权不发生设立、变更、终止的效力。[5]

因此，未来立法应当在现有的矿业主管部门下设立统一的矿业权登记机构，[6]专职负责办理各项矿业权登记事项，从而使矿业权抵押登记可以由专

---

〔1〕牟洪亮："矿业权抵押的若干法律问题探讨"，载 http://bbs.70885.cn/topic.jsp? id = 92f90ecdcd8f4b21a098faf5f91661fc，访问日期：2013年3月17日。

〔2〕王娓娓："论矿业权抵押登记机关之完善"，载《理论界》2009年第3期。

〔3〕孔令敏："采矿权抵押的法律规定及办理"，载《中国城市经济》2011年第11期。

〔4〕陈敦："我国矿业权抵押登记制度探析"，载《晋中学院学报》2011年第5期。

〔5〕肖斌、欧阳鹏："完善矿业权抵押制度的几点思考"，载《江西理工大学学报》2011年第4期。

〔6〕"我国将建立不动产统一登记制度"，载新华网，访问日期：2013年3月10日。

门的矿业权登记机构进行统一办理，[1]既可以充分发挥登记制度的公示功能，又便于矿业行政管理，有效防止重复抵押的情况出现。

（三）健全矿业权抵押风险的防范措施并使有关临时应急措施予以定型化

矿业权抵押涉及较大的风险，不仅来自于矿业权本身，而且也存在于矿业权抵押权的实现阶段。[2]因此，为防范矿业权抵押的风险，我们要从多个角度全面考虑，完善我国的矿业权抵押制度。既要保护好债权人的利益，防止其抵押权的落空，又能够鼓励探矿权人、采矿权人的融资，促进矿业市场的繁荣。具体有如下几点风险防范措施：

1. 逐步建立和完善我国的矿业权信息披露系统。形成信息不对称的原因主要有：不同主体获得信息成本不同；不同主体的专业优势、行业背景优势导致信息获取优势不同；不正当手段导致的信息不对称；不公平竞争环境形成的信息不对称等。因此我们应当建立矿业权信息披露体系、降低矿业权信息披露成本和增强矿业权信息披露管制，从而解决矿业权抵押相关方的信息不对称的难题。[3]

2. 矿业权抵押权人须尽必要的事前审查和事后监管义务。在抵押权人为商业银行的情况下，为避免抵押权人的利益落空，银行在办理矿业权抵押业务时要特别注意矿业权人与抵押人是否为同一人，采矿许可证的有效期，投入采矿生产是否满一年，采矿权权属是否明确，采矿权是否出租，是否全额缴纳了相关税费，国有矿山企业是否有上级主管部门的同意材料等风险点。[4]

商业银行在审批矿业权投资者申请矿业权贷款时，要充分考虑矿业项目投资贷款情况，比如贷款本金、期限、利率、已还本息等信息。同时，以矿业权作为抵押物，对矿业权的价值需委托有资质的评估机构进行评估。因此抵押权人需要慎重选择评估机构。选择评估机构应重点审查如下几方面：第一，其营业执照经营范围应包含矿业权评估；第二，是否具备国土资源部签发的《探矿权采矿权评估资格证书》，并按时进行了年检；第三，审查其专业工作人员是否具备相应的资格、资历、学历和评估经验；第四，审查其历史

---

〔1〕 张海英："推行不动产统一登记是一场硬仗"，载每经网，访问日期：2013年3月11日。

〔2〕 郭豫："关注矿业权抵押担保的法律风险"，载《甘肃金融》2010年第6期。

〔3〕 黄道平："矿业权抵押贷款研究"，载《中国集体经济》2009年第33期。

〔4〕 郭豫："关注矿业权抵押担保的法律风险"，载《甘肃金融》2010年第6期。

评估业绩；第五，通过其他渠道了解评估机构的诚信状况、评估能力水平。〔1〕

抵押权人不仅需要慎重选择评估机构，做好事前审查工作，而且需要加强事后的监管。在实践中的矿业权抵押贷款现象中，一些银行片面认为企业拥有矿产收费权，贷款有保障，放弃了对企业的监督，导致企业经营出现重大变化时银行不能及时掌握信息，失去了贷款退出的最佳时机，最终导致其债权难以实现。

3. 矿业权抵押权人应建立矿业权抵押风险补偿机制

（1）由投资者使用自有资金或吸收风险投资解决资金投入问题。矿业权抵押的标的为探矿权和采矿权。探矿权又可按开发程度不同分为预查、普查、详查和勘探探矿权。不同类型的矿业权的风险与收益的不确定性是不同的，一般来说，对于预查和普查探矿权来说，收益的不确定性较大，抵押价值难以准确评估，风险较大，所以原则上应不予接受其作为抵押担保。〔2〕

对于勘查程度高的探矿权和采矿权，以风险补偿定价原则，对矿业权贷款根据风险大小确定不同的定价。在银行为抵押权人的情况下，建议银行在开展具体的矿业权抵押融资业务时，先开展采矿权贷款业务，努力培养出一批业务熟悉、精通矿业权贷款人才，并构建出一套较为完善的正式程序，接下来再去拓展探矿权贷款业务。

（2）商业银行应建立和完善矿业权抵押风险补偿机制。这不但要对不同风险程度的矿业权抵押贷款在贷款比例、金额、利率、期限、抵押、还款方式及其他条件方面的条款做出不同区分；而且在贷款流程方面也要设立不同的程序。

比如要求企业专户存入一定数量的风险保证金，督促其办理安全事故保险、财产保险和为矿工办理人身保险等。〔3〕同时应当努力建立起一整套会计、审计、评估、律师等中介组织的审查程序，严格适法把关，提高交易安全、效率。

4. 应合理确定矿业权抵押的期限。抵押权人在接受矿业权抵押时，必须注意考察抵押人的矿山建设规模或者勘查的矿产资源种类，应尽量采用大中

〔1〕 杨永磊：“试论矿业权抵押”，载《中国矿业》2011 年增刊。

〔2〕 杨永磊：“试论矿业权抵押”，载《中国矿业》2011 年增刊。

〔3〕 曹斌：“采矿权抵押担保中的风险规避”，载《调查与分析》2011 年第 3 期。

型矿山或以石油、天然气为勘查内容的采矿权或探矿权作为抵押标的物，要重点审验采矿许可证或勘查许可证的有效期限，抵押期限必须在其有效期以内。对于小型矿山企业或其他探矿企业的申请，在确实核准抵押人矿产资源储量的前提下，可用于发放短期贷款的抵押标的物，但不宜作为发放中长期贷款的抵押标的物。

5. 必须注意抵押中对矿业权转让条件的限制。债务人不履行债务时，债权人有权申请实现抵押权，并从处置的矿业权所得中依法受偿，而处置矿业权，必然涉及矿业权的转让问题。[1] 因此，抵押权人在接受矿业权抵押时，应十分注意国家对其转让条件的限制。

根据国务院《探矿权采矿权转让管理办法》第5、6条的规定，当接受抵押的是探矿权时，应具备以下条件："（一）自颁发勘查许可证之日起满2年，或者在勘查作业区内发现可供进一步勘查或者开采的矿产资源；（二）完成规定的最低勘查投入；（三）探矿权属无争议；（四）按照国家有关规定已经缴纳探矿权使用费、探矿权价款。"当接受抵押的是采矿权时，应符合以下条件："（一）矿山企业投入采矿生产满1年；（二）采矿权属无争议；（三）按照国家有关规定已经缴纳采矿权使用费、采矿权价款、矿产资源补偿费和资源税；（四）国务院地质矿产主管部门规定的其他条件。"

另外，探矿权或采矿权转让的受让人，还应当符合《矿产资源勘查区块登记管理办法》或者《矿产资源开采登记管理办法》规定的有关探矿权申请人或者采矿权申请人的条件。能成为矿业抵押权人的主体是有限的，有可能只局限在几家大型国有银行和一些资质过硬的金融公司里。但是，这些限制不应由法律来规定，而应由市场进行选择。[2] 为了及时有效处分抵押权，通过转让矿业权来清偿债务，防止因没有符合资质的矿业权受让人或是受让人单一而导致的矿业权"滞销"或"折价"，抵押权人应加强对抵押所设矿种行业的研究，以便在实现抵押权时，能够将矿业权顺利流转变现。

6. 在抵押合同中须对矿业权被吊销的补救措施进行约定。由于矿业权的存续具有行政特性，一旦矿业权人因为违反法律和行政法规的规定，就有可能被地质矿产主管部门吊销其许可证，就会使设定的抵押权落空。国土资源

---

〔1〕 蒋伟业："采矿权抵押风险及其防范措施"，载《青春岁月》2013年第23期。

〔2〕 顾新艳："物权法视野下的矿业权抵押制度之构建"，华东政法大学2011年硕士学位论文。

部《暂行规定》第58条第2款规定，“采矿权人被吊销许可证时，由此产生的后果由债务人承担。”一般地，矿业权许可证颁发机关在其办理的抵押登记备案手续中，也标明：“在抵押期间，矿业权人被吊销许可证时，由此产生的后果由抵押人承担。”

因此债权人为了防止其抵押权落空，在与抵押人签订抵押合同时，应当提前对矿业权许可证被吊销后的补救措施进行明确约定。矿业权抵押设定后还应及时跟踪、了解抵押人是否履行各项法定义务，及时督促矿业权人办理采矿权许可证、探矿权许可证的年检、延期手续，督促矿业权人依法按期缴纳法定税费。防范抵押人未履行法定义务导致采矿权许可证、探矿权许可证被吊销。

第八章

矿业权的消灭

第一节 健全我国的矿业权消灭制度

一、矿业权消灭的内容与程序

（一）矿业权消灭的概念与条件

1. 矿业权消灭的内涵与外延。所谓矿业权的消灭是指矿业权人因为法定或者约定的情形，丧失矿业权人的权利义务的情形。

约定情形之下的矿业权消灭，通常是指矿业权的转让使得原权利人所享有的矿业权归于消灭。需要注意的是，矿业权是具有公法色彩的私权，是《物权法》之中的一种准用益物权。由此，矿业权的法定消灭情形更多的体现了公权力就矿业权生命运行的介入。与其他物权一样，矿业权也是有取得就会有丧失，而矿业权的耗竭性，更使其作为一种准用益物权，必然不可能永续存在享有，故而有其产生，自会有其消灭，所以才更应重视对它的研究。

2. 矿业权消灭的具体情形。对于矿业权消灭的具体情形究竟包括哪些类型，我国《矿产资源法》并没有明确的说明，但在国务院的行政法规中就矿业权注销的规定涉及矿业权消灭的内容，如《矿产资源开采登记管理办法》以及《矿产资源勘查区块登记管理办法》中均涉及矿业权消灭的内容。

值得注意的是，我国矿业实践中，国家在必要情况下，为了国家或者社会公众利益的需要，可以对个人或者单位合法所有的矿业权进行征收或者征用，这也是矿业权消灭的一种方式。鉴于征用抑或征收，是国家基于公共利益介入矿业权的利益归属，所以，矿业权的征收必须严格按照法律的规定，不能随意以所谓“公共利益”为理由即予以征收，以至于损害了矿业权人的合法权益，并且没有给予充分的、及时的、合理的补偿。

（二）矿业权作为合法民事权益其消灭须经法定程序

1. 矿业权不能因自行抛弃而消灭。基于矿产资源在国计民生中的重要性及矿业权物权公示的原则，矿业权的消灭不能由于自行抛弃而形成，必须经过矿业主管机关的注销登记方可消灭。依据注销方式，矿业权的消灭有依当事人申请注销与依职权注销两种不同方式，而且这两种方式互为补充，既可以维护矿业权人的权利，也可以保障矿产资源的管理秩序。矿业权登记注销的主体是矿业主管机关，注销原因则应区分探矿权和采矿权来加以规定。

2. 矿业权的消灭同样须经严格审查，故采取注销登记的方式。

（1）矿业权既牵涉到个人的巨大经济利益更涉及国计民生。矿产资源是国民经济的命脉，是国民经济发展的“血液”。作为准物权的矿业权的取得需要通过登记的方式予以确认。矿业权既为准物权，除其权利内容不同外，在权利效力方面与物权相似，系绝对权，具有对世效力。矿业权作为用益物权的性质，以及矿业权与土地联系的密切性，这使得矿业权的成立与消灭都必须通过登记注销的方式来予以公示。

（2）依法行政、科学管理矿产资源开发的客观要求。一方面，只有国家法律、行政法规确认的矿业权登记机构（在我国统一规定为国土资源行政部门）才能负责有关矿业权的登记事务，其他任何国家机关或单位无权从事矿业权登记活动。[1] 另一方面，矿业权登记机构必须按照法定的权限和程序进行矿业权登记活动，不得违法进行登记，也不得进行随意的自由裁量，必须按照《物权法》、《不动产登记暂行条例》特别是《矿产资源法》的有关规定

〔1〕“国务院：建立不动产统一登记制度”，载网易新闻，访问日期：2013 年 11 月 21 日。

进行登记，否则要承担相应的民事责任或行政责任。[1]

（3）矿业权的登记与一般的不动产登记的实质并无二致。矿业权登记的范围虽然仅限于矿业权，但其与一般的不动产登记一样，其均在于将有关不动产物权设立、移转、变更等情况登录、记载于登记簿上，以备人们查阅。所以，即使矿业权登记的申请已经获得有关登记部门的同意，但没有完成登录和记载手续，仍然不具有矿业权登记的法律效力。

二、我国矿业权的注销

（一）矿业权注销之概述

1. 注销登记是不动产物权消灭的公示方式。

（1）在物权法意义上看重的是已经进行了登记这个法律事实。我国《物权法》第9条规定："不动产物权的设立、变更、转让和消灭，经依法登记，发生效力；未经登记，不发生效力，但法律另有规定的除外。"第10条规定："国家对不动产实行统一登记制度。统一登记的范围、登记机构和登记办法，由法律、行政法规规定。"

目前，我国尚未制定统一的《不动产登记法》，[2]仅有一个原则性规定《不动产登记暂行条例》，而《土地登记办法》（国土资源部令第40号）分章规定了土地总登记、初始登记、变更登记、注销登记，这为矿业权登记的完善明确了方向。其第49条规定："本办法所称注销登记，是指因土地权利的消灭等而进行的登记。"其第50～58条规定了注销登记的情形。就不动产物权而言，其存续状态分为设立、变更、转让和消灭，而其公示方式是设立登记、变更登记、转让登记和注销登记。也就说，注销登记是不动产物权消灭的公示方式。

在传统物权法上其关注的重点是特定的不动产物权是否业已登记的这样一个事实，该事实是裁判物权案件的根据。[3]在涉及物权的诉讼过程中，如果某项物权或者其他可以纳入登记的权利已经纳入不动产登记，则法院必须对该项已经登记的物权或者权利给予充分保护。如果不动产物权或者权利没

---

〔1〕刘德炳："不动产统一登记实施6年难执行，一权限多部门争"，载经济网－中国经济周刊，访问日期：2013年12月23日。

〔2〕王崇敏："我国不动产登记制度若干问题探讨"，载《中国法学》2003年第2期。

〔3〕魏海："不动产事实物权的判定依据及冲突解决规则"，载《法律适用》2010年第4期。

有登记，根据物权法的规定要么物权不生效，要么生效但不具有对抗性。

（2）就矿业权而言，其消灭亦须经过注销登记程序。《不动产登记暂行条例》所说的登记主要就是法律上所说的关于登记的程序。所以其所要规定的，就是从登记程序的角度看，关于登记机关怎样进行矿业权这一特定的不动产登记的工作程序。故而就矿业权的登记而言，其内容主要就是：可以纳入矿业权不动产登记的权利类型；矿业权作为不动产进行登记的基本原则；矿业权登记管辖权；矿业权一般登记程序和特殊登记程序等问题。

具体地说，矿业权作为不动产予以登记，在立法中同样要规定谁来申请登记、谁接受矿业权登记的申请人的申请并建立矿业权不动产登记簿来予以登记；由哪个主管机构登；不同的矿业权进行什么种类的登记；以及登记的法律责任等等事项。

从这些立法内容看，矿业立法中有关矿业权不动产登记立法其实主要就是一个关于矿业权不动产登记的程序性法律。

2. 注销即基于法定事由所引起的矿业权归于消灭的物权登记。注销登记的法律效果是使权利人的矿业权不再存在。国务院《矿产资源勘查区块登记管理办法》、《矿产资源开采登记管理办法》对探矿权和采矿权注销登记分别予以了规定。

（1）探矿权的注销登记。所谓探矿权的注销登记是指，探矿权人由于一定的法律事由，经登记管理机关批准，放弃探矿权。具体到我国的矿业立法当中，《矿产资源勘查区块登记管理办法》规定的探矿权注销登记原因有三：其一，勘查许可证有效期届满，且无续展或者保留；其二，探矿权转为采矿权；其三，其他原因终止勘查活动的。[1]

（2）采矿权注销登记。我国《矿产资源开采登记管理办法》规定采矿权注销登记的原因有两种，即停办矿山和关闭矿山。[2]

3. 矿业权的消灭与矿业权注销具有明确的联动关系。实践中，矿业权的消灭更多地以矿业立法理论研究的样态出现，以实体法作为观察视角，而矿业权的注销似乎更倾向于程序法的视角，但是其具体的运行以实体法作为依据。在我国的矿业立法中，就矿业权注销的规定其实一并就矿业权消灭的部

〔1〕 参见《矿产资源勘查区块登记管理办法》第24条。
〔2〕 参见《矿产资源开采登记管理办法》第16条。

分形态予以规制。

（二）我国矿业权注销的方式

1. 依当事人的申请注销。

（1）法律法规对当事人申请注销有明文规定。国务院发布的《矿产资源登记管理办法》第16条规定，“采矿权人在采矿许可证有效期内或者有效期届满，停办、关闭矿山的，应当自决定停办或者关闭矿山之日起30日内，向原发证机关申请办理采矿许可证注销登记手续。”这是对采矿权人应当在期满后，或者停办、关闭矿山时，向原发证机关申请注销登记。

《矿产资源勘查区块登记管理办法》第24条规定在特定条件下，探矿权人应当“在勘查许可证有效期内，向登记管理机关递交勘查项目完成报告或者勘查项目终止报告，报送资金投入情况报表和有关证明文件，由登记管理机关核定其实际勘查投入后，办理勘查许可证注销登记手续”。这是对探矿权人依法申请注销探矿权的规定。

（2）依当事人申请注销应是矿业权注销的一般方式。也就是说，申请注销矿业权的权利首先是要由矿业权人行使的，这既是一种权利也是一种义务。矿业权人在特定条件下，应当依法向主管机关申请注销矿业权的登记。这主要是因为出于对自己情况上的熟悉，矿业权人非常清楚自己所拥有的采矿许可证或者探矿许可证的期限，对自己所勘探或者开发的矿产资源的具体情况，矿业权人也当然比矿业主管机关要清楚许多。

（3）当事人申请注销也是矿业权人自身权利的一种体现。因此，在未来矿产资源法的修改中，依当事人申请注销矿业权，也应该是首先要采取的方式。

2. 矿业主管机关依职权注销矿业权。

（1）矿业权注销一般仍依申请原则。关于矿业权注销的问题，现行制度只是规定了权利人要在一定条件下申请注销矿业权。实践当中，仅有这样的规定还是不够的，容易引发一系列的问题。如果当事人取得采矿权以后，在开采的过程中，认为没有价值，一走了之。矿业权到期之后又不进行延续，当时没有履行注销手续，这个矿业权一直在主管部门的管理系统内，难以处理。

现在法律规定要申请注销，矿业权人不申请，行政机关就不能注销。对于这种情况，在实践中行政机关的操作方式是公告注销，即通知其勘查许可证、采矿许可证到期了，根据矿产资源法应到发证机关申请延续，矿业权人没有延续，请在规定时间内到发证机关办理注销手续，如果不办手续，到期所有法律后果由矿业权人承担，在规定的时间内矿权人不来，还有一个公告注销的程序，逾期仍不至，行政机关就上报注销。但权宜之计毕竟还是应当固化为可操作的制度，对于当事人逾期不办理延续，又不来注销的问题，此次修法应当给予重视。

(2) 矿业权注销是由登记机构依照法定程序从事的不动产登记。只有国家法律、行政法规确认的矿业权登记机构（在我国即为国土资源行政部门）才能负责矿业权登记事务，其他任何国家机关或单位无权从事矿业权登记活动。[1]

而且，矿业权登记机构必须按照法定的权限和程序进行矿业权这种不动产的登记活动，不得进行违法登记，也不得进行随意的自由裁量，必须按照《物权法》、《矿产资源法》以及《不动产登记暂行条例》的有关规定进行登记，否则要承担相应的民事责任或行政责任。[2]

(3) 矿业主管机关依职权注销矿业权需要注意的问题。

第一，矿业主管机关应当在当事人逾期不申请的情况下才可以启动注销。依据所谓“不动产登记的申请原则”，在进行不动产登记时，首先应由不动产登记的当事人、受益人或涉及的机关提起登记申请，登记机关根据登记申请决定开展下一步的登记工作。从不动产登记的一般原理看，一般不允许登记机关在没有权利人提起申请的情况下直接进行登记，涂销或变更。其例外的情况只有一个，那就是，当登记机关发现自己的登记错误时，可以通过特别登记程序予以更正。

所以，矿业权主管机关绝对不可以先于当事人的申请而主动注销当事人的矿业权。依职权注销是为了维护矿业权合理有序流转的保障措施，不应成为有关机关侵害矿业权人的手段。

第二，对于矿业权人逾期不办理矿业权注销的均应给予合理的申辩期限。这才可以使得矿业权人采取相应的措施，以维护自己的合法权益。但此期限如果太长，则会造成矿业权管理上的混乱；而如果太短，又可能影响矿业权人

〔1〕“国务院：建立不动产统一登记制度”，载网易新闻，访问日期：2013 年 11 月 21 日。

〔2〕刘德炳：“不动产统一登记实施 6 年难执行，一权限多部门争”，载经济网－中国经济周刊，访问日期：2013 年 12 月 23 日。

的合法权益。我们在《〈矿产资源法〉修改关键问题研究》课题项目研究成果之三中，曾建议将这一期限规定为60日，这或许是一个比较合理的期限。[1]

（三）矿业权注销登记的法定程序

矿业权注销登记是指基于法定事由所引起的矿业权归于消灭的登记。注销登记的法律效果是使矿业权不复存在。国务院《矿产资源勘查区块登记管理办法》、《矿产资源开采登记管理办法》对探矿权和采矿权注销登记分别予以了规定。

1. 矿业权注销登记的主管机关须法定。注销登记的主管机关是矿业主管机关。具体而言，《矿产资源登记管理办法》中规定，是向“原登记主管机关”申请注销登记。由原登记主管机关主管注销登记是合理的，因为原发证机关往往掌握着一些原始资料，这样有助于解决注销登记中可能出现的问题，而且向原发证机关申请注销登记对矿业权人而言也比较方便。

2. 矿业权注销登记的原因须法定。对于矿业权登记注销的原因，在现行法规中已有明确的规定。对探矿权人而言，《矿产资源勘查区块登记管理办法》规定的探矿权注销登记原因有三：①勘查许可证有效期届满，不办理延续登记或者不申请保留探矿权的；②探矿权人探明矿产储量后，申请将探矿权转为采矿权的；③探矿权人因为其他原因终止勘查活动的。

对采矿权人而言，《矿产资源开采登记管理办法》规定的采矿权注销登记的原因只有两种，即停办矿山和关闭矿山。

停办矿山可以是在采矿权许可期限届满，也可以在有效期内，关闭矿山则是在矿区矿产资源开采完毕后，自然终止采矿活动。

上述规定的矿业权注销的原因，应当说是合理的，在未来的矿产资源立法中，应当延续这些规定。但是对采矿权注销的原因不仅仅应局限于停办矿山和关闭矿山，应当包括有效期届满这种当然情况。

3. 矿业权注销登记的程序须法定。矿业权注销登记需要经过申请、审批、登记的程序流程。申请人向矿业权原授予机关提出注销登记申请，并提交相关材料，登记机关受理注销申请后，对相关材料进行审核，对关闭矿山进行

〔1〕详细内容参见：中国政法大学李显冬教授主持的《〈矿产资源法〉修改关键问题研究》课题的相关资料。

验收，核准注销的，向矿业权人发放“矿业权注销通知书”，收回矿业权许可证正副本，并载入登记簿或数据库，至此，矿业权宣告消灭。

（四）能否直接公告矿业权证过期的理论探讨

1. 对于过期的矿业权亦可直接公告而有关矿业权证过期失效则予以注销。我国《矿产资源勘查区块登记管理办法》（国务院令第240号）第10条第2款规定：“探矿权人逾期不办理延续登记手续的，勘查许可证自行废止。”《矿产资源开采登记管理办法》（国务院令第241号）第10条第2款规定：“采矿权人逾期不办理延续登记手续的，采矿许可证自行废止。”此外，《闲置土地处置办法》（国土资源部令第53号）第18条规定：“国有建设用地使用权人逾期不申请行政复议、不提起行政诉讼，也不履行相关义务的，市、县国土资源主管部门可以采取下列措施：（一）逾期不办理国有建设用地使用权注销登记，不交回土地权利证书的，直接公告注销国有建设用地使用权登记和土地权利证书……”

由于矿业权是一种用益物权，因此它和建设用地使用权在一定程度上有相似性，可以参照《闲置土地处理办法》第18条的前述规定，对过期探矿权进行公告注销。

2. 公告注销过期矿业权需要注意的几个方面的内容。

（1）公告注销过期矿业权无须设置期限。因为办理探矿权延续登记手续的期限在现行法规中已有规定，所以如果在公告注销过期探矿权时，另外设置一定的期限，容许原探矿权人在公告规定的期限内办理探矿权延续登记手续，则不利于督促相对人根据行政法规的规定及时办理探矿权延续登记手续。

（2）过期的探矿权依法业已自动失效。《矿产资源勘查区块登记管理办法》（国务院令第240号）第10条第2款规定：“探矿权人逾期不办理延续登记手续的，勘查许可证自行废止。”因此，过期的探矿权已经自动失效，直接公告注销即可，无须另外设置期限要求原探矿权人办理注销登记手续。

（3）公告注销过期探矿权后仍可重新申请探矿权。《矿产资源勘查区块登记管理办法》（国务院令第240号）第24条第2款规定：“自勘查许可证注销之日起90日内，原探矿权人不得申请已经注销的区块范围内的探矿权。”

因此，即使因资源整合、政策调整、矿权重叠、纠纷、未在国土资源部统一配号数据库中备案等原因，导致勘查许可证未能按时延续而过期的，在公告注销过期探矿权后，这些原因消灭的，原探矿权人也可在勘查许可证注销之日起90日后申请已经注销的区块范围内的探矿权。

（五）矿业权的撤销、吊销和注销之辨析：以采矿权为实例

我国《矿产资源法》、《探矿权采矿权转让管理办法》、《矿产资源开采登记管理办法》、《矿业权出让转让管理暂行规定》、《国土资源部关于进一步完善采矿权登记管理有关问题的通知》等法律法规，规定了采矿许可证的撤销、吊销和注销。

1. 我国采矿许可证的撤销。根据《矿产资源法》第47条规定，负责矿产资源勘查、开采监督管理工作的国家工作人员和其他有关国家工作人员徇私舞弊、滥用职权或者玩忽职守，违反本法规定批准勘查、开采矿产资源和颁发勘查许可证、采矿许可证，或者对违法采矿行为不依法予以制止、处罚，构成犯罪的，依法追究刑事责任；不构成犯罪的，给予行政处分。违法颁发的勘查许可证、采矿许可证，上级人民政府地质矿产主管部门有权予以撤销。

2. 我国采矿许可证的吊销。吊销采矿许可证的情形有：①拒不退回本矿区范围内开采，造成矿产资源破坏的；②违反定将采矿权倒卖牟利的；③采取破坏性的开采方法开采矿产资源的；④未经审批管理机关批准，擅自转让采矿权的；⑤以承包等方式擅自将采矿权转给他人进行采矿的；⑥不按规定提交年度报告、拒绝接受监督检查或者弄虚作假的；⑦不按期缴纳应当缴纳的费用的，由登记管理机关责令限期缴纳后，逾期仍不缴纳的；⑧不办理采矿许可证变更登记或者注销登记手续，

由登记管理机关责令限期改正后，逾期不改正的。给予吊销勘查许可证或者采矿许可证处罚的，须由原发证机关决定。

3. 我国吊销采矿许可证的法律后果。

（1）采矿权人被吊销采矿许可证的，自采矿许可证被吊销之日起2年内不得再申请采矿权。

（2）矿业权承租人不得再行转租矿业权。采矿权的承租人在开采过程中，需要改变开采方式和主矿种的，必须由出租人报经登记管理机关批准并办理变更登记手续。采矿权人被依法吊销采矿许可证时，由此产生的后果由责任方承担。

（3）债务人不履行债务时，债权人有权申请实现抵押权，并从处置的矿业权所得中依法受偿。新的矿业权申请人应符合国家规定的资质条件，当事

人应依法办理矿业权转让、变更登记手续。采矿权人被吊销许可证时，由此产生的后果由债务人承担。登记管理机关应当对颁发的采矿许可证和吊销的采矿许可证予以公告。

4. 我国采矿许可证的注销。采矿许可证注销的法定事由如下：

（1）停办或者关闭矿山的注销。采矿权人在采矿许可证有效期内或者有效期届满，停办、关闭矿山的，应当自决定停办或者关闭矿山之日起 30 日内，向原发证机关申请办理采矿许可证注销登记手续。

（2）矿业权租赁关系终止后的注销。租赁关系终止后的 20 日内，出租人应向登记管理机关申请办理注销出租手续。

（3）依法直接进行的注销。采矿权人具有下列情形之一的，经公告、并已送达采矿许可证注销通知期满 60 个工作日后仍不申请办理注销的，原登记管理机关可以直接注销采矿许可证。①县级以上人民政府因安全生产问题决定关闭且企业法人不再存续的；②企业法人主体资格灭失并且没有合法权利义务承继主体的；③法律法规规定的其他需要直接注销的情形。

《国土资源部关于进一步完善采矿权登记管理有关问题的通知》规定："采矿权抵押合同解除后 20 个工作日内，采矿权人应持抵押双方签署的抵押备案解除申请书及原备案文件到原抵押备案机关申请抵押备案解除。"我国现在对采矿权抵押实行备案，因此抵押合同解除后，就进行备案的解除。根据一般法理的有关分析，采矿权抵押应进行登记而不是备案，因此，在采矿权抵押实现后，应进行注销登记。

5. 矿业权吊销与注销的法律区别。从现行法律规定可以看出，撤销是针对国土资源主管部门违法发放的采矿许可证；吊销是一种适用于违法情形下与罚款相对应的行政处罚措施，体现了强烈的处罚色彩；注销适用于合法行为下，采矿权的消灭，比如采矿权自行决定停办、关闭矿山的。我国现行法中，撤销、吊销与采矿权的关系不甚明确，自须进一步完善。

三、域外对于矿业权实行多种法律管制更侧重退出管理

从域外的矿业法律规范的考察可以看出，外国的矿业管理手段多样，相互联系，各种制度形成了一个完整的管理系统，其围绕矿业权的设立、变更特别是消灭，进行控制调节。其主要的方式是对矿业权的面积进行控制，因为矿业权的面积直接关系到权利人的利益范围，对于权利人来说意义重大。

因此很多国家通过资料汇交、矿业权续展等制度控制矿业权权利行使面积，促进矿业权退出，充分实现矿业权的流转，达到管理目的。

（一）矿产资源勘查开发退出制度对于矿业权流转意义重大

国家的矿产资源是有限的，只有得到最大程度的勘查开采，才能提高资源开发的效率，节约开发成本。矿产资源勘查开发退出制度有利于矿业权的清理，让矿业权转入真正有资金、有技术的企业手中，不至于使矿业权闲置，浪费国家矿产资源。[1]

域外的矿业开发十分重视矿业权的退出制度，通过一系列配套的要求和制度，有效促进了矿业权的主动退出。但是我国因为相关制度的不健全，矿业权主动退出情形少见，导致一些已经被放弃的矿业权不能及时转入市场，反而需要国家通过行政注销等手段进行清理，浪费了很多机会和资源。

（二）我国矿业权主动退出情形比例小

我国的矿产资源需求量大，对矿产资源的开发更有需求，只有运转良好的矿业权流转制度，才能使矿业开发权真正转入有技术、有资金、有设备的企业手中。但是我国目前矿业权主动退出情形少见，矿业权的退出在一定形式上也表现为矿业权的变更，与矿业审查相关。[2]

1. 探矿权退出路径及比例。探矿权退出路径有五种：

（1）权利人申请采矿许可证，同时注销探矿权。这种情形与探转采的比例挂钩，约在20%～30%之间。

（2）权利人主动申请缩减。退出比例小于10%，因为探矿持有成本低，权利人主动申请退出的外部经济压力明显不足。

（3）勘查许可证到期，权利人不申请延续，也不申请退出，管理部门依法吊销。这种情形比例高达60%。

（4）违法违规，限期内整改不通过，管理部门依法吊销。此种情形比例不足5%。

（5）矿产资源开发整合及其他政策原因。这些原因导致的退出比例不足5%。

---

[1] “贵州严格矿产勘查开发‘准入退出制’维护资源开发秩序”，载新华网，访问日期：2012年08月11日。

[2] 中国土地矿产法律事务中心国土资源部法律评价工程重点实验室2012年的《矿产资源勘查开采退出制度实施后评估报告》对我国矿业权退出路径及比例作了详细介绍，有关数据源于该报告。

由此调查可以看出，探矿权60%以上的退出都不是主动退出，探矿权持有人消极地采取无所作为的方式，等待管理部门的吊销。究其根底，是因为主动退出制度的吸引力不够，而探矿权的持有成本过低。

2. 采矿权退出路径及比例。采矿权退出路径有四种：

（1）权利人主动申请退出。这种情形不足5%。

（2）到期吊销。采矿许可证到期，权利人不申请延续，也不申请退出，管理部门依法吊销。这种情形不足5%。

（3）整改不通过，管理部门吊销。违法违规，限期内整改不通过，管理部门依法吊销（包括：不按期缴纳费用、倒卖牟利、越区开采、破坏性开采滥采乱挖、环境污染、发生安全事故、存在安全隐患、不按规定提交年度报告、不按规定办理变更登记或注销登记手续等）的情形约占10%～15%。

（4）资源整合。矿产资源开发整合及其他政策原因，近年矿产资源开发整合的力度很大，使得这部分情形占采矿权退出的绝大部分，高达70%～80%。由此调查可以看出，采矿权主动退出的情形也非常少，权利人不主动退出，不利于国家对于矿业权的管理以及矿业权的市场流转。

3. 矿业权主动退出情形比例小乃是因为经济压力不足。主要是因为相关的制度设计不合理，导致矿业权持有成本较低，矿业权人主动退出的经济压力不足。现代社会主体都是经济人，良好的制度设计注重于利用经济因素调节人的行为，达到管理目的。

（三）以资料汇交和许可证续展等制度把控矿业权退出

我国的矿业权退出管理机制相对薄弱，而世界各国对于矿业权的管理形式多样且富有成效。

1. 探矿许可自动减缩制度。比如《法国矿业法典》第10条的规定：经持有人申请，依颁发许可证的同样条件，H许可证的有效期可延长两次，每次最多5年，无须重新调查，经矿业委员会同意后以法令形式作出决定。但是，第一次续展时，许可证的面积减少一半，第二次续展时，减少剩余部分的1/4，剩余部分由持证人选择。

它可以包含在一个或若干个简单形式的区域内；就此问题产生争议时，根据矿业委员会的意见进行裁决（1970年1月2日第70－1号法律第5条第1款）。在任何情况下，上述规定的面积减少，结果不能是确定一个面积少于

175 平方公里的许可证。[1]

从上述规定可以看出，法国矿业法对于许可证延续有效期时，许可证的面积会自动减少，这样就会对矿业权人产生激励作用，因为即使许可证可以延期，许可证面积也会自动减少，这样会刺激矿业权人在申请获得许可证后就最大限度地进行勘查开发，以实现最大程度的经济利益。

2. 与地勘资料汇交绑定控制矿业权退出之事后管理。外国也通过资料汇交制度来控制矿业权的消灭，[2]要实现对矿业权开发情况的切实了解，资料汇交是了解开发情况的重要途径，如果不进行资料汇交，就会减少矿业权面积，由此可以达到及时清理矿业权的目的。

正是因为如此，外国对于矿业权的事后管理更为重视，而对于矿业权的申请则实行宽松原则，相关的立法较少。

我国对于资料汇交、储量管理、许可证延期等制度上设计没有如此精准的制度，贯彻执行也没有如此到位，导致矿业权申请后就处于游离状态，除非管理部门主动进行清理，否则，矿业权运行情况都不甚清楚。正是由于退出制度不足，所以在矿业权申请上才采取更加审慎和严格的规定，如果可以借鉴外国的制度，完善资料汇交、设计精准的配套计算标准，则矿业权的主动退出以及及时退出就能够得到实现。

四、外国矿业权消灭制度简洁源于管理观念的不同

基于比较法的需要，本研究搜集了大量的外国矿业法典，但是纵观这些立法可以发现，外国对于矿业权申请消灭的法律规定内容相对简单，究其原因，乃是因为外国对于矿业权管理观念的不同，外国将矿业开发视为金融运作的重要部分，注重国家资金援助和金融、保险机制的全程参与，因此融入了更多的市场运作机制，更多地体现的是国家对矿产资源开发支持因素。因而其对于矿业权申请和消灭自然都不会苛刻；而且外国事后管理的科学设计，比如对于资料汇交的严格要求，对于许可证延期的规定，都可以实现矿业权的高效运转，不会出现大量闲置的情况。

我国因为传统计划经济模式一贯的管理习惯影响，对于矿业权申请和注

---

〔1〕国土资源部地质勘查司编：《各国矿业法选论》，中国大地出版社 2005 年版，第 594～595 页。

〔2〕张文君："澳大利亚地质资料汇交管理制度及其启示"，载《兰台世界》2010 年第 7 期。

销审查较严，但恰变形为了后续管理明显不足，这也是将来矿业权管理改革的一个方向。故而，加强后续管理，加强金融运作的控制，放松准入申请和矿业权消灭的实质性行政审查，让市场在其中起决定性作用，才可能实现我国矿业资源权最大程度的科学合理开发管理，促进我国能源革命的实现。

第二节　矿业权的征收

一、我国有关征收的现行规定

（一）征收是行政权力强制取得民事主体财产所有权的行政行为

所谓征收，是国家以行政权力强制性地取得其他主体的财产所有权的行为。征收的主体一般情况下只限于国家，其他任何个人或者组织都没有资格进行征收。[1] 征收是一种强制性的行为，被征收人只能服从。我国《宪法》第 10 条规定了土地征收制度，《物权法》第 42 条、第 121 条规定了不动产、用益物权征收制度。

我国《宪法》第 10 条第 3 款规定："国家为了公共利益的需要，可以依照法律规定对土地实行征收或者征用并给予补偿。"这是关于矿业权征收的宪法依据。《物权法》第 42 条规定："为了公共利益的需要，依照法律规定的权限和程序可以征收集体所有的土地和单位、个人的房屋及其他不动产。征收集体所有的土地，应当依法足额支付土地补偿费、安置补助费、地上附着物和青苗的补偿费等费用，安排被征地农民的社会保障费用，保障被征地农民的生活，维护被征地农民的合法权益。"《物权法》第 121 条规定："因不动产或者动产被征收、征用致使用益物权消灭或者影响用益物权行使的，用益物权人有权依照本法第四十二条、第四十四条的规定获得相应补偿。"

（二）我国现行法律对征收只有原则性的规定

我国现行法律法规对征收的具体实施主体以及征收的标准与条件等问题都不甚清晰。[2] 对于矿业权的征收应属于《物权法》第 121 条规定的对用益

---

[1] 梁雅雯："我国土地征收制度中存在的几点问题"，载《法制与经济（下旬）》2012 年第 2 期。

[2] 谭东立："房屋征收补偿法规中几个原则性规定探析"，载《鸡西大学学报》2014 年第 8 期。

物权的征收。对于矿业权征收的法定条件，只有“为了公共利益的需要”这一原则性的规定，但是具体情形并没有清晰的表述，因此难免会造成矿业权人利益的损失。目前，从国外一些国家的规定看，很多国家的矿业法并没有关于矿业权征收的规定，造成这一问题的主要原因在于，在这些国家都会在宪法层面对公民合法财产予以严格的法律保护，所以，对于矿业权的征收问题并未再具体规定。

二、我国矿业权征收的法定条件

结合我国《宪法》和《物权法》的已有规定，以及相关理论和比较法的相关内容，可以对矿业权征收的法定条件进行以下探讨。

（一）我国矿业权征收的法定主体

征收是国家的特权，征收主体肯定是国家，[1] 这一点是毋庸置疑的，但是征收的具体人员以及相应的级别，这一点是需要进行探讨的。在物权法草案中，曾经规定“征收主体是县级以上人民政府”，之后颁行的物权法将该项内容删除。在我国，各级政府是行政机关，各级政府的相应部门也是矿产资源的直接主管部门。因此将政府作为矿业权的征收的主体是符合理论和实践的。对于具体哪一级政府可以对权利人拥有的矿业权进行征收，我们认为原物权法草案中的规定，是有借鉴意义的。

在未来矿产资源法的立法中，可以对该问题先做出类似物权法的原则性规定，即只规定国家作为征收主体，而对具体征收人暂不规定，在未来实施具体细则中，可以进一步规定，即认为现在征收决定的主体仍然只能是政府，而政府级别可以参照物权法草案“征收主体是县级以上人民政府”的规定。

（二）是否构成社会公共利益须依法定程序来予以确定[2]

我国目前的实际状况来说，在矿产资源法里规定矿业权征收仍然是非常必要的，在我国，矿业权人在国家资源整合中的利益缺乏制度保障。国家资源整合是必要的，反映了社会公共利益的需要，但是对于何为“国家利益”，“是否构成国家利益”必须要有相对明确且详尽的规定，并且一定要符合法定条件。鉴于我国目前理论界对“公共利益”的具体情形缺乏深入的研究，且

---

〔1〕“十六大以来我国征地制度改革的突破”，载新华网，访问日期：2012 年 8 月 23 日。

〔2〕 钱弘道、马良骥：“是否公共利益，应通过法定程序界定”，载《检察日报》2006 年 11 月 23 日。

尚未达成共识，可以在矿产资源立法中仍然对“国家利益”暂时作出原则性规定，留待进一步立法上的完善。

应当认为，对“公共利益”应该划定具体的范围，可以有以下几种情形：第一，为了重大的国家军事、行政目的；第二，因为重大自然灾害的需要；第三，为支持国家重点扶持的军事、能源、水利事业而必须要征用的；第四，对于其他事项的征收，需要经过省级以上行政部门的批准。

（三）我国进行矿业权征收的法律依据

对于我国继续矿业权征收的法律依据问题，目前我国《宪法》第10条的表述是“依照法律规定”，《物权法》第42条的表述是“依照法律规定的权限和程序”。对于这一问题，关键在于哪个效力层级的法律可以规定矿业权立法的问题。[1]

鉴于在我国《立法法》中明确规定，关于征收的问题只能由法律予以规定。也就是说，关于矿业权征收只能法律规定，其他的规章可以规定实施细则，但是无权对矿业权征收进行规定。

三、矿业权征收后应给予矿业权人的合理补偿

在一定条件下，为了公共利益的需要，可以依法进行矿业权征收，但是，这不能成为无偿或者低价剥夺矿业权的理由，在矿业权被征收后应当给予矿业权人相应的补偿，但是应当补偿哪些，以及补偿的标准，还有具体由哪些人来认定损失的数额都是需要探讨的问题。

（一）关于我国矿业权征收的补偿标准

在补偿问题上，《宪法》第10条的表述是“给予补偿”，《物权法》第42条的表述是“依法足额支付土地补偿费、安置补助费、地上附着物和青苗的补偿费等费用”，但是“土地补偿费、安置补助费、地上附着物和青苗的补偿费”是否能够等价于被征收土地的全部价值，也是存在争议的。矿产资源有其特殊性，一旦被开发，其所能出产的资源数量，以及市场价格，具有一定的不确定性。[2]有鉴于此，对于矿业权征收后的补偿标准应确定在合理的范

---

〔1〕 杨利敏：“我国《立法法》关于权限规定的缺陷分析”，载中国宪政网，访问日期：2014年7月26日。

〔2〕 杨海生、周永章、周文娟：“矿产资源勘探与开发的不确定性分析”，载《中山大学学报（自然科学版）》2006年第2期。

围内上，即“合理补偿的标准。”既不能完全放开补偿矿业权人的包括可得利益的损失，同时也要维护矿业权人的利益，保证其权益不受侵犯，从而兼顾矿业权人利益保护与实践中全额补偿很难实现之间的关系。

（二）关于我国矿业权人在征收后的损失评估

相比较矿业权征收的补偿标准，矿业权征收后矿业权人损失的计算也非常重要。对于矿业权人损失的计算，不能由征收主体来进行，因为在某种程度上，作为利益相对方的政府机关，很可能出现，对矿业权人损失进行不实评估的情况，因此有必要引入第三方来进行评估。鉴于矿产资源的价值评估具有专业性，[1] 因此对矿业权人的损失进行评估的第三方，也必须是具有资质的专业评估机构。由具有资质的专业评估机关来进行评估。有权利就要有所救济，在矿业权人损失的评估中也是如此。如果矿业权人对评估结果不满意的，可以允许其申请再次评估，或者向其他有专业资质的评估机关申请评估。

综上，对于矿业权的征收这一问题，在未来的矿产资源立法中，可以对其作出如下的规定，这也是在《〈矿产资源法〉修改关键问题研究》课题项目研究成果之三中已经提到的，即“国家因公共利益需要，可以依照法律规定征收矿业权，由具有法定资质的矿业权评估机关进行评估，给予矿业权人合理的补偿。”同时，本人认为，可以在该条后加一款，作为矿业权人不服评估结果的救济，即“矿业权人不服该评估结果的，可以申请重新评估，或者申请其他有法定资质的矿业评估机关进行重新评估。”

四、从比较法上看“因公益理由的撤销处理制度”

从比较法上来看，与矿业权征收具有一定比较意义的是《日本矿业法》和《韩国矿业法》所规定的“因公益理由的撤销处理制度”。[2] 该制度与前述矿业权征收具有一定的相似性，但是并不等同。根据《日本矿业法》、《韩国矿业法》的规定，“因公益的理由”缩减矿区或者撤销矿业权，是部分或者全部的取消已经设定的矿业权，其结果是该矿业权涵盖范围的矿产被部分或

---

〔1〕 幕银平：“我国矿业权价值评估探讨——以大水沟蹄矿床采矿权价值评估为例”，成都理工学院2000年硕士学位论文。

〔2〕 国土资源部地质勘查司编：《各国矿业法选编》（上编），中国大地出版社2005年版，第70~105页，第109~137页。

者全部不再允许勘查、开采，而矿业权征收的结果可能是取消已经设定的矿业权，也可能是将矿业权收回国有后，另行安排，不一定是停止勘查、开采。应该说，在范围上，矿业权征收要大于因公益理由的撤销处理矿业权。

第三节　统一矿业权消灭事由并以注销登记予以公示[1]

一、现行吊销采矿许可证忽视了采矿权的财产性质

（一）忽视财产属性而直接行政吊销对采矿权人的权益保护不周

"长期以来，无论法律法规规定还是管理机关和管理相对人，是以获得采矿许可证就有相应的采矿权，采矿权的设立、变更、转让和消灭，都是以相应许可证的颁发、变更、注销、失效、吊销实现。在采矿权属于行政特许权的时期，这样处理没有太大的问题。在采矿权具有行政许可权和财产权双重属性时，已经出现了矛盾和冲突。在多年的行政管理实践中，不少行政管理机关和地方政府都可以用行政处罚的方式决定采矿权的消灭，安全、环境、政策规定，都可以用吊销许可证，让相应采矿权消灭。"[2]这对采矿权人的利益保护不周。

（二）与《矿产资源法》特别是民法尤其是《物权法》相抵触

"把采矿权证书规定为行政处罚吊销的标的，不但不符合民法尤其是物权法制度，而且是对作为矿产资源所有人的国家享有的处分权利的否定，甚至可以说是对矿产资源国家所有权的侵犯。这就不但构成了于《矿产资源法》本身的抵触，而且构成了与民法尤其是物权法的抵触。"[3]

（三）影响矿业权的担保功能使其无法得以有效发挥

"将采矿许可证同作为物权的矿业权一并出让实践中，政府可以利用行政手段吊销矿业权的做法，使得矿业权人对其所享有的物权的安全性和稳定性产生了担心，并引发了矿业权人的掠夺性开采行为。同时，矿业权可能被行

---

〔1〕本部分内容为中国政法大学2011级博士研究生孙莉《采矿权性质及制度完善研究》的部分成果。

〔2〕曾绍金："对矿业发展和管理的几点看法"，载豆丁网，访问日期：2011年3月1日。

〔3〕刘权衡："矿业权与土地使用权一样也是以地质资源为客体的用益物权，应当纳入《物权法》"，载《西部资源》2007年第4期。

政主管部门通过行政处罚的方式予以吊销的法律风险，也导致大多数金融机构在是否接受矿业权抵押担保的问题上瞻前顾后、裹足不前，甚至将矿业权人以矿业权设定抵押的要求拒于门外，从而使得矿业权的担保功能无法得到有效发挥。”[1]

（四）矿业权属文件命名为许可证本末倒置致行政主体权力越位

“采矿许可证的本质作用是证明持有人享有采矿权，附加作用是证明持有人取得了行使采矿权的行政许可。将采矿权属证明文件命名为采矿许可证是本末倒置，突出的是行政许可功能，抹杀的是采矿权属证明功能。吊销采矿许可证的规定，也是将采矿许可证视为单纯的行政许可证明文件造成的后果。”[2]吊销许可证属《行政处罚法》规定的处罚种类，属于比较严重的处罚，用行政处罚的方法惩罚民事违法行为，造成行政主体取代民事主体的权力越位和错位，容易造成公权力对民事权利的侵害。

二、域外统一规定有矿业权的撤销或取消但并无吊销

我国台湾地区“矿业法”第 11 条规定：“采矿权视为物权，除本法有特别规定外，准用关于不动产诸法律之规定。”第 43 条规定：“采矿权者有下列情事之一时，其采矿权应即撤销：①登记后无不可抗力之故障，2 年内不开工或中途停工 1 年以上者。②将采矿权转移或抵押于外国人者。③矿业之经营有害公益无法补救，或违反安全法令，不遵令改善者。④不纳矿区税四期以上者。⑤以诈欺取得采矿权，经法院依第九十六条只规定判决确定者。”第 96 条规定：“有下列情形之一者，处 3 年以下有期徒刑、拘役或科或并科 1 万元以下罚金：①以诈欺取得采矿权或违法私自采矿者。②有第四十三条第二款情形者。”由此，采矿权消灭的情形包括：采矿权之放弃及采矿权之展期届满、采矿权之撤销、采矿权之收用。其中，采矿权之撤销包括：因错误核准的采矿权之撤销或变更、因有害公益而撤销或变更采矿权、因妨害他人之矿业而撤销或变更采矿权、因采矿权者违反义务而撤销采矿权。[3]

---

[1] 蒋文军：《矿产物权疑难法律问题解析与实务操作》，中国法制出版社 2008 年版，第 19 页。

[2] 刘权衡：“完善矿产资源国家所有权保护制度是《矿产资源法》修改的重中之重”，载《西部资源》2007 年第 6 期。

[3] 参见（台）简芳钦：《矿业法通论》，矿业协进会 1985 年版，第 116～124 页。

《韩国矿业法》第40条亦规定了采矿权撤销的情形。《日本矿业法》规定了采矿权取消的情形。我国台湾地区“矿业法”、《韩国矿业法》、《日本矿业法》均对采矿权的撤销或取消进行集中的规定，而“罚则”一章未见吊销采矿权的字样。

三、整合撤销吊销注销统一规定为采矿权收回进行注销登记

（一）将矿山企业的经营资格与采矿权相分离以采矿权证代替采矿许可证

如果将矿山企业的经营资格与采矿权相分离，并以采矿权证代替采矿许可证的话，不会存在目前的吊销问题了，因为权利是不能吊销的，只有经营资格才可能会被吊销。与采矿权因出让而取得相对应，采矿权亦会被国土资源主管部门“收回”，并进行注销登记，以消灭采矿权。“采矿权是由作为矿产资源所有人的国家出让的财产权利，采矿权人如果有违法行为需要消灭其采矿权，还是应当由采矿权出让方即作为矿产资源所有人的国家收回矿业权，由登记机关注销其采矿权登记，同时注销其采矿权证书，这样才符合民法尤其是物权法制度。”〔1〕

（二）用民事法律制度规范矿业权作为准物权的消灭

“矿业权源于作为矿产资源所有人的国家的出让。矿业权的消灭就应当由国家收回，也要用民法制度规范其消灭。要由不动产登记机关收回矿业权属证书，注销矿业权登记，并予以公示。”〔2〕吊销许可证的表述混淆了民事责任和行政责任，混淆了国家作为民事权利主体和行政管理者的身份。整合撤销、吊销与注销，统一规定采矿权的收回，体现了采矿权出让合同的民事性质，体现了国家作为矿产资源所有者的民事身份。

通过比较分析我国各种不动产权利和权属证书和权利终止可以发现，只要是以“许可证”作为权利权属证书的，就可以作为吊销的标的，而且相关法律法规并未规定吊销对权利本身的影响；只要以“权证”作为权利的权属证书的，这种权利不能被吊销，只可以被收回，并以注销登记公示其消灭。

---

〔1〕 刘权衡：“矿业权与土地使用权一样也是以地质资源为客体的用益物权，应当纳入《物权法》”，载《西部资源》2007年第4期。

〔2〕 张兴光：“矿业权研究”，河南大学2007年硕士学位论文。

	比较项目 法律法规名称	权利名称	权属证书	权利终止
我国不动产物权比较	农村土地承包法	土地承包经营权	土地承包经营权证	收回
	城市房地产管理法房屋登记办法	房屋所有权	房屋所有权证	注销登记
	土地管理法土地登记办法	土地使用权	土地使用权证	收回、注销登记
	海域使用管理法海域使用权登记办法	海域使用权	海域使用权证	收回、注销登记
	渔业法	捕捞权养殖权	捕捞许可证	
	养殖证	吊销野生动物保护法狩猎权	狩猎证	吊销
	水法	取水权	取水许可证	吊销
	矿产资源法	探矿权采矿权	探矿许可证采矿许可证	吊销、注销、撤销

（三）采矿权的收回作为国家权力干预须有法律的明确规定

1. 采矿权的收回是采矿权的非正常消灭方式，体现国家权力对采矿权的干预。一般认为，采矿权收回的情形有："因矿业权闲置被强行收回；因滥用矿业权被强行收回；因无效流转而被强行收回；因妨碍公共利益被强行收回；法律以列举方式规定的其他强行收回方式。"〔1〕

如果参照《土地管理法》、《农村土地承包法》、《城市房地产管理法》、《海域使用管理法》等关于权利收回的规定，依据《物权法》的相关规定，对现行矿产资源法律法规关于采矿权许可证撤销、吊销、注销的情形予以改造，统一规范采矿权的收回和消灭。采矿权的收回包括有偿收回和无偿收回。

（1）无偿收回的主要情形有：其一，采矿权在一定期限内未开采矿产资源的；其二，采矿权有效期届满，采矿权人未申请续期或申请续期未获批准的；其三，采取破坏性的开采方法开采矿产资源的；其四，拒不退回本矿区范围内开采，造成矿产资源破坏的；其五，不按期限缴纳采矿权税费，由登记管理机关责令限期缴纳后，逾期仍不缴纳的。

〔1〕 焦艳鹏："论我国矿业权取得制度的基本原则"，天津师范大学2008年硕士学位论文。

（2）有偿收回的情形主要有：其一，国家为了公共利益的需要，依照法律规定的权限和程序对采矿权进行征收的；其二，采矿权出让所依据的法律、法规、规章修改或者废止，或者采矿权出让所依据的客观情况发生重大变化的，比如矿产资源规划调整，为了公共利益的需要收回；其三，行政机关违法授予的采矿权。因此，作为行政行为，对采矿权收回的情形依法应有法律的明确规定。

2. 从私法角度加强对矿业权人的合法权益的切实维护。矿产资源开发整合中矿业权关系的调整是矿业权人利益保护的重点。应当认为，矿业权人的利益得不到保护，甚至被任意剥夺，固然有当前普遍存在的公权力难以制约的顽疾，但是从制度架构上来看，不能明确界定矿业权作为民事权利与国家对于勘查、开采行为的管理行为间的关系，也是使问题长期不能解决的重要原因。〔1〕

（1）对违法行为的处罚并不致矿业权人合法民事权益被剥夺。矿业权证和国家对于勘查、开采行为的管理体现不同法律关系。因为探矿人、采矿人违法行为导致管理机关不再允许其继续实施探矿、采矿行为，并不意味着矿业权作为财产权的必然灭失。因此，《矿产资源法》修改中应当增加"探矿权人、采矿权人被吊销勘查、采矿资质的，应当自资质被吊销之日起，停止勘查或者开采活动。凡是依法进行权利登记的，允许其在规定的期限内转让有关权益，受让人进行勘查、开采活动的，应当依法办理勘查许可或采矿许可手续"的规定。

（2）必须注意对目前世界各地通行的矿业权撤销制度的合理借鉴。我国台湾地区"矿业法"第44条规定，采矿权被撤销或自行废止后，原矿业权者可以处分"财产设备"，而非矿业权。应当认为，台湾地区"矿业法"规定在矿业权撤销后，不存在对于其所包含的民事权益进行转让，是由其矿业权人取得矿业权的方式所决定的。我国台湾地区的"矿业法"均只规定了申请取得矿业权，这与我国目前推行的矿业权通过招标、拍卖、挂牌取得相比较，矿业权人获得的矿业权所包含的财产权益是不同的。〔2〕

《巴西矿业法典》（1967）第67条规定："在勘查批准权或开采特许权失

---

〔1〕刘欣："物权法背景下的矿业权法律制度探析"，中国人民大学2008年博士学位论文。

〔2〕国土资源部地质勘查司编：《各国矿业法选编》（上编），中国大地出版社2005年版，第72页。

效或丧失的原因查明后，勘查批准权或开采特许权所有人可在不损害矿山整体的条件下收回自己的财产，放弃的情况除外。"[1]我国《矿产资源法》的修改也应借鉴上述规定，维护原采矿权人的财产权益。

(3) 矿业权灭失后矿业权人之"占有"的合法权益亦应受保护。司法实践中，许可证的吊销往往意味着相对人的探矿及采矿资质以及财产性权利的一并消灭，然而，如果仔细分析矿业许可证与矿业权归属背后依据的法律关系，不难发现，此类判例显然并未理解《物权法》中有关"占有"规定的法律真谛。

矿业权人通过勘探、开采此类事实行为对特定矿山企业所进行的投资的占有、使用、收益，诸如扣押、吊销许可证产生的法律后果主要在于对该行政相对人探、采资质的否定，其主旨在于禁止相对人从事相应的矿产资源勘查或开采活动行为，而非在丧失资质以前，对相对人合法取得的矿业投资支配权的剥夺。特别是对合法取得与此有关的他项权利的善意第三人而言，让其承担此类非商业风险，显然没有法律上的依据。

所以，采矿权被收回后，国土资源主管部门应注销采矿权证，当然，原采矿权人有权处分其财产设备。这是因为，对于通过招标、拍卖、挂牌取得矿业权而言，取得矿业权者支付的权利金可能包含了矿业权人的部分未来收益；而申请取得矿业权则不存在预先支付权利金问题。再加上不论采何种取得方式，鉴于矿业开发中投资与收益必然要出现的时间差。因此，对于招标、拍卖、挂牌取得矿业权与申请取得的矿业权只能够予以区别对待，以期更好地保护矿业权人的合法权益。

---

[1] 国土资源部地质勘查司编：《各国矿业法选编》（下编），中国大地出版社 2005 年版，第990页。

第三编 与矿业权有关的管理法律关系

第九章

矿政管理中的行政规划

第一节 行政规划概述

一、行政规划的概念

（一）不同学者对行政规划的定义

1. 应松年先生认为：行政规划是指行政主体为了实现特定的行政目标而对未来一定时期内拟采取的方法、步骤和措施依法作出的具有约束力的设计与计划。[1]

2. 翁岳生先生认为：行政规划系指行政机关为将来一定期限内达成特定之目的或事先一定之构想，事前就达成该目的或实现该构想有关之方法、步骤或措施等所为之设计与规划。[2]

3. 林腾鹞先生认为：行政规划是指行政机关为将来一定期限达成特定之目的或实现一定之构想，事前就达成该目的或实现该构想有关之方法、步骤或措施等为之设计与规

〔1〕 应松年：《当代中国行政法》，中国方正出版社2005年版，第1038页。

〔2〕 翁岳生：《行政法》，中国法制出版社2000年版，第800页。

划。[1]

4. 姜明安教授认为：行政规划是指行政机关在实施公共事业及其他活动之前，首先综合地提出有关行政目标，事前制定出规划蓝图，以作为具体的行政目标，并进一步制定实现该综合目标所必需的各项政策大纲的活动。[2]

5. 崔卓兰教授认为：从静态上讲，行政规划指行政机关依照法律规定，在其职权范围内，为了在一定期限内实现其行政目标而设定的规划及其为达到该目标的实施程序和方法。从动态上讲，是一种行政管理手段，属于非强制行政行为，具有调整必要诸手段的作用。[3]

6. 章剑生教授认为：行政规划是指行政机关在利用土地、空间或者其他资源实施公共事业之前，就实现行政目标的方式、步骤、条件等要素做出系统筹划的一种行政活动，它是一个设计未来行政活动方式的过程与结果的总称。[4]

7. 周佑勇教授认为：行政规划是指行政主体为了实现特定的行政目标，而作出的对行政主体具有约束力、必须采取具体措施在未来一定期限内予以实现的、关于某一地区或某一行业之事务的部署与安排。[5]

（二）*矿产资源开发管理规划的概念*

所谓矿产资源规划，是指根据矿产资源禀赋条件、勘查开发利用现状和一定时期内国民经济和社会发展对矿产资源的需求，对地质勘查、矿产资源开发利用和保护等作出的总量、结构、布局和时序安排。[6]

具体到我国，2001年着手实施首轮矿产资源规划，“有管理，无规划”正式成为历史。矿产资源规划的实施，明确了规划在矿产资源管理中的角色定位，确认了规划是审批和监督矿产资源勘查、开发活动的重要依据。为了强化矿产资源规划的实施，国土资源部于2009年全面实行《全国矿产资源规划（2008~2015年）》。该规划以2007年为基期，2015年为规划期，展望到

---

[1]（台）林腾鹞：《行政法总论》，台北三民书局1999年版，第472页。

[2] 姜明安：《行政法与行政诉讼法》，北京大学出版社、高等教育出版社1999年版，第208页。

[3] 崔卓兰主编：《行政法学》，吉林大学出版社1998年版，第337页。

[4] 章剑生：“行政规划初论”，载《法治研究》2007年第7期。

[5] 周佑勇、王青斌：“论行政规划”，载《中南民族大学学报》2005年第1期。

[6]《矿产资源规划编制实施办法》（2012年8月31日国土资源部第3次部务会议通过）。

2020年，重点推进了省级规划报批和市县级规划编制工作。[1]为了进一步加强和规范矿产资源规划管理，统筹安排地质勘查、矿产资源开发利用和保护，促进我国矿业科学发展，国土资源部于2012年以部门规章的方式颁布实行《矿产资源规划编制实施办法》。[2]

综上，矿产资源规划是统筹矿产资源管理的标尺，对我国矿产资源利用宏观调控的提升作用明显，是保障我国矿业持续健康发展的主要制度。

二、矿产资源行政规划的特点

根据上述各位学者对行政规划概念界定的不同观点，矿产资源行政规划应具有如下共同的特点：

（一）主体特定性

在行政法学界，学者们对行政规划制定主体是否仅限于行政机关仍有争论，多数学者认为行政规划的制定主体仅包含行政机关，不包含法律法规授权的公共组织。

但是，就矿产资源行政规划来说，矿产资源行政规划的制定主体应该仅限于行政机关。因为矿产资源行政规划是为国民经济发展的总体规划服务的，涉及今后国家矿产资源勘探开发的宏观调控，具有很多政策性的考虑，公共组织一般无法胜任此工作，从而无法保证矿产资源规划的科学性。目前我国的矿产资源行政规划的编制主体都是行政机关，即国土资源部和地方各级国土资源主管部门，并不包含公共组织。[3]应当认为，这样的规定是合理的。

（二）职权法定性

制定行政规划的主体在制定行政规划时必须有明确的法律依据，即职权法定。从功能上和对相对人权利的影响上来看，行政规划都需要法律上的依据，否则很容易造成对公共利益和相对人合法权益的侵害，尤其是直接涉及相对人的权利义务或合法权益的行政规划，必须具有法定的职权。

---

〔1〕2009年初，已有21个省级总体规划正式报部审批，7个省已经部批复并发布实施。到年底基本完成31个省级矿产资源规划报批。启动2000多个市县级矿产资源规划编制工作。

〔2〕《矿产资源规划编制实施办法》（2012年8月31日国土资源部第3次部务会议通过）。

〔3〕《矿产资源规划编制实施办法》（2012年8月31日国土资源部第3次部务会议通过）第9条。

由此，行政机关在制定矿产资源规划时也应该具有法律规定的职权。目前我国不同的矿产资源规划主体都有其明确的职权范围，应该严格遵守，不得超越职权编制规划，也不得放弃职权。国土资源部应当依据国家级矿产资源总体规划和一定时期国家关于矿产资源勘查开发的重大部署编制矿产资源专项规划；地方各级国土资源主管部门应当依据矿产资源总体规划和本办法的有关规定编制同级矿产资源专项规划；矿产资源专项规划应当对地质勘查、矿产资源开发利用和保护、矿山地质环境保护与治理恢复、矿区土地复垦等特定领域，或者重要矿种、重点区域的地质勘查、矿产资源开发利用和保护及其相关活动作出具体安排；国家规划矿区、对国民经济具有重要价值的矿区、大型规模以上矿产地和对国家或者本地区有重要价值的矿种，应当编制矿产资源专项规划。〔1〕

(三) 目的特定性

行政规划是为了达成特定的行政目标而制定的，具体来说是为了达成一定的社会管理目标。这一目标既可以是出于引导社会经济健康发展的需要，也可能是为了维持公正合理的社会制度，或者是对有限资源做出合理有效的分配。总之，行政规划的目的在于更好地实现行政机关的管理、指导、服务等功能，提升整个社会的福祉。

我国矿产资源规划的目的是落实国家矿产资源战略，加强和改善矿产资源宏观管理，对地质勘查、矿产资源开发利用和保护活动进行依法审批和监督管理。〔2〕所以，任何矿产资源规划的制定都必须以此目的为导向，不得借矿产资源规划的形式实现其他目的或损害公众利益。

我国矿产资源规划和土地规划不同步，二者存在交叉和冲突，容易导致探明的矿产资源开发项目没有办法列入土地规划之中，使得将来采矿权人获得土地使用权的行政审批比较复杂，甚至很难对抗其他主体已经获得的土地使用权，〔3〕还容易导致各级土地规划部门在探明有开采价值后，由于土地升值而出现政令反复。矿产资源开发完成后，复垦工作以及复垦之后的土地使

〔1〕《矿产资源规划编制实施办法》（2012年8月31日国土资源部第3次部务会议通过）第9条。

〔2〕《矿产资源规划编制实施办法》（2012年8月31日国土资源部第3次部务会议通过）第4条。

〔3〕彭方思："试论矿业权与土地使用权的关系"，载《中国地质矿产经济》1999年第6期。

用工作没有纳入土地资源的规划之中，这样容易导致复垦工作缺乏管制以及复垦之后土地资源的搁置与浪费等问题。[1]

矿产资源规划应加强与土地规划的协调。矿产资源不同于土地资源，矿产资源具有区域分散性，要求有开采价值的矿产资源需要拥有一定面积的矿产资源用地作为开采矿产资源的保障。并且，矿业用地要根据生产规模、储存需求来具体确定，具有特殊性。土地资源具有一般性的特点，对特定土地用途的要求没有矿产资源高。应当认为，根据“特殊”优于“一般”的原则，矿业资源规划应当具有一定的优先性，当国土资源部门进行规划时，应考虑到矿业用地的特殊性。[2]

矿产资源规划服从于国家矿产资源战略，因此具有全局性、战略性；矿产资源规划重点是解决与土地规划的协调问题，因此具有涉他性和协调性。矿产资源规划目的是多重的，在进行矿产资源规划时，应全局考虑，综合统筹。

(四) 未来导向性

上述各种观点都提到，行政规划是政府面对未来事物设计的实现目标的方法和步骤。规划虽然也研究过去和现在，但仍是以大量的预测性事实为基础，目的则在于揭示和预测未来社会的发展趋势并展开实现行政目标的未来行动。规划的未来导向性，其实质在于对未来不确定性的缓解和抵消，通过提供有组织的信息，消解决策者在决策过程中对未来发展的不可把握性，从而为社会各个方面和个人的决策提供基本的框架。[3]

而具体到矿产资源规划来说，行政机关在编制时必须遵循市场经济规律和地质工作规律，具体分析各区域的差异，从而在最大程度上消解对未来的不确定性。[4]

(五) 裁量性

行政规划的特点在于：行政主体要预测未来，并根据广泛的行政政策性

---

[1] 王来峰、陈兴荣、洪水峰：“中国土地与矿产资源规划制度比较研究”，载《中国矿业》2007 年第 3 期。

[2] 邢立亭、徐征和、王青：《矿产资源开发利用与规划》，冶金工业出版社 2008 年版。

[3] 张思思：“行政规划基本问题的法学分析”，中国政法大学 2006 年硕士学位论文。

[4] 《矿产资源规划编制实施办法》（2012 年 8 月 31 日国土资源部第 3 次部务会议通过）第 5 条。

裁量判断作出政策决定。[1] 社会环境具有复杂性和多样性，为了更好地适应社会现实，实现公共利益，行政规划必然需要产生许多变动。这就要求规划制定者根据政治、经济发展需要对行政规划是否变动进行选择和决断，由规划制定者进行自由裁量。由此，行政规划中行政主体的裁量空间更为广阔，这也使得裁量性成为行政规划的一个明显特性。

而矿产资源规划属于国家规划体系的重要组成部分，制定者对其进行变动必须符合国民经济和社会发展规划，与国土规划、主体功能区规划相协调，与土地利用总体规划、环境保护规划等相互衔接，[2] 其选择和决断的裁量权受到更多的限制。

（六）参与性

行政规划在一定意义上可以说它是行政机关和利益关系人之间良性互动的产物，因此，它呈现出极其强烈的公众参与性。[3] 在现代社会中，一方面行政机关的行政规划常常具有第三人效果，另一方面单个的利益主体开始组织化，从而在行政机关与行政相对人间展开了行政规划效益最大化的博弈。

现在的社会利益日趋多元化，行政规划所波及的对象不再是单一的个体，而是具有紧密的或者是松散的共同利益的组织体。如果行政机关不能顺应这种社会需求，仍以行政规划的“单方性”作为其行动的逻辑前提，那么，它作出的行政规划社会可接受性比较弱，其所引起行政相对人的反应必然强烈。行政规划的参与性体现在矿产资源规划上，就是要求矿产资源规划的制定必须向社会公开，必须实行听证程序。[4]

三、行政规划的分类

行政规划有很多分类，在目前的研究中，学界最有影响也最有意义的分类是德国学者沃尔夫对行政规划的分类，即按照拘束力分为指令性规划、指导性规划、调控性规划。[5]

---

〔1〕 杨建顺：《日本行政法通论》，中国法制出版社 1998 年版，第 563 页。

〔2〕《矿产资源规划编制实施办法》（2012 年 8 月 31 日国土资源部第 3 次部务会议通过）第 4 条。

〔3〕 章剑生：“行政规划初论”，载《法治研究》2007 年第 7 期。

〔4〕 具体见下文行政规划的程序部分。

〔5〕［德］汉斯·J. 沃尔夫、奥托·巴霍夫、罗尔夫·师托贝尔：《行政法》（第 2 卷），高家伟译，商务印书馆 2002 年版，第 182 页。

（一）指导性规划

也被称为建议性规划、咨询性规划，是指对国家机构或人民就特定范畴之事项，提供目前及未来可能状况之资讯，供其作决定与安排之考虑。[1] 该类规划是行政主体向外发布消息、判断、预测等，仅供相对人参考或者向后者表达一种建议或行政机关的一种意向，没有拘束力。

（二）调控性规划

又称影响性规划，是指以非强制性之诱导手段，促使相对人为特定符合目的之行为，或不为特定违反目的之行为。[2] 它是在指导性计划基础上进一步细化、明确计划的内容，进而具有影响或引诱相对人采取符合行政主体计划内容的行动效果。调控性规划并不采取强制措施，但是可能会采用经济手段等间接方式影响相对人。

（三）指令性规划

又称强制性规划、拘束性规划，是指对一定范围内的行政相对人具有约束力的行政计划，又可细分为对行政机关具有约束力的行政计划与对行政相对人和行政机关都有约束力的行政计划。[3]

第二节　行政规划的性质

一、行政规划性质的学说梳理

学界对行政规划性质的争论一直很激烈，基本形成了单一性质说和非单一性质说两大类观点。

（一）单一性质说主要包括四种观点[4]

1. 法规命令说。这种观点认为，行政规划产生的法律效果，是针对不特定多数人的抽象效果，与法规命令所具有的效果相同，因此应被视为是法规

〔1〕（台）陈敏：《行政法总论》，台北三民书局1999年版，第588页。

〔2〕（台）陈敏：《行政法总论》，台北三民书局1999年版，第588页。

〔3〕杨解君、肖泽晟：《行政法学》，法律出版社2000年版，第359页。

〔4〕（台）高思大："行政计划与行政诉讼"，载《司法研究年报》（第13辑下），台湾地区"司法院"1992年印行，第1271～1274页；王蒲坚："论行政计划"，载《法学丛刊》2002年第2期，转引自郭庆珠："行政规划的法律性质研究——与王青斌先生商榷"，载《现代法学》2008年第6期。

命令。行政规划公布后，对于公民权利的限制和侵害，仅仅具有抽象的可能性，并非必然发生。要使这种可能性变为现实性，必须要依照规划的内容、方法、步骤或措施等由行政机关做出后续具体行政行为，抽象的法律效果才被具体化。只要立法者（也包括制定行政法规、规章者）进行计划或决定一计划，其计划裁量权，即属于在国家权力范畴的普通立法裁量权〔1〕。

2. 具体行政行为说。具体行政行为说的核心是认为行政规划是一种人数众多但特定或可得特定的具体行政行为。行政规划是具有相当广泛的政策性、专业技术性的裁量，但这不能成为否定行政规划的行政处分性质的依据〔2〕。

3. 执行规范说。这种观点认为行政规划不属于传统意义上的行政行为，而是一种新的行政活动方式，兼具法规命令和具体行政行为的双重性质。行政规划具有规范秩序形成的作用，但是规划对于后续执行行为的效果为直接性及拘束性的确定，因此规划又并非是纯粹的法规命令。执行行为在实质上已经丧失了独立存在的意义。

4. 规划行为说。该观点同样认为行政规划是一种全新的行政活动方式。行政规划以一般人为对象，关系到超个人的一般公共秩序，从这一意义上说类似于立法行为。但是，由规划产生的权利限制等效果却不是抽象的，远比法令的效果具体而强烈，从这一意义上，又不如说类似于行政行为〔3〕，可以称之为“规划行为”。需要说明的是“执行规范说”和“规划行为说”关注的重点是不一样的，前者关注后续行为必然发生的执行作用，后者更关注规划本身的作用。

（二）单一性质说事实上容易在理论层面受到挑战

一方面，在实践中，随着社会生活的复杂化，作为行政主体重要行政手段之一的行政规划的样态也越发复杂和多样。不同的行政规划，其构成要件不同，表现形式也不同，从而很难找到统一的法律效果，无法用任何一种现有的行为性质来包含所有类型的行政规划。

另一方面，如果把所有的行政规划都视为法规命令，则与现有的法规命

〔1〕［德］平特纳：《德国普通行政法》，朱林译，中国政法大学出版社 1999 年版，第 159 页。

〔2〕［日］南博方：《日本行政法》，杨建顺、周作彩译，中国人民大学出版社 1988 年版，第 62 页。

〔3〕［日］南博方：《日本行政法》，杨建顺、周作彩译，中国人民大学出版社 1988 年版，第 62 页。

令的制定程序不相衔接。如果把所有的行政规划都视为具体行政行为，则与中国现行行政复议和行政诉讼制度不相衔接，因为复议和诉讼的受案范围都未包含所有类型的行政规划。如果把所有的行政规划都视为一种新的性质的行为，即执行规范或规划行为，则会出现更大的问题。因执行规范说和规划行为说都是建立在现有理论体系之外的新的理论，无法与所有建立在传统行政法学理论基础之上的现行法律制度相兼容，必然导致与实践的脱节。[1]

单一性质说存在着上述理论缺陷，我们应该把目光转向非单一性质说。非单一性质说认为不同特点的行政规划具有不同的法律性质。有台湾地区学者认为，行政规划可能具有法律规范的性质、法规命令的性质、行政规则的性质、地方自治规章的性质、行政处分的性质和事实行为的性质，[2]即或为行政行为，或为事实行为。日本和德国都有持类似观点者。[3]而行政规划具体有何种法律性质还有待于具体分析。

通说对行政行为的定义是“行政主体运用行政职权所实施的对外具有法律意义、产生法律效果的行为”。[4]行政行为包含四个要素：主体要素，即行政行为应该是行政主体所为的行为；职权要素，即行政行为应该是行政主体运用行政职权所为的行为；法律要素，即行政行为必须是具有法律意义、产生法律效果的行为，须对他人的权利义务产生影响，法律要素是区分行政行为和事实行为的关键要素；外部要素，即行政行为应当是行政机关对外实施的，不包括其对内部事务的组织、管理，区分于行政机关内部行为。下文将以行政规划是否具有行政行为的相关要素对不同类型的行政规划进行区分，以明确其具体性质。

人们传统上一般认为，行政规划是对未来事项的设定，是一个对于未来目标的蓝图，对于相对人权利义务的设定、变更和消灭只有在未来通过后续行政行为的实施才能实现，并不现实地发生作用，因此行政规划本身并不具有法律效果，人们只能针对根据行政规划而做出的后续具体行政行为如行政

---

〔1〕郭庆珠：“行政规划的法律性质研究——与王青斌先生商榷”，载《现代法学》2008年第6期。

〔2〕（台）李惠宗：《行政法要义》，元照出版公司2010年版，第426～428页。

〔3〕［德］毛雷尔：《行政法学总论》，高家伟译，法律出版社2000年版，第410～411页；［日］室井力：《日本现代行政法》，吴微译，中国政法大学出版社1995年版，第54页。

〔4〕张树义主编：《行政法学》，北京大学出版社2012年版，第143页。

征用、行政强制、行政许可等提起复议和诉讼。然而，近年来，理论和实务不断地对以上传统的认识提出质疑，认为规划虽然具有未来性，但并不能因此就认定某些强制性行政规划就不具有法律效果，因为某些强制性规划，即指令性规划会对人们的权利义务或利益造成影响和限制，这种影响和限制足以具有权益侵害性。所以，在法律效果的意义上，指令性规划对权益的影响也属于行政主体的追求结果，区别于不以法律效果实现为目的的行政事实行为。〔1〕

而指令性行政规划拘束的对象可能是行政机关本身，也可能是外部相对人。在外部要素的意义上，以指令性规划是否具有外部效果为标准，将其分为内部行为和行政行为。如果行政规划的拘束对象只是行政主体或是行政主体内部的工作人员，则应当视为行政机关内部行为，如机关年度财政预算；如果规划对外部关系人的权益产生影响，则应当视为行政行为，如旧城改造规划。〔2〕

而对于具有行政行为性质的指令性行政规划，分为针对外部不特定相对人的规划和针对特定相对人的规划。其中，针对不特定相对人的规划所产生的法律效果具有间接性，视为抽象行政行为；针对特定相对人的规划所产生的法律效果具有直接性，视为具体行政行为。

指导性规划、调控性规划属于非强制性规划。非强制性规划虽然也会产生一定的影响，但是这种“影响”是普通意义上的理解，而非法律上对权利义务或利益的影响，与强制性规划的“影响和限制”在性质上是完全不一样的。因为非强制性规划的实现需要相对人的自愿配合，它本身不足以导致后续行政行为的必然发生，不足以导致相对人权利状态的恶化和改变，行政规划机关也不追求这种效果，它并不以产生法律约束力和实现某种法律效果为目的，因此，它们属于传统上的事实行为。〔3〕

综上，笔者通过下图反映不同类型行政规划的法律性质：

---

〔1〕 郭庆珠：“行政规划的法律性质研究——与王青斌先生商榷”，载《现代法学》2008年第6期。

〔2〕 崔辉：“行政规划的法律性质辨析”，载《安康学院学报》2009年第3期。

〔3〕 郭庆珠：“行政规划的法律性质研究——与王青斌先生商榷”，载《现代法学》2008年第6期。

- 指导性规划 ⟶ 事实行为
- 调控性规划 ⟶ 事实行为
- 指令性规划
  - 内部规划 ⟶ 内部行为
  - 外部规划
    - 相对人特定 ⟶ 具体行政行为
    - 相对人不特定 ⟶ 抽象行政行为

二、矿产资源行政规划的性质认定

（一）矿产资源行政规划一般属于抽象行政行为

《矿产资源规划编制实施办法》第7条规定，省级矿产资源总体规划应当对国家级矿产资源总体规划的目标任务在本行政区域内进行细化和落实；设区的市级、县级矿产资源总体规划应当对依法审批管理和上级国土资源主管部门授权审批管理矿种的勘查、开发利用和保护活动作出具体安排；下级矿产资源总体规划应当服从上级矿产资源总体规划。由此，上级矿产资源行政规划对下级矿产资源行政规划具有约束力，下级矿产资源行政规划只能对上级行政规划的具体实施进行细化和落实，所以矿产资源行政规划对行政主体和行政相对人都具有约束力，因此其属于指令性行政规划中的外部规划。

进一步说，矿产资源行政规划的实施一般都不针对特定的相对人，所以矿产资源行政规划一般情况下是抽象行政行为；但如果其在制定时便能确定实施时具体针对的行政相对人，则其为具体行政行为，相对人在认为其合法权益受到该规划的损害或限制时可以提起行政诉讼或行政复议。

（二）矿产资源行政规划不属于行政立法的范畴

一般来说，抽象行政行为包括行政立法（行政法规、部门规章、地方政府规章）和一般规范性文件，而矿产资源行政规划针对特定相对人发生作用的情况很少。所以矿产资源行政规划具体属于哪类抽象行政行为还需进一步分析。

1. 矿产资源行政规划的制定程序不符合行政立法的程序要求。国务院制定行政法规，国务院各部门、省政府、较大市政府制定行政规章都必须遵循严格的行政立法程序，而矿产资源行政规划的制定程序显然不符合行政立法的程序要求，从而未受到相应的立法监督，所以无法具有和行政立法相同的效力。这也是矿产资源规划和行政立法的最重要区别。

2. 矿产资源行政规划的适用期限较短。一般来说行政立法非因客观情况变化被修改或废止，都会长期生效；而矿产资源行政规划是对一定期限内矿产资源勘查开采等问题的规划，适用期限较短。

3. 矿产资源行政规划几乎不为相对人提供行为模式。行政立法属于广义的法律范畴，就必须为相对人提供一个较为明确的行为模式；而矿产资源行政规划是对未来的矿产资源勘查开发等事项拟定规划和蓝图，很少为相对人提供行为模式。

所以矿产资源行政规划在性质上属于一般规范性文件，其效力低于行政立法。

第三节 行政规划的制定程序

我国没有统一的行政程序法，而各单行法中也没有对行政规划制定程序的完备规定。这种宽松的行政规划制定程序，很可能影响行政规划的科学性和合理性，阻碍行政目的的实现。更重要的是，没有完备的程序规定，特别是缺乏充分的公众参与，行政规划很可能对公共利益以及公民的合法权益造成侵害。所以，需要对德国和我国台湾地区对于行政规划制定程序的现况整理介绍，为立法提供参考。

一、德国的行政规划制定程序[1]

1976 年，德国《联邦行政程序法》首开计划确定程序法典化的先河。《联邦程序法》规范的程序有非正式程序、正式程序、计划确定程序与法律救济程序。事实上，并非所有的行政计划都需要或者能够用程序加以规范。德国的计划确定程序的适用范围限于法令规定可以以行政行为方式（计划确定裁决）确定行政计划，其中主要涉及住房和地区开发的计划。根据《联邦行政程序法》第 73、74 条规定，德国行政计划的确定程序大致可以分为以下步骤：

（一）拟定计划的提交

计划拟定者应将规划提交听证机关，计划书应载明计划的目的、计划的

---

〔1〕 应松年：《比较行政程序法》，中国法制出版社 1999 年版，第 285 页；孙韡："行政计划程序立法比较研究"，载《学术探索》2007 年第 5 期；朱建忠："行政计划之正当程序"，载《湖州师范学院学报》2004 年第 6 期。

起因和背景、要采取的重要措施、计划涉及的土地及设施。

（二）拟定计划的公开

听证机关在接到计划书后，应将计划的内容展示给预计受规划影响的乡镇一个月，以供人查阅。陈列计划的乡镇应在陈列的一星期之前按照当地习惯方式公告。

（三）异议的提出

任何人的利益受计划影响的，均有权在展示之后两个星期内以书面或口头方式表达意见，由行政机关记录在案。受计划影响的行政机关应在不超过三个月的期间内，按照听证机关所定的期限对计划表态。

（四）预告听证期日

异议期间经过后，听证机关应公告听证的期日及场所，并通知计划拟定者、计划事务涉及其职权的行政机关、关系人、提出异议的人。

（五）听证的举行

主持听证的机关应促使参与听证程序的当事人充分讨论，关于言词辩论的规定也适用于听证程序。听证机关应将其对听证结果的意见、附具计划、各行政机关的意见以及未处理的异议尽可能在听证会后一个月内移送计划确定机关。

（六）确定计划的裁决

计划确定机关应根据计划拟定机关的计划书，在全面考虑听证程序的结果和材料后，对该计划以书面的方式作出裁决，说明理由，并送达或公告相关人员。

（七）多个计划竞合的特殊规定

行政机关一般来说各司其职、各有其责，所以在制定行政计划的时候主要是从自己职责的角度出发看问题。如果几个机关同时有数个独立的计划时，可能会出现重合或冲突，怎么协调呢？由这些机关的上级行政机关统一协调。

（八）计划变更的情况

在德国《行政程序法》中有一个非常重要的原则——信赖保护原则。根据行政计划的形式和内容，判断公民的信赖状况，并赋予不同的计划保障给付。包括：计划存续请求权，其目的是维持计划，反对计划的变更和废除；计划执行请求权；过渡措施和补救措施请求权；补偿请求权。德国信赖保护的规定比较全面，对相对人保护有力。

（九）行政计划的救济

利害关系人对行政计划的确定行为不服，根据《行政程序法》第74条第1项，适用有关正式行政程序中的决定和撤销的规定，所以相对人对行政计划确定决定不服的，可以对其提起撤销之诉。

二、我国台湾地区的行政规划制定程序〔1〕

我国台湾地区1990年“行政法草案”关于行政计划程序的规定首先界定了使用此法的行政计划的范围主要有两种：第一，内容或措施涉及土地的利用，将直接影响人民的权利或利益的行政计划；第二，目的为公共事业的设立或公共设施的设置，将影响地方开发与发展的行政计划。此草案关于行政计划程序主要有以下内容：矿产资源规划当然亦属于这一范围。

（一）拟定计划的提出

拟定计划机关拟订计划，将拟订好的计划送交其直接上级机关，该计划应当征询相关机关意见。

（二）拟定计划的公开

拟订计划机关的直接上级机关在收到计划书后，应指定内部所属单位或人员负责听证，并将计划书登载于政府公报进行公告。公告应载明以下事项：

1. 负责听证的单位名称或人员姓名。

2. 权利或利益受计划影响的人，有权在公告后或公开展览30日期满后14日内，向负责听证的单位或人员，书面或口头提出异议，异议将被记载于笔录中。

3. 逾期提出的异议将不予考虑。

4. 听证期日无故缺席者，讨论不需要等待。

5. 权利或利益受计划影响的人以及提出异议的人超过300人时，听证期日通知或异议裁决送达都可以采用公告方式。对于已知其权利或利益受计划影响的人，以书面通知其提出异议的权利及提出异议的期间。

（三）听证的预告

提出异议的期间届满后，负责听证的单位或人员应当公告听证期日及场所，以书面通知或者公告（涉及行政相对人超过300人时）拟订计划的机关、

〔1〕 孙韡：“行政计划程序立法比较研究”，载《学术探索》2007年第5期。

与计划有关的机关、权利或利益受计划影响的人及提出异议的人在听证期日到场表示意见及讨论。

（四）听证

听证以主持人说明案由开始。主持人应使各方当事人充分讨论，即使是对逾期提出的异议也可以讨论，力图谋求各方意见的妥协以及各利益之间的协调。听证终结后30天内，主持听证的单位或人员要制作听证报告书，将听证报告书送交确定计划的裁决机关。

（五）确定计划的裁定

计划拟订机关的直接上级机关，在斟酌全部听证程序的结果后，决定是否为确定计划作出裁决。关系人利益受损的还可以请求相当的金钱补偿。

（六）行政计划的救济

在行政计划变更的情况下，“主管机关变更都市计划，系公法上之单方行政行为，如直接限制一定区域内人民之权利、利益或增加其负担，即具有行政处分之性质，其因而致特定人或可得确定之多数人之权益遭受不当或违法之损害者，自应许其提起诉愿或行政诉讼以资救济”。

三、国外理论与实践对我国矿产资源规划制定程序的启示

（一）听证制度和信息公开为规划制定的重要制度保障

从这些国家、地区计划确定程序的规定可以发现，为了保证行政规划的公正和科学，维护公共利益，保护关系人的权益，公开及听证是其基本要求。听证制度和信息公开有利于公民充分表达自己的意愿，是体现公众参与，保障公民利益，防止腐败和滥用职权的重要具体制度保障，有必要在立法中加以具体规定。

而我国目前的《矿产资源规划编制实施办法》只有第25条对矿产资源规划的公开和听证程序进行了规定：“对矿产资源规划编制中的重大问题，应当向社会公众征询意见。直接涉及单位或者个人合法权益的矿产资源规划内容，应当依据《国土资源听证规定》组织听证。”

（二）把向社会公众征求意见作为矿产资源行政规划的必经程序

依据《矿产资源规划编制实施办法》第25条的规定，对矿产资源行政规划的公开仅限于“矿产资源规划编制中的重大问题”，但是何为“重大问题”却是行政机关自由裁量的范围，也就是说，是否向社会公众征询意见事实上

完全由矿产资源规划的编制主体决定，社会公众在编制主体不征求意见的情况下便无法获知规划的内容，不利于公众知情权的保障。同时，该条仅规定向社会公众“征求意见”，并未规定编制主体对社会公众的意见应否作出回应，按照此规定，征求意见的程序很容易形式化，无法使得公众真正参与规划的编制。由此，我们可以仿照德国的行政规划制定程序，把向社会公众征求意见作为矿产资源行政规划的必经程序，不考虑“重大问题”的限制，并规定编制主体必须在一定期限内对公众的意见进行回复。[1]

（三）听证范围扩至“涉及民事主体合法权益的矿产资源规划内容”

《矿产资源规划编制实施办法》第25条将听证的范围只限定于“直接涉及单位或者个人合法权益的矿产资源规划内容”，存在范围过窄的问题。[2]矿产资源规划是对地质勘查、矿产资源开发利用和保护等作出的总量、结构、布局和时序安排，具有宏观性，也会对单位或个人的合法权益造成巨大的间接影响，有必要对受到矿产资源规划间接影响的单位和个人也进行保护。因此，应该将矿产资源规划的听证范围扩大至“涉及单位或者个人合法权益的矿产资源规划内容”，去掉“直接”的限制。

---

〔1〕《国土资源部关于进一步推进依法行政实现国土资源管理法治化的意见》（国土资发〔2011〕186号）。

〔2〕 桑朝锋：“浅谈我国行政听证的范围”，载《黑龙江省政法管理干部学院学报》2002年第4期。

第十章

矿政管理中的行政审批[1]

第一节 辩证地看待行政审批

一、矿产资源潜在价值作为我国矿业现代化的物质基础自须管制

（一）我国矿产资源效益之最大化需要一套行之有效的行政管理体系

矿产资源是我国经济和社会发展的物质基础，是一个国家生存发展的命脉资源，关系到国家的经济发展和政治稳定。

我国95%的能源、80%的原材料、70%以上的农业生产资料、30%以上的饮用水来自于矿产资源。目前我国已发现矿种172个，其中查明资源储量的有159种。[2]我国是一个资源生产大国，同时也是一个资源消费大国。[3]目前我国矿产资源的主要特色是“大型矿产少，小型矿产多，富矿少，

〔1〕 中国政法大学法学院行政法硕士研究生叶红。

〔2〕 刘欣、肖先华：“对《矿产资源法》修改的建议”，载《国土资源通讯》2009年第5期。

〔3〕 陈建宏等：“国家工业化与矿产资源消费强度的相关性研究”，载《中国矿业》2009年第10期。

贫矿多，单一矿产少，共伴生矿床多”。人口众多、人均资源量相对不足和粗放的发展方式使我国矿产资源供不应求，这对我国矿产资源的开发管理提出了很高的要求。如何使我国矿产资源丰富的优势最大化，不仅需要高科技的支撑，更需要一套行之有效的管理体系。

（二）行政审批显然为现代行政管理的一种重要手段

毋庸置疑，行政审批在经济和社会中发挥着不可或缺的作用。[1]然而经济社会的快速发展，矿产资源中的行政审批制度存在许多不规范的地方，严重损害了资源所有者和使用者的合法权益。加之我国矿产资源种类繁多，人均占有量却不足世界平均水平之一半的基本国情，矿产资源供需形势不容乐观。再加上我国对资源开发利用方式的粗放以及低效率，更加剧了这种矛盾。矿产资源作为重要的不可再生资源，其合理有效的开发利用对矿业以及整个国家的经济的发展都有十分重要的意义。因此，在《矿产资源法》的修改中进一步规范矿产资源的行政审批制度就显得尤为重要。

二、公共利益最大化才是资源开发管理政府职能的最终目标

（一）行政审批制度在经济生活中是把“双刃剑”[2]

虽然行政审批可以在特定的范围与条件之内，最大限度地弥补市场调节的不足，促进经济较快地平稳发展。但在我国经济社会转型的关键时期，传统的行政审批制度显然已经严重滞后于市场经济的发展，[3]特别是矿产资源行政审批中存在的越权发证、制度运行成本高等一系列问题，成为制约我国矿业经济持续稳定发展的重要瓶颈。党的十八大对深化行政体制改革提出了明确要求，简政放权已是大势所趋，故而我国矿产资源行政审批制度的改革迫在眉睫。[4]我国《矿产资源法》的修改酝酿已久，改革矿产资源中的行政审批制度已经成为重点内容。所以进行矿产资源行政审批制度的改革，必须从矿产资源的特殊性出发；另一方面也得借鉴国外审批制度的先进经验，从而使我国矿产资源管理中的行政审批制度更加的科学合理，促进我国矿产资

〔1〕 李仙：“对深化行政审批制度改革的对策和建议”，载《科学决策》2005年第3期。

〔2〕 谷苏：“国外行政审批制度改革对我国的启示”，载《四川教育学院学报》2009年第3期 。

〔3〕 王欢：“浅议我国行政审批制度改革”，载《新学术论坛》2009年第3期。

〔4〕 陈中小路：“行政审批制度改革就是虎口拔牙——访原国务院行政审批制度改革专家咨询组成员周汉华”，载《南方周末》2012年10月25日。

源的合理开发与利用。

(二) 公共权力成本最小原则同样要求以最少的资源投入获取最大经济效益

“公共利益最大化应是政府职能的目标”。[1] 有专家估计，中国矿产资源潜在价值是137万亿元（约合16万亿美元），是中国矿业产业现代化的物质基础。一个国家的矿产资源多寡，对制定国民经济建设方针、布局、规模和速度等都起着决定性的作用，而一个国家对矿产资源的利用程度如何，又反映着这个国家的生产力发展水平和社会的发展进程。[2]

目前，中国单位产值耗能是世界平均水平的2倍多，比美国、欧盟、日本、印度分别高2.5倍、4.9倍、8.7倍和0.43倍。中国矿产资源采选冶回收率及共伴生有用矿物的综合利用率均低于世界平均水平。[3] 因此，能否通过《矿产资源法》的修改，实现对矿政行政审批的进一步规范，以最少的单位资源投入获取最大的经济增加值，[4] 自然就具备了更为重要的政治与经济意义。

第二节 我国矿业权行政审批改革同样是虎口拔牙

一、不规范的行政审批造成了公权与私权的利益冲突

(一)《矿产资源法》确立的分级管理制使中央和地方都具备审批权

应当注意，矿产资源储量管理是对国家所有的矿产资源的实物量的管理，是对自物权的管理，目前已改革为中介机构和矿业单位评审，报政府备案。而矿产资源勘查开采管理则属对他物权的管理，由国务院授权国土资源部负责，规定审批程序。

《矿产资源法》第13条规定：“国务院矿产储量审批机构或者省、自治

[1] 董江涛：“转变政府职能：以公共利益最大化为目标”，载《长白学刊》2008年第2期

[2] 小刘：“什么是矿产资源”，载 http://www.ixuela.com/dili/ziran/23984.html，访问日期：2012年9月26日。

[3] 成升魁、沈镭、徐增让：《2010中国资源报告——资源流动：格局、效应与对策》，科学出版社2011年版。

[4] “国外矿产资源经济研究启示”，载中国钢铁产业网信息中心，访问日期：2009年12月8日。

区、直辖市矿产储量审批机构负责审查批准供矿山建设设计使用的勘探报告，并在规定的期限内批复报送单位。”第16条第1款规定：“开采下列矿产资源的，由国务院地质矿产主管部门审批，并颁发采矿许可证”；第2款规定：“开采石油、天然气、放射性矿产等特定矿种的，可以由国务院授权的有关主管部门审批，并颁发采矿许可证”；第3款规定：“开采第一款、第二款规定以外的矿产资源，其可供开采的矿产的储量规模为中型的，由省、自治区、直辖市人民政府地质矿产主管部门审批和颁发采矿许可证。”由此可见，我国目前的《矿产资源法》对矿产资源的管理实行的是中央和地方分级管理的模式，中央和地方都有权在特定权限内进行审批。〔1〕

（二）利益冲突和协调恰是矿产资源开发管理的常态

法律所调整的社会关系本质上是一种利益关系，利益平衡即法的价值取向。〔2〕然而在现行《矿产资源法》实施过程中，各省的国土部门普遍认为法律所赋予的行政管理权过少，难以对矿业秩序进行有效监管；而矿山企业则多反映行政机关对其矿业活动干预过多，集中表现为在法律、法规规定之外增加了许多程序和要求，这已经成为现行矿政管理的一个突出问题。〔3〕《矿产资源法》作为一部既界定民事权利，又规制行政权力的法律，其效用究竟如何，取决于其权益保障和利益平衡的实现程度。目前学界对矿产资源开发管理中同时存在公法和私法两层法律关系并无争议，但对于究竟如何才能把握好公法和私法这两种不同法律关系间的相互协调与平衡，则往往语意模糊，最终只能是把公权和私权同时揉进了模糊的“权利束”一类的表述之中。〔4〕

二、“依法行政、越权无效”才能保障管理的“事权相符”

（一）各种收费已使审批逐步演化为政府职能部门设租以谋求部门利益的重要途径

“审批”一词顾名思义就是审查批准。行政审批制度在计划经济时期，一直是维护中央的绝对权威，有效配置和充分利用有限资源的有效手段。但是

〔1〕“必须规范中央与地方职能权限”，载四川新闻网，发布日期：2005年12月11日。

〔2〕石佑启：“论私有财产权公法保护之价值取向”，载《法商研究》2006年第6期。

〔3〕李显冬：“从历史的脉搏看《矿产资源法》修改的方向”，载中国矿产网，访问日期：2013年2月23日。

〔4〕崔建远：“再论界定准物权客体的思维模式及方法”，载《法学研究》2011年第5期。

随着国家宏大制度背景的变化，行政审批制度回归政府规制的手段，但附属于这一制度上的收费性特征却使其逐步演化为政府职能部门谋求部门利益的重要途径。2001 年 10 月，中国全面启动了行政审批制度改革工作。十多年来，国务院部门和各省、自治区、直辖市大幅精简行政审批项目，经过多轮取消和调整，行政审批项目削减了近七成，但是潜在的一些问题却日益凸显。[1]

目前，我国行政审批的形式多样，名称五花八门。很多机关，都是用核准、登记备案、非许可审批等方式来规避《行政许可法》，以至于《行政许可法》的一些规定被架空，难以落实。[2] 尤其在矿产资源这些能够带来丰富收益的领域，行政审批制度更是暴露了这些问题，因此，矿产资源开发管理中的行政审批亟待完善。[3]

(二) 模糊法律用语所引发的关于矿产资源行政审批问题的思考

我们不难发现我国根据不同矿种的特点及其对经济社会发展的重要性，区别重要矿产和一般矿产，合理划分中央和地方之间的行政审批权限，有利于维护国家收益。[4] 但是其中的一些模糊的法律用语，却引发了关于矿产资源行政审批问题的思考。“依照法律和国家的有关规定”以及“按照省、自治区、直辖市的有关规定办理”，这些规定是指什么，有什么效力，国土资源部能否通过规章、发文、发函等规范性文件授权省厅实施矿业权审批行为呢？这是本次矿产资源法修改应予明确的一个问题。

目前我国矿业权行政审批中的问题主要表现在：

首先，行政审批概念不统一而导致实际审批操作的混乱；[5] 其次，多头审批和重复审批之广泛存在使得矿业开发管理成本倍增；[6] 再次，重视前置

---

[1] 周英峰、贾钊：“中国聚焦：中国拟授予地方政府‘尚方宝剑’力推行政审批改革”，载新华网，访问日期：2012 年 12 月 24 日。

[2] 陈中小路：“行政审批制度改革就是虎口拔牙——访原国务院行政审批制度改革专家咨询组成员周汉华”，载《南方周末》2012 年 10 月 25 日。

[3] 陈中小路：“行政审批制度改革就是虎口拔牙——访原国务院行政审批制度改革专家咨询组成员周汉华”，载《南方周末》2012 年 10 月 25 日。

[4] 魏星河、刘堂山：“处理中央与地方关系的关键：财权与事权的合理划分”，载《江西行政学院学报》2004 年第 2 期。

[5] 王克稳：“我国行政审批与行政许可关系的重新梳理与规范”，载《中国法学》2007 年第 4 期。

[6] 郑王成：“多头管理影响几何”，载《施工企业管理》2009 年第 3 期。

审批而轻后续管理以至于造成矿业监管空白；[1]最后，发挥市场在资源配置中的作用自要求不再采取单纯的行政审批一种方式。[2]

第三节　国外矿业权管理制度启示

一、分级分类或分块的灵活矿业行政管理体系

在国外，探矿权主要通过向政府申请的方式取得；采矿权主要通过申请、租让的方式取得，也存在协议、招标、拍卖等形式。许多国家对矿业权采取分类管理和分块管理。[3]

美国的矿业权管理制度采用分类管理，不同的矿产执行不同的制度和不同的矿业法规。不同的制度，在申请采矿的登记手续、采矿的期限和矿地面积、应缴纳的各种费用，以及应尽的义务等方面有较大的差别。

澳大利亚的矿产资源勘查及采矿管理分别由联邦、州两级管理。联邦和州设矿能部，负责不同的矿产开采活动。澳大利亚大刀阔斧地进行行政审批制度改革，其主要绩效体现在简化行政审批程序，改进行政管理方式上。[4]

俄罗斯的矿产资源由俄罗斯联邦和各地方主体共同管理，《俄罗斯联邦矿产资源法》第11条规定："提供矿产资源使用权，包括俄罗斯联邦各地方主体提供的使用权，均须以许可证形式办理国家专门许可。"第16条规定："联邦国家矿产资源储备联邦管理局及其地方直属机构负责国家许可制度的组织保障。"

蒙古、日本、印度尼西亚等国对不同的矿产资源开发主体进行分类管理：对外商开发矿产资源实行协议、招标和拍卖形式，对国内企业，则采用申请

---

〔1〕胡琴："当前行政审批制度改革的执行困境及其动因分析"，载《学理论》2010年第28期。

〔2〕谢建社："发挥市场配置资源的基础性作用"，载《南方日报》2012年6月4日第2版。

〔3〕谷苏："国外行政审批制度改革对我国的启示"，载《四川教育学院学报》2009年第3期。

〔4〕周正祥："西方国家亚行政审批（许可）制度改革"，载价值中国网，访问日期：2006年10月1日。

授予制。[1]

故可见，国外对矿产资源管理普遍采用分类管理的形式，地方和中央分别采取不同的管理方式。

二、要求取消管制和审批是各国愈益增高的普遍呼声

美国在20世纪70年代，要求取消国内管制和审批的呼声越来越高，在福特总统任期内，开始采用行政手段对管制和审批进行大幅度的改革。美国的经验表明，过多的行政审批，繁杂的审批手续，反倒限制了经济的发展，而适当简化行政审批的手续，不仅有利于解放生产力，而且能有效地遏制经济领域的许多不法行为。[2]

日本的行政审批制度开始于20世纪60年代，之后其行政审批制度改革曾先后进行过七次，也取得了明显的效果。日本的这一经验表明，过多的行政审批造成了资源的浪费，制约了经济的发展。[3]

意大利和英国政府与私人企业之间的活动大多是通过中介机构完成的，这从制度上减少权力寻租现象的发生。

总结国外一些国家的法律规定，可以初步归纳出国外在行政审批制度改革的经验主要是：①改革审批制度仅仅是减少不必要的行政干预；[4]②成立具有高度权威的领导行政审批的专门机构已成共识；[5]③行政审批改革须制定总体规划且分步实施循序渐进；[6]④做好临时应急措施的法律定型化规范行政审批运行机制。[7]

---

〔1〕 田凤山：《国土资源行政管理》，地质出版社2000年版。

〔2〕 周正祥："西方国家亚行政审批（许可）制度改革"，载价值中国网，访问日期：2006年10月1日。

〔3〕 朱慧涛："日本行政审批制度改革的启示"，载《地方政府管理》2001年第5期

〔4〕 李义平："为什么加强改革行政审批制度十分必要"，载《中国党政干部论坛》2012年第11期。

〔5〕 胡琴："当前行政审批制度改革的执行困境及其动因分析"，载《学理论》2010年第28期。

〔6〕 董幼鸿："行政审批制度改革的动因及国外经验借鉴"，载广东机构编制网，访问日期：2008年9月2日。

〔7〕 吴获："论《行政许可法》实施后我国行政审批制度改革研究"，载《长春工程学院学报（社会科学版）》2005年第1期。

第四节 我国矿业权行政审批制度的完善

我国矿业权行政审批制度完善的关键在于区分公权、私权的不同法律关系，确立不同的法律规制原则。

一、理顺矿业权用益物权法律制度和矿业权行政管理法律制度

作为调整物权关系单行法的《矿产资源法》是由矿政部门负责贯彻实施的，其基本任务是构建矿业权法律制度，实施矿业权管理及矿产资源的合理勘查、开采管理。这样，《矿产资源法》既包括矿业权用益物权制度，又包括矿业权行政管理制度。[1] 如何处理这两种制度之间的关系是此次《矿产资源法》修改应有的题中之意。

在矿业权出让制度中，矿政部门一方面是作为矿产资源所有人的国家的代表，其出让矿业权的行为，属于民事合同行为；另一方面是作为社会管理者即国家的代表，对申请人依法取得的矿业权进行用益物权登记，并向取得矿业权的社会主体颁发矿业权证明文件，使这些社会主体成为矿业权人。应当明确，证明文件的名称应当是“采矿（或探矿）权证”，而不是“采矿（或勘查）许可证”。应将物权证书和经行政许可的行为权利证书区分开来。物权证书证明矿产资源的物权归属，用许可证证明矿产资源的所有人或使用人，在具备相关资格资质的条件下，经行政机关许可进行开采行为。[2]

二、适当授予地方政府“尚方宝剑”力推行政审批制度的改革

（一）通过规范性文件授权实施矿业权审批须以公开的法律法规的形式进行

《中华人民共和国行政许可法》第15条规定：“……因行政管理的需要，确需立即实施行政许可的，省、自治区、直辖市人民政府规章可以设定临时性的行政许可。”因此省厅一级的有关部门可以经国土资源部授权通过制定地方性规章实施矿业权审批行为，这并不违反法律的有关规定。

---

〔1〕 刘权衡：“关于矿业权用益物权属性研究和思考”，载《国土资源科技管理》2006年第1期。

〔2〕 刘权衡：“关于矿业权用益物权属性研究和思考”，载《国土资源科技管理》2006年第1期。

不过国土资源部通过规章、发文、发函等规范性文件授权省厅实施矿业权审批行为，必须要以公开的法律法规的形式，要避免以一些“红头文件”、口头通知、领导人的讲话等形式实施，因为这样做难以保障审批行为应有的效力和权威。〔1〕“阳光是最好的防腐剂”，〔2〕故须将授权实施矿业权审批的文件置于群众的监督之下。

(二) 过多的矿业权行政审批自然也会造成资源的严重浪费

不言而喻，并非所有需要审批的事项都应该授权给省厅实施，尤其是在我国行政审批制度改革的大背景下，改革并不是一味地取消行政审批制度，也不是一味地放权。如果省级部门过多的实施审批行为，会严重打压社会活力，降低经营效率，甚至阻碍经济发展。〔3〕国土资源部过多的授权省厅实施矿业权审批行为，会产生某种隐蔽的利益，在一定程度上成了腐败之源，滋生权力寻租现象。这就需要国土资源部授权省厅实施矿业权审批行为的同时，要加强监督，“谁审批谁负责”并规定相应的责任。〔4〕

中国国务院于2012年12月24日向全国人大常委会第三十次会议提交了一份决定草案，提请最高立法机关授权其批准广东省暂时调整部分法律规定的行政审批项目。“如果这个决定草案获得通过，将意味着中国的地方政府首次拥有了一把‘尚方宝剑’，即对于法律明文规定的某些行政审批项目，可以在本行政区域内自行决定停止实施和调整。〔5〕”“由最高立法机关授权国务院批准地方政府停止实施和调整法律规定的行政审批，向外界传递了一个非常明确的信号：中国将坚定不移地推进行政审批制度改革。”〔6〕当然具体的实施效果包括基层政府管理人员业务能力的提高都有待进一步考察。

三、集中力量清理以使行政审批下放和转移限定于合理限度之内

行政审批虽然是一种“必要的恶”，但政府实施行政审批是必要的。詹姆斯·麦迪逊曾写过这样一段名言：“如果人是天使，那么就不需要政府。”因

〔1〕刘权衡：“关于矿业权用益物权属性研究和思考”，载《国土资源科技管理》2006年第1期。
〔2〕“阳光是最好的防腐剂”，载《三秦都市报》2014年10月22日。
〔3〕刘权衡：“关于矿业权用益物权属性研究和思考”，载《国土资源科技管理》2006年第1期。
〔4〕刘权衡：“关于矿业权用益物权属性研究和思考”，载《国土资源科技管理》2006年第1期。
〔5〕刘权衡：“关于矿业权用益物权属性研究和思考”，载《国土资源科技管理》2006年第1期。
〔6〕周英峰、贾钊：“中国聚焦：中国拟授予地方政府‘尚方宝剑’力推行政审批改革”，载新华网，访问日期：2012年12月24日。

为政府必须为公共利益提供屏障，但必须明确的是，行政审批的适用范围必须最小化。故而要求各级政府应集中力量对现行过多过滥的审批事项进行全面的清理，该下放的下放，该取消的取消。[1]

所以在《矿产资源法》修改中，应对相关的公权力和私权利有所侧重，考虑与民事法律、行政法的衔接。取消不必要的审批，如变更矿业权主体资格的行政审批为核准进入制度。删去不必要的矿业权转让的审批手续，取而代之的是自由流转原则，从而避免实践中存在大量的以股权转让方式达成矿业权转让的现象。对于受特殊限制的矿业权，可以在《矿产资源法》修改稿中对其实际控制权的变动予以行政审批，以防止法律规定的限制转让情形流于形式。

四、结论

我国行政审批制度改革的出路究竟何在？原国务院行政审批制度改革专家咨询组成员周汉华认为，改革的出路取决于两个因素：一是改革的决心和勇气，是否动真格、碰"硬骨头"；二是时势，即经济发展方式转变的压力机制。[2]

我国目前的《矿产资源法》带有很强的保护性法律的特征，而不是一个全面规范矿山企业生产活动的法律。因此，在此次的《矿产资源法》修改中要明确授权的权限，对于什么需要审批，审批的条件和期限都应有明确的规定。审批的范围、内容、程序、责任等均须系统法制化。

然而对矿产资源的行政审批予以规范并非一蹴而就，故可以在地方进行试点，成功之后，再进一步在中央进行高度的总结深化。旨在深化行政审批制度的改革中，可以将矿产资源领域有待于审批的项目范围、审批的内容、审批的程序、审批的责任等纳入法制化的轨道，从而加强对行政审批的监管，进一步提高行政审批的科学性。

---

[1] 周英峰、贾钊："中国聚焦：中国拟授予地方政府'尚方宝剑'力推行政审批改革"，载新华网，访问日期：2012年12月24日。

[2] 陈中小路："行政审批制度改革就是虎口拔牙——访原国务院行政审批制度改革专家咨询组成员周汉华"，载《南方周末》2012年10月25日。

第十一章

地质资料汇交与矿产资源储量登记

第一节　地质资料的内涵与外延

一、地质资料的法律性质

（一）地质资料的界定

1. 地质资料的含义不断扩大并具体化。1988 年 7 月 1 日中华人民共和国地质矿产部令（第 1 号）发布《全国地质资料汇交管理办法》（已废止），其第 1 条将地质工作成果资料简称为地质资料。国务院 2002 年 3 月 19 日公布《地质资料管理条例》，地质资料的含义不断扩大并进一步具体化，从“地质工作成果资料”扩大到“地质工作中形成的文字、图表、声像、电磁介质等形式的原始地质资料、成果地质资料和岩矿芯、各类标本、光薄片、样品等实物地质资料”。

2. 法律通过对地质工作的具体界定规定了三类汇交义务人。国土资源部 2003 年 1 月 3 日公布的《地质资料管理条例实施办法》第 7 条对《地质资料管理条例》第 7 条第 2 款规定的地质工作进行了具体界定：包括地质研究、地质考察、地质调查、矿产资源评价、水文地质或者工程地质勘查（察）、环境地质调查、地质灾害勘查等。同时，《地质资料管理条例》第7条规定了三类地质资料汇交义务人：探矿权人、采矿权人、从事其他地质工作的出资人。

（二）地质资料的来源

我国1996年修订的《矿产资源法》规定，矿产资源归国家所有，国务院行使国家对矿产资源的所有权。勘查、开采矿产资源，必须依法分别申请，经批准取得探矿权、采矿权，并办理登记。具备各项法定的条件之后，矿业权申请人才可能取得矿业权，进而具备对于矿产资源开发利用的主体资格。

探矿权是探矿权人对依法取得的某一特定区域内的矿产资源进行勘查的权利，不同于采矿权人的目的——取得矿产品及其处分权，其目的则是实现对特定区域内的投资、勘查活动和取得地质资料。这需要投入大量的人力、财力、物力，才能保障对一个区域的矿产资源情况的勘查顺利进行。其中包括地勘单位劳动者大量的体力和脑力劳动，才能在一定时期内对某一个地区矿产资源的客观情况予以掌握，并通过各种载体，如文件、光盘、图表以及实物资料等，将有价值的地质信息进行传达。探矿权的意义更多在于探明矿产资源储量，地质资料为其表现形式，其也是探矿权人在矿业市场交易中最具价值的部分，所以有人认为，地质资料是信息产品，是矿业权市场的交易客体之一。〔1〕

（三）地质资料的分类

简而言之，关于地质资料的分类：

1. 按照地质资料的表现形式分类，可以分为：原始地质资料、成果地质资料、实物地质资料。

2. 按照投资主体分类，可分为：国家投资和社会投资。

3. 按照地质资料属性投资，可分为：公益性地质资料和商业性地质资料。

4. 按照保密性分类，可分为：作为国家秘密的地质资料和并非国家秘密的地质资料。

（四）地质资料的科学特性

1. 信息性。〔2〕地质资料本质上是一种知识信息，作为信息，它在形式上

---

〔1〕 何英："关于矿业权市场要素的法律思考"，载徐祥民主编：《中国环境资源法学评论》（第1卷），中国政法大学出版社2006年版，第238页。

〔2〕 陈竞捷、吴振环、王玉平："地质科学在保护人类环境中的作用"，载《石家庄经济学院学报》1999年第4期。

具有无形性、可复制性、易传播性。

2. 知识性。作为一种知识，它具有独特的价值，包括私益价值和公益价值。因为它通过对矿区相关矿藏、地质条件、环境、水文、地球物理等的详细调研，对采矿人有一个科学、有效的指导作用。

3. 公益性。地质资料同时也是由国家和政府进行宏观调控，为政府合理开发、利用矿产资源提供了良好的信息资源的资料，所以具有公益价值。

4. 科学性。地质资料还具有科学性，因为它是经历了复杂的考察、勘查、测绘等科学研究过程，运用科学的方法总结出来的科研成果，其中包括了科研工作者个人的创造性。勘查矿产资源也是高投入、高风险、技术程度要求高的行业。[1]其成果必然也有这样的特性。它复杂的特性也决定了它法律性质的复杂性。

二、地质资料的法律性质及其权属

（一）地质资料的法律属性

1. 地质资料是一种智力成果的表现形式。地质资料是人类脑力劳动所创造的劳动成果；它大量依赖于地质勘查工作者的专业技能和相关经验；它具有非物质性，以信息的形式存在于不具有客观的物质实体中；同时它具有非独立存在性，它借由载体如文档、图片、电子资料等形式存在；它具有价值性，能满足人类某些方面的需要，既有经济价值，又有精神价值。[2]

2. 地质资料同样具有财产属性。财产包括物权的客体，即有体物；具有货币价值的有体物，如对财产的权利，还有对物的所有权。它是一个不断与时俱进的概念。财产最重要的特征是有用性、稀缺性。

3. 地质资料具有经济上的稀缺性。其稀缺性主要体现在只有经过大量金钱、时间、设备等的投入，最终才可能形成真实准确的地质资料，故其不但非常珍贵，而且对该片区域矿产资源的开发而言，甚至可以说是独一无二的。

4. 地质资料具有参考和指导性。鉴于地质资料在科研、教学、实践等方面具有的重要的参考和指导作用，真实准确的地质资料不但能较为准确地反映矿区的基本情况，而且对矿产资源勘查、矿产资源开采评估、地质灾害预

---

[1] 谢军安等：《矿产权法律制度改革与政策法律措施研究》，地质出版社2011年版，第12页。

[2] 郭艳芳："试论地勘成果权的权利结构"，载《中国石油大学学报（社会科学版）》2007年第6期。

防等均发挥着举足轻重的作用。

（二）地质资料的法律保护

1. 现行立法侧重行政法律手段等公法保护。主要规定在《矿产资源法》、《地质资料管理条例》、《地质资料管理条例实施细则》、《公益性地质资料提供利用暂行办法》、《地质勘查成果资产评估管理若干规定》等中，主要采用行政保护的手段。《地质资料管理条例》中规定，对涉及国家秘密或者著作权的地质资料的保护、公开和利用，按照《保守国家秘密法》、《著作权法》的有关规定执行。

2. 对地质资料的私权保护。在主要对地质资料予以公法保护的同时，我国法律对地质资料，规定可以采取有偿使用制度。我国《地质资料管理条例》第 18 条规定，保护期内的地质资料可以有偿利用，具体方式由利用人与地质资料汇交人协商确定。但是利用保护期内国家出资勘查、开发取得的地质资料的，按照国务院地质矿产主管部门的规定执行。因救灾等公共利益需要，政府及其有关部门可以无偿利用保护期内的地质资料。未依照本条例规定的期限汇交地质资料的，承担相应的行政责任。第 15 条是对商业性地质勘查取得的地质资料的保护和管理，亦是对私权维护的体现。

（三）地质资料的权属

1. 著作权只保护地质资料的表现形式而不保护其信息内容。地质资料作为智力成果，决定了可以由知识产权法来调整其权利归属、取得方式、保有、流转、侵权责任等诸多方面，才能实现地质资料使用的商品化。为贯彻十八届三中全会要使市场在资源配置中起决定性作用这一政策，大幅度减少政府对资源的直接配置，推动资源配置依据市场规则、市场价格、市场竞争实现效益最大化和效率最优化，这必然会涉及国家所有权、行政权、民事权利等，会出现他们之间利益的冲突，所以，法律问题相当复杂，会有诸多权利竞合。

2. 地勘资料之权属与产生其的探矿权之间具有从属性。探矿权在我国被认为是一种准物权，可以准用物权法规定，探矿权人作为准物权人，自然可以拥有、使用经过勘查获得的地质资料并获得相应收益。这适用于国家、集体矿山企业和个人。探矿权人若同时也是勘查单位，则地质资料归属于探矿权人（可以是国家、集体矿山企业或个人）。

若探矿权人不是勘查单位，他们之间可以按照民事上的合同关系，签订技术合同。奉行意思自治，可以在合同中约定地质资料的归属。如果没有约定或约定不明确的，可以达成补充协议；不能达成补充协议的，参考合同相关条款及交易习惯确定。登记管理机关可以依法以行政合同方式与探矿权人就勘查工作法规规定及相关事宜做出约定，进一步明确双方的责任、权利与义务，对勘查实施方案的实施实行行政合同管理方式。

3. 地勘单位的知识产权在法律上仅为委托作品，故一切依约定。1994 年 5 月 10 日《地质矿产部关于地质资料有偿使用方面几个问题解释的函》第 1 条规定，凡国家投资的，无论何时提交的矿产勘查成果资料，其所有权归国家所有，均依法实行有偿使用。但考虑到国家经济发展和国家战略的需要，目前勘查工作主要仍由国有地勘单位承担。地质资料可以由国家和地勘单位共同分享，至于比例，具体问题具体分析。

第二节　我国地质资料的行政管理体制

一、我国地质资料的统一管理制度

档案地质资料包括以传统纸张为载体的传统地质档案资料和以光盘为存储介质的电子档案资料。我国《矿产资源法》第 14 条规定："矿产资源勘查成果档案资料和各类矿产储量的统计资料，实行统一的管理制度，按照国务院规定汇交或者填报。"

我国已经出台了一系列法律法规及规范性文件来规范地质资料的管理。[1]包括《地质资料管理条例》、《地质资料管理条例实施办法》、《国务院关于加强地质工作的决定》、《国土资源部办公厅关于进一步加强原始地质资料管理的通知》、《地质矿产部关于地质资料有偿使用方面几个问题解释的函》、《涉密地质资料管理细则》、《公益性地质资料提供利用暂行办法》、《国土资源部关于做好〈地质资料管理条例〉贯彻实施工作的通知》，在法规体系已经较为完善的前提下，实施如何，则有待对地质资料管理机构的调查确认。

二、地质资料汇交、利用与保护制度

地质资料行政管理具体包括统一汇交、公开利用、权益保护三大制度。

---

〔1〕 国土资源部矿产资源储量司编：《地质资料管理工作手册》，地质出版社 2003 年版。

（一）我国地质资料的统一汇交制度

地质资料的统一汇交，是一种资料收集方法，是国家利用法律手段，强制从事地质工作的单位或个人，向国家报告地质工作情况和汇交地质资料，以维护国家地质矿产资源所有权、累积地质资料信息的一种方式，也是地质矿产主管部门履行政府职能的体现。[1] 我国由国务院和省（自治区、直辖市）级人民政府地质矿产主管部门实施两级管理，政府管理与企事业单位管理相结合的管理体制。[2] 但是改革开放以来，特别是矿业权实行国家、省区市、地级市、县"四级"管理以来，地质工作的管理更加复杂化了。

1. 我国的地质资料汇交人。汇交人包括三类：[3]

（1）矿业权人及其受让人。在中华人民共和国领域及管辖的其他海域从事矿产资源勘查开发的探矿权人或者采矿权人，在转让探矿权、采矿权后，其汇交义务同时转移，探矿权、采矿权的受让人是地质资料的汇交人。

（2）互负连带责任的出资人。在中华人民共和国领域及管辖的其他海域从事前款规定以外地质工作项目的出资人，地质工作是由两个或者两个以上的出资人共同出资开展的，出资各方对地质资料汇交义务负有连带责任，中外合作开展地质工作的，参与合作项目的中方为地质资料汇交人，外方承担汇交地质资料的连带责任。

（3）地质工作项目的承担单位。由国家出资的，承担有关地质工作项目的单位是汇交人。

2. 地质资料汇交主管部门。国务院地质矿产主管部门，负责全国地质资料汇交、保管、利用的监督管理。省、自治区、直辖市人民政府地质矿产主管部门负责本行政区域内地质资料汇交、保管、利用的监督管理。[4]

3. 地质资料汇交的要求。汇交的地质资料，应当符合国务院地质矿产主管部门的有关规定及国家有关技术标准，经验收合格后，由负责接收地质资料的地质矿产主管部门出具地质资料汇交凭证，并按照国务院地质矿产主管部门的规定及时移交地质资料馆或者地质资料保管单位。汇交人需要在法定时间内完成，因不可抗力致使无法及时汇交的，汇交人应向负责接收地质资

---

[1] 於顺然："浅谈新的地质资料汇交内容及其制度"，载《江苏地质》2002 年第 3 期。
[2] 吴玮："简析矿产地质资料的管理"，载《黑龙江科技信息》2012 年第 8 期。
[3] "国土资源部关于加强地质资料汇交管理的通知"，载《国土资源通讯》2010 年第 6 期。
[4] "国土资源部关于加强地质资料汇交管理的通知"，载《国土资源通讯》2010 年第 6 期。

料的地质矿产主管部门提出延期汇交申请，经批准后，方可延期汇交。[1]

4. 地质资料汇交奖励制度。在地质资料管理工作中做出突出贡献的单位和个人，由国务院地质矿产主管部门或者省、自治区、直辖市人民政府地质矿产主管部门给予奖励。[2]

5. 地质资料汇交的法律责任。对于不汇交地质资料的，由负责接收地质资料的国土资源行政主管部门责令汇交、给予行政处罚。国土资源部有权责令有关的国土资源行政主管部门做出行政处罚决定或者直接给予行政处罚。处罚决定生效后7个工作日内报国土资源部，由国土资源部及时在报刊或者网站上通报。[3]

（二）地质资料公开利用制度

1. 地质资料保管和提供利用部门。[4]即地质资料馆藏机构体系由国家和省两级馆藏机构及委托保管机构组成。国务院地质矿产主管部门和省、自治区、直辖市人民政府地质矿产主管部门的地质资料馆，以及国土资源部委托的全国地质资料馆或者地质资料保管单位承担地质资料的接收、验收工作。省、自治区、直辖市国土资源行政主管部门可以委托地质资料馆藏机构承担地质资料的接收、验收工作。[5]

2. 国家建立地质资料信息系统以有偿利用地质资料。

（1）保护期内探矿权人、采矿权人汇交的地质资料的公开利用。保护期内的地质资料可以有偿利用，具体方式由利用人与地质资料汇交人协商确定。[6]但是，利用保护期内国家出资勘查、开发取得的地质资料的，按照国务院地质矿产主管部门的规定执行。因救灾等公共利益需要，政府及其有关部门可以无偿利用保护期内的地质资料。保护期内的地质资料，只公开资料目录。但是，汇交人书面同意提前公开其汇交的地质资料的，自其同意之日起，由地质资料馆或者地质资料保管单位予以公开。

---

〔1〕《关于补汇交地质资料的通知》（黔国土资储资函〔2010〕58号），载贵州国土资源厅网站，访问日期：2014年11月11日。

〔2〕《地质资料管理条例实施办法》。

〔3〕“国土资源部关于加强地质资料汇交管理的通知”，载《国土资源通讯》2010年第6期。

〔4〕刘扬正：“地质资料社会化服务实现跨越式发展——地质调查工作向十八大献礼系列报道之七”，载中国地质调查局网站，访问日期：2014年11月11日。

〔5〕《地质资料管理条例》。

〔6〕《地质矿产部关于地质资料有偿使用方面几个问题解释的函》（地函115号）。

（2）上述以外的地质资料。探矿权人、采矿权人汇交的地质资料以外的地质资料没有保护期，自汇交之日起 90 日内，由地质资料馆或者地质资料保管单位予以公开。需要保护的，由汇交人在汇交地质资料时到负责接收地质资料的地质矿产主管部门办理保护登记手续，最长保护期不超过 10 年。但是，涉及国家秘密或者著作权的地质资料的保护、公开和利用，按照保守国家秘密法、著作权法的有关规定执行。[1] 单位和个人及县级以上人民政府有关部门可以按照程序查阅、复制、摘录已公开的地质资料。

3. 地质资料合法权益保护制度。地质资料区分为公益性和商业性两类。商业性地质工作取得的地质资料，在该项工作结束后，给予 2 年的保护期，保护期满后提供社会利用。[2] 公益性地质资料范围由国务院地质矿产主管部门统一发布。[3]

国务院地质矿产主管部门负责公益性地质资料的统一管理；省、自治区、直辖市人民政府地质矿产主管部门负责本行政公益性地质资料的管理。公益性地质资料目录由省级以上地质矿产主管部门统一向社会公开，供社会查询，无偿提供给全社会利用。[4] 涉及国家秘密的公益性地质成果资料应当按照国家有关保密规定，办理相关手续后方可查阅利用。涉及国家秘密的公益性地质成果资料按照国务院地质矿产主管部门的有关规定确定。

第三节　我国地质资料汇交中的问题及应对之策

一、我国地质资料汇交中的体制问题

（一）保存制式问题

地质资料的汇交要求提交纸介质文件和电子文件。实践操作当中存在填

---

〔1〕 张春红："浅谈如何做好地质档案安全保密与开发利用"，载《中国西部科技》2010 年第 15 期。

〔2〕 孙吉国、孙文涛、刘志超："关于加强商业性地质工作的几点建议"，载《中国国土资源经济》2008 年第 2 期。

〔3〕《公益性地质资料提供利用暂行办法》（国土资发［2000］178 号）。

〔4〕 刘明阳："为'无偿公开地质资料'叫好——尽快建立地方地质资料信息系统促进招商引资开发资源"，载《云南师范大学学报》2003 年第 2 期。

写不规范，附件和附表等格式混乱，纸介质文件和电子文件目录与内容不一致等问题。

首先，文件是为了资料管理而设置的，但由于地质资料数字化程度低，传统的地质资料保存方式是纸质截至档案排架式管理，占用大量空间，而且馆藏环境设施落后，年久失修，地质资料容易老化、磨损。〔1〕

其次，电子文档没有按照规定格式上交，易造成汇交和归档的巨大麻烦。近年来，地质勘查市场活跃，在探矿权数量及勘查区块面积迅速扩张的同时，部分探矿权人圈而不探、炒卖问题比较突出，他们或者不汇交或不完全汇交地质资料，都造成地质资料汇交制度在落实上的困难。

（二）行政管理协调困难

国土资源部内部各管理部门一般由司或处负责管理职能，不同的管理分设不同的部门，如矿产开发、地质勘查和储量管理等部门，协调沟通问题影响到汇交工作。其他的地质工作项目部门，如水利、交通、旅游、城建等，都负责部分地质相关工作项目，他们的地质资料汇交工作归地质矿产管理部门管理，这些部门掌握的一些地质资料和监管手段，会与地质矿产管理部门存在竞合，且引发行业间的利益冲突。

（三）地质资料馆藏机构体制问题

全国地质资料馆归属于中国地质调查局下属发展研究中心，没有独立机构存在，作为纯公益事业，使得其权威性降低。部分省级地质资料馆藏机构属于省级国土资源行政管理部门的信息中心或省级地勘局，而资料行政管理职能由储量管理部门履行，部门多头，难以有效运行。〔2〕

（四）地质资料缺乏共享机制

地质资料信息相互封锁，各地的社会化服务流程、审批内容、收费标准及可提供服务的资料范围差异大，利用困难。〔3〕

（五）地质资料社会服务机制不健全

目前从事地质资料汇交管理人员，由于人员数量和素质的限制，致使服务质量偏低，缺乏系统培养出来的高学历的专门管理人员，尤其缺乏地质和

---

〔1〕“国土资源部关于加强地质资料汇交管理的通知”，载《国土资源通讯》2010年第6期。

〔2〕王黔驹等：“全国地质资料馆藏机构现状、问题与对策建议”，载《中国国土资源经济》2011年第1期。

〔3〕张文君：“澳大利亚地质资料汇交管理制度及其启示”，载《兰台世界》2010年第7期。

物化专业人才以及管理宣传型综合人才等。也没有建立起来地质资料汇交联系人制度。部分单位仅将地质资料上交给主管部门，而非地质资料管理职能部门。更有单位将地质资料视为私产，拖延、欠交情况严重。[1] 对用户的需求考虑较少，对用户服务计划的制定和服务反馈机制建设不到位，地质资料服务社会化任重道远。

二、我国地质资料汇交管理制度之完善

（一）地质资料行政管理职能向市、县延伸

中国实行部省两级地质资料管理，而对于市、县国土资源行政主管部门，他们在实践中均有一定的开采许可证审批权。将地质资料行政管理职能向市县延伸是地质工作服务经济社会发展的必然要求。[2] 凡是有条件的可以成立地市级地质资料数据中心，建立并完善机构设置，并建立地级市地质资料汇交网络系统。加强管理员培训，建立地质资料汇交联系人制度，充分利用地质资料汇交监管平台。表彰先进，警告或处罚落后。细化国家地质资料管理条例和地质资料管理条例实施办法，从而使地质资料的汇交在全国从基层抓起。应注意市县两级管理机构人员设置和管理能力的提高是此项工作全面推进的前提。

（二）认真排查地质资料欠交情况并及时安排补交

摸清我国现有实物地质资料库房的数量、规模和基本状况，掌握现存实物地质资料类型、数量、保管状况与埋藏情况，可为全面开展实物地质资料专项清理和制定有关管理政策提供依据。

各省（自治区、直辖市）国土资源行政主管部门，负责本辖区内非石油天然气类实物地质资料保管现状调查；各油气（集团、总）公司负责本公司下属单位的实物地质资料管理现状调查；在各部的领导和监督下，实物地质资料中心负责指导全国实物地质资料摸底调查工作，汇总分析全国实物地质资料摸底调查数据并建成数据库，编写《全国实物地质资料管理情况摸底调

[1] 岳尚华："基层地质资料管理亟待完善"，载《地球》2012 年第 10 期。

[2] 张立、丁克永："我国地质资料管理与服务体系日趋完善"，载《中国矿业报》2013 年 10 月 31 日。

查报告》，制作详细的清欠目录并催交。[1]

对于因为各种原因，致使地质资料汇交工作未能按时、有效完成的，应根据各省的具体情况，安排在一定的时间内，进行地质资料补汇交工作。通过具体规定补汇交范围、补汇交内容、补汇交要求、补汇交时间、责任分工，以及明确的处罚措施来保障各省地质资料的顺利汇交。[2]

（三）强化地质资料的汇交及验收

对汇交资料，制定详细的具有指导性的汇交标准和格式，专人负责，跟踪到底。对汇交材料情况及对未通过汇交验收的汇交人，及时与汇交人沟通，以便及时完善。同时加强管理人员业务培训和队伍建设，从而提高地质资料的整体质量和水平，达到标准化，适应现代化管理的需要。[3]

（四）启动地质资料的数字化建设

启动数字化工作，将地质资料数据采集、整理加工、存储，建立不同用途的专题数据库，如图文资料、电子文档文件管理服务数据库、地质图专题服务数据库、钻孔信息数据库等，以便能快速检索、快速查阅、高效利用。[4]

（五）地质资料信息的共享

加快利用现代信息技术，建设国家地质资料数据中心和全球矿产资源勘查开采投资环境信息服务系统。严格执行地质资料汇交制度，开展地质资料专项清理，推进地质资料的研究开发，充分发挥现有地质资料的作用，避免工作重复和资料浪费。全面公开地质资料目录，推进地质图书档案、重点实验室等向社会开放，依法及时向社会提供地质信息服务。对用户信誉进行分级制管理。在全国、大区中心、省级地质资料服务节点体系下，延伸市、县级地质资料服务节点。

---

〔1〕丁全利："依法汇交，应交尽交——就《关于加强地质资料汇交管理的通知》访部储量司负责人"，载《中国国土资源报》2010年4月7日第5版。

〔2〕"国土资源部关于加强地质资料汇交管理的通知"，载《国土资源通讯》2010年第6期。

〔3〕《关于加强地质资料汇交管理 做好地质资料清欠工作的通知》（浙土资办〔2010〕92号）。

〔4〕《浙江省国土资源厅关于印发〈浙江省地质资料接收验收办法〉、〈浙江省馆藏地质资料电子文档提供利用办法〉、〈浙江省地质资料电子文档制作规定〉的通知》（浙土资发〔2005〕98号）。

第四节 探矿权行政管理与地质资料汇交制度的关系

一、探矿权行政管理为地质资料汇交之制度前提

（一）我国一体性的矿业权区块登记管理制度

对于勘查、开采矿产资源，必须依法分别申请、经批准获得行政许可，取得探矿权、采矿权，并办理登记。矿产资源勘查实行统一的区块登记管理制度。国务院地质矿产主管部门和省、自治区、直辖市人民政府地质矿产主管部门审批登记，颁发勘查许可证，也负责探矿权、采矿权转让的审批管理和评估、公告等工作。同时省、自治区、直辖市人民政府地质矿产主管部门要向国务院地质矿产主管部门备案。勘查石油、天然气矿产的，还需要经国务院指定的机关审查同意后，由国务院地质矿产主管部门登记，颁发勘查许可证。

（二）我国探矿权出让的收入纳入国家预算

我国探矿权出让的收入由登记管理机关纳入国家预算。我国探矿权也可以通过招标投标的方式有偿取得。勘查出资人为探矿权申请人，但是，国家出资勘查的，国家委托勘查的单位为探矿权申请人。

（三）多头行政监督管理制度

目前，由地方各级国土资源行政主管部门负责加强对探矿权人勘查行为的监督管理，依法查处相关违法违规行为，地矿系统内部层级管理分工。违反相关规定的，由县级以上人民政府负责地质矿产管理工作的部门按照国务院地质矿产主管部门规定的权限进行行政处罚，但是吊销勘查许可证的主体只能是原发证机关。探矿权人在开始勘查工作时，应当向勘查项目所在地的县级人民政府负责地质矿产管理工作的部门报告，并向登记管理机关报告开工情况。

探矿权行政管理的实施也可能涉及财政、工商、物价、税务等有关部门，实施中都需要组织协调工作以及统一认识和理顺关系。

二、探矿权行政管理制度无疑可以保障地质资料的顺利汇交

（一）使用行政手段来保障地质资料的顺利汇交

探矿权行政管理和地质资料的汇交都由国家和省地质矿产主管部门管理，相互衔接，便于工作的开展。但因地质资料汇交工作没有延伸到市县，也会造成具体工作中对接的困难。

《地质资料管理条例》在第四章法律责任中规定，未依照本条例规定的期限汇交地质资料的，责令限期汇交后仍逾期不汇交的，处1万元以上5万元以下罚款，并予以通报，自发布通报之日起至逾期未汇交的资料全部汇交之日止，该汇交人不得申请新的探矿权、采矿权，不得承担国家出资的地质工作项目。伪造地质资料或者在地质资料汇交中弄虚作假的，由负责接收地质资料的地质矿产主管部门没收、销毁地质资料，责令限期改正，处10万元罚款；逾期不改正的，通知原发证机关吊销其勘查许可证、采矿许可证或者取消其承担该地质工作项目的资格，自处罚决定生效之日起2年内，该汇交人不得申请新的探矿权、采矿权，不得承担国家出资的地质工作项目。

可见，我国为了贯彻落实地质资料汇交制度，对于违反规定的汇交人，甚至采取吊销其勘查许可证或承担地质工作的资格，并规定在一定期限内不得申请新的探矿权的严厉法律责任。

（二）地质资料汇交与探矿权管理相互衔接密不可分

1. 管理部门同一便于工作开展。在这两个制度中，都由国家和省级地质矿产主管部门管理，相互衔接，便于工作的开展。但由于地质资料汇交工作没有延伸到市县，也会造成具体工作中对接的困难。

2. 地质资料的汇交是探矿权行政管理的重要内容。比如在汇交期限问题上，探矿权人缩小勘查区块范围的，应当在勘查许可证变更前汇交被放弃区块的地质资料；探矿权人由勘查转入采矿的，应当在办理采矿许可证前汇交该矿区的地质资料；探矿权人、采矿权人在勘查许可证或者采矿许可证有效期内提前终止勘查或者采矿活动的，应当在办理勘查许可证或者采矿许可证注销登记手续前汇交地质资料。对因违反探矿权管理规定，被吊销勘查许可证，汇交期限也更严格，自处罚决定生效之日起15日内汇交。

三、实施矿产勘查区块退出与地质资料汇交联动管理制度

（一）澳大利亚的地质资料汇交是区块不退出的前提条件

澳大利亚作为矿产资源大国，其地质资料汇交管理制度已经比较完善，尤其是矿产勘查区块退出管理制度，可为我国提供一个借鉴。[1] 其联邦法律和州法律均规定，资料汇交是探矿权人的法定义务。矿权人须按规定向矿产资源管理部门，即经法规或部长授权的地质调查机构提交经营报告和地质报告。经营报告主要汇报勘查开发投入产出情况。地质报告要详细说明其工作进展情况及所取得的地质成果等。地质报告一般要求汇交年度报告和最终报告，最终报告包括放弃区的地质资料。如果汇交人没有及时按照要求汇交，一旦被查出，在30天催告期满后，会面临极其严重的惩罚，如取消矿产权（执照、许可、租约）；对于弄虚作假者，则给予行政处罚。[2]

（二）不具备转入普查工作条件的探矿区块面积强制退出制

中国福建省已经借鉴此种矿产勘查区块退出与地质资料汇交联动之管理制度。福建省国土资源厅2008年10月1日起实施的《矿产资源勘查区块退出管理暂行办法》，将其分为强制性退出和非强制性退出。[3] 国土资源部办公厅出台并于2012年1月1日起开始实施的《关于加强探矿权人放弃勘查区块地质资料汇交管理的通知》，也规定了探矿权人地质资料汇交管理遇到的新情况的处理办法。

具体规定是在一定的地质预查周期内，期满后不再延续预查阶段探矿权，探矿权人应在期满前一段时间选择有进一步工作价值的区块，申请转入普查工作阶段，不具备转入普查工作阶段条件的其他区块面积应予以强制性退出。同时对转入普查阶段的项目面积做了具体规定，详查工作的范围必须大于一定面积或比例。这样做，探矿权人为了得到勘查区块详尽的信息，最好的选择就是及时进行矿产资源勘查，否则其勘查区块会被强制退出。同时探矿权人放弃勘查区块范围的，应在勘查许可证变更前汇交被放弃区块的地质资料，

---

〔1〕 尚宇："澳大利亚矿业权管理制度及其启示"，载《信阳师范学院学报（哲学社会科学版）》2005年第6期。

〔2〕 史如梦等：《中国与澳大利亚西澳州矿业权管理比较及启示》，载《价值工程》2013年第12期。

〔3〕 齐培松："福建制定矿产勘查区块退出管理办法"，载《中国国土资源报》2008年8月29日第1版。

包括缩小勘查区块范围，且在申请放弃勘查区块范围内开展了地质工作的活动；没有开展地质工作的，经矿产资源勘查年检管理机关审核后不需汇交地质资料。

通过矿产勘查区块退出管理制度，探矿权人只有进行了一定的勘查，才能更明智地决定要申请转入普查工作的区块，以免探矿人因放弃错误，致使其利益受损。同时也有助于地质资料的汇交。而探矿权人也可以自愿申请退出或缩减区块面积，汇交规定与强制退出相同。

(三) 我国业已初步建立起矿产资源勘查退出机制

所谓矿产资源勘查退出机制是指负责颁发矿产资源勘查许可证的登记管理机关，根据相关规定对已登记的地质勘查项目实行缩减勘查区块面积，注销相应探矿权的行为。[1]

国土资发［2009］200号《关于进一步规范探矿权管理有关问题的通知》明确：新立探矿权有效期为3年，每延续一次时间最长为2年，并应提高符合规范要求的地质勘查工作阶段报告。《通知》规定，在同一勘查阶段延长时间的探矿权人必须退出一定的勘查面积。探矿权人需提交由省级以上登记管理机关组织的专家论证报告，并经登记管理机关审查后，可再准予一次在本勘查阶段的延续，但应缩减勘查面积，每次缩减的勘查面积不得低于首次勘查许可证载明勘查面积的25%。[2] 有进入就应有退出，这无疑是市场完善的一个重要标志。过去探矿权事实上可无限期地延续，导致一些探矿权长期圈而不探。

现行矿产资源勘查开采退出制度成效明显，有力推动了矿政管理规范化，为地质找矿突破提供了制度保障。但是，鉴于相关法律规定仍较为滞后，市场调节手段运用不足，矿产资源有效利用的目标尚未完全实现，亟须全面梳理现行制度存在的问题和不足，系统总结各地经验和做法，加快推进《矿产资源法》的修改，深化改革创新和制度供给。[3]

---

〔1〕 齐培松：“福建制定矿产勘查区块退出管理办法”，载《中国国土资源报》2008年8月29日第1版。

〔2〕 丁全利：“细化制度，完善管理——就《关于进一步规范探矿权管理有关问题的通知》出台访国土资源部开发司负责人”，载《国土资源通讯》2010年第2期。

〔3〕 “法律中心赴内蒙古开展矿产资源勘查开采退出制度调研”，载国土资源部不动产登记中心网站，访问日期：2014年11月11日。

第五节　我国的矿产资源储量管理制度

一、矿产资源储量管理的内涵外延

根据国土资源部2004年1月9日通过的《矿产资源登记统计管理办法》，矿产资源登记统计，包括矿产资源储量登记和矿产资源统计。矿产资源储量登记，是指县级以上国土资源行政主管部门对查明、占用、残留、压覆矿产资源储量的类型、数量、质量特征、产地以及其他相关情况进行登记的活动。矿产资源统计，是指县级以上国土资源行政主管部门对矿产资源储量变化及开发利用情况进行统计的活动。矿产资源储量登记、统计管理、勘查开采的全过程都要进行相应的储量管理工作。

二、矿产资源储量统一管理制度

国家对矿产资源的勘查、开发实行统一规划、合理布局、综合勘查、合理开采和综合利用的方针。我国《矿产资源法》规定，各类矿产储量的统计资料，实行统一管理制度，按照国务院规定汇交或者填报。

（一）*矿产资源储量管理主管部门*

国土资源部负责全国矿产资源登记统计的管理工作。其内设矿产资源储量司，管理全国矿产储量。[1] 县级以上地方国土资源行政主管部门负责本行政区域内矿产资源登记统计的管理工作，但石油、天然气、煤层气、放射性矿产除外。

（二）*矿产资源储量登记管理*

储量登记要与矿业权审批同步进行，在上报矿业权申请登记、变更登记报件时，均应附矿产资源储量登记表，必要时，还应附储量核实报告或储量计算说明书，在会签时予以审批登记。[2]

登记人为探矿权人、采矿权人或者建设单位，登记机关为县级以上国土资源行政主管部门。上级国土资源行政主管部门应当自完成矿产资源储量登

---

〔1〕邵厥年："矿产资源储量管理"，载《矿产·资源》2000年第12期。

〔2〕《关于采矿权行政审批会签中有关储量登记问题的通知》（皖国土资［2003］40号）。

记手续之日起10日内，将矿产资源储量登记情况通知矿区所在地的下级国土资源行政主管部门。登记对象是矿产资源储量本身，而非探矿者或者采矿者。

（三）矿产资源储量统计管理

矿产资源统计调查计划：由国土资源部负责制定矿产资源统计调查计划，报国务院统计行政主管部门批准后实施。以年度为统计周期，以探矿或采矿许可证划定的矿区范围为基本统计单元。但油气、矿产以油田、气田为基本统计单元。[1]

报送及审查：矿业权人应当于每年1月底前，报送矿区所在地的县级国土资源行政主管部门。统计单元跨行政区域的，报共同的上级国土资源行政主管部门指定的县级国土资源行政主管部门。上级国土资源行政主管部门负责对下一级国土资源行政主管部门上报的统计资料和矿业权人直接报送的矿产资源统计基础表进行审查、现场抽查和汇总分析。省级国土资源行政主管部门应当于每年3月底前将审查确定的统计资料上报国土资源部。勘查、开采石油、天然气、煤层气和放射性矿产的，矿业权人应当于每年3月底前完成矿产资源统计基础表的填报工作，并将矿产资源统计基础表一式二份报送国土资源部。

定期发布：全国矿产资源统计信息，由国土资源部定期向社会发布。[2]

（四）矿产资源储量登记统计资料管理

国土资源行政主管部门应当建立矿产资源登记统计资料档案管理制度。探矿权人、采矿权人和建设单位应当建立矿产资源登记统计资料档案管理制度，妥善保管本单位的矿产资源登记统计资料、统计台账及其他相关资料，并接受县级以上国土资源行政主管部门的监督检查。探矿权人、采矿权人或者建设单位要求保密的矿产资源登记统计资料，国土资源行政主管部门应当依法予以保密。

三、矿产资源储量管理进一步完善

矿产资源储量管理成果是编制国民经济和社会发展规划的基础。制定保护和合理利用矿产资源的规划是以矿产资源储量为基础的。而矿产资源储量

---

〔1〕《矿产资源登记统计管理办法》。

〔2〕夏珺：“《全国矿产资源规划》发布实施”，载《人民日报》2009年1月9日第9版。

管理制度的完善具有重要意义。

（一）储量分类分级管理体系

高度重视矿产资源储量评审和监督，实行分级分类管理。[1]建立与矿业权管理相衔接的储量分类分级管理体系。[2]

（二）矿产资源储量动态管理

储量动态管理制度是矿政管理的重要内容。依靠科技进步，使用相关矿产软件，对矿产资源动用情况进行年度定期和不定期跟踪检查。建立科学规范的矿产资源储量登记统计制度，强化对采矿人消耗储量的动态检测和法律责任，促使采矿人依法如实报告年度矿产储量变化情况。应设单章对矿产资源储量进行规定，明确资源储量对资源开发的法律地位及具体管控措施。[3]

---

〔1〕 万红梅、汪应宏、许晨："固体矿产资源储量分类分级管理探讨"，载《煤炭技术》2011年第8期。

〔2〕 李晓峰：《中国矿业法律制度与操作实务》，法律出版社2007年版，第19页。

〔3〕 王莉、刘修国："矿产资源储量动态管理系统的研究"，载《煤炭技术》2012年第6期。

第十二章

矿业用地法律制度

第一节　矿业用地的概述

一、矿产资源的勘查和开采产生了矿业用地

（一）矿产资源依附于土地

由于我国《矿产资源法》没有明确界定矿业用地的概念，对矿业用地的范围是仅限于工业广场，还是包括全部采矿区范围内的土地，或者是只包括坑口、井口占用的土地，存有争议。有学者指出，矿业用地是指蕴含有一定矿物资源的土地，采矿需要用地必须依法取得矿业用地使用权。[1]也有人认为矿业用地是因开发、利用矿产资源而使用的土地，应包括勘查（探矿）用地、采矿用地及选（洗）矿场、尾矿（砂）库、废（矸）石压占用地等。[2]我国台湾地区适用的"矿业法"第44条对矿业用地概念的界定将所涉土地的范围

---

〔1〕 许坚："采矿用地取得引起的问题及对策"，载《资源经济》2003年第12期。

〔2〕 瞿新国等："黄石市矿业用地管理现状及对策"，载湖北省黄石市国土资源局网站，访问日期：2014年11月10日。

扩大至矿区配套设施用地以及其他矿业上必要之各种工事或工作物。〔1〕

（二）对矿业用地的概念应作广义解释

既有研究就矿业用地概念的界定尚存争议。通常认为，矿业用地包括探矿用地和采矿用地，但是这样的界定并不全面，没有涵盖探矿和采矿以外的矿业用地。因此，对矿业用地的概念应作广义解释，它是指因开发、利用矿产资源而使用的矿区范围内的土地，包括探矿用地、采矿用地及附属设施等用地。〔2〕对矿业用地作广义解释，既有利于保护矿地使用权人的利益，也有利于规范对矿业用地的管理。

二、我国现行矿业用地制度存在的问题

（一）现行矿业用地取得制度设计存在缺陷

1. 我国现行矿业用地的取得方式单一且成本较高。我国矿业用地基本上都以出让或划拨的方式获得，〔3〕并且以出让为主。尽管有些地方进行了试点探索，但是矿业用地以出让取得为主的单一模式仍未改变。土地使用权出让是指，国家以国有土地所有人的身份将土地使用权在一定的年限内让与土地使用者，由土地使者向国家支付土地使用权出让金的行为。出让虽然是矿业用地的主要取得方式，但存在一些弊端：

（1）矿业用地的成本过高。企业以出让方式取得矿业用地需一次性交付土地出让金，因此企业的用地成本往往过高。土地出让年限一般都走用地期限的上限50年，常常超过矿业开采实际需要的用地年限，增加了企业的用地成本。而且根据我国《土地管理法》的规定，办理农用地转用和征收，要按规定缴纳新增建设用地使用费、耕地开垦费、征地管理费、耕地占用税等费用，征地也会加重企业的经营成本。

---

〔1〕我国台湾地区“矿业法”第44条规定：“矿业权者有下列情形之一者，必要时得依法使用他人土地：①开凿井、隧或探采矿藏；②堆积矿产物、爆炸物、土石、薪、炭、矿渣、灰烬或一切矿用材料；③建筑矿业厂库或其所需房屋；④设置大小铁路、运路、运河、水管、气管、油管、储气槽、储水槽、储油池、加压站、输配站、沟渠、地井、架空索道、电线或变压室等；⑤设置其他矿业上必要之各种工事或工作物。”

〔2〕《关于加强矿业用地管理工作的通知》(新国土资发〔2011〕228号)，载新疆国土资源厅网站，访问日期：2014年11月10日。

〔3〕张婉丽、李炜、吴永高：“矿业用地管理问题探析”，载《中国土地》2005年第12期。

（2）矿业用地的紧张与土地闲置并存。以划拨的方式获取的矿业用地，用地成本偏低，一定程度可能诱发权利人的惰性，致使权利的行使缺乏必要的积极性。经济调节的功能无法在划拨方式下充分发挥。部分矿山企业超过矿业开采实际需要取得划拨的矿业用地，容易造成废弃矿地的不断增加，甚至导致土地闲置。

（3）农民失地不利于经济的可持续发展和社会稳定。当矿业权用地需要通过集体土地予以解决的时候，按照目前法律的有关规定，要先把集体土地征收为国有后再出让给矿业权人。征地改变土地所有权的性质，将土地所有权转移到企业，使农民失去了赖以生存的土地，威胁到农民的生存权，由于被征地农民面临着重新安置问题，他们的长远生计得不到保障，不利于经济的可持续发展和社会稳定。〔1〕

所以随着我国矿业权制度改革和征地制度改革进程的加快，矿业权主体愈益呈现多样化，行使矿业权很多是出于商业目的，而征收这一方式的适用又被严格限制在了公共利益的范围之内，也使得矿山企业因而很难取得矿业用地。所以，取得矿业用地的方式应该实现多元化，使得矿业企业可以根据不同的采矿活动，采取多种不同的方式取得矿业用地，以促进我国矿业的发展。

2. 矿业权与矿业用地使用权取得程序的不同步会使矿业权难以实现。在我国，矿山企业取得矿业用地范围内的土地使用权，并不一定同时即取得该地域内的矿业权；而取得矿业权的同时并不一定能取得土地使用权。矿业权人实施勘查、开采矿产资源时，必然要使用土地，但矿业权的客体为矿产资源，并不包括其周围的土地，故欲合法使用土地，就必须再取得以土地为客体的土地使用权。〔2〕故实践中，往往存在企业享有采矿权却未取得矿业用地使用权的情况，这就造成拥有矿业权却因矿地难以获得而无法行使的窘境。

目前开采矿产资源，既要申请采矿许可证，又要申请土地使用证，而两证又按照各自的规定分别办理。所以除了国家审批的特殊矿种外，其他的矿种又都要求以招标、拍卖、挂牌的方式取得，特别是在土地供应上，经营性

〔1〕 字政颜：“关于失地农民社会保障和农村经济可持续发展关系的研究”，载《财经界（学术版）》2012年第4期。

〔2〕 彭方思：“试论矿业权与土地使用权的关系”，载《中国地质矿产经济》1999年第6期。

用地和工业用地，事实上都要求以招标、拍卖、挂牌的方式出让。因此实践中，矿业权和矿业用地使用权取得的不同步，可能会造成通过两个招拍挂市场取得的采矿权和土地使用权难以实现统一，或者为了实现两权的统一，必须在土地使用权的招拍挂时设立特定的条件。反过来看，一些矿业用地可能属于限制或禁止供地的范围，如果在办理采矿权审批时缺乏对土地供应方面的审查，也容易导致采矿权和土地使用权不衔接，更使取得采矿权的矿山企业难以取得土地使用权。[1]

（二）矿业权与土地使用权的冲突必须予以协调

1. 截然分离的“矿”“地”分别取得制在程序上存在先天缺陷。矿业权的取得程序与矿业用地的取得程序分别施行，各自运行。矿业权与矿业用地权利之间的不协调无疑对矿业权的行使产生障碍。我国现行法律规定，当矿业权设定于集体土地上时，要历经先征收再出让的程序，然而，随着我国矿业权制度改革和征地制度改革，矿业权主体呈现多元化，行使矿业权的目的更多的表现为矿业权人利益的实现，但征用集体土地的范围又被限制在“公共利益”范围内，这导致矿业用地取得在法律规定上的先天程序缺陷。

2. 问题的本质即矿业权和土地使用权哪一个更应优先的问题。鉴于矿业权人勘查、开采矿产资源必然要使用土地，但矿业权中仅含有对地下矿产资源的支配权，并不必然包含对地表土地的支配权。所以，要利用土地来实现开发矿产资源，就要取得该地块的土地使用权。这就出现了拥有土地使用权与拥有采矿权的不同权利主体的权利冲突问题。矿业权与土地使用权权利客体呈上下排列结构且权利行使可能冲突，当出现这样的情况时，自然就需要在这两种权利间做出选择。比如，能否在他人已设立土地使用权的土地上设立矿业权呢？

（三）矿业用地退出机制存在机制问题

1. 采矿用地取得年限超过实际使用年限后复垦土地难以处理。我国法律规定，采矿用地以划拨方式取得的，土地使用年限没有限制；以出让方式取得的，按工业用地最高使用年限为 50 年。然而采矿用地的实际使用年限往往低于取得的土地使用年限，以至于可能出现采矿结束后，企业不再需要使用土地，经复垦后的土地不知如何处置，或者如何利用的问题。事实上这已成

---

〔1〕 肖攀：“我国矿业用地法律制度研究”，中国地质大学 2011 年硕士学位论文。

为制约企业发展和提高土地集约节约利用的一个突出问题。

2. 缺乏矿地收回退出机制以致复垦后的采矿用地难以退出。虽然现行法律法规规定，土地使用者不再使用土地或土地使用期限届满的，国家可收回相应土地使用权，但对于如何收回、如何退出，无论是法律法规还是政策文件都没有具体规定，由于没有积极支持退出的政策，企业缺乏复垦土地的积极性，导致滞留在企业中的土地越来越多，甚至成为企业的负担。[1] 企业为了避免复垦土地的荒芜，只能投入大量精力用于农业生产，导致企业偏离主营方向从事农业生产，而农民却无地耕种的尴尬局面。

3. 复垦土地退出难也影响采矿塌陷地的及时恢复治理。开采地下矿产资源时，无论是受回填技术还是受回填土方巨大需求难以实现的限制，很多地下深层采矿的地表土地只能等地表沉降、塌陷稳定后，再安排使用。虽然国家原则性地规定了由于采矿造成的塌陷土地无法恢复的由国家进行征收，但实践中由于缺乏具体的操作办法或相关政策指导，对塌陷土地的认定、征收的程序、征收后土地的恢复治理以及再利用等不明确，同时受土地利用年度计划指标或农用地转用指标的限制，造成大量塌陷土地难以履行征收，难以落实搬迁村庄的安置点，严重影响农民的正常生产、生活。[2]

4. 矿业权人的土地复垦成本较高会影响土地复垦成效。矿业权人主要通过出让或征收——出让方式取得用地。矿业权人不仅要支付土地出让金，而且在采矿结束后还必须承担土地复垦义务。但当矿业权涉及集体土地时，国家征收集体土地过程中，企业需交纳征地补偿费用，在采矿完成后矿业企业还要缴纳土地复垦费，而且我国实行占用耕地补偿制度，矿业开发占用耕地的，矿业权人要负责开垦相应数量和质量的耕地，不具备开垦条件的或者开垦的耕地不达标的，应当缴纳相当数量的耕地开垦费，这显然加重了矿业企业的负担。按照现行法律的规定，矿业权人为取得集体土地使用权，有可能要为用地支付双倍甚至三倍的成本，这不仅在理论上对矿业企业不公平，而且严重制约企业对土地复垦工作的投入，进而影响土地复垦的成效。

---

〔1〕 郑美珍："灵活供地明确退出——解决采矿用地'两头难'问题"，载《国土资源情报》2011 年第 8 期。

〔2〕 郑美珍："灵活供地明确退出——解决采矿用地'两头难'问题"，载《国土资源情报》2011 年第 8 期。

第二节　我国矿业用地取得制度的完善

一、完善我国矿业用地之取得制度势在必行

（一）根据采矿年限弹性设定采矿用地出让年限

国土资源部采矿用地方式改革试点实践证明，根据矿产资源开采所需年限，弹性设定采矿用地出让年限已成为工业用地制度改革的趋势。通过法律明确采矿用地弹性出让年限的规定，以矿产资源开采所需年限确定采矿用地出让年限，并结合我国已探明矿产资源的赋存条件、开采特点、开采周期等情况，划分采矿用地弹性出让年限的等级，如以5年或10年为出让年限的等级。[1]按采矿年限弹性供地的方式可以避免土地的闲置浪费，降低企业的用地成本。

（二）完善矿业用地的取得方式以实现矿地取得方式的多元化

有学者提出矿业用地的取得方式应实行临时用地制度、土地股权制度、年租制、土地等量置换制度；[2]也有人提出确立矿业用地取得方式应遵循的基本原则，区分探矿用地和采矿用地土地使用权取得方式，应当以矿业用地的不同类型为基础。[3]目前的理论研究和实践操作都对矿业用地方式的多元化，特别是不改变土地原有权属的方式进行了积极探索。

（三）境外的矿业立法中也普遍采取多元化的矿业用地取得方式

比如《日本矿业法》中规定根据矿业活动的目的不同而采用不同的矿业用地取得方式。《俄罗斯土地法》第23条第3款第9项规定："临时利用地块进行勘查、研究及其他工作可以设定公共地役权。"澳大利亚采用了土地租赁的矿地取得方式。《西澳大利亚采矿法》第19条第4项规定，根据申请，公共事业部部长可授予他决定的采矿租地。第28条规定，经许可授权可在特定采矿租用的土地进入或停留。我国台湾地区适用的"矿业法"规定了土地股

---

〔1〕郑美珍："采矿用地节约集约大有可为——改革矿山用地管理制度的探索与实践"，载《法制周刊》2013年6月26日。

〔2〕许坚等："矿业用地征用取得引起的问题及对策"，载《中国地质矿产经济》2003年第12期。

〔3〕白晓东："矿业用地方式可以多样"，载《中国土地》2010年第7期。

权制度，土地权利人应收的地价或租金经矿业权人及土地所有人的协商同意后，可作为该矿业股金而列为股东，矿业权人由此获得土地使用权。

（四）多元化的矿业用地取得方式是今后矿业改革的方向

随着我国矿业制度改革的推进，矿业权主体的多样化，单一的矿业用地取得方式已经难以满足企业对矿业用地的需求，故而各种新的用地方式应运而生。

二、我国矿业改革过程中的各种临时应急之用地措施

（一）采用临时用地模式解决部分矿业用地

我国法律已经明确规定探矿用地可以通过临时用地的方式取得，根据我国《土地管理法》第57条的规定，地质勘查经批准可以临时使用国有土地或者农民集体所有的土地，土地使用者应当根据土地权属，与有关土地行政主管部门或者农村集体经济组织、村民委员会签订临时使用土地合同，并按照合同的约定支付临时使用土地补偿费。这项规定体现了公共地役权的原理。公共地役权是指基于国家利益或公共利益的需要而使不动产所有权人或使用权人容忍某种负担，而这种负担还未达到需要征收或征用土地的程度，因而使国家取得一种要求相关不动产所有人或使用人承担某种负担的权利。因为探矿活动是“找宝”的活动，能使土地增值，有公共利益性质。而且探矿活动不会对土地造成实质性的损害，采用临时用地制度还可以降低矿业企业的用地成本。

针对采矿用地的使用期限、实际用地类型多样化的特点，建议对采矿用地采取差别化的政策，对土地破坏程度低、用地周期短、生产结束后能恢复为可耕种土地的采矿用地，以临时用地的方式使用土地，并允许延期一次，但土地使用及复垦恢复的总时限不超过5年为宜。对使用期限超过5年，但少于工业最高使用年限50年的采矿用地，建议采取协议出让的方式供地，并根据采矿用地的需要灵活确定出让期限。

国土资源部于2005年批准了广西平果铝土矿采矿用地方式改革试点，由原来的“征收”方式改革为“临时用地”的方式供地。改革的主要措施是将采矿用地中可复垦的耕地、其他农用地及未利用地改为以“征用采矿临时用地”的方式供地，采矿后复垦还地，不改变农村集体土地所有权性质；对耕地复垦不足部分，企业须按照出让方式的补偿标准给集体经济组织补足土地

补偿费和安置补助费，并给国家补交新增建设用地有偿使用费、耕地开垦费、土地出让金等费用。矿区公路、厂房等永久性建筑用地仍按出让方式供地。[1]该项改革措施适应了采矿用地的特点，减轻了矿山企业负担，缓解了征地矛盾，取得了良好效果。

（二）通过法定地役权的形式解决部分矿业用地

1. 民法上地役权可以普遍适用。民法上所谓地役权是指，为了自己的不动产使用的便利和效益，按照合同约定而使用他人不动产的权利。相比于相邻关系，地役权是对土地利用所进行的较高程度的调节。矿业权中仅含有地下矿产资源使用权，并不包括地表的土地使用权，由此而产生的矿业权与地权的冲突，可以通过设定地役权的方式解决。可以想象成矿石要从土地上通过而需要利用地表的土地，那么地表以下的土地就是需役地，地表的土地就是供役地，通过这种方式设立的地役权是一种纵向空间上的地役权。

随着城市的发展和新兴产业的兴起，土地的利用越来越多的向立体空间发展，传统的民法理论已经难以调整现代复杂多样的相邻不动产间的权利义务关系。在这种背景下，遂产生了由相邻各方通过设定空间地役权以最大限度地调整相邻不动产利用关系之必要。空间地役权指以他人空间供自己土地便利之用的权利，其性质与普通地役权相似。[2] 按空间权理论，矿业权在某种意义上是一种典型的“地中权”。[3] 因此完全可以通过设定地役权的方式取得矿业用地。

2. 以设定地役权的方式取得矿业用地之优点。

（1）矿业地役权同样具有从属性。地役权不得与需役地的所有权或使用权相分离而作为其他权利的标的。因此，若矿业权人与土地权利人以设立地役权的方式取得矿地使用权，当矿业权转让时，矿地使用权随之让与矿业权受让人，减少了矿业权流转的交易成本。

（2）矿业地役权并不以登记为生效要件。以设立地役权方式取得的矿地使用权自地役权合同生效时设立，而并不以登记为生效要件，未经登记不影

---

〔1〕 曾铁强、黄家碧：“平果铝土矿采矿用地改革七年出成果”，载《广西日报》2012 年 4 月 26 日第 2 版。

〔2〕 袭燕燕：“关于我国矿业用地取得制度构建的思考”，载《中国国土资源经济》2004 年第 10 期。

〔3〕 袭燕燕：“关于我国矿业用地取得制度构建的思考”，载《中国国土资源经济》2004 年第 10 期。

响地役权的设立。以设立地役权方式取得的矿地使用权合同一经成立，则具有用益物权的基本效力，在其权利的保护上也是承租土地使用权的效力所不及的。

(3) 矿业地役权人享有为必要附随行为和设置必要设施的权利。地役权人为达到设定地役权的目的，享有为必要的附随行为和设置必要设施的权利。如为达到通行的目的而修筑道路。采矿者在取得采矿用地的同时，拥有了采矿必须利用的其他土地（堆放矿产物、矿渣、设备、爆炸物等）的权利。矿产资源一般身处大山之中，采矿人员的出入，设备和产品的运输等都必须从相邻地段通行。〔1〕虽然依据相邻关系，相邻土地的权利人有提供道路的义务，但这种提供较为有限，若设立地役权，则可以对土地进行较大限度的利用。

（三）以土地租赁的方式解决特定的矿业用地问题

租赁无疑是国际上通行的一种矿业用地取得方式，它就是出租人把土地交给矿业权人（即承租人）使用，矿业权人支付租金并在租赁关系终止时，将其所使用的土地返还给出租人的行为。〔2〕我国《土地管理法实施条例》第29条规定了国有土地租赁制度，允许以租赁的方式有偿使用国有土地。但我国法律对农村集体土地出租用于非农用途是严格禁止的，所谓“农地农有，农地农用。”这样的土地用途严格管制的规定，显然已经不能适应我国土地利用的市场化要求。〔3〕

采用租赁方式取得矿业用地可以有效地解决采矿占用土地多，征地成本高，人地矛盾突出等问题。由于租赁不改变土地权属的法律性质，这种方式不但有利于保护农民的土地权利，而且企业将土地复垦后归还给农民，还可避免现行矿业用地征地制度容易导致耕地减少，且农民将永久性失去其土地的恶果。

随着我国集体土地流转制度的改革完善，农村集体土地附条件地以租赁方式进行流转用于非农用途有望成为可能。届时，矿业活动无论是发生在国

〔1〕张鹤：“采矿用地使用权的取得——以地役权解‘采矿用地’之结”，载《昆明理工大学学报（社会科学版）》2009年第11期。

〔2〕袭燕燕：“关于我国矿业用地取得制度构建的思考”，载《中国国土资源经济》2004年第10期。

〔3〕李昌平：“对土地‘以租代征’需建设性应对”，载《南方周末》2008年2月5日。

有土地上还是集体土地上，矿业用地均可通过租赁这种意定方式取得。[1] 当然，目前也有学者主张以“以典代征”规避行政法规中有关“以租代征”的禁止性规定。[2]

（四）以土地股权制度化解矿业用地之法律难题

这里所谓“土地股权制度”是指矿业权人和土地权利人约定，土地权人以其所有或使用的土地作价入股，并按股份获得收益的法律制度。我国《土地管理法实施条例》第29条规定国有土地使用权可以作价出资或者入股，明确肯定了以土地入股取得土地使用权的方式。采用将土地入股的方式取得矿业用地，土地权人能够继续与劳动对象结合以维持其财产性收益，并能够直接管理属于自己的土地，保护土地不被破坏、污染。矿业开发者与土地权人结合，使双方成为企业内部的组成而避免了土地租赁的执行成本，减少相互摩擦，并能利用土地权利人“熟人社会”的优势有效地化解矿农矛盾。[3]

（五）以深化改革中创新的“土地置换制度”解决矿业用地问题

土地等量置换制度是指矿业企业将本单位已征用的，但在生产过程中被毁损的土地予以复垦，用以交换新的矿业土地，但对新的矿业用地不再实行有偿征用。土地置换遵从等质等价交换原则，如果复垦土地的质量不如拟新的矿业用地，再采取经济价值补偿或数量补偿的办法来解决。土地等量置换制度的优点是：由于这一制度的核心内容即“只赔不征、企业复垦一块、置换一块”，从而其大大降低了采矿企业的采矿成本，不但提高了矿山企业环境修复的积极性，还较好地解决了矿业用地与农业用地的矛盾，以及复垦后土地的处置和流转问题，因而有利于实现土地的占补平衡，有利于解决复垦资金短缺等问题。[4]

---

〔1〕 袭燕燕：“关于我国矿业用地取得制度构建的思考”，载《中国国土资源经济》2004年第10期。

〔2〕 李显冬、何冠楠：“典权在农村采矿用地复垦中的积极价值”，载国土资源部不动产登记中心网站，访问日期：2014年11月10日。

〔3〕 康纪田：《矿业法论》，中国法制出版社2011年版，第282页。

〔4〕 骆云中等：“我国现行矿业用地制度存在的问题及其对策”，载《资源科学》2004年第3期。

第三节　协调矿业权与土地使用权的关系

一、矿业权和矿业用地使用权的从属关系存在不同观点

因为矿业权与土地使用权之间存在冲突，严重影响了矿产资源的勘查开采和土地的有效利用。因此，应当通过制度设计以调和两者之间的冲突。始终有一种观点认为，矿业权与土地使用权是两种用益物权之间的一般法律关系，故不存在效力优先问题。当然反对的观点认为，基于矿产资源的稀缺性所主张的矿业用地优先权，只能是一种有条件的优先权。故可以认为，要正确处理矿业权和土地使用权的关系，就要既区分探矿权和采矿权，又区分不同矿种并分别对待。

第一，探矿用地享有法定的优先权。探矿使用土地的期限较短，对土地表层破坏很小，一般不污染环境。[1] 同时探矿是勘查矿产资源的活动，会增加土地的价值，是国家政策鼓励的行为，因此探矿用地应当依法享有优先权。

第二，重要矿产资源的采矿用地同样享有法定优先权。在国家经济发展中具有特殊的战略价值和经济价值的矿产资源，关系国计民生和国民经济的安全和可持续发展，除法律规定禁止采矿的区域外，重要矿产资源用地应享有优先权。

第三，具有生态利益和战略利益的土地则须优先得以保护。我国的《矿产资源法》对矿业活动进行了必要的限制，对具有生态意义的土地使用权进行优先保护，同时也明确了矿产资源的开采必须服从于国家战略利益和关系国民生存福祉的公共利益。[2] 这在广义的环境保护法律规范系统中，已有相当的规定。

第四，一般矿业用地按物权法的一般原理予以处置。一般矿产资源的开采主要是用于商业目的，体现了矿业权的私人利益。出于严格保护耕地和合理利用资源的考虑，应该按照物权法规定的不兼容物权之间先成立者效力优

---

〔1〕 彭方思："试论矿业权与土地使用权的关系"，载《中国地质矿产经济》1999年第6期。

〔2〕 袭燕燕："关于我国矿业用地取得制度构建的思考"，载《中国国土资源经济》2004年第12期。

先的规则来处理矿业权与土地使用权的关系。

二、相应的矿业用地取得程序自应不断得以完善

（一）现行的矿业权与矿业用地使用权取得不同步

就通过两个不同招拍挂市场行为所取得的矿业权和土地使用权，难以协调统一的问题，可以在招标、拍卖时就将土地使用权与矿业权合二为一处置。在矿业权有偿出让之前，政府有关部门即应将开采矿产资源所需用地块的使用权预先征用或收购，在有偿出让矿业权时，连同土地使用权一同拍卖。〔1〕这样不仅矿业权人可以同时取得矿业权和土地使用权两项主从权利；而且由于矿产资源管理与土地资源管理现在都统一归国土资源部门负责，如此将土地使用权与矿业权合二为一进行处置，既具有可操作性，也提高了政府的行政效率，降低了企业的办事成本。

（二）建立“矿地一体”的流转机制

1. 在法律中明确矿业权与矿业用地使用权的关系。美国的公共土地采取土地与矿产资源相统一的立法模式，两权关系较为协调。对于土地权利处置的同时也对矿产资源权利进行了处置，因此两权的矛盾较小。美国的矿地一体的立法模式有利于协调矿业权与矿业用地使用权的关系，减少两权之间的冲突，值得我们借鉴。

2. 在矿业权流转中确立“地随矿走”的原则。在矿业活动中，矿业生产与矿业用地之间有着密切的联系，我们可以把矿业权与矿业用地使用权的关系看作主权利与从权利的关系。在矿业生产活动中，矿业权自然是主权利，矿业用地使用权为矿业活动服务，依附于矿业权，为从权利。从民法的意义上看，一般的原则是“对主权利的处分及于从权利”，因此，当矿业权转让时，矿业用地使用权一同转让。〔2〕建议在《矿产资源法》中明确规定：“矿业权移转时，使用地面之权利义务，均应随同移转。”在矿业权存续的情况下，禁止将矿业用地使用权单独转让。

3. 在审批程序上建立“矿地一体”的协调机制。将采矿权转让审批登记

---

〔1〕 骆云中等：“我国现行矿业用地制度存在的问题及其对策”，载《资源科学》2004 年第 3 期。

〔2〕《关于加强矿业用地管理工作的通知》（新国土资发〔2011〕228 号），载新疆国土资源厅网站，访问日期：2014 年 11 月 10 日。

和采矿用地使用权转让审批登记进行有效的衔接。在具体的制度设计中，可以要求矿业权申请人先办理采矿用地使用权转移的相关审批手续，并根据《土地登记办法》办理土地预告登记。并将办理土地登记办法的相关证明，作为申请采矿权转让中“采矿权属无争议”的证明。若采矿权转让得到批准，则采矿权交易当事人，应凭借采矿权许可证，办理采矿用地使用权的变更登记。若采矿权转让得不到批准，则土地登记机关不予办理。这样可以最大限度地保证矿业权流转过程中矿地权属相一致，减少权属纠纷。

第四节　我国现行的矿业用地退出机制急需进行完善

一、矿业用地退出已成为矿区生态环境修复法律制度核心内容

（一）矿区生态环境修复的概念

矿区生态环境修复是指通过人为的或自然的作用使受损的生态环境恢复到原有状态，并在恢复原有状态的基础上加以休整，使之休养生息。更进一步，通过改良和修整，使恢复后的生态环境更能够适宜人的生存和发展。因此，生态修复是对矿区环境的一种更广泛、更高层次的保护。

（二）确定专门管理机构且完善法律规定并给予补偿以激励

我国现行的矿区生态环境修复法律制度存在立法分散与可操作性差的问题，有关管理体制庞杂，协调性不足，特别是来源和征集方式决定了资金匮乏，再加上融资渠道不畅等问题。故有必要在借鉴国外矿区生态环境修复法律制度的基础上，完善现行法律规定，理顺专门的管理机构。就此，国家应制定切实可行的矿业用地复垦及验收标准。

企业对闲置的土地按照复垦标准进行生态修复复垦后，经验收合格，即使由地方政府对复垦修复后的土地进行回购有困难，也应通过折抵矿业税费等行之有效的临时应急措施的逐步定型化，实现用地退出。这样既有利于提高闲置土地资源的利用率，又减轻了企业的负担。同时，对实施了土地退出的企业再申请建设用地时，优先安排建设用地指标对矿山企业给予激励和补偿。

二、完善土地复垦法律法规以土地复垦推进生态修复

（一）现行土地复垦义务的法律规范过于原则致可操作性不强

我国目前有关土地复垦的规定主要是《土地复垦条例》，其他法律法规如《土地管理法》、《矿产资源法》、《环境保护法》、《煤炭法》中虽有土地复垦方面的规定，但土地复垦是一项政策性强、涉及面广的综合性工作，仅靠一两个部门难以完成。因此，应当在《土地复垦条例》的基础上，尽快颁布实施《土地复垦条例实施办法》等配套规章和规范性文件。

同时应就土地复垦涉及的关键环节、关键内容制定操作性的法规细则或技术标准，如制定《土地复垦基金管理办法》、《土地复垦验收管理办法》、《土地复垦奖励条例》等一系列法规，对土地复垦工作的全过程以及复垦后的各环节进行动态追踪。

（二）主管部门应因地制宜编制土地复垦规划

土地复垦作为与生态重建、可持续发展有重要联系的系统工程，必须有计划进行，土地复垦规划是否合理，直接影响土地复垦工程的投入和复垦效益的好坏。而各个地区生态环境条件不同，待复垦土地资源的数量、分布及破坏程度有很大差别，为发挥土地复垦的有效性，应因地制宜地制定土地复垦规划，使其适应当地的农村经济状况，并与土地利用总体规划相协调，与工矿企业的开采规划相协调。在加拿大，闭坑复垦并不一定要求恢复原貌，而是因地制宜，总的要求是不能低于原有的生态水平。我们在编制土地复垦规划时也应遵循因地制宜的原则。

（三）改进复垦技术以提高土地复垦质量

目前德国、美国、加拿大、澳大利亚等国是开展工矿区土地复垦较早、较好的国家。其中，建立严格的土地复垦技术标准是其成功的重要经验。澳大利亚有很多专门从事土地复垦的机构，这些研究机构与企业密切协作，帮助矿山企业解决复垦现场亟待解决的问题，协助企业开展土地复垦监测工作。

我国地大物博，土地类型多样，加之矿产资源开采形式各异，针对不同自然条件、不同破坏类型的土地需要使用不同的复垦技术。而复垦技术采用是否正确，是决定能否实现预期复垦效果的关键。因此，应加强对复垦的规划技术、生物技术以及工程技术的研究，加强区际、国际土地复垦技术的交流，成立专门的复垦技术标准机构，加大科技投入。

（四）通过矿产资源法的修改确立矿地复垦修复保证金制度

我国《矿产资源法》没有规定矿地复垦保证金制度，矿业用地的复垦缺乏资金保证。矿业用地复垦关系到土地权人的利益、土地资源的有效利用以及可持续发展，因此，我国有必要确立矿地复垦保证金制度，以规范矿地复垦活动。

许多国家都规定了矿地复垦保证金制度。《南澳大利亚矿业法》规定，部长可以书面通知采矿地申请人或占有人，要求他签订一定金额的契约，交纳一笔保证金并遵守其条款和条件，按部长的看法该契约足以保证申请人或占有人遵守在进行采矿作业过程中很可能面临的任何民事责任以及采矿经营扰乱的土地恢复有关的目前及将来的责任。我国也可以借鉴澳大利亚矿业法的规定，确立和完善矿地复垦修复保证金制度，以完善我国的矿地复垦即环境修复法律制度。[1]

对于新建矿山，可以将签发采矿许可证与提交复垦计划、缴纳复垦保证金结合，促使采矿企业边开采边复垦，以期在退出矿业用地时返还复垦保证金。对于自行复垦的矿山土地予以登记、确权发证，切实保障复垦者的权益。政府也应对保证金的缴纳、管理、使用、审计与监督，做出严格规定。如果采矿权人按规定履行了土地复垦义务，政府应返还保证金。对于复垦保证金应该规定多种形式，如抵押或银行担保等，以减轻矿山企业的资金压力。针对目前存在的复垦经费缴纳不足，我国应规定针对不缴纳或不按时缴纳保证金的惩处机制，情节轻则罚款，情节严重的可要求其承担刑事责任。

三、完善矿地复垦退出再利用机制以实现土地节约集约利用

为提高土地的节约集约利用，建议尽快出台采矿用地收回或复垦后采矿用地退出的具体规定，明确复垦采矿用地收回或退出的主体、条件、程序及收回或退出土地的再利用等内容，以指导、推进采矿用地的复垦和退出。[2]

（一）建立矿业用地交回制度

矿业权人在申请采矿用地使用权时对使用期限的判断只是一种预测，实

---

〔1〕张凤麟："发达国家矿地复垦保证金制度及对中国的启示"，载《中国矿业》2006年第9期。

〔2〕郑美珍："灵活供地明确退出——解决采矿用地'两头难'问题"，载《国土资源情报》2011年第8期。

际采矿期限并不确定。因此，我国立法应规定在土地使用权期限没有届满时允许矿业权人交回土地。无论是以划拨方式取得国有土地使用权，还是以出让、租赁等方式取得土地使用权，矿业权人可以在某些情形（例如矿产资源枯竭、采矿权终止等）发生时申请向国家或集体经济组织交回部分或全部采矿用地，但矿业权人应履行完相关的矿地复垦义务。在划拨方式下交回，国家无须承担任何财产责任，若在出让或租赁情形下，由于期限未届满，对于矿业权人已经缴纳的出让金或租金，法律应规定相应的返还制度。

（二）建立矿业用地收回制度

矿业用地的收回包括法定情形下的收回和提前收回。法律应明确规定哪些情形下国家可随时收回土地，例如通过划拨方式取得的采矿用地，国家可以随时收回。对于违反了法定的用地情形，国家或集体经济组织可立即收回。这些情形包括：矿业权人未履行相关的财务义务；矿业权人违反了出让合同或租赁合同的规定等。如《苏联供采矿用矿区用地享有办法细则》规定，下列情况下，也可终止地下资源使用权：地下资源使用者在获得矿区用地之后两年内还未开始利用地下资源；地下资源使用者将用于开采的地下资源用于其他目的；地下资源使用者破坏矿产开采和地下资源使用法规，不遵守设计和矿山工作发展规划所规定的矿产开采工艺流程，以及不能保证充分综合回收和利用矿产储量。

提前收回制度是指国家或集体经济组织为了公共利益可提前收回采矿用地，如果矿山企业因为土地被提前收回受到了损失，国家或集体经济组织应该给予适当补偿。国外一些矿业立法对矿地的提前收回制度进行了明确规定。如《韩国矿业法》第39条规定，因产生公害或因国家利益需要撤销矿业权或缩小区块面积的，国家对因此而受到损害的矿业权人进行补偿。我国虽然在多部法律中规定了土地使用权的提前收回，但是对采矿用地的提前收回没有明确的规定，只在一些省市的矿业权转让规定中包含了相关内容。例如：浙江省丽水市出台的《丽水市矿业权出让实施办法》规定，依法取得的矿业权受法律保护，根据社会公共利益的需要，经矿业权所在地的县以上人民政府同意，报原登记发证机关批准，可以依法提前收回矿业权，但应当对矿业权受让人予以补偿。

四、确立具有可操作性的矿业用地损害赔偿制度

矿业用地在使用过程中不可避免的会对土地权利人等相关人员造成不同

程度的人身财产损害，对周围的环境产生一定的污染。对于人身财产损失，矿业权人应该进行赔偿。许多国家和地区为了保护土地权人的合法权益，规范矿产资源的开发活动，规定了矿业用地损害赔偿制度，以专章形式对矿害的种类、赔偿责任、赔偿方式、纠纷处理等作了详尽的规定。

《南澳大利亚矿业法》规定："在其土地上进行采矿作业的任何土地所有人根据矿法有权因采矿作业对其造成的经济损失、困难及不便而得到补偿。补偿应考虑以下几方面：采矿者对土地造成的所有损害；由于采矿作业而造成的土地所有者的生产率和利润的损失；其他一切相关事项。"我国台湾地区"矿业法"规定："矿业权者租用土地使用完毕后矿业权者应将土地恢复原状归还土地所有权人，如因不能恢复原状致有损失时，应按其损失程度另给土地所有人以相当之补偿。致矿业工作区以外之土地有重大损失时，矿业权者应给予土地所有人及关系人以相当之补偿。"美国和德国规定在矿地复垦结束过若干年后才返还复垦保证金，这样的制度设计有利于追究采矿用地退出后产生的矿害责任。

然而我国现行《矿产资源法》中并没有规定矿业用地损害赔偿制度，当土地权利人等相关人员的合法权益因矿业活动受到侵害时，就缺乏相应的法律保护。因此，我国也应当在立法中明确规定矿业用地赔偿制度，协调矿业权人和土地权人的关系，保护土地权人的合法权益，规范矿业开采活动，促使矿业权人合理地科学地勘查开采矿产资源，把对土地权人和周围环境的损害降到最低限度。鉴于实际中受害人由于自身条件制约举证能力有限，为了更好维护受害人的合法权益，应当建立矿业用地损害赔偿举证责任倒置制度，由矿业权人承担举证责任，以避免受害人损害赔偿难以实现的局面。[1]

---

〔1〕 肖攀："我国矿业用地法律制度研究"，中国地质大学2011年硕士学位论文。

第十三章

矿产资源开发生态补偿

第一节　矿产资源开发生态补偿法律制度的逻辑起点

一、矿产资源开发生态补偿法律制度的意义

（一）矿产资源有偿使用制度外的矿产资源开发生态补偿

自从生态补偿概念提出以来，我国学界和实务界对其内涵的讨论至今尚无定论。可以认为，生态补偿制度，是对因生态利益相对增进或减损而引起的特定主体之间利益不平等状态予以衡平的制度安排。因而，现行的矿产资源有偿使用制度并不属于矿产资源开发生态补偿范畴。但矿产资源有偿使用制度是国家作为所有者对使用人应取得的合法收益，这部分收益的用途由政府规定，尽管国外有些国家主要将其用于治理生态环境。

在分析现行矿产资源开发生态补偿法律规范体系及其存在问题的基础上，应当认为，必须根据矿产资源开发生态补偿法律关系的综合性建构矿产资源开发生态补偿法律规范系统，而且此法律规范系统应具有三个特征，即整体目的性、层次功能性和综合调整性。

（二）旨在弥补矿产资源开发中特定利益主体的受损利益

矿产资源是各类自然资源中属性独特的一类资源，它属于国家所有，是国民经济和社会发展的物质基础，同时又是环境要素的一部分。人们对矿产资源的开发利用必然会对生态环境造成一定的损害，并引发不同主体之间的利益失衡。为弥补特定利益主体的受损利益，矿产资源开发生态补偿法律制度便成为解决这一问题的关键。

因此，矿产资源开发利用造成的生态损害，便是矿产资源开发生态补偿制度的逻辑起点。

二、矿产资源开发生态补偿法律制度的特有内涵

（一）生态补偿概念内涵界定学说经历了不断演化发展的过程〔1〕

自我国20世纪80年代推行生态补偿试点工作以来，有关生态补偿的理论研究以及法律制度建设便一直没有跟上积极的政策实践活动。仅就生态补偿的概念内涵来看，不同于国外将其定义为“因‘生物多样性弥补’而进行的‘生态系统服务付费’过程”。〔2〕

目前，学界通说采用的是结合人地补偿和人际补偿两种理论的涵盖自然补偿说和双向补偿说的综合性观点。〔3〕有关该观点的学说主张基本上套用的是生态学、经济学等的研究成果，或者国家生态建设和生态补偿政策，缺少

〔1〕我国的生态补偿概念，先后有“自然补偿说”、“损害赔偿说”、“收益补偿说”和“双向补偿说”。“自然补偿说”，实质即“人地补偿”，强调生态系统在遭到人类的破坏难以自身恢复时，人类应有所补偿来使其在人类的投入下能够恢复良性运转。该理论未将人际补偿涵盖于内，不利于协调二者关系以实现补偿之目的，遂提出“人际生态补偿”概念，并最终体现为将主张生态环境损害者付费赔偿的“损害赔偿说”与提倡生态服务受益者付费的“收益补偿说”合于一体的“双向补偿说”。这种学说结合了正负外部性，扩大了生态补偿的外延，“既有外部不经济性的内部化（负向惩罚），又有外部经济性的内部化（正向激励）”。参见黄寰：《区际生态补偿论》，中国人民大学出版社2012年版，第2～3页。

〔2〕杜群：《生态保护法论：综合生态管理和生态补偿法律研究》，高等教育出版社2012年版，第382页。

〔3〕曹明德：《生态法新探》，人民出版社2007年版，第292页；杜群：《生态保护法论：综合生态管理和生态补偿法律研究》，高等教育出版社2012年版，第322页；吕忠梅：《超越与保守：可持续发展视野下的环境法创新》，法律出版社2003年版，第355页；毛显强、钟瑜等：“生态补偿的理论探讨”，载《中国人口资源与环境》2002年第4期。

规范法学视角的分析。[1]

（二）法律上某种权利或利益受损无疑是“补偿”的逻辑起点

从法学角度来看，这是生态补偿制度必须予以解决的首要理论问题。生态补偿制度所应侧重的仍然是人与人之间的利益关系，而不能局限于人与物或者物与物之间的关系。作为一种新生的法律制度，其目的、任务与传统法律制度并无不同，即发现并承认、确定、实现和保障不同类型的利益，或者以最小限度的阻碍和浪费来尽可能满足各种相互冲突的利益。[2]

因此，生态补偿法律制度是一种利益衡平机制，可以视为针对特定主体之间因资源利用或生态破坏引起的利益冲突所为之补偿机制。

（三）生态利益调整思路下的矿产资源开发生态补偿概念

不同于传统补偿类法律制度旨在解决的利益冲突，[3]生态补偿法律制度作为现代环境法的典型法律制度关涉一种新的利益类型，即生态利益。[4]人类赖以生存的生态环境在为人类提供必要物质产品和自然资源的同时，作为生态系统的一部分还为人类社会提供生态系统服务功能。[5]学界将两种概念转化并区分为两种法律概念，即资源利益与生态利益。[6]传统法律制度如权属制度等侧重调整的是具有经济属性的资源利益，生态补偿法律制度则旨在解决与生态利益相关的冲突，即可归属于庞德所言之社会利益

〔1〕史玉成：“生态补偿制度建设与立法供给——以生态利益保护与衡平为视角”，载《法学评论》2013年第4期。

〔2〕沈宗灵：《法理学》，台北五南图书出版股份有限公司2007年版，第284页。

〔3〕传统的补偿类法律制度总体上可以划分为两类：公法上的国家补偿或赔偿制度，主要用以补偿因国家行为导致的利益减损；私法上的侵权损害填补，主要用以填补因民事主体所造成的特定主体利益减损。其补偿的法理基础在于传统的人身、财产利益受损，理应获得相应的赔偿或补偿。现代环境法作为新兴的法律部门，旨在保护人类的生态环境利益。生态补偿法律制度作为环境法的一项基本法律制度，衡平的利益冲突也必然会关涉生态利益。

〔4〕生态利益作为一种新型的利益类型，应归属于庞德所理解之社会利益，即它是人们从社会生活角度出发，为维护社会秩序、社会正常活动而提出的需求或愿望。主要是指可满足人们正常生活的生态方面利益之整体，主要有保护资源之利益、享受良好环境之利益等，有学者称之为生态法益或环境权益。它不同于直接从个人生活本身出发以个人名义所提出的主张、要求和愿望，也不同于从政治社会角度出发以政治社会组织名义提出的主张、要求和愿望。参见沈宗灵：《法理学》，台北五南图书出版股份有限公司2007年版，第284～288页。

〔5〕［美］Costanza等：“全球生态系统服务与自然资本的价值估算”，陶大立译，载《生态学杂志》1999年第2期。

〔6〕史玉成：“生态补偿制度建设与立法供给——以生态利益保护与衡平为视角”，载《法学评论》2013年第4期。

的生态利益与传统个人利益如财产利益、企业生产经营利益等之间的冲突。[1]

人们对矿产资源的开发利用必然会对相关资源和环境产生影响和破坏，以致对生态系统的损害，便会产生“补偿”问题。因此，在补偿因矿产资源开发利用所造成的个体利益减损外，仍需“再付出劳动对在经济产品生产过程中产生的生态环境负价值予以补偿。”[2] 基于以上分析，可以将矿产资源开发生态补偿的法学概念界定为，在矿产资源开发利用过程中，为保障特定主体的生态利益，由生态利益受益者及矿产资源开发利用者向特定的生态利益受损者予以合理之补偿。

（四）我国矿产资源开发生态补偿法律制度的制度定位

矿产资源开发生态补偿法律制度，是指调整矿产资源开发生态补偿法律关系的一系列法律规范所组成的，对其生态补偿实践起规制作用的规则性系统。就我国目前落后的生态补偿理论研究水平来看，矿产资源领域的生态补偿也必然会面临理论上的瓶颈问题，进而导致其制度定位一直没有得到科学合理的厘清。矿产资源开发生态补偿法律制度具有自身的独特性，一方面，矿产资源开发生态补偿因其“生态补偿”而具有环境保护法的属性。另一方面，矿产资源开发生态补偿因其“矿产资源开发”而具有矿产资源法的属性。[3] 在对矿产资源开发生态补偿法律制度进行制度定位时，应充分考量其本身具有的环境法属性。目前已有学者主张将生态补偿制度纳入环境法基本法律制度框

---

〔1〕 生态补偿法律制度旨在解决的利益冲突应关涉生态利益，具体而言，环境破坏或资源利用者因实现其“个人利益”而造成环境污染或生态破坏时，应对生态利益受损者为补偿；保护和建设资源环境主体因主动供给生态利益或因自己个人利益受限而被动促进生态利益增进时，应由国家代表利益享用者予以补偿。

〔2〕 肖良武、蔡锦松：《生态经济学概论》，西南财经大学出版社 2013 年版，第 45 页。

〔3〕 环境保护法与矿产资源法属于两个不同的法律体系，二者之间既有联系又有区别。不同之处：①调整对象不同，环境法调整的是人与人关于环境的关系，而矿产资源法调整的是人与人关于矿产资源这一自然资源的关系；②基本内容和中心问题不同，矿产资源权（强调自然资源物质实体的财产权保护）与环境权的运行和保障分别是矿产资源法和环境法的中心问题。但是，矿产资源与环境又很难截然而非，环境是矿产资源的来源与存在的处所，而矿产资源又是环境要素的一种物质体现。这种共生共存、共同作用的自然属性，使得环境法与矿产资源法所代表的自然资源法逐渐趋同，使得两者在立法目的、法律原则、法律制度方面开始融合。但由于我国部门立法现象依然存在，因此在对矿产资源开发生态补偿进行法律制度建构时，应充分考量其所具有的环境法和自然资源法属性，以有利于法律规范间的协调。参见常纪文：“论环境法与自然资源法的独立性与协同统一化”，载《自然资源学报》2000 年第 3 期。

架之中。[1]矿产资源开发生态补偿属于生态补偿法律基本制度的重要组成部分，应受环境法领域相关生态补偿法律规范的调整。同时，矿产资源法具有自己的独特属性，矿产资源开发生态补偿法律制度也具有不同于其他领域生态补偿制度的特色，可以将其定位为矿产资源法的一项主要法律制度。

按照法学原理，基本法律制度是指一般由某法律领域内居于基本法地位的法律加以规定的，对该领域的具体法律规范具有指导、整合功能的制度设计，具有系统性、规范性以及可操作性等特点。矿产资源开发生态补偿制度成为我国矿产资源法的一项基本法律制度，主要有三点原因：第一，矿产资源法领域相关基本原则的落实需要相应的制度保障；第二，矿产资源开发生态补偿法律关系的广泛性需要基本法律制度加以规范；第三，矿产资源开发生态补偿的制度目的符合矿产资源法的立法目标。[2]

第二节　矿产资源开发生态补偿法律规范体系现状

一、我国矿产资源开发生态补偿法律体系不断演进

（一）20世纪80年代初由云南省开征生态环境费为生态补偿发端

20世纪80年代初由云南省首开征生态环境费始，我国矿产资源开发生态补偿实践便不断推进。在通过政策法律加强矿产资源开发过程中环境治理的同时，积极探索开采综合补偿和生态环境恢复补偿机制，提取矿山环境治理

〔1〕史玉成：“生态补偿制度建设与立法供给——以生态利益保护与衡平为视角”，载《法学评论》2013年第4期。

〔2〕矿产资源法领域中最为重要的一项基本原则便是合理利用原则，矿产资源开发生态补偿制度的确立有利于开发者树立生态保护的意识，将生态成本纳入其生产成本考量之中，促进矿产资源合理开发利用；矿产资源开发生态补偿法律关系的广泛性需要基本法律制度加以规范，该法律关系既包含人际关系，如矿区居民与矿山企业、国家，以及当代人和后代人之间的补偿关系；又含有人与自然的关系，如矿山企业对矿区环境的生态修复。从公私法角度来看，矿产资源生态补偿法律关系的综合性体现为其同时包含多重的公法关系和私法关系，如体现为国家与矿区居民之间的公法补偿关系，以及矿山企业因生态损害而与矿区居民之间形成的私法补偿关系等。因此，矿产资源开发生态补偿制度的适用也具有广泛性，作为一项基本法律制度，将有利于其制度功能的发挥；矿产资源开发生态补偿的制度目的符合矿产资源法的立法目标。近年来，矿产资源立法目标早已从单纯地强调对矿产资源的经济利用转变为在保障人类社会可持续发展的基础上，合理开发利用矿产资源。生态补偿制度在矿产资源开发领域作为一项基本法律制度的确立，将有利于该立法目标的实现。

恢复保证金，这标志着我国矿产资源开发生态补偿机制的初步建立。[1]

（二）生态补偿条例的立法进程加快矿产资源领域相关法规与政策统一

2010 年国家启动《生态补偿条例》的立法进程，随之也应加快矿产资源开发生态补偿领域立法与政策的统一。目前，矿产资源开发生态补偿法律体系已基本成型，但被学界奉为规范体系核心的矿产资源有偿使用制度因未能体现生态补偿理念以及规范体系本身具有的制度性缺陷，使得制度的补偿功效难以实现。

（三）相对独立的资源开发生态补偿法律规范体系初见端倪

1. “谁开发，谁保护；谁投资，谁受益”的生态补偿机制。矿业权人是矿山生态环境的责任主体，其缴纳的保证金为一种承诺。但是征收保证金并不意味着矿山生态环境就一定可以治理好。矿山生态环境主要靠矿业权人制定保护规划，在政府监管下有计划地恢复。我国在 2005 年《关于制定国民经济社会发展第十一个五年规划的建议》中首次提出按照“谁开发，谁保护；谁投资，谁受益”的原则，加快建立生态补偿机制。[2] 同年，国务院发布的 28 号和 39 号文件，均指出建立生态环境补偿制度的必要性。[3]

2. 矿山生态环境治理的责任制即相关保证金等管理办法陆续出台。2006 年，中央层面在继续推进自 2003 年开始实施的“矿山地质环境专项资金”用以支持地方开展历史遗留和矿业权灭失矿山的地质环境治理的同时，国土资源部办公厅发布了《关于加强国家矿山公园建设的通知》，财政部则会同国土

---

〔1〕 多年来，国土资源部、财政部、环保部等从矿产资源规划、环境影响评价、矿山土地复垦、矿山地质环境管理、资源节约与合理利用、绿色矿山建设、矿山地质公园建设以及和谐矿区建设等方面，制定了一系列法律政策文件，中央财政和地方财政投入了大量的资金，推进专项治理，逐步取得成效。同时，地方也积极推进立法进程，建立健全矿山环境恢复治理保证金等制度性措施。

〔2〕《国务院关于环境保护若干问题的决定》（国发［1996］31 号）指出：建立并完善有偿使用自然资源和恢复生态环境的经济补偿机制；明确有关生态补偿的重要内容：实施污染物排放总量限制；鼓励机动车采用清洁燃料，减轻车辆尾气污染；提出“补偿”的政策方向，明确“污染者付费、利用者补偿、开发者保护、破坏者恢复”的原则。载新华网，访问日期：2014 年 11 月 10 日。2000 年国务院颁布的《生态环境保护纲要》和 2003 年颁布的促进西部开发建设的重要政策文件都重申要建立我国的生态补偿机制。

〔3〕《国务院关于全面整顿和规范矿产资源开发秩序的通知》（国发［2005］28 号）指出：财政部、国土资源部等部门应尽快制订矿山生态环境恢复的经济政策，积极推进矿山生态环境恢复保证金制度等生态环境恢复补偿机制。《国务院关于落实科学发展观加强环境保护的决定》（国发［2005］39 号）指出：要完善生态补偿政策，尽快建立生态补偿机制。中央和地方财政转移支付应考虑生态补偿因素，国家和地方可分别开展生态补偿试点。

资源部和原环保总局发布了215号文，要求按照矿产品销售收入计提矿山环境治理和生态恢复保证金；〔1〕地方层面，山西省开展煤炭工业可持续发展试点，云南、天津等地陆续出台矿山环境治理保证金管理办法等。〔2〕此外，还计收土地复垦费、水土保持费等。

2007年，国务院通过8号文件继续将生态补偿机制建立作为年度工作要点，随后的15号文则明确要求改进和完善资源开发生态补偿机制。〔3〕同年，环保总局发布《关于开始生态补偿试点工作的指导意见》，重点提出要推动建立矿产资源开发生态补偿长效机制。2009年的《矿山地质环境保护规定》将矿山生态环境治理的责任机制以及生态恢复保证金等内容上升至法律层面。

3. 矿山生态环境治理和生态恢复责任制度已有法律依据。2011年2月22日国务院145次常务会议通过第592号令，在完善1988年《土地复垦规定》的基础上出台了《土地复垦条例》及其实施办法（2012年），同年国土资源部发布的119号文、2012年国土资源部办公厅发布的36号文以及2013年中央1号文件，分别提出要在全国范围内推进"绿色矿山"、"矿山复绿行动以及和谐矿区"的建设。〔4〕2014年，自2010年进入国务院立法计划的《生态

〔1〕《财政部、国土资源部、环保总局关于逐步建立矿山环境治理和生态恢复责任机制的指导意见》（财建［2006］215号）指出：从2006年起要逐步建立矿山环境治理和生态恢复责任机制。在制订矿山生态环境保护和综合治理方案的基础上，地方国土资源、环境保护行政主管部门要会同财政部门依据新矿山设计年限或已服役矿山的剩余寿命，以及环境治理和生态恢复所需要的费用等因素，确定按矿产品销售收入的一定比例，由矿山企业分年预提矿山环境治理恢复保证金，并列入成本。

〔2〕从2006年中央开始推进矿山生态恢复治理保证金计提工作开始，各省（区、市）陆续制定颁布矿山环境恢复履约保证金管理办法。截至2013年，已有30个省（区、市）建立了矿山环境恢复治理保证金制度。各省（区、市）的管理办法，大体可分为以下几类：矿山复垦保证金或景观协调保证金，如天津；矿山生态环境恢复治理保证金，如北京；矿山地质环境治理恢复保证金，如安徽、贵州、吉林、江苏、辽宁、内蒙古、山西、陕西、四川、新疆、云南；矿山地质环境恢复保证金，如广西；矿山地质环境恢复治理备用金，如湖北；矿山地质环境治理备用金，如湖南；矿山环境治理和生态恢复保证金，如江西、宁夏；矿山自然生态环境治理备用金，如浙江。

〔3〕《国务院2007年工作要点》（国发［2007］8号）指出：将加快建立生态环境补偿机制纳入节能减排工作范围。《国务院关于印发节能减排综合性工作方案的通知》（国发［2007］15号）指出：为完善节能减排财政政策，健全矿产资源有偿使用制度，改进和完善资源开发生态补偿机制。

〔4〕《国土资源部关于贯彻落实全国矿产资源规划发展绿色矿业建设绿色矿山工作的指导意见》（国土资发［2010］119号）、《国土资源办公厅全国"矿山复绿"行动方案》（国土资厅［2012］36号）、《中共中央、国务院关于加快发展现代农业，进一步增强农村发展活力的若干意见》均指出：加快和谐矿区建设，保障农民合法权益。

补偿条例》虽未出台，但我国2014年《环境保护法》修正案31条明文规定了生态补偿制度。[1]

通过以上分析可知，我国矿产资源开发生态补偿法律规范体系以自然生态补偿为主，主要表现为日益完善的矿山生态环境治理和生态恢复责任制度，具体有矿山地质环境专项资金、矿山环境治理保证金和矿产资源生态补偿费（基金）等制度。

二、矿产资源有偿使用制度并未包含资源开发生态补偿理念

（一）矿产资源有偿使用制度仅为对价支付，其尚缺生态价值弥补

1. 其实质仅为一种基于矿产资源国家所有权的产权安排。目前学界多数学者认为矿产资源有偿使用制度属于典型的矿产资源生态补偿制度范畴。理论上的矿产资源有偿使用制度除对资源经济价值为对价支付外，还应对矿产资源的生态价值予以弥补。但就目前的征收依据和标准看，只对矿产资源的经济价值损失为补偿；从使用方向看，税费中的大部分并未用于矿山环境恢复，即使部分投入也属于归入国家或地方财政后的财政安排。因此现行制度只是针对有偿获取矿产资源使用权（矿业权）的制度安排，实质是一种基于矿产资源国家所有权的产权制度。[2]

2. 矿产资源税的本质旨在调节资源丰度天然差别引起的级差收益。矿产资源税的目的在于调节因矿产资源丰度天然差别所引起的级差收益。现行矿产资源税采“普遍征收、级差调节”原则，对没有获得超额利润、没有达到平均利润以至出现亏损的企业，也要征收级差收益的资源税。[3]但就本质而言，矿产资源税属于国家凭借所有权人名义取得的经济收益。同时，从资源税的改革方向来看，更突显了其国有矿产资源有偿使用的性质。

3. 矿产资源补偿费本质上也是为维护国家对矿产资源的财产权益。矿产

---

〔1〕《环境保护法》（2014年修正）第31条规定：“国家建立、健全生态保护补偿制度。国家加大对生态保护地区的财政转移支付力度。有关地方人民政府应当落实生态保护补偿资金，确保其用于生态保护补偿。国家指导受益地区和生态保护地区人民政府通过协商或者按照市场规则进行生态保护补偿。”

〔2〕赵强、王丽慧：“矿产资源有偿使用和生态补偿的产权制度研究”，载《中国矿业》2013年第5期。

〔3〕王广成：“中国资源税费理论与实践”，载《中国煤炭资源经济学院学报》2002年第2期。

资源补偿费，自1994年开征，本质上是为维护国家对矿产资源的财产权益，所收费用纳入国家预算，实行专项管理，主要用于矿产资源勘查。[1]2011年颁布的《矿产资源补偿费使用管理办法》规定，矿产资源补偿费主要用于矿产资源勘查支出、矿产资源保护支出及矿产资源补偿费征收部门经费补助。[2]同时，补偿费的征收依据是矿产品的销售收入，未将生态环境损害成本和修复收益纳入。[3]

4. 探矿权与采矿权使用费都是落实国家矿业权有偿取得制度的措施。根据《矿产资源勘查区块登记管理办法》第12条和《矿产资源开采登记管理办法》第9条之规定，[4]矿业权使用费实际上是矿业权人使用矿区土地依法缴纳的费用，本质上不属于资源有偿使用制度的内容，不是国家所享有的矿产资源收益的对价，而是矿区或工作区所占土地权利的对价。[5]

5. 探矿权价款和采矿权价款均指向由国家出资探明的矿地。根据《矿产资源勘查区块登记管理办法》第13条和《矿产资源开采登记管理办法》第10条之规定，[6]探矿权价款或采矿权价款是指探矿权或采矿权申请人申请国家出资勘查并已经探明矿产地的区块的探矿权或采矿权时缴纳的经评估确认的国家出资勘查形成的费用。因此，其本质上是对国家前期勘探投资的补偿。

---

〔1〕《矿产资源补偿费征收管理规定》第1条规定："为了保障和促进矿产资源的勘查、保护与合理开发，维护国家对矿产资源的财产权益，根据《中华人民共和国矿产资源法》的有关规定，制定本规定。"第11条第1款规定："矿产资源补偿费纳入国家预算，实行专项管理，主要用于矿产资源勘查。"

〔2〕《矿产资源补偿费使用管理办法》第3条规定："矿产资源补偿费纳入国家预算，主要用于矿产资源勘查支出、矿产资源保护支出及矿产资源补偿费征收部门经费补助。"

〔3〕《矿产资源补偿费征收管理规定》第5条第1款规定："矿产资源补偿费按照下列方式计算：征收矿产资源补偿费金额=矿产品销售收入×补偿费费率×开采回采率。"

〔4〕《矿产资源勘查区块登记管理办法》第12条规定："国家实行探矿权有偿取得的制度。探矿权使用费以勘查年度计算，逐年缴纳。探矿权使用费标准：第一个勘查年度至第三个勘查年度，每平方公里每年缴纳100元；从第四个勘查年度起，每平方公里每年增加100元，但是最高不得超过每平方公里每年500元。"第9条规定："国家实行采矿权有偿取得的制度。采矿权使用费，按照矿区范围的面积逐年缴纳，标准为每平方公里每年1000元。"

〔5〕何淼等："中国矿业权使用费探析"，载《资源与产业》2009年第11期。

〔6〕《矿产资源勘查区块登记管理办法》第12条规定："国家实行探矿权有偿取得的制度。探矿权使用费以勘查年度计算，逐年缴纳。探矿权使用费标准：第一个勘查年度至第三个勘查年度，每平方公里每年缴纳100元；从第四个勘查年度起，每平方公里每年增加100元，但是最高不得超过每平方公里每年500元。"第9条："国家实行采矿权有偿取得的制度。采矿权使用费，按照矿区范围的面积逐年缴纳，标准为每平方公里每年1000元。"

（二）现行法缺乏针对矿产资源开发生态补偿的专门系统规范

因采矿引起的生态环境保护与恢复治理问题，包括两部分：一是几十年的历史欠账；二是在建和生产的矿山中出现的生态环境保护与治理恢复问题，需要采矿权人依法实施采矿活动。

2013年《关于建立健全生态补偿机制的若干意见》征求意见稿和《生态补偿条例》草稿的发布，表明我国生态补偿专项立法工作的正式起步。[1]与生态补偿法律制度建设滞后形成强烈反差，生态补偿制度实践却取得了积极成效。就矿产资源开发领域来看，中央财政安排的用于矿山生态环境治理与生态恢复的矿山地质环境专项资金从2003年的1.7亿元增加到2012年的47亿元，累计安排了237亿元。[2]地方实行的矿山环境恢复治理保证金制度和其他试点工作，均取得了显著成效。[3]但由于生态补偿领域统一性立法尚未出台，且目前矿产资源生态补偿领域相关立法规范又比较分散，导致整体补偿制度难以充分发挥补偿功效。

1. 现行的矿产资源开发生态补偿法律规范体系存在漏洞。现行矿产资源开发生态补偿法律规范体系并没有涵盖制度应涉及的诸方面，其反哺资源开发、利用过程中受损生态利益的意图也未能得到有效实现。

（1）我国法律法规对生态补偿只有原则性规定。对补偿各利益相关者的权利、义务、责任缺乏明确的界定，对补偿内容、方式、标准和实施方式缺

---

[1] 2006年以来，发展改革委根据第十届全国人大四次会议审议通过的“十一五”规划纲要要求，组织编制《全国主体功能区规划》，指导地方编制省级功能区规划，为建立生态补偿机制提供了空间布局框架和制度基础；同时，会同有关部门、地方、科研机构在建立生态补偿机制方面开展了大量研究，成立了由发展改革委、财政部等11个部门和单位组成的生态补偿条例起草领导小组和工作小组，聘请多名各领域专家组成专家咨询委员会，先后派出10个调研组赴18个省（区、市）进行专题调研，系统总结地方的经验做法，明确了工作方向和工作重点。与亚行等国际组织合作，组织开展了9项专题研究，在宁夏、四川、江西等地举办生态补偿国际研讨会，厘清了生态补偿机制建设的主要理论问题。在此基础上，发展改革委会同有关部门起草了《关于建立健全生态补偿机制的若干意见》征求意见稿和《生态补偿条例》草稿，提出了建立生态补偿机制的总体思路和政策措施。

[2] 《国务院关于生态补偿机制建设工作情况的报告》。

[3] 《国务院关于生态补偿机制建设工作情况的报告》指出：截至2012年年底，已有80%的矿山缴纳了保证金，累计612亿元，占应缴总额的62%。山西省从2006年开始进行生态环境恢复补偿试点，对所有煤炭企业征收煤炭可持续发展基金、矿山环境治理恢复保证金和转产发展资金。截至2012年年底，山西省累计征收煤炭可持续发展基金970亿元、煤炭企业提取矿山环境恢复治理保证金311亿元，提取转产发展资金140亿元。

乏具体规定。[1] 妨碍了生态补偿的具体实施，以至于现行矿产资源开发生态补偿法律规范体系缺乏针对矿区居民、后代以及对矿业城市为补偿的相关规定。[2]

（2）现行矿产资源开发生态补偿尚未形成多元化补偿方式。目前补偿方式仍以政府手段为主，主要体现为矿山企业向政府缴纳相应费用以及各级政府的财政性资金安排。[3] 以市场为基础的补偿则相对薄弱，一些地方开展的横向生态补偿仍未得到推广。横向生态补偿发展不足的主要原因是，国家和地方层面缺乏横向生态补偿的法律依据和政策性规范；开发地区、受益地区与生态保护地区、流域上游地区与下游地区之间缺乏有效的协商平台和机制。[4]

（3）矿产资源开发生态补偿法律规范缺乏公众参与内容。缺乏公众参与致生态补偿难以体现群众的利益。国际生态补偿取得成功的重要原因在于拥有较为成熟的社会参与机制，保证补偿方式和具体工作的透明。我国法律规范缺乏公民对生态补偿过程的知情权、参与权和监督权的规定，不利于生态补偿的实践。

2. 现行矿产资源开发生态补偿法律制度缺乏系统科学性。

（1）矿区生态修复作为生态补偿的核心目前仅体现为矿地复垦制度。矿区生态修复是矿产资源生态补偿的核心，是指生态环境破坏方通过人工措施对生态环境本身予以修复，并对由此带来的生态利益受损方予以补偿。目前，主要体现为矿地复垦制度。担保生态修复实现的资金方面有两种类型：一是类似澳大利亚的矿山环境恢复履约保证金，要求采矿权人承担恢复生态环境和土地的全部费用，并提供充足的担保；二是类似美国的矿山环境恢复基金，每年从采矿权人矿产品收益中抽取一定资金，用于实施矿山的生态恢复工程。[5] 我国规定了上述两种制度，但其系统科学性均存在不足。

---

〔1〕 刘江宜：《可持续性经济的生态补偿理论》，中国环境科学出版社 2012 年版，第 66 页。

〔2〕 王小萍、闫立宏："我国矿产资源生态补偿法律制度研究——以现行矿产资源税费制度为分析视角"，载《中国政法大学学报》2014 年第 1 期。

〔3〕 秦玉才、汪劲：《中国生态补偿立法：路在前方》，北京大学出版社 2013 年版，第 33 ~ 34 页。

〔4〕《国务院关于生态补偿机制建设工作情况的报告》。

〔5〕 谢军安等：《矿业权制度改革与政策法律措施研究》，地质出版社 2011 年版，第 170 页。

(2) 处于起步阶段的矿地复垦保证金制度仍存很多尚待完善之处。[1] 我国借鉴国外经验设计的履约保证金的制度，其功能是“担保矿地复垦和生态恢复合同的履行”，[2] 其具有“既利用市场又由政府直接控制的特点，是实现土地复垦目标时‘基于市场的政策工具’”。[3] 首先，一次性缴纳的保证金势必占用企业的资金特别是现金，从而制约企业的环境治理能力；其次，长达 20 年至 30 年的采矿期致使人们无法在短期内检视保证金的可行性；最后，实践中因采矿企业无须在缴纳保证金时提供矿山环境治理实施方案，因而无法确保企业恢复行为的科学有效性。

(3) 名目繁多的生态补偿费制度亟待正名规范。生态补偿费制度，是指为弥补、恢复和更新自然资源生态利益的减损，而向开发利用自然资源者所收取的费用。[4] 我国于 2002 年取消了缺乏征收依据的生态环境补偿费，2013 年暂停征收山西省的“建立煤炭可持续发展基金”，[5] 但矿产资源开发者仍需缴纳森林植被恢复补偿费、水土流失补偿费等具有生态补偿功能的费用。目前，我国严格意义上的生态补偿基金除中央层面安排的矿山地质环境专项资金外，主要便是山西省自 2006 年对所有煤炭企业征收的煤炭可持续发展基金和转产发展资金。

(三) 现行矿产资源开发生态补偿对社会公平目标的强调不够

生态补偿的实质是基于社会利益（生态利益）的物质偿付关系，“具有不同于一般民事物质关系的价值体现，它不是纯粹的经济补偿关系”。[6] 因而，生态补偿的给付义务具有普遍性的约束，侧重于社会公平目标的实现。单纯地强调矿产资源开发利用者对矿区环境的自然补偿，不符合社会公平的价值目标。因为矿产资源丰裕地区的居民在资源归国家所有的体制下，不能享受由当地资源带来的经济收益，由此导致的是矿区乃至矿业城市面临“资源之咒”的发展难题，即地区矿产资源丰裕程度与当地经济的增长呈现负相关的

---

[1] 程琳琳、胡振琪：“我国矿区土地复垦保证金制度浅析”，载《中国矿业》2008 年第 9 期。

[2] 康纪田：《矿业法论》，中国法制出版社 2011 年版，第 259 页。

[3] 康纪田：《矿业法论》，中国法制出版社 2011 年版，第 261 页。

[4] 此处的生态补偿费制度是一项包含诸多项具有生态补偿性质费用的总称，如矿产资源生态环境补偿费、森林植被恢复补偿费、水土流失补偿费、土地损失补偿费等。

[5] “山西拟暂停煤炭可持续发展基金”，载 21 世纪网，访问日期：2014 年 11 月 10 日。

[6] 杜群：《生态保护法论：综合生态管理和生态补偿法律研究》，高等教育出版社 2012 年版，第 378 页。

关系。[1] 而矿产资源开发生态补偿也并未与扶贫政策相衔接，这显然不利于社会公平目标的实现。

三、矿区生态环境治理存在的法治问题

（一）矿区治理现有立法指导思想过于落后于现实需要

矿区的治理在我国主要依据《矿产资源法》、《环境保护法》、《土地管理法》、《土地复垦条例》等相关法律、法规及规章，从总体看已经形成了一套相对全面的采矿区生态环境综合治理法制体系。但其仍存在立法思想落后于实际需求，具体制度之间互相矛盾，难以操作等现实问题。

首先，在矿产资源保护法制领域，我国《矿产资源法》于1986年颁布实施，1996年进行过较大修订，一直沿用至今。

从1996年修订《矿产资源法》算起已有18年，时间横跨我国经济建设的“八五”至“十二五”规划阶段。这恰恰是我国改革开放后社会、经济发生巨大变革的阶段。随着社会经济的发展，我国矿产资源与生态环境保护需求已经发生了极大变化，而《矿产资源法》依然以矿产资源的单一保护为主要目标，在制度设计上强调的是对探矿权、采矿权等矿业权利义务的规制。对采矿引发的地质灾害防治、生态环境保护等问题规定过于粗略。在以《矿产资源法》为主涉及矿产资源开发以及煤炭资源保护的法律法规中，直接提及生态环境保护问题的要么寥寥几条，要么就干脆没有。虽然2009年国土资源部出台了《矿山地质环境保护规定》对矿山地质环境保护与恢复治理予以明确规定，但是由于其仅仅是部门规章，法律层级并不高，在操作性与执行力上存在很大限制。同时《矿山地质环境保护规定》的立法目的仍然是通过行政手段管理和保护自然资源及矿山环境本身，对由此引发的社会问题并未予以规定。

其次，在《土地管理法》完善过程中，《土地管理法》及其实施细则、《水土保持条例》以及《土地复垦条例》及其实施办法等法律法规对采矿塌陷产生的土地流失问题进行了相关规定。但此类规定主要是以土地复垦理念为主，目的在于恢复土地这一环境要素的利用价值。

---

〔1〕 徐康宁、王剑：“自然资源丰裕程度与经济发展水平关系的研究”，载《经济研究》2006年第1期。

法律意义上的土地复垦理念并没有完全考虑生态系统整体平衡的恢复与社会经济发展协调问题。且这种复垦并没有考虑采煤塌陷区的特殊治理要求。例如对于积水型采煤塌陷地无法复垦为耕地，甚至无法进行水产养殖的现实问题并未予以重视。如果执行土地复垦农业用途优先原则将极大限制土地整治的手段选择。因此，当适用诸如采煤塌陷区土地复垦设置相关专门政策时就会极大束缚相关土地利用的灵活性。这样即可能限制了社会资本投资向采煤塌陷区这样的矿区治理的积极性。因此，虽然我国《土地复垦条例》及其实施办法都已明确"谁投资，谁受益"的基本复垦原则，但是该原则的执行并没有明确的标准和详细的制度保障，执行起来缺乏可操作性，在矿区治理中更是难以运作。

（二）现行土地复垦措施及政策的局限性——以采煤塌陷的忽略为例

我国的《土地复垦条例》及其实施办法对采矿企业的土地复垦等恢复责任作出了详细规定，其中《土地复垦条例》第3条第1款规定了"谁损毁，谁复垦"的原则。该原则如果不加详细解释便直接适用于矿区的综合治理将产生负面效应，这主要是由矿区生态环境及社会问题解决的特殊性决定的。其中采煤塌陷是造成矿区生态环境破坏最为显著的因素之一，但我国矿区生态环境保护相关法制并未对此专门予以规定。这使得现行矿区土地复垦措施或政策在采煤塌陷治理问题上缺乏针对性，存在较大漏洞。

1. 采煤塌陷等矿区治理的特殊性。

（1）我国采煤塌陷区主要集中在中西部煤炭资源分布集中的地区。需要复垦的矿区以采煤塌陷区为例，按其特征可划分为积水型和非积水型采煤塌陷区。其中非积水型采煤塌陷区能够通过植被覆盖、耕地恢复、覆土改造、矿渣回填等方式实现土地复垦的基本要求。但这一类矿区主要分布在我国北方或西北区域，而中部积水型采煤塌陷区则很难实现土地的恢复与治理，许多土地、房舍或其他地上附着物被地下水淹没。

例如安徽省淮南市采煤塌陷区就是极为典型的积水型采煤塌陷区，境内大多属于高潜水位煤矿，煤炭开采伴随着大面积水域的形成，预计积水面积将超过千岛湖。[1]一方面，虽然《土地复垦条例》第2条对土地复垦目的进行了规定：使其达到可供利用状态。但采煤塌陷区积水过深，且水下多居民

---

[1] 王艳等："淮南采煤塌陷区生态修复优化设计研究"，载《安徽农学通报》2012年第17期。

房屋，难以进行大规模渔业养殖，而小范围的养殖又难以恢复原有的农业经济发展状态。同时，塌陷区水下耕地虽在国土资源部门资料中仍登记为耕地，但实际早已丧失耕地功能，且按照原有土地使用权人一己之力绝难恢复再利用。土地复垦目的实际上无法实现，相关法律规定则形同虚设。另一方面，按照国家及安徽省土地复垦与采煤塌陷区综合治理政策，只有“稳沉”后的土地整治才能获得相应的专项扶持费用。而淮南市矿区规划开采年限在150年以上，[1]且随着煤炭开采量的提升，采煤塌陷区仍在不断扩大加深，“稳沉”将在很长一段时间内成为一种奢望。获得相应的整治资金支持也就在短期内难以实现，采煤塌陷区综合治理就难以获得充足的资金支持。

（2）采煤塌陷等矿区人口密集而涉及财产损害范围较为广泛。我国尚存在很多处于人口较为集中的农村，甚至是在城区内部的采煤塌陷区，人口密集、涉及财产损害范围较为广泛。如果仅仅是简单的土地复垦工程或者环境恢复治理工程，则很难解决诸如采煤塌陷带来的大范围社会与经济发展问题。我们不能说对土地这一类环境要素的治理等同于包括对社会生态系统在内的生态系统整体的治理与维护。

环境问题的治理并不意味着社会问题得到解决。现有政策对失地农民的搬迁及其财产的补偿或者赔偿，也并不意味这部分群众的发展权的丧失就得到了补偿。而且搬迁并不意味着对其进行了妥善安置，因为这部分群众的生活和生产方式发生了巨大改变，失地意味着失业，也意味着丧失原有的生活来源。如何让他们获得新的技能并尽快适应新生产、生活方式都不是简单的环境治理可以实现的。这也是采煤塌陷区综合治理的特殊性所在，即采煤塌陷区治理任务具有生态环境与社会的双重性，而这恰恰是土地复垦难以实现的。

2. 采煤塌陷等矿区土地复垦归责原则难以实现法的分配正义价值。现行矿产资源保护类法律、法规及土地复垦制度确定了“谁损毁，谁复垦”的原则，但事实上难以适用于采煤塌陷矿区综合治理实际也有违法的分配正义价值。

分配正义最初来自亚里士多德对正义的两分观点，并与注重惩罚的矫正正义相对。但我们现代意义上所说的分配正义概念则并不完全等同于亚里士多德的观点。首先，现代意义上的分配正义，要求国家保证财产在全社会分

〔1〕“淮南市矿产资源总体规划（2008～2015年）”、“2013年淮南年鉴”，载淮南市政府网站，访问日期：2014年8月29日。

配，以便让每个人都得到一定程度的物质手段，并强调“每个人应该得到的福利保护的内容很多，政府就需要重新分配物品以纠正市场的缺陷。”〔1〕也就是说在现代福利社会，分配物质或福利的正义性是政府纠正市场缺陷的重要职能，这是实现分配正义的重要内容之一，即经济利益的正义分配。其次，从广义角度理解，由于“正义提出了这样一个要求，即赋予人的自由、平等和安全应当在最大程度上与共同福利相一致。”这表明“分配正义所主要关注的是在社会成员或群体成员之间进行权利、义务和责任配置的问题。”〔2〕即分配正义关注社会成员共同福利基础上的权利、义务的公正分配。无独有偶，罗尔斯在解释正义的主题时也认为：它是指一种社会制度如何分配权利和义务，以及对于由社会合作产生的利益进行划分的合理方式。而“广义的分配正义既包括社会中的基本自由权利如何安排，也包括社会成员之间的社会经济利益关系如何调节。”

因此，正义就变成了分配正义的同义语，分配正义明确点出了正义的实质在于其分配功能。〔3〕法的正义价值也就实质表现为法的分配正义价值，因此，任何法律制度都应做到权利义务与经济利益公正分配，体现并实现分配正义价值目标，不得与之相违背，否则就不能称之为真正意义上的正义的法。

在采煤塌陷等矿区综合治理问题上，尤其是与土地复垦相关的法律法规，不论全国性立法还是地方各级人民政府制定的地方性法规、规章，都无一例外地将诸如采煤塌陷矿区的土地整治分为三个义务主体，一是矿业权人（即煤炭开采企业），二是采煤塌陷区所在地方政府，三是社会资本所有者。但是在实践中，诸如采煤塌陷矿区存在的历史问题大量积累，由现代企业主导的煤炭开采亦是主要方面，而且他们开发煤炭造成的塌陷区面积增长最快，涉及范围最广。

对于社会资本投入，立法原意是为了鼓励全社会对治理采煤塌陷区的投资，但在政策和制度上，又如上文所述存在诸多限制，因而实践中社会资本并不是承担采煤塌陷区治理义务主体的主要方面。这就是说采煤塌陷区治理

---

〔1〕［美］塞缪尔弗·莱施哈克尔：《分配正义简史》，吴万伟译，译林出版社2010年版，第5页。

〔2〕［美］E. 博登海默：《法理学：法律哲学与法律方法》，邓正来译，中国政法大学出版社1999年版，第265～299页。

〔3〕贾可卿：《分配正义论纲》，人民出版社2010年版，第40页。

的最主要义务主体是煤炭开采企业。但以煤炭开采企业一己之力又如何能够解决采煤塌陷引发的社会和经济发展问题呢？这无形中将社会问题又抛给了企业，与企业的权利义务并不对等，对采煤企业来说是极不公平的。事实上，采煤塌陷区生态环境与社会的双重治理目标决定了采煤塌陷区所在地政府与采煤企业负有同样重要的社会义务。企业社会责任的实现必须由政府主导的治理活动才能实施并取得应有的社会效益。

同样，在“谁损毁，谁复垦”原则中的“谁”看似确定了复垦的义务主体，但实则违背了资源有偿使用的环境和资源保护原则。现行相关法律法规体系中均将“谁”限定为煤炭资源开采的直接主体，即采煤企业及当地政府。并且在制度设置中对采煤企业和当地政府的义务给予明确限定及严格区分。表面上看起来实现了法的权利义务的分配正义价值，但实际上却截然相反。矿产资源中诸如煤炭资源开发无疑对社会经济的发展及相关工业发展的支持是巨大的。据统计，2010 年我国每创造万元 GDP 即需消耗 0.72 吨煤，25 年间平均值为 1.24 吨煤。2010 年，我国煤炭开发对 GDP 总量的贡献率和对增量的贡献率分别为 2.7% 和 4.9%，“十一五”期间的平均值分别为 2.1% 和 3.6%。其中电力、冶金、化工、建材行业消费的煤炭占全部煤炭的 85% 以上。〔1〕由此可见，我国经济迅速发展与煤炭工业提供的广泛支持是密不可分的。

然而，我国煤炭等矿业开发地区在做出了大量社会、经济发展贡献的同时，绝大部分诸如采煤塌陷矿区所在的行政区域本身的社会、经济条件仍未获得应有的改观。以安徽省亿吨煤生产基地淮南市为例，2012 年全市 GDP 仅为 781.8 亿元，〔2〕而淮南市 2012 年原煤产量 7106 万吨，发电量 205 亿度，煤电利润却仅有 16.8 亿元。〔3〕但如果按照当年市场价格 640 元每吨煤计算，仅煤炭一项年产值就应当有约 500 亿元。也就是说，煤炭资源开发的大部分福利不是由淮南市人民、政府甚至是企业享有，而是转化为电能、化工产品、煤炭能源为全国其他形式的资源利用方所分享。在这种情况下，如果按照土地复垦或矿产资源保护相关法律法规规定，由淮南市人民、政府和企业独立承担煤炭资源开发带来的负面效应，担当采煤塌陷区综合治理义务，这种权

〔1〕 谢和平等：“煤炭对国民经济发展贡献的定量分析”，载《中国能源》2012 年第 4 期。
〔2〕 “2013 年淮南年鉴”，载淮南市政府网站，访问日期：2014 年 8 月 29 日。
〔3〕 “2013 年淮南年鉴”，载淮南市政府网站，访问日期：2014 年 8 月 29 日。

利义务及社会经济利益的不正义分配是极其明显的。因此，现有法律制度限缩了煤炭资源利用方的社会责任及其相应义务，加重了煤炭资源开发方的义务，造成权利与义务不对等；同时在煤炭开发地区没有享有对等红利的条件下，迫使其独立承担生态环境及社会问题的治理义务，严重违背法的分配正义价值。

第三节　矿产资源开发生态补偿法律规范系统的完善

一、矿产资源开发生态补偿立法要全面系统地调整多重社会关系

矿产资源开发利用过程中形成的生态补偿法律关系是矿产资源法律规范的调整对象，它既包含人际关系，如矿区居民与矿山企业、国家，以及当代人和后代人之间的补偿关系；又含有人与自然的关系，如矿山企业对矿区环境的生态修复。[1] 这其中不仅包括经济调节、行政管制、政策协调，还包括法律规制措施。法律规范体系的综合性，使得我们思考和运用综合法律调整的方法，即系统论的方法。[2]

因此，矿产资源开发生态补偿的立法供给思路，应当是通过整合既有法律规范、推动统一性生态补偿法律规范等方法全面系统地调整生态补偿内所涉及的多重社会关系。

二、矿产资源开发生态补偿法律规范系统须有其整体目的性

法律规范系统是从系统工程的视角来审视矿产资源开发生态补偿法律规范体系的方法，认为矿产资源开发生态补偿法律规范是一个有机联系的整体。该系统不仅与其他规范系统相联系，其内部不同规范要素之间也相互联接成为一个有机整体。

---

〔1〕 从公私法角度来看，矿产资源生态补偿法律关系的综合性体现为其同时包含多重的公法关系和私法关系，如体现为国家与矿区居民之间的公法补偿关系，以及矿山企业因生态损害而与矿区居民之间形成的私法补偿关系等。

〔2〕 季卫东、齐海滨："系统论方法在法学研究中的应用及其局限——兼论法学方法论问题"，载《中国社会科学》1987 年第 1 期。

（一）矿产资源开发生态补偿法律规范系统要与其他系统相互联系

矿产资源开发生态补偿法律规范系统的整体性首先体现为其本身作为子系统与其他子系统构成有机之整体。一方面，矿产资源开发生态补偿法律规范系统与森林效益生态补偿、流域生态补偿等子系统一起构成了生态补偿法律规范系统；另一方面，矿产资源开发生态补偿法律规范系统与矿产资源规划、矿山环境影响评价等子系统一起构成矿产资源环境保护法律规范系统。

（二）矿产资源开发生态补偿法律规范系统各个子系统间应相互联系

法律规范之间具有密切的联系，其中一些规范的遵守、执行或违反必然引起其他规范从而发挥作用。所以正是法律体系的内部统一性才使得社会关系得以统一调整，并保证整个社会的相应稳定。〔1〕由于矿产资源开发生态补偿法律规范系统的调整对象具有综合性和相互交融性，其本身必须以系统整体的形式发生作用。同时，其子系统彼此之间发生复杂的联系，共同形成了矿产资源开发生态补偿法律规范体系的整体性系统。

三、矿产资源开发生态补偿法律规范系统应有其层次功能性

在法律规范系统的理念中，其内部包含很多系统，“在母系统下可以存在若干子系统，而每一个子系统又可以包含若干孙系统，不同层次的要素就构成了法律规范系统这一有机整体。”〔2〕因而，矿产资源开发生态补偿法律系统虽作为生态补偿法律规范系统以及矿产资源环境保护法律规范系统的子系统，其内部仍具有鲜明的层次性。

（一）环境基本法律中已有生态补偿的原则性规定

新修订的环保法增加了生态补偿这一原则性规定，从法律层面明确各级政府要建立健全生态补偿制度。一方面，国家对生态保护地区通过财政转移支付实现生态补偿；另一方面，国家指导受益地区和生态保护地区之间通过协商或者按照市场规则进行生态补偿。因此，矿产资源生态补偿法律规范系统的第一个层次便是环境基本法律中的有关生态补偿的规定。

---

〔1〕 李显冬：《从〈大清律例〉到〈民国民法典〉的转型》，中国人民公安大学出版社 2003 年版，第 377 页。

〔2〕 祈建平、杨舒淇、李显冬：“试论我国的自然遗产保护法律规范系统”，载《国家行政学院学报》2012 年第 1 期。

(二) 矿产资源领域的生态补偿尚无原则性的规定

矿产资源是自然资源中唯一具有消耗性的资源，因此应结合其自身特性提出矿产资源生态补偿的原则规定。正如前文所述，矿产资源开发生态补偿制度应定位为矿产资源法的一项基本的法律制度。但目前《矿产资源法》第3条有关国家保障矿产资源的合理开发利用的规定，尚不能视为矿产资源领域生态补偿的原则性规定。所以应在《矿产资源法》中针对矿产资源的特性作出矿产资源开发生态补偿的原则性规定。在开发利用矿产资源的同时强调生态补偿，实现矿产资源的合理利用。

(三) 矿产资源开发生态补偿具体法律制度正逐步建立与完善

矿产资源生态补偿制度应从政府收费为主转变到矿业权人在开发矿产资源的通知合理保护和治理、恢复生态环境为主，政府应加强监管力度。

矿产资源开发生态补偿法律规范系统最为关键的层次是矿产资源开发生态补偿具体法律制度的规范要素，现行的有关矿山环境恢复保证金制度和生态补偿费制度的法律规范等都属于具体法律制度的规范要素。多年来，我国矿产资源开发生态补偿法律制度的建设不断推进，从中央层面不断推进的立法，以及地方层面的实践性试点工作，都体现了我国矿产资源开发生态补偿具体法律制度正在逐步建立与完善的过程中。待《生态补偿条例》出台后，应尽快制定矿产资源领域具体的生态补偿法律制度。

四、矿产资源开发生态补偿法律规范系统须具备综合调整功能

法律规范系统的功能在于确保制度目的之实现，既有通过其内部不同规范要素（子系统）针对不同社会关系加以调整后体现出来的独立性功能，也有其作为系统性整体与其他规范系统的综合性法律规制功能。在矿产资源开发生态补偿法律规范系统中，其不同规范要素具有不同功能，有关矿产资源开发生态补偿原则性规定的规范要素主要功能在于构建矿产资源开发生态补偿法律制度的框架，协调其在整个生态补偿制度中的位置以及与其他生态补偿法律规范子系统的关系；有关矿产资源开发生态补偿具体规定的规范要素的功能，则因具体制度的不同而有所差异。

(一) 矿产资源开发生态补偿法律规范系统首先应具有预防功能

矿产资源开发过程中，矿山生态环境所面临的风险有时是无法预测的，其所导致的环境损失也无法估量，是矿产资源开发者无法承担的。此时，“风

险必然转化成一种要政府和社会必须承受的风险。"[1]为防范无法预期的生态风险，我国应建立预防性的矿产资源开发生态风险基金制度。

（二）矿产资源开发生态补偿法律规范系统尚具有事后救济功能

矿产资源开发利用过程会对生态环境产生损害，造成特定利益主体的生态利益减损，因此应由受益者对该损失予以救济。现行矿产资源开发生态补偿法律规范系统中，主要由矿山环境恢复保证金制度和生态补偿费制度来实现救济功能。但该种救济并不全面，特定矿区居民和矿业城市的利益减损并未得到有效救济。[2]针对前者，应建立矿产资源开发者或国家对矿区居民为补偿的制度；对于后者则建立矿产资源生态补偿区际转移制度。[3]

（三）矿产资源开发生态补偿法律规范系统法律规制具有综合性

制度经济学认为产权制度是实现矿产资源优化配置的先决条件，[4]体现到法律上即所谓矿业权法律制度。为实现矿产资源国家所有权人和矿业权人的合法利益，达成全体人民最长远的和最大的代际利用利益的最大化，无疑应加强矿产资源有偿使用和生态补偿的各项法律制度的综合法律调整。因此，矿产资源有偿使用制度中应纳入自然环境生态价值的考量，赋予其生态补偿功能；矿产资源开发生态补偿领域更应强调市场的决定性作用。诚如孙佑海教授在《依法保障生态文明建设》一文中指出的，"依法建全自然资源资产产权制度和用途管制制度是解决我国自然资源管理困局的治本之策"。[5]因此，应在明晰矿产资源产权制度的基础上，进一步加强资源有偿使用制度和生态补偿制度的建设，优化协调两个规范系统之间的关系以促进矿产资源开发生态补偿法律规范系统的综合法律规制功能，从而保证我国矿产资源开发利用过程中生态正义理念的贯彻与落实。

---

〔1〕 王小萍、闫立宏："我国矿产资源生态补偿法律制度研究——以现行矿产资源税费制度为分析视角"，载《中国政法大学学报》2014 年第 1 期。

〔2〕 曹明德："矿产资源生态补偿法律制度之探究"，载《法商研究》2007 年第 2 期。

〔3〕 黄君蕊："完善矿产资源保护法的新视角——建立区际矿区生态补偿制度"，载《法制与经济》2013 年第 6 期。

〔4〕 赵强、王丽慧："矿产资源有偿使用和生态补偿的产权制度研究"，载《中国矿业》2013 年第 5 期。

〔5〕 孙佑海："依法保障生态文明建设"，载《法学杂志》2014 年第 5 期。

五、以生态修复理念指导矿区生态环境治理法制建设

生态修复是崭新的环境与资源保护理念。十八大报告提出实施重大生态修复工程，紧接着十八届三中全会《中共中央关于全面深化改革若干重大问题的决定》（以下简称《决定》）即将完善生态修复制度作为生态文明制度体系建设的重要内容。可见生态修复在生态文明建设时期对环境与资源保护制度建设的重要意义。

（一）生态修复与矿区土地复垦理念的差异

相对于实践来说，生态修复理论的发展是落后的。特别是制度建设中，生态修复往往与采煤塌陷区土地复垦概念混用，应当予以澄清。法律意义上的土地复垦强调的是对受损土地的整治，这与生态修复有所区别。

1. 概念差异。我国2011年2月通过的《土地复垦条例》第2条对土地复垦进行了较为合理的界定，该条明确规定："本条例所称土地复垦，是指对生产建设活动和自然灾害损毁的土地，采取整治措施，使其达到可供利用状态的活动。"这是对我国土地复垦现状的准确描述，也是对土地复垦概念的进一步明确。

对于生态修复概念，根据十八大报告及十八届三中全会《决定》精神，生态修复是生态文明建设的具体措施之一，生态修复制度建设则是生态文明法制体系建设的重要内容。本书认为法律上的生态修复则是指，在人工主导下生态环境破坏方对生态环境本身予以修复，并且对由此带来的生态环境受损方环境权益以及生存和发展权予以赔偿和补偿的行为。[1]而从宏观的角度来说，生态修复就是一种人类通过生态恢复和重建手段来修复受损的生态系统并通过社会资源合理分配其发展机遇来实现人类社会可持续发展的过程。生态修复作用于社会发展的重要形态就是法治完善状态下生态修复法制的有效运作。[2]

它包含两层意思，一方面，生态修复是人工修复生态系统平衡的措施；另一方面，生态修复制度运行的目的是实现人类社会可持续发展机遇的正义分配，即通过制度的运行使社会福利、发展机遇等经济利益以及发展的基本

〔1〕吴鹏："浅析生态修复的法律定义"，载《环境与可持续发展》2011年第3期。

〔2〕吴鹏："生态修复法治初探——基于生态文明社会建设的需要"，载《河北法学》2013年第5期。

权利、义务获得最大限度的正义分配。[1]因此，生态修复制度既是现有生态系统不平衡状态的恢复与重建的法制保障，更是对经济发展不正义与环境不公状态的制度矫正。显而易见，生态修复包含了生态环境全面修复与社会经济发展能力修复两个层次的内涵，而土地复垦仅仅强调了对于土地这一环境要素原貌的恢复。

2. 过程差异。土地复垦与生态修复二者过程不同。我国的《土地复垦条例》第2条规定："本条例所称土地复垦，是指对生产建设活动和自然灾害损毁的土地，采取整治措施，使其达到可供利用状态的活动。"可见法律中的土地复垦仅指一种整治使其可利用的过程。但是，修复是一种恢复并修整的过程，这一过程包含了三个层次，一是通过人为的或自然的作用使受损的生态环境恢复其可利用状态；另一个则是在生态环境可利用状态逐步恢复基础上使其加以休整，并创造休养生息的条件；再一个层次则是体现其社会发展意义的，即通过改良和修整，使修复后的生态环境更能够适宜人的生存和发展。修复本身包含了一个由过去向现代以及未来发展的社会过程，这是复垦无论如何也无法包括的意义，因为它强调的是复，这就局限了其能够达到目标的程度。[2]

3. 对象与目的差异。土地复垦与生态修复的对象和目的均不同。《土地复垦条例》第10条明确规定了土地复垦的对象，它包括建设用土地，采矿等生产活动占用或损毁的土地等，其目的也仅仅是为了恢复土地的可利用状态。而生态完全不同于土地，生态修复的目的不仅仅是为了恢复土地的可利用状态，本质上来说它更是为了通过生态环境的改良使其有利于社会的发展。

综上所述，土地复垦完全不同于生态修复，从过程上来看，土地复垦仅仅只能是生态恢复以及生态修复的一个具体实施步骤；从对象和目的上看，生态修复无论在对象范围还是目的上都比土地复垦要广，现行土地复垦法制建设不能单纯理解为生态修复法制建设，二者存在本质的区别。

（二）生态修复理念指导矿区法制建设的必要性

1. 生态修复工程使矿区生态系统平衡得以修复。生态系统平衡的修复是

---

〔1〕 吴鹏："完善采煤塌陷区生态修复法律制度——以淮南市采煤塌陷区为例"，载《资源科学》2013年第2期。

〔2〕 吴鹏：《以自然应对自然——应对气候变化视野下的生态修复法律制度研究》，中国政法大学出版社2014年版，第41～42页。

实施矿区生态修复工程的重要作用之一。生态修复的自然修复作用就是要通过各种生态修复技术加速生态环境得以新的平衡，原有的生态系统功能得以修复，建立有利于人类生存与发展的生态系统平衡状态。而实施矿区生态修复系统工程，就是通过生物技术，土地复垦技术，物理以及化学等方面的先进技术成果的运用达到修复原有矿区生态系统平衡的目的。甚至这些工程的实施更大程度上改善了原有的生态环境面貌使之更有利于当地群众的生产和生活。一些景观重建，湖泊净化，土地稳沉，大大增强了当地生态环境抵御不利影响的能力，为当地社会经济可持续发展创造了更好的生态环境基础。

2. 矿区生态修复法制化是社会经济获得公平发展的保障。矿区生态修复的实现是经济发展到一定阶段的必然要求，同时它也具有促进经济发展的作用。物质的基础是开展一切活动的基础，而经济发展就是在为这一物质基础的积累提供动力。当前，矿区大多集中在经济欠发达地区，不论在物质积累上还是经济发展能力上较之发达地区而言都是落后的，这主要是国家经济发展战略使然。只有通过经济的发展获得物质的快速积累，生态环境的恢复和重建才有技术和物质基础，落后地区的经济发展才能获得可持续的动力以及公平的对待。而这些正是生态修复不懈追求的目标之一。可见，矿区生态修复是资源开采地区经济获得公平发展的重要手段。

3. 矿区生态修复法制建设能够实现分配正义。矿区生态修复现有的实践已经表明实施生态修复工程的作用：一是实现了社会的和谐与安定，使得人们居有定所，生活和工作有了新的着落，例如一些采煤塌陷城市开展的搬迁安置工作以及相关的再就业保障政策等；二是使得受到影响的生态系统重新达到新的平衡，这表现为生态环境的恢复或重建以及环境污染的防治等等。实际上这两个方面的作用体现出采煤塌陷区生态修复的目的：

第一，为了使得包括财富、权利在内的有价值的东西能够在较为公正的状态下进行有效的分配，矿区塌陷区生态修复要求利益获取者，包括政府和企业以及受益公众共同承担相应的义务，不论是进行生态系统平衡的修复义务还是社会可持续发展能力恢复的义务。通过矿区塌陷区生态修复相关的制度设定实现了受损地区人民重新获得生存与发展权利的可能性。社会问题得到根本解决，实现了人们对于“居者有其屋，耕者有其田”的最基本需求。

第二，使得受损的生态环境的利益以及人们的利益得到恢复和补偿。权利的赔偿和补偿是矫正正义的范畴，而矫正正义又是以分配正义的实现为前提的。没有权利义务的公平、平等分配就不可能衡量权利义务的划分标准，权利的损失就不可能通过义务的承担来补偿或赔偿。无论从哪一个方面来说，生态修复的目的都在于追求最大限度的正义，而这种正义追求在矿区的整体环境下，最集中的表现还是基于不平等经济发展基础上的正义，即分配正义。

六、构建完整的矿区生态修复法律制度体系

（一）我国矿区生态修复法制体系的宏观思考

1. 确定所有的资源利用方和开发方都应当自觉履行生态修复义务。生态修复强调的是生态系统整体平衡的恢复或重建，这就要求在矿区土地复垦法律制度的设计上不但要关注生态环境的有效治理，更要强调在生态环境有效治理前提下实现社会可持续发展能力的恢复和重建。

一方面要重新明确矿区土地复垦法律关系，扩大矿区土地复垦义务的承担主体和承担方式。另一方面，始终应当明确矿区生态环境保护与治理的主体是矿业权人。

2. 应强调矿区生态修复的整体社会效应。不论是直接投资还是间接的技术参与，都应当以实现矿区所在地社会经济的快速健康发展为目标。为此，应当设立生态修复工程标准和评估制度，将社会经济发展程度，即GDP增速作为义务承担者是否有效履行义务的衡量标准，并以此为基础设定处罚和奖励措施。当然，这种衡量主要是针对发达地区对矿业开发地区社会经济发展补偿义务而言的，对于个人义务则应采用其他经济手段予以量化。这种量化最主要的目的是尽可能补偿资源开发地区发展机遇的丧失，促使经济发达地区承担应有的历史责任。

3. 应强化有关系统立法实现综合法律调整。社会系统的复杂性还在于它是一种包含着多种物质运动形式的复合系统。〔1〕相对于其他的社会系统，法律规范系统的复杂多样性即表现为以统一多样性为其重要特征的综合性。〔2〕法律大系统仅是社会巨系统中的一个子系统，其与政治系统、文化系统等进行着频繁的信息与物质交流，正是通过其与社会其他子系统的多方向交流，我们才可以了解整个社会的变化，进而不断改变自身的内容，协调社会巨系

---

〔1〕宋建：《科学与社会系统论》，山东科学技术出版社1991年版，第86页。

〔2〕李显冬：《溯本求源集：国土资源法律规范系统之民法思维》，中国法制出版社2012年版，第443页。

统的内部关系。

从生态修复与土地复垦的内涵及其相关区别可以看出，矿区土地复垦法律制度仅仅是整个矿区生态修复法律规范系统中的一个子系统。因此构建完善的矿区生态修复法律制度还需要与包括土地复垦法律制度在内的其他法律制度进行结合和互补。除了要充分结合现有的生态补偿制度之外，还需要进行矿区生态修复规划及工程建设及其公众参与制度的完善等等。还应当在立法进一步完善的基础上规定完整的管理制度。

此外，还应当将矿区土地复垦等矿区生态修复法律制度与城市建设规划法律制度结合起来。以生态修复理念下的土地复垦法律制度建设为契机带动矿区所在地城市的城镇化建设，使城市更具有发展活力。实际上这也是矿区生态修复法律制度建设的社会效益之一。

（二）矿区生态修复法律制度体系的具体内容

1. 矿区生态系统平衡修复法律制度。自然的修复过程中不仅包含谁来修复，修复哪些，修复到什么标准，怎么修复，资金怎么办等直接涉及修复工程实际操作的法律制度设定问题；还涉及工程的验收，工程实施过程中的民事法律关系以及行政管理法律关系等等。总结起来，主要是矿区生态修复的权利义务主体法律制度；矿区生态修复标准法律制度；矿区生态修复资金法律制度；矿区生态修复中的权利救济法律制度；以及矿区生态修复工程行政管理过程中规划、审批和验收法律制度。

结合现有的环境保护和自然资源保护法律体系，以及矿区生态修复相关法治实践，目前较为明确的法律制度应当包括：矿区生态修复标准法律制度、矿区生态修复规划法律制度和矿区生态修复资金法律制度。其中矿区生态修复资金法律制度根据资金的来源多样性又可以进行详细划分。设立专门的基金是国内外生态修复相关法律制度完善的一个重要方向，也是现代环境保护政策落实的一个重要手段，因此矿区生态修复基金法律制度是矿区生态修复法律制度体系的重要内容。此外，在资金问题上，我国相关税费法律制度也是矿区生态修复工程能够顺利开展的一个重要保障。因此，建立并完善矿区生态修复税费法律制度是生态修复资金法律制度的又一重要内容。

2. 矿区社会修复法律制度。生态修复的社会修复过程中形成的社会关系是相关法律制度调整的又一对象。基于分配正义的法律价值取向，生态修复所要实现的社会修复目的就是使财富或福利得以公平正义地分配，最大限度矫正不正义的权利义务分配状态，实现人们生存与发展权及其相关义务的分配正义。简单地说就是通过扩大生态修复义务主体，通过先富地区的补偿实现后富地区的社会经济可持续发展，从而落实国家先富带动后富的承诺。

因此，矿区生态修复补偿法律制度是社会修复目的成败的关键内容之一。但是这一似乎“劫富济贫”的法律规定能否真正获得社会的认可，保障我国社会经济的均衡发展，最重要的不是通过强制性的国家权力迫使其承担应尽的义务，而是要通过实施更多激励措施，用法律激励的手段达到生态修复义务人主动承担社会责任，主动履行生态修复义务，吸引更多投资的生态修复行业，带动后富地区社会经济发展模式创新，保障其发展权益。

激励既是现代法治发展的重要方向，也是实践验证的切实可行措施，矿区生态修复激励法律制度的建立是未来生态修复立法的一个必备内容。

3. 矿区生态修复产业促进法律制度。矿区生态修复产业越来越成为一种新兴的朝阳产业，它集生态修复技术的开发与使用，生态修复工程的具体实施，经济发展模式创新与转变等新生优势为一体。矿区生态修复产业链的形成不仅代表着现代生态环境保护水平的进步，更带来了一种新的经济增长点。因此，建立完善的生态修复产业法律制度是矿区生态修复法律制度的又一关键内容。

4. 矿区生态修复公众参与法律制度。公众参与是现代环境法治民主化的方向，也是生态修复义务承担主体广泛化的重要方式。公众参与不仅仅强调对于生态环境保护的监督等间接参与，更重要的是让更多有能力的单位或个人直接投身到生态环境保护事业当中去。矿区生态修复的公众参与不仅仅要求人们更加主动地监督义务主体自觉履行其应尽的社会责任，更主要的是让更多的单位或个人投身到矿区生态修复工程实施或产业发展中去。鼓励并创造条件让更多的单位或个人能够通过矿区生态修复工程或产业发展的参与获得更多经济利益，从而促动全民生态修复意识，使更多的人关注到生态修复地区的巨大发展潜力，带动当地相关产业的发展。当然公众参与矿区生态修复还有立法参与、规划制定的参与、权益补偿标准制定的参与等方式，这都是生态修复公众参与法律制度应当具体规定的内容。

总而言之，矿区生态修复法律制度体系应当包括的最基本内容有：生态修复基金法律制度、生态修复税费法律制度、生态修复激励法律制度、生态修复补偿法律制度、生态修复标准法律制度、生态修复工程规划法律制度、生态修复产业发展法律制度以及生态修复公众参与法律制度。当然矿区生态修复法律制度还应当包括了其他起辅助作用的法律制度，例如社会保障法律制度、社会保险法律制度、权利救济法律制度等等。但是由于这些制度依赖于现有相关法律制度可能更为妥当，一些制度难以在短期内依据生态修复的要求进行更加合理的完善和修订。

第十四章
矿山企业社会责任

第一节　矿山企业社会责任的界定

一、企业社会责任

企业社会责任，是指企业除了在市场经营中实现盈利目的之外，应当承担的增进社会福祉的义务，是企业社会性的体现。[1]在此，“责任”与“义务”相当，而非意指义务不履行的法律后果。以公司社会责任的规范来源为准，公司社会责任可以分为法律意义上的社会责任（如及时足额地履行债务、纳税、支付劳动者工资、保护环境）与伦理意义上的社会责任。[2]

（一）法律意义上的社会责任

法律意义上的社会责任是刚性的社会义务。[3]其主要指向的是由国家的法律法规所规定的，企业必须要履行的针对消费者、劳动者等相关利益主体的义务，并且该义务以国家

〔1〕 甘培忠、雷驰：“公司社会责任的制度起源与人文精神解构”，载《北京大学学报（哲学社会科学版）》2010年第2期。

〔2〕 刘俊海：《现代公司法》（第2版），法律出版社2011年版，第640页。

〔3〕 刘俊海：《现代公司法》（第2版），法律出版社2011年版，第641页。

强制力为后盾，违法者将受到法律的追究与制裁。因此，法律意义上的社会责任具有强制性。

（二）伦理意义上的社会责任

伦理意义上的社会责任是柔性的社会义务。〔1〕其主要指向的是由企业主内心的良心、道德等伦理因素引导下的，企业对消费者、劳动者等相关利益主体所承担的一些社会义务。落实道德意义上的公司社会责任主要靠奖励、良心、舆论与市场。〔2〕

虽然有上述关于企业社会责任的分类，但企业社会责任具体包含哪些内容，尚未有一致的看法。但正如学者所述，尽管公司社会责任的内容、范围、性质并不非常清晰，但它在公司及经济领域中的作用毋庸置疑。〔3〕同样，对于矿山企业来说，社会责任概念的不清晰，并不影响矿山企业社会责任的承担和对矿山企业社会责任类型化的研究。

二、矿山企业社会责任的界定

矿山企业社会责任涵盖的内容极为广泛。因此，对企业社会责任内容的界定是一个棘手的问题，如果不能准确的予以界定，则会出现两种极端：其一，企业只顾追逐盈利而忽视其社会责任的承担；另一则是导致社会责任的泛化、加重矿山企业负担。康纪田先生曾将矿山企业社会责任区分为矿山企业对生态环境的社会责任、对场所健康与安全的社会责任、对社区的社会责任、对市场竞争的社会责任四种类型〔4〕，上述界定应属中肯，但对社区的社会责任这一类型不甚明晰，笔者认为对矿区所在地居民的安抚责任更为恰当。另外，由于"企业社会责任"这个词由慈善事业转化而来，所以许多人继续将其同"慈善事业"等同，〔5〕由此可以推导出矿山企业也应当负有一定的慈善责任。

从实地调研情况来看，现实中矿山企业的社会责任主要包括四种类型：对生态环境的社会责任、对场所健康与安全的社会责任、对矿区所在地居民

---

〔1〕刘俊海：《现代公司法》（第2版），法律出版社2011年版，第641页。

〔2〕刘俊海：《现代公司法》（第2版），法律出版社2011年版，第641页。

〔3〕Sheikh Saleem, *Corporate Society Responsibility*; *law and Practice*, London: Cavendish Publishing Limited，1996，p. 15. 转引自朱慈蕴："公司的社会责任：游走于法律责任与道德准则之间"，载《中外法学》2008年第1期。

〔4〕康纪田："探索矿山企业社会责任走向"，载《资源与产业》2012年第6期。

〔5〕蒋建湘："企业社会责任的法律化"，载《中国法学》2010年第5期。

的安抚责任以及慈善责任。需要说明的是，以上并非矿山企业社会责任的全部类型，我们仅是拮取调研中所涉及的社会责任的主要类型进行研究。

第二节　矿山企业承担社会责任的法理依据

一、企业应当承担社会责任的理论基础——利益相关者理论

企业社会责任之所以能为人们所接受，原因在于利益相关者理论的影响。企业的利益相关者理论认为，公司是利益相关者之间签订的合同，凡是与公司发生或可能发生契约关系的主体均属于公司的利益相关者，这些主体包括但不限于股东、管理层、职工、债权人、供应商、顾客、消费者、政府等。[1] 因此，公司除了以营利为目的外，还应当照顾公司利益相关者，对他们承担相应的社会责任。虽然企业社会责任还存有争议，包括企业是否应当承担及其理论基础的问题，但是强调公司社会责任的"利益相关者"理论已在立法上为一些国家的公司法所接受。[2]

二、矿山企业特殊性使其承担社会责任具备现实意义

矿山企业的特殊性在于其经营活动在于勘查、开发利用矿产资源，而矿产资源的所有权主体为国家。矿产资源的特征主要有二：其一是矿产资源所有权主体是国家，而且是唯一主体；其二是矿产资源具有可耗竭性，且属于不可再生资源。[3] 对于以利用矿产资源为主的矿山企业来讲，其社会性更强，相对于普通企业来说，矿山企业的经营活动会牵涉到更多主体的利益，甚至是全民的利益。况且，近年来矿山企业的高盈利性引起社会关注，尤其是一些矿山企业的老总炫富事件频发[4]。因此，对矿山企业课以社会责任，更符合人民群众的期盼，更具有现实意义。

另外，矿山企业在开采矿产资源过程中，必然会对当地土地、森林、草原、居民区等资源与环境产生影响，对当地人民的生产、生活及安全造成威

[1] 陈晓军："公司法理念的二元对立与价值斟酌"，载《法学论坛》2009 年第 11 期。
[2] 赵旭东：《公司法学》（第 2 版），高等教育出版社 2006 年版，第 50 页。
[3] 李显冬：《矿业权法律实务问题及应对策略》，中国法制出版社 2012 年版，第 16 页。
[4] 如从几年前的悍马娶亲、各地疯狂买楼置业，再到最近的山西一煤老板花费 7000 万嫁女。

胁。企业则可通过此活动获得大量收益，但是当地政府和社区群众仍处于贫困状态，形成利益分配不公的局面。此种企业的行为影响了他人或者其他企业，使之支付了额外的成本费用，但后者又无法获得相应的补偿，这种现象就是经济学上的所谓“负外部性”，从而导致收入差距的扩大。而收益差距的扩大必然需要国家介入调整，一方面通过税收等强制性措施，另一方面则可通过课以相应的社会责任，督促企业改善当地生产和生活条件。从这个角度讲，矿山企业承担社会责任也是建设和谐社会的需要。

第三节　矿山企业社会责任的类型划分

一、矿山企业法定责任的类型

法定责任的特征在于能够以国家强制力为后盾，从而保障责任的实现，[1]而矿山企业是否愿意承担则不在考虑范围之内。矿山企业的部分社会责任之所以以法定责任形式予以体现，目的在于使这部分社会责任的实现更为确定。对立法者来说，矿山企业对生态环境的社会责任以及对场所健康与安全的社会责任如果不能得到履行，将会带来严重社会后果，而这正是立法者所要预防出现的情形。因此，立法者基于社会利益因素的考量，通过法定责任的强制约束力来督促矿山企业切实履行这两类责任。

（一）*矿山企业对生态环境的维护责任*

对生态环境的维护责任对矿山企业来说具有强制约束力。生态环境是人类社会生存之基，人类工业化进程中不可避免的对环境造成损害，各国虽然注重经济效益的增长，但都不能忽略对生态环境的保护，因此各个国家也相继制定环境保护法，将环境保护责任纳入到法定责任的范畴。[2]环境对人类的影响是全方位、多方面的，给予再高的估价都不会过分，没有什么比维护人类的健康、幸福更重要了。[3]矿山企业对生态环境的破坏比其他行业更为严重，如2010年的紫金矿业污染事故。因此，为了维护经济社会可持续发

---

〔1〕 舒国滢：《法理学导论》，北京大学出版社2006年版，第162页。
〔2〕 汤洋：“论环境与资源保护法的法律责任”，载《黑龙江教育学院学报》2008年第12期。
〔3〕 徐佩华：“关于生态环境及其维护的研究”，载《华东交通大学学报》2005年第6期。

展，矿山企业必须履行对生态环境的保护责任，并且该责任具有强制约束力，矿山企业没有其他选择。

生态环境的维护责任包括两方面的内容，一是预防义务，一是修复义务。所谓预防义务是指矿山企业在勘查开采活动中，按照安全生产监督管理部门批准的技术规范进行开采，应尽量避免对生态环境产生破坏的作业方式，如果无法避免对环境造成损害，则应采取对环境影响最小的方式进行作业。所谓修复义务是指在矿山企业不可避免的对矿区环境造成损害时，作业结束后应当对当地的生态环境进行修复，使其尽量恢复原有之面貌，修复不能时应当对当地的居民和环保部门进行损害补偿。

（二）矿山企业对工作场所健康与安全的保障责任

对场所健康与安全的保障责任是矿山企业必须履行的责任。康德曾语："在任何情况下把人当作目的，决不只当作工具"，在人类劳动过程中也是一样，不能把人当作工具。因此，企业负有保障劳工身体健康、作业安全的义务，对于矿山企业来说也不例外，甚至，矿山企业对其劳工的健康、安全负有更高注意义务。原因在于，矿山企业的开发活动可以说是目前最危险的行业，稍微松懈就会有生命危险。[1] 据有关资料统计，2012 年上半年全国煤矿先后发生 7 起重大事故，死亡 98 人。[2] 因此，矿山企业对工厂场所健康与安全的保障责任也具有强制约束力，如果矿山企业不履行，有关国家机关可以强制其履行。

首先，矿山企业对其劳工负有提供安全劳动场所的义务。矿业的作业方式不同于其他产业，矿工需要在井下作业，劳动环境极其艰苦并且安全隐患较多，因此，矿山企业的采矿场所必须达到国家规定的安全质量标准，及时进行安全生产评估，并尽最大努力防止矿难的发生。

其次，矿山企业对其劳工负有劳动法规定的义务。由于矿工长期在井下作业，而井下环境潮湿、空间局促，因此矿山企业需对矿工的健康承担一定责任，例如定期对矿工进行身体检查，改善劳动环境等。

---

〔1〕 康纪田："探索矿山企业社会责任走向"，载《资源与产业》2012 年第 6 期。

〔2〕 朱立毅、于瑶："2012 年上半年全国煤矿事故起数和死亡人数双下降"，载新华网，访问日期：2014 年 11 月 10 日。

二、矿山企业道德责任的类型

上文中已论及，道德责任的特征在于主体的自愿履行，不具备强制约束力。道德责任某种程度上是在为社会、政府分忧，甚至有学者指出，相当部分的公司社会责任规范属于道德规范的范畴。[1] 由此可见，所谓企业的社会责任，很大程度上是一种道德责任，本书选取调研中经常讨论的两种道德责任予以研究。

（一）矿山企业对矿区所在地居民的安抚责任

矿山企业在开采作业过程中，不可避免地会对当地居民的生产、生活带来影响，加之矿山企业的高利润，容易在当地造成不稳定因素。[2] 通过对云南省的实地调研，我们发现，麻栗坡县在资源整合过程中，为了构建和谐矿区，当地矿山企业主要承担了以下安抚责任：①优先录用矿区所在地居民作为企业员工；②由矿山企业每年对矿区村民补助一定数额的协调费用；③投资进行社会主义新农村建设，为村民修建住房；④将矿山企业的外延产业外包给当地村民。

而曲靖市通过矿村共建资源开发新机制协议，要求矿山企业：首先应为农民安居工程、道路硬化工程、饮水工程、水利设施、土地复垦整治、“三改”（沼气建设、改厕、改圈、改灶）工程提供资金（比例不低于项目60%）；其次要解决群众就学难、就医难、文化活动难的问题，加快农村公共服务体系项目建设，在此类项目上企业的投资比例不低于60%。

上述几种安抚责任均属于道德责任的类型，这些责任的承担不是通过法律的强制约束力予以实现的，企业可以自主决定是否履行这些义务。例如，聘用企业员工属于企业自主经营权的范畴，矿山企业有权决定录用外地员工抑或是本地员工，补助、投资新农村以及产业外包也是一样。这些责任都不属于矿山企业的“本分”工作，与其经营范围无关，矿山企业之所以履行这些责任，不在于法律的强制，而是出于道德要求、企业理念、企业知名度等多重因素的考虑做出的选择。

---

〔1〕 周友苏、宁全红：“历史与现实：公司社会责任本土资源考察”，载《法治论坛》2010年第1期。

〔2〕 康纪田：“探索矿山企业社会责任走向”，载《资源与产业》2012年第6期。

（二）矿山企业的社会慈善责任

慈善事业是指众多的社会成员建立在自愿基础上所从事的一种无偿的、对不幸无助人群的救助行为。〔1〕矿山企业通过开采矿产资源以获取高额利润，根据我国《宪法》和《物权法》规定，矿山资源属于国家所有，因此，人们理所当然地认为矿山企业应当为社会做更大的贡献，应当对社会弱势群体进行更多的救助和帮扶。然而，需要注意的是，我们应当谨慎的实现这些"理所当然"的责任。矿山企业履行慈善责任，都是出于自愿，或者通过企业慈善活动转化为有价值的企业资产从而实现公益与商业目标的双赢〔2〕，或者完全是自己的仁义道德使然，政府无权强制矿山企业承担慈善责任，即使是法律也不例外。

以对云南省的实地调研为例，经过统计，我们发现，麻栗坡县的矿山企业主要承担以下慈善性的责任：①投资修建学校、医院以及当地的基础设施建设（修路、架桥、体育广场等公益事业）；②每年按公司分红的一定比例用于扶贫开发投资、抢险救急；③设立助学基金。矿山企业的这些项目投资完全是无偿的，应当归于矿山企业的道德责任范畴。然而，上述几种类型仅是矿山企业慈善责任的一个缩影，实践中会出现各种形式的慈善责任。

第四节　矿山企业法定责任的实现方式

上文中已经论及，矿山企业的社会责任内容很多，但是这些社会责任如何实现？是通过法律的规定还是通过政府的强制命令？这些问题是调研中经常讨论的话题。有学者指出，我国企业社会责任的法律化途径主要有两条：一是，对于道德底线要求的企业社会责任（如对环境、消费者、劳工的某些保护），在条件允许的情况下应当尽可能将其转化为法律责任；二是，借助软法特有的提倡性规范促成企业社会责任的实现，同时辅之以司法能动主义的发挥。〔3〕

笔者上文中之所以将矿山企业的社会责任分为法律责任和道德责任两种

---

〔1〕陈瑞霞："浅析中国企业的慈善行为"，载《中国发展》2006 年第 1 期。

〔2〕刘宁："慈善社会责任与企业利益关系分析"，载《学术论坛》2010 年第 5 期。

〔3〕蒋建湘："企业社会责任的法律化"，载《中国法学》2010 年第 5 期。

类型，主要目的是为了解决这些社会责任如何实现的问题。笔者认为，矿山企业社会责任中的法律责任应当通过法律的形式予以规定，理由在于以下两点：

一、国内外立法均有矿山企业社会责任的界定

从国内立法实践来看，我国《公司法》第5条明确规定公司应当承担社会责任，但对社会责任的内涵并未界定。对此，有学者指出，对公司社会责任中"公司"的理解和解释，不能仅囿于我国《公司法》的狭义界定，应该作适当的扩张解释，将各类公司、企业、分支机构均包括在内。[1] 笔者赞同这一看法，对于矿山企业来说，不论采取公司形式或是其他企业形式，均不影响其社会责任的承担。

从其他国家的立法状况来看，世界各国均通过各自的公司法、环境保护法、劳动法、矿业法等法律中的强行性法律规范保障和实现着企业社会责任中基本的法律责任。如美国经济发展委员会在《商事公司的社会责任》的报告中列举了多达58种要求公司付诸实践，旨在促进社会进步的行为，涉及了10个领域。[2]

二、只有法定化才能防止矿山企业社会责任的泛化

从理论上看，将法律责任部分通过立法的方式体现出来，能够防止企业社会责任的泛化。[3] 法定化的目的不仅仅在于确定矿山企业的社会责任，而且将行政权力置于法律规则的控制之下。通过立法对企业的生态环境责任、场所健康与安全责任予以明确规定，矿山企业仅依据法律中规定的责任予以履行，超出法定之外的责任则不具有强制履行效力。从此次调研结果来看，各地政府均将矿产资源作为本地的经济利益，由于现行法律中并未对矿山企业社会责任作出详细规定，各地政府赋予矿山企业各种各样的责任，从而导致矿山企业负担加重，不利于企业间的平等竞争。

---

〔1〕 刘萍："公司社会责任的重新界定"，载《法学》2011年第7期。

〔2〕 朱慈蕴："公司的社会责任：游走于法律责任与道德准则之间"，载《中外法学》2008年第1期。

〔3〕 吴东燕："论公司社会责任及其规制"，载《政法论丛》2012年第2期。

三、矿山企业社会责任中道德责任的实现方式

关于企业社会责任中属于道德责任的部分，正如一些学者所说，并非所有的道德规制都有必要且有可能上升为法律规制〔1〕，道德准则一般不直接规定于法律之中，故而它的落实主要依靠市场、舆论、风俗、习惯等法律之外的非正式的制度安排〔2〕。对于矿山企业社会责任中的道德责任部分，笔者认为不能用立法的方式来对其予以转化，或者说，如果必须在立法中予以体现的话，只能是进行原则性的规定，这体现的是倡导性规则。

（一）法律可以对道德责任进行倡导但不可强制

传统法学理论认为，法律的功能在于指引、教育、预测、评价、强制。法律中可以有导向性原则，代表立法者的价值趋向，从而引导行为主体按照这个原则从事活动。例如我国《公司法》第5条关于企业社会责任的规定就是导向性的规则，不具有强制力，但能够引导企业履行自己的社会责任。因此，法律中可以规定道德责任履行的一些原则，但这些原则不具备强制力，通过法律可以引导企业履行自己的道德责任。立法化不等于强制性，但立法化对公司履行社会责任的约束性依然强于一般的道德约束。

（二）契约是实现道德责任的最佳途径

上文中已经论及，在实践层面，已经有政府通过与矿山企业签订协议的方式来落实企业的社会责任，其中一部分内容就包括了道德责任。在理论中，早有学者主张通过社会契约的方式落实公司的社会责任。采用合同方式的优势在于，当公司违反合同，即使是单方合同，可以通过追究其违约责任的方式“强制”其社会责任的履行。〔3〕因此，通过政府与矿山企业签订契约的方式落实企业的道德责任最为合适，但是政府与企业如何签订协议？

实践中，政府往往是通过行政命令，而后以行政权力相压制从而迫使矿山企业签订履行道德责任的契约。例如，云南省曲靖市的矿村共建协议，当地政府往往以行政许可权作后盾，如果矿山企业在一定期限内不签订协议，

---

〔1〕 蒋建湘：“企业社会责任的法律化”，载《中国法学》2010年第5期。

〔2〕 朱慈蕴：“公司的社会责任：游走于法律责任与道德准则之间”，载《中外法学》2008年第1期。

〔3〕 朱慈蕴：“公司的社会责任：游走于法律责任与道德准则之间”，载《中外法学》2008年第1期。

矿山企业的采矿许可证将很难得到延续。这种做法是通过行政权力强迫企业履行属于“自愿”范围内的义务，对企业的自主经营权以及财产权造成侵犯。

笔者认为，应当建立相应的激励机制，鼓励矿山企业自愿承担道德化的社会责任，而不是通过行政强制命令或者是法律的强制性规定。政府所发挥的作用在于提供平台，协调矿山企业与当地社区和群众签订协议，化解企业与当地社区之间存在的矛盾与冲突。例如，对于通过协议落实道德责任的矿山企业，可以在税收、后续取得矿业权上有优惠政策。这样，通过利益的召唤，使道德主体感受到自觉将他律的道德规范转换为自律的道德规范的热情，获得进行自觉转换的动力。[1] 而激励机制远比公权力的强制更为有效、长远。

（三）促使企业自愿履行道德责任的激励机制

在我国实践中，激励机制已经得到重视，例如，为了号召中国矿山企业塑造负责任的国际形象，矿山企业即将公布社会责任报告。企业社会责任报告是企业可持续发展的宣言，是企业履行社会责任的展示，是企业对社会责任的承诺，也是企业对社会的回报。[2] 通过公布矿山企业社会责任报告，使企业的社会责任履行情况为社会所知悉，从而构成对企业形象进行评价的标准，能够促使企业自觉履行自己所应承担的社会责任，形成企业的自律监督机制。

另外，矿山企业社会责任评价体系亟须建立。矿山企业公布其社会责任报告之后，必须建立相应的评价标准才能产生相应的激励效力，否则社会责任报告将会流于形式。通过对矿山企业履行社会责任的情况根据一定标准予以评价，分出优劣，而后优者予以奖励，差者予以警示，唯有如此方能使矿山企业产生动力。根据矿山企业的特点，构建矿山企业社会责任评价体系应从国家、职工、能源、社区、生态等方面来考虑。[3]

四、矿山企业社会责任的立法完善

我国《公司法》第5条规定了公司应当承担社会责任，矿山企业也不例

[1] 夏伟东：“道德规范：两重性及从他律到自律”，载《中国人民大学学报》1994年第3期。

[2] “中国工业企业及工业协会社会责任指南”，载中国广播网，访问日期：2014年11月10日。

[3] 曹献珍：“借鉴e3 Plus框架浅议我国矿山企业社会责任规范”，载《矿产保护与利用》2010年第6期。

外，但是上文已经论及，公司法中关于企业社会责任的规定属于原则性规定，只能作为倡导性规范。而在现行《矿产资源法》中对于矿山企业的社会责任仅规定了环保责任、安全保障责任〔1〕。因此，现行立法中对矿山企业社会责任的规制有所不足，而矿产资源法作为部门法，有必要对矿山企业的社会责任作出更为具体的规定，尤其在道德责任履行制度方面。

首先，建议在《矿产资源法》总则部分增加关于“国家鼓励和支持矿山企业自觉履行社会责任，但对于属于法定责任以外的社会责任不得予以强制”的规定。此条规定的主要目的在于解决当前矿山企业社会责任泛化的问题。如上文所述，各地政府通过行政权力迫使矿山企业承担额外责任，而本条将限制行政权力的行使。另外，此条也体现国家积极倡导矿山企业自觉承担更多的社会责任的意向，能够对企业产生引导作用。

其次，建议在《矿产资源法》中增加关于“矿山企业应当定期公布社会责任报告，每年至少一次”的规定，而社会责任报告的内容及发布主体、发布程序，《矿产资源法》无须予以详细规定，可以准用《中国工业企业及工业协会社会责任指南》的相关内容。例如，社会责任报告的内容应以企业履行的社会责任为主，此外还必须公开陈述的其他重要内容，包括发展战略、公司治理、社会责任组织管理体系等。〔2〕

最后，建议在《矿产资源法》中增加关于“国家建立社会责任评价机制，对矿山企业社会责任报告进行评价，对于履行社会责任突出的企业进行税费减免”。法律的重要功能之一在于评价人们的行为合法与否〔3〕，借此引导人们行为向合法方向发展。而对于矿山企业公布的社会责任报告，如果不依据相应标准予以评价，则难以对矿山企业产生引导作用，但此处的评价并非在于分辨合法与否，而是优劣之分。同时，具体评价标准也无须在《矿产资源法》中规定，可参照《中国工业企业及工业协会社会责任指南》中的内容，以公开陈述、科学发展、保护环境、节约资源、安全保障、以人为本、相关利益、社会公益作为社会责任评价之基准。

---

〔1〕 我国《矿产资源法》第31条规定：“开采矿产资源，必须遵守国家劳动安全卫生规定，具备保障安全生产的必要条件。”第32条：“开采矿产资源，必须遵守有关环境保护的法律规定，防止污染环境。”

〔2〕“中国工业企业及工业协会社会责任指南”，载中国广播网，访问日期：2014年11月10日。

〔3〕 舒国滢：《法理学导论》，北京大学出版社2006年版，第146页。

第十五章

地勘成果的知识产权保护模式探究[1]

第一节 地勘成果概述

一、地勘成果的定义及其法律属性

（一）地勘成果与地质资料的混同

1995年的《地质勘查成果资产评估管理若干规定（试行）》规定："地勘成果矿产普查、详查、勘探报告及其他有价值的勘查资料统称为地质勘查成果，简称为地勘成果。"[2]该定义混淆了地勘成果与地质资料，没有认识到地勘成果与地质资料有本质的不同，致使我国立法长期以来只有地质资料的法律保护而并无地勘成果的系统法律保护。

（二）将地勘成果定义为信息或智力成果

大多数学者主张将地勘成果看作是信息或智力成果。[3]

〔1〕 本部分研究由中国政法大学硕士研究生苏熳负责，本书编写过程中由于苏熳同学赴美留学，由郭东妹博士参照苏熳同学的论文压缩整理而成。

〔2〕 《地质勘查成果资产评估管理若干规定〈试行〉》第2条。

〔3〕 有学者认为："地勘成果是人们通过对矿产资源进行调查研究、基于自己的智力活动得到的成果，是一种知识信息，通过各种资料、图件、地质报告、储量报告等载体的形式表现出来。"参见郭艳芳："试论地勘成果权的知识产权特

应当认为，地勘成果是一种无形成果，不同于地质资料。准确而言，地勘成果的本质是信息，其外延不限于智力成果。信息可分为创造性较高的信息和创造性较低（或不具有创造性）的信息，而智力成果是创造性较高的信息。地勘成果形成于地勘人从事探矿活动的过程中，是地勘人运用地质科学知识和地质勘查技术，投入大量脑力劳动和体力劳动后获知的关于某地的地质信息、矿产资源分布信息、储量信息等一系列信息的总和。

（三）地勘成果的分类

地勘成果根据不同的标准可以有不同的分类，依据地质勘查工作的不同阶段，可以分为区域地质调查阶段的地勘成果、普查阶段的地勘成果、详查阶段的地勘成果和勘探阶段的地勘成果；依据地质工作的性质和目的的不同，可以分为公益性地勘成果和商业性地勘成果，而前者作为一个广义的界定又可细化地分为基础性地勘成果、公益性地勘成果和战略性地勘成果。[1]

二、地勘成果的法律特征

（一）地勘成果是一种无形性财产权[2]

对地勘成果的占有具有非排他性。它被利用后成为矿山企业的无形资产，不仅具有无独立实体又依托实体、独占性、生产资料及生产条件和为所有者持续带来经济利益等一般无形资产特点外，它本身还包含着矿业权。由矿业权和有效劳动投入及自然风险投入，形成自创并独自占有的特殊形式无形资产。一份地勘成果可以同时由多个主体占有，对地勘成果的占有表现为知道、

（接上页）性"，载《经济师》2007 年第 10 期。该定义通过描述地勘成果的形成过程及表现形式来对地勘成果下定义，明确指出地勘成果是智力活动成果。也有学者认为："地勘成果是在地质科学理论的指导下，运用地质科学技术方法，对矿产资源进行调查研究，经过刻意的分类和综合汇集，用文字、图形、表格等形式表示一定时期内某一地区矿产资源客观情况的一种成果。"参见江平：《中国矿业权法律制度研究》中国政法大学出版社 1991 年版，第 241 页。该定义指出地勘成果是通过一系列有形形式表现出来的成果，间接说明了地勘成果的无形性，以及地质资料与地勘成果的联系。也有学者认为："地勘成果是人们通过对矿产资源进行调查研究，基于自己的智力活动得到的成果，也就是说，地勘成果是一种智力成果，是一种'知识'。"参见李显冬：《中国矿业立法研究》，中国人民公安大学出版社 2006 年版，第 210 页。该定义避免了对地质资料的提及，直接指出地勘成果的信息本质。

〔1〕"地勘成果研究"，载百度文库，访问日期：2013 年 11 月 2 日。

〔2〕"无形性即非物质性，指的是其存在不具有一定的形态（如固态、液体、气态等），不占有一定的空间。"参见吴汉东：《知识产权基本问题研究（总论）》（第 2 版），中国人民大学出版社 2009 年版，第 42 页。

了解地勘成果中的知识信息。[1]

(二) 地勘成果具有经济价值

地勘成果不但对私人、社会公众和国家都有重要的经济价值，而且具有国防以至于国际政治方面的重大意义。地勘成果经济价值的实现是地勘单位企业化与生存和发展的关键，同时也能保证国家社会经济对矿产资源的需要。[2]

(三) 地勘成果具有耗竭性

探矿权人勘查矿产资源的目的，是为了探获矿产资源储量，进而进行开采，因此探明的矿产资源储量，越用越少，与此同时地勘成果的价值亦会相应的减少[3]。

(四) 地勘成果的形成及其价值实现具有经济上的风险性

地质勘查活动和矿产开采活动受诸多因素影响，如自然地质条件的复杂性、现有技术的局限性等。地质勘查活动能否产生有价值的地勘成果、依据地勘成果能否找到预期的矿产，都是未知数。地质勘查的风险具体表现为两类：自然风险和经营风险。此外，地勘成果的经济价值一定程度上受人为因素、国内、国际市场供求状况的影响而呈现价值的波动，该价值的波动直接影响着地勘成果经济价值的实现程度。[4]

(五) 地勘成果具有依附性

地勘成果的依附性易于理解，即地勘成果经济价值的实现依附于特定矿床。地勘成果是关于特定矿床的信息，其本身的经济价值依附于相应矿床，脱离矿床或者矿产资源的开发活动，地勘成果的经济价值则无从谈起。

---

[1] 樊春福："关于矿权交易及推进地质勘查成果有偿使用的几点思考"，载《中国地质矿产经济》1995 年第 4 期。

[2] 黄旺友："地勘成果资产的属性及其商品价值的实现"，载《地质技术经济管理》1996 年第 1 期。

[3] 地勘成果与其他无形财产不同，随着矿床开采的闭坑，特定矿床资源的耗竭，地勘成果不再具有生产上的经济价值。参见李显冬：《中国矿业立法研究》，中国人民公安大学出版社 2006 年版，第 212 页。

[4] 杜晓丽、吕晓军、李敏："浅谈地勘成果的价值及其经济实现"，载《时代经贸（下旬刊）》2008 年第 1 期。

三、地勘成果的表现形式及其与探矿权的联系

（一）地质资料是地勘成果的有形载体和表现形式

地勘人采用文字报告、数据图表、实物模型等人们可以感知的表现形式，将无形的地勘成果有形化。地质资料是指“在地质工作中形成的文字、图表、声像、电磁介质等形式的原始地质资料、成果地质资料和岩矿芯、各类标本、光薄片、样品等实物地质资料。”[1]

1. 地质资料分为原始地质资料、成果地质资料和实物地质资料。[2]此种划分没有统一的标准。原始地质资料和成果地质资料是并列的，以地质资料形成的时间阶段及智力活动的参与程度为划分标准。两者区分的意义在于，是否蕴含智力劳动及其蕴含程度直接影响到是否受到知识产权法的保护及其保护程度。实物地质资料与书面地质资料对应，是从地质资料的表现形态上来说的。两者都可能是原始地质资料或成果地质资料。

2. 地质资料还可分为公益性地质资料和商业性地质资料。鉴于公益性地质工作[3]产生的公益性的、商业性的地质资料在实践中争议较少，而商业性地质工作产生的商业性地质资料在实践中争议较多，故本文以商业性地勘成果为研究对象。

（二）地勘成果的产生及后续利用与探矿权有密切联系

1. 探矿权是地勘成果形成的前提，地勘成果是探矿权行使的结果。探矿权流转时，如果不转交地勘成果，则受让人必须自己勘查，耗费成本大，因此地勘成果与探矿权往往一起流转，在委托勘探的情况下，因地勘投资的高风险性，从公平角度讲，应归委托人即投资人享有成果权。[4]

---

〔1〕《地质资料管理条例》第2条。

〔2〕原始地质资料指在进行地质工作时直接形成或采集的，以各种载体类型存在的原始资料；成果地质资料指在原始地质资料的基础上，经过分析、汇总形成的各类综合地质报告、科研报告、综合图件和表格等资料；实物地质资料是指在地质工作时直接采集的以及经过加工形成的，反映地质现象、矿石结构和构造等的自然物质实物材料。参见何英、乔新杰：“论著作权法对地勘成果的法律保护”，载《人民论坛》2011年第35期。

〔3〕“公益性地质工作主要由中央或地方政府出资，从事基础性的区域地质调查工作、为社会服务的公益性事务性工作、作为政府宏观调控的规划工作所需的地质勘查工作等。”参见曹献真、黄洁：“工业性地质工作与商业性地质工作”，载《国土论坛》2009年第4期。

〔4〕郭艳芳：“试论地勘成果权的权利结构”，载《中国石油大学学报（社会科学版）》2007年第6期。

2. 地勘成果与探矿权两者又有相对独立性。探矿活动不一定能形成地勘成果；当探矿权终止时，地勘成果权利人可以通过登记保护制度等使相关权益继续得到法律保护。

四、我国现行地勘成果法律保护模式

基于我国立法有将地勘成果与地质资料等同的传统，目前我国相关法律并未对地勘成果给予直接保护，仅规定了地质资料的相关保护制度。

（一）《矿产资源法》对地质资料管理制度的规定不完善

对于地质资料的法律保护，《矿产资源法》、《地质资料管理条例》和《地质资料管理条例实施办法》主要规定了地质资料的行政管理制度。[1] 条例及其实施办法具体规定了地质资料的统一汇交、分级管理、权益保护制度。[2] 在法律保护模式的选取上，仅有《地质资料管理条例》第3章第3条笼统规定“涉及国家秘密或者著作权的地质资料的保护、公开和利用，按照保守国家秘密法、著作权法的有关规定执行。”

（二）我国现行地质资料的管理局限于行政管理制度

1. 保护对象选取不合理。地质资料和地勘成果本质属性不同，二者作为法律关系客体所能承载的权利亦不同。[3] 立法选取地质资料为保护对象，虽然可以在一定程度上保护地勘成果，但是地勘成果才是地质资料的价值所在，只有明确选取地勘成果为保护对象，才可以切实有效地实现对地勘成果的保护。

2. 权利设定不明确。地质资料的保护期及有偿使用制度暗示了地质资料上承载某种财产性私权，但具体是何种权利并未明确。

3. 权利归属规则欠缺。未明确地质资料的所有权归属和权利变动规则。

---

〔1〕《矿产资源法》第14条、27条、28条。

〔2〕《地质资料管理条例》第3章第7～10条（统一汇交制度）；第1章第3～4条（分级管理制度）；第3章第2条、4条、5条（权益保护制度，包括对地质资料的公开、保护期、有偿使用制度以及对公众查阅权的保护）。

〔3〕参见蒋瑞雪：“地勘成果的法律属性及保护模式”，载《内蒙古社会科学（社会版）》2010年第6期。

第二节 国外地勘成果法律保护模式评判

一、国外地勘成果法律保护模式概述

（一）俄罗斯矿业立法上的地质信息保护

1. 俄罗斯以矿产地质信息为保护对象。矿产地质信息指的是保存在地质报告、地图等地质资料中的有关矿产资源地质结构、开采条件、质量及特点等的信息。该地质信息所有权可能归国家，也可能归矿产使用者。[1]法律也对矿产地质信息所有权归属规则做了具体规定。[2]由此规定可推知，在无相反规定的情况下，矿产地质信息所有权归出资者所有。

2. 法律规定地质信息资源的地质信息库制度。主要包括矿产地质信息的统一上交、分级保管、保密义务和合理使用制度。[3]具体而言，统一上交和分级保管制度指无论是由国家出资或者矿产使用者自己出资取得并所有的矿产地质信息，矿产使用者都需要将该信息上交给联邦和相应的地方实施系统管理的地质信息库；由矿产使用者自己出资取得的矿产地质信息，上交给地质信息库后，矿产使用者仍对该信息享有所有权，并有权进行商业目的的使

---

〔1〕《俄罗斯联邦矿产资源法》第 27 条第 1 款规定："保存在地质报告、地图和其他资料中有关矿产资源地质结构、开采条件以及其他矿产的质量和特点的信息，可归国家所有或矿产使用者所有。"《俄罗斯联邦地下资源法》第 27 条规定："关于地下资源的地质资料、地质报告、地质图和其材料中含有的地下地质结构、其中的矿产和地下资源的其他质量及特点等信息均属于为获得上述信息资料而提供经费的订货人的财产。"见国土资源部地质勘查司编：《各国矿业法选编》（上册），中国大地出版社 2005 年版，第 531 页。

〔2〕《俄罗斯联邦矿产资源法》第 27 条第 2 款规定："由国家出资，矿产使用者所获得的有关矿产地质和其他信息是国家所有……"第 3 款规定："由矿产使用者自己出资所获得的矿产地质和其他信息是由矿产使用者个人所有……"

〔3〕《俄罗斯联邦矿产资源法》第 27 条第 2 款规定："由国家出资……由矿产使用者根据确定的形式提供给联邦和相应的地方实施系统管理的地质信息库。指定信息的使用程序和条件由国家资源管理联邦机关根据俄罗斯联邦法律确定。"第 3 款规定："由矿产使用者自己出资……由矿产使用者根据确定的形式提供给联邦和相应的地方地质信息库，附带确定的信息利用条件，其中包括以商业为目的的条件。"第 4 至 6 款规定："地质信息库的联邦和地方负责人员要保守提供给他们的信息的秘密，并且对信息未经批准的泄露承担物质上的、行政上的或刑事上的责任。矿产地质及其他信息的所有权以俄罗斯联邦法律确定的程序为其他所有者对象保管起来。执行者有权利用由工作所得到的矿产地质和其他信息用于科研教学工作，如果事先没有其他约定。"国土资源部地质勘查司编：《各国矿业法选编》（上册），中国大地出版社 2005 年版，第 531 页。

用；保密义务指地质信息库的联邦和地方负责人员依据联邦法对上交的地质信息进行保密，对信息未经批准而泄露的需要承担物质上、行政上或刑事上的责任；合理使用制度指在无相反约定的情形下，保管者有权利用由工作所得到的矿产地质和其他信息用于科研教学工作。

（二）印度尼西亚在立法上对地质信息与开采信息及其载体都给予保护

在立法上使用了地质资料、报告、勘探成果方面的数据和信息等用语。[1]法律规定了权利归属规则，即矿业地质勘查数据、资料和报告的所有权由政府或地方政府享有，但是属于公共范畴的资料政府不享有所有权，经出版的资料和报告由地勘公司享有著作权。[2]法律规定了各级政府对地质信息进行分级管理的权利[3]，亦详细规定了中央与地方政府管理权限的具体划分[4]。

具体而言，法律确定了中央政府、省政府与县、市政府在地质信息开采信息获取与管理方面的权限，中央政府有权获取和管理全国的地质信息、矿产资源以及煤炭蕴藏信息和矿产开采信息；相应地，省政府可以收集和管理省区矿产煤炭资源及开采活动的信息和数据；县、市政府也享有对相应级别地质信息的收集、整理、加工和管理的权限。另外，法律还规定了政府对地质信息的保密义务。[5]

---

〔1〕从《印度尼西亚矿产标准工作合同》、《印度尼西亚矿产煤矿法》中的相关规定可见。

〔2〕《印度尼西亚矿产煤矿法》第88条第1款规定："矿业开采活动中获得的数据应当由政府和/或地方政府按他们各自的权限分别拥有数据的所有权。"《印度尼西亚矿产标准工作合同》第7条第1款规定："政府拥有由公司提交的所有资料和报告的所有权，但属于公共范畴的资料以及按印度尼西亚法律出版的资料或按股份拥有者所在国法律出版的资料除外。"见国土资源部地质勘查司编：《各国矿业法选编》（上册），中国大地出版社2005年版，第147页。

〔3〕《印度尼西亚矿产煤矿法》第88条第2款规定："地方政府应当把它拥有的矿产开采数据提交给政府，进行国家级的矿产开采数据处理。"第3款规定："第1款中所提及的数据处理应当由政府和/或地方政府根据他们各自的权限进行管理。"

〔4〕《印度尼西亚矿产煤矿法》第6条至第8条做了详细规定。其中第6条p款和q款规定国家政府有权"编制目录、进行调查研究和勘探，获取矿产和煤炭资源的相关数据和信息，便于特殊矿业开采区和国家保护区的确定；在国家一级上对地质信息、矿产资源以及煤炭蕴藏信息、矿产开采信息进行管理"；第7条k款规定地方政府有权"向部长及县长/市长提交有关目录编制成果、普查、调查研究、勘探成果方面的信息、数据"；第8条d、e和i款规定县、市政府有权"编制目录、进行调查研究和勘探，获取矿产和煤炭资源的相关数据和信息；在县/市一级上对地质信息、矿产资源以及煤炭蕴藏信息、矿产开采信息进行管理；向部长及省长提交有关目录编制成果、普查、调查研究、勘探成果方面的信息、数据"。

〔5〕《印度尼西亚矿产标准工作合同》第7条"报告和保证金"第6款规定："由公司提交给政府部门的数据与资料，未经公司一方同意，政府不得向任何第三方透露。"见国土资源部地质勘查司编：《各国矿业法选编》（上册），中国大地出版社2005年版，第147页。

(三) 南非在地质资料的保护期制度和保密制度上的规定很有特色

《南非矿业法》第19条第2款规定，为矿产局服务的官员或雇员对提交的地质资料负有保密义务，唯有经持勘查许可证或采矿批准书的人书面同意，才可向他人公开或出示该地质资料。当然，这一绝对保密义务并不是永久的，仅持续到该地质资料依赖的挖掘工程或钻井完成后的15年。

但是，期限届满后地质资料并非绝对失去保密义务的保护。该条第3款规定，期限届满后，总局长可在政府公报告知他打算公开或披露这些地质资料。对于总局长的告示，与此公开具有直接或间接金钱利益的人可以提出反对，总局长经审查可以赞成或者拒绝这一反对。经审查，当局确认公布地质资料会损害投资人的金钱利益，则可决定推迟公开地质资料。[1] 总的来说，《南非矿业法》给予地质资料在地勘过程中及地勘活动结束后至少15年的保密保护，并可通过行使反对权来延长对地质资料保密期限，此举很大程度上保护了地质资料权利人的权利。

(四) 土库曼斯坦对地质资料与地质信息同时保护

根据《土库曼斯坦油气资源法(2005)》第51条的规定，土库曼斯坦内阁(政府)拥有承包商在石油作业中获得的准备好的地质、地球物理信息和资料、油气储量资料以及其他信息的所有权。[2] 在权利归属上，土库曼斯坦采取地质信息与资料所有权归政府所有的管理模式，但同时也规定了保密信息除外的条款，该法第51条规定政府对属于承包商的财产权和保密资料的信息不享有所有权。[3]

二、国外地勘成果法律保护模式对我国的借鉴意义

(一) 世界各国对地勘成果的法律保护都离不开行政管制

大多数国家和我国一样在行政管理制度上规定得较为详细，比如各国基本上都规定了私人负有向政府提交地质资料的义务，政府享有对提交的地质资料进行保管的权利。有的还明确政府对提交的地质资料负有保密义务，有的还规定了地质资料的保密期，在保密期内禁止任何人公开或者泄露地质资

[1] 参见国土资源部地质勘查司编：《各国矿业法选编》(下册)，中国大地出版社2005年版，第678页。

[2] "土库曼斯坦修订《油气资源法》"，载《商务与法律》2005年第4期。

[3] "土库曼斯坦修订《油气资源法》"，载《商务与法律》2005年第4期。

料的内容，如俄罗斯、印度尼西亚、南非。

(二) 国外地勘成果立法因地制宜各有特色

国外立法也并非完全系统和完善，比如在地勘成果权利性质方面，有些国家提及了地质信息所有权、财产权等，但未对该权利性质及内容多做阐述，这些都有待完善。

(三) 国外地勘成果作为无形财产值得我国借鉴

在保护对象方面，国外立法虽未使用地勘成果这一用语，但大多都采用了类似的地质信息或地质数据等表述，如俄罗斯等；有的国家明确对地质信息与其载体同时提供保护，如印度尼西亚、土库曼斯坦等；有的国家选择地质资料作为保护对象，如阿塞拜疆、波兰、南非等。地质信息、地质数据与地勘成果的内涵和外延基本相似，都指地质资料中无形的信息部分。无论是选取地质资料还是地质信息作为保护对象，国外立法对两者都予以清楚区分，值得我国借鉴。

(四) 在地勘成果权利归属方面既可归国家所有也可归投资人所有[1]

地勘成果归投资人所有有利于保护投资人的利益，值得借鉴。在国家所有的规则下，这些国家往往规定地勘单位保留商业目的的使用权，涉及著作权的地质资料权利归属问题依据著作权法处理。地勘单位保留商业目的使用权制度有利于在国家所有地质资料的情况下对地勘单位利益给予最大保护。总而言之，世界各国对地勘成果法律保护模式大同小异，即使国外立法的不足之处，也可作为我国立法的前车之鉴。

第三节 地勘成果知识产权保护模式的构建

一、地勘成果法律保护模式之研究

(一) 单项权利说

单项权利说欲将地勘成果整体纳入某个单独的知识产权领域予以保护。

[1] 蒋瑞雪："地勘成果的法律属性及保护模式"，载《内蒙古社会科学（汉文版）》2010年第6期。

该说有三种不同的观点，即认为地勘成果是著作权法意义上的作品[1]，是商业秘密[2]，或是专有技术[3]。这三种观点各有相应的理论依据，都能为地勘成果提供一定的保护，但每种保护也都既不充分，也不完全。

(二) 权利束说

权利束说主张运用著作权、专利权、商业秘密、发现权等从不同角度共同保护地勘成果。[4]但是不同的权利制度之间必然存在一定的冲突，特别是由于该说尚未提出一个冲突解决机制，导致地勘成果权利流转时面临复杂问题，比如权利归属如何确定。

(三)"地勘成果权"说

"地勘成果权"说主张，参考知识产权制度，根据地勘成果的性质、特点以及实践中的利用方式，创设一个包含主体、客体、内容、权利取得及保护期限等内容的完整的"地勘成果权"制度。

"地勘成果权"包括人身权和财产权，人身权专属于地勘人，财产权在无约定的情形下属于探矿权人。人身权主要指署名权，财产权包括独占使用权、转让权和放弃权。权利保护期限遵循《地质资料管理条例》对地质资料保护期的相关规定。[5]

该说为地勘成果提供了一个较为完整的保护模式，其权利归属规则亦是解决冲突的有效方案。但是其权利内容的列举稍显杂乱，对地勘成果的性质和特征亦有待深入挖掘。

---

〔1〕 有学者认为，地勘成果是人类在地质勘查活动中形成的智力成果，各种数据、图件、报告以及表格等均是对地质信息的表达，地勘成果的形成过程包含了地勘人的智力投入，理应作为著作权法意义上的作品得到确认与保护。参见何英、乔新杰："论著作权法对地勘成果的法律保护"，载《人民论坛》2011 年第 35 期。

〔2〕 有学者认为，地勘成果是商业秘密，其主要理由是地勘成果最后主要以档案的形式存在，并且不宜对外公布，这些档案所承载的知识的秘密性符合商业秘密的要件。参见王书雅："试论地质资料档案的保密与开发利用"，载《中国煤田地质》2007 年第 5 期。

〔3〕 有学者认为，专有技术是指享有一定价值的、可供利用的，未在任何地方公开过其完整形式、不作为工业产权取得任何形式保护的技术、知识、经验、数据、方法或上述对象的组合，而地勘成果是在原始状态下不受专利法保护的技术，未公开且能获经济效益，符合专有技术的要求。参见李岩："浅谈地勘成果资产属性及其评估方法"，载《中国地质矿产经济》1997 年第 3 期。

〔4〕 参见郭艳芳："试论地勘成果权的权利结构"，载《中国石油大学学报（社会科学版）》2007 年第 6 期。

〔5〕 参见李显冬：《中国矿业立法研究》，中国人民公安大学出版社 2006 年版，第 234 ~ 240 页。

(四) 信息产权说

由于地勘成果的本质是信息,[1] 故该说主张以信息产权[2] 对地勘成果提供法律保护。地勘成果信息具有无形性,是一种非物质的精神财富,同时,像其他创造性智力成果如著作权法所保护的作品和专利法所保护的发明创造一样,地勘成果具有双重价值,涉及私权利保护和社会公共利益保护以及国家的繁荣发展相协调的问题。但是信息产权理论提出时间尚短,具体内容尚不完善,目前难以运用于对地勘成果的保护。

二、地勘成果知识产权保护模式之构建思路

在我国现行法律制度框架下,由知识产权法律制度对其提供保护是最具合理性与可行性的。以权利束说为指导,在现有知识产权法律制度内选取若干单行法共同保护地勘成果,同时,充分考虑地勘成果的特殊性,在现有制度的基础上,增加一些权利协调与限制的特殊规定,以解决实践中地勘单位、探矿权人、投资人之间的权利冲突问题。

三、地勘成果的著作权保护模式

地勘成果中具有创造性的信息可以采取著作权路径予以保护。这些信息可以分为两类:原始地质信息和演绎地质信息,无论是哪一类信息都需要人类智力投入进行加工再创造,都是由地质勘查工作者投入智力劳动创造的智力成果。[3]

(一) 地勘成果符合著作权作品的构成要件

1. 地勘成果投入了一定的智力活动自可满足"创造性"要求。著作权法保护的对象是作品,故判断地勘成果可否受著作权法保护的前提是判断地勘成果是否是作品。

作品的构成要件一是要有独创性,二是能够以某种有形形式复制。[4] 我国现行法对"独创性"的含义及认定标准没有规定。但两大法系都将"独立性"

---

〔1〕 郭艳芳:"试论地勘成果权的知识产权特性",载《经济师》2007 年第 10 期。

〔2〕 信息产权说认为,信息产权的客体是信息,包括两部分,一是传统知识产权所保护的智力成果,二是由于信息革命而产生的新的、虽与传统知识产权有关却不能融入传统知识产权保护体系的"信息"和"知识"。参见李显冬:《中国矿业立法研究》,中国人民公安大学出版社 2006 年版,第 216 页。

〔3〕 何英、颜梅雀:"论环境地质勘查成果的著作权法保护",载《安全与环境工程》2011 年第 6 期。

〔4〕 参见《著作权法实施条例》第 2 条对"作品"的定义。

和“创造性”作为成立作品独创性的二要件，只是对创造性的要求不同。

应当认为，此二要件也可使用于对我国作品独创性的认定。“独立性”，即作者独立创作完成。“创造性”，即作品具有一定程度的智力创造。〔1〕对于智力创造程度的要求不宜过高，只要作者投入了一定的智力活动即可满足“创造性”要求。

2. 判断地勘成果的独创性要从其形成过程来考察。地勘成果形成于地质勘查活动中，地质勘查活动是技术性、专业性很强的智力活动。由于矿权活动的产业属性，在特定的勘查区块内探矿权所追求的特定矿产资源是未知的，具有不特定性，按照地质工作规律，要使探矿权的客体由不特定变为特定，地勘人员必须付出足够多的智力劳动使不特定的客体转化为具体、现实和特定的矿产资源。专业人员在地质工作中按照一定技术标准、规范收集地质资料，并对收集而来的地质资料进行后期的记录、解译、分析、汇总、制作，形成书面地质资料和实物地质资料。虽然地质资料的产生以技术标准、规范为前提，但是前期的收集和后期的加工制作都有地勘人主观能动性的发挥空间，地质资料能否成功提取、质量如何很大程度上依赖于地勘人的智力活动。〔2〕

3. 地勘成果作品的创造性体现在对客观存在的地质信息的选取和加工性的描述上。其地勘成果作品是对客观存在的地质信息的描述，其创造性通常体现在地勘人对地质信息的选取和加工上，而非对信息本身的创造，故其创造性不高。地勘成果作品是地质勘查人分析地质环境，从而提取有用信息整理成有价值的资料，它的本质是一种地质资料。但并不是所有的地质资料都具有独创性，只有具有独创性的地质资料才能构成地勘成果作品。〔3〕一些特殊地质信息表达的创造性空间是非常有限的。

（二）地勘成果作品类型

地勘成果作品自可以被归入到《著作权法》第3条列举的文字作品、图形作品和模型作品等之中，与一般类型的作品相比有其特殊性。该类作品的主体大多是法人组织体，客体主要涉及矿产资源的分布、储量、品位等相关

〔1〕根据《著作权法实施条例》第3条对“创作”的定义可知：“如果智力投入是自动的或者强制逻辑性的，那么将不受著作权法保护。”参见姜颖：“作品独创性判定标准的比较研究”，载《知识产权》2004年第3期。

〔2〕赵仕玲等：“对探矿权自身属性的几点认识”，载《矿产勘查》2011年第6期。

〔3〕王文强：“论矿业地勘成果作品的著作权归属”，载《哈尔滨学院学报》2012年第4期。

信息，与其他类型的作品相比更具有科学性、精确性。[1]

（三）地勘成果著作权作品的权利归属依法有据

我国矿业法没有规定地勘成果的权利归属。

1. 地勘成果的权利归属现有三种主流观点：①归属于探矿权人[2]；②归投资人[3]；③归属于地勘单位。

根据洛克的"劳动财产权"理论，一个人将他的劳动施加于某一自然存在的事物，使该事物获得一些新的价值，那么包含劳动者劳动的事物就成为劳动成果，劳动者自然而然应当享有其劳动成果的财产权。[4]

顺理成章，当地勘人员将其智力劳动施加于已存在的事物，获得有创造性的地勘成果时，该智力成果基于其创造性智力劳动必然具有某种新价值，那么地勘人员当然成为地勘成果权利的原始主体。这无疑是主张地勘单位享有地勘著作权作品合法权益的最有力的理论依据。

2. 著作权权利归属规则在地勘成果权问题上的应用。地勘成果的形成涉及三方主体：地勘单位（法人）、投资人、探矿权人。

（1）地勘单位自己拥有探矿权。

第一，地勘单位自行出资进行地质勘探。地勘单位成为探矿权人后，由地勘单位主持，地勘人员代表地勘单位的意志进行地勘活动，并由地勘单位承担责任，此时形成的地勘成果作品属于著作权法规定的法人作品[5]。此时地勘单位视为作者，地勘成果作品的著作权属于地勘单位。[6]

第二，投资人以入股或借贷方式出资。此时地勘成果作品仍是法人作品，著作权归属于地勘单位，投资人以入股方式取得探矿权，对探矿权后续的成果权益享有相应权利。

（2）投资人有探矿权。投资人委托地勘单位进行地勘活动，此时地勘成

〔1〕不同作品的含义见《著作权法实施条例》第4条。

〔2〕李显冬：《中国矿业立法研究》，中国人民公安大学出版社2006年版，第229页。此种观点主要从地勘成果与探矿权的密切联系及商业利益的角度考虑。

〔3〕蒋瑞雪："地勘成果的法律属性及其保护模式"，载《内蒙古社会科学（汉文版）》2010年第6期。此种观点以鼓励投资、保护投资人的商业利益为出发点。

〔4〕朱谢群："知识产权的法理基础"，载《知识产权》2004年第5期。

〔5〕《著作权法》第11条第3款："由法人或者其他组织主持，代表法人或者其他组织意志创作，并由法人或者其他组织承担责任的作品，著作权属于作者法人或者其他组织视为作者。"

〔6〕《著作权法》第11条第1款："著作权属于作者，本法另有规定除外。"

果作品属于著作权法规定的委托作品[1]。

(3) 合同约定地勘成果著作权的归属。地勘单位与投资人可以通过合同约定地勘成果作品的著作权归属。委托地勘成果作品的著作权属于受托人时，投资人作为委托人在约定的使用范围内享有使用地勘成果作品的权利；双方没有约定使用作品范围的，委托人可以在委托创作的特定目的范围内免费使用地勘成果作品。据著作权权利归属规则，除一种约定情形外，地勘成果作品的著作权属于地勘单位。

(四) 地勘成果作品的权利内容

1. 著作人身权，即发表权、署名权、保护作品完整权、修改权。

(1) 发表权。即作者（地勘单位）决定作品（地勘成果）是否公之于众的权利，[2]包括是否发表、何时发表、以何种方式发表等内容。在我国，该发表权的行使将受到地质资料管理制度的限制。[3]另外，鉴于地勘成果反映地质资源信息，具有公共性、社会价值，[4]建议应规定"推定同意发表"制度。即法律要规定，在一定期限后，推定作者同意国家对地勘成果予以公开，防止作者垄断地质资源信息、损害公共利益；同时，赋予作者异议权，对可能侵犯其商业利益的公开行为有权向国家提出异议。

(2) 署名权。即表明作者身份，在作品上署名的权利。[5]保护作品完整权，即保护作品不受歪曲、篡改的权利。[6]对于著作权人来说，保护作品完整也是一项义务，应保证信息的真实性，并对此终身负责。修改权，即修改或授权他人修改作品的权利。[7]

2. 著作财产权，即复制权、发行权、展览权、信息网络传播权等。

(1) 著作权法对财产权内容的列举只是普遍意义上的列举。并非任何作

〔1〕《著作权法》第17条："受委托创作的作品，著作权的归属由委托人和受托人通过合同约定。合同未作明确约定或者没有订立合同的，著作权属于受托人。"《最高人民法院关于审理著作权民事纠纷案件具体适用法律若干问题的解释》第12条："按照著作权法第17条规定委托作品著作权属于受托人的情形，委托人在约定的使用范围内享有使用作品的权利；双方没有约定使用作品范围的，委托人可以在委托创作的特定目的范围内免费使用该作品。"

〔2〕 参见《著作权法》第10条。

〔3〕 参见《地质资料管理条例》第2章第2～4条。

〔4〕 王四光："地勘成果资产的利用与评估"，载《地质技术经济管理》1996年第1期。

〔5〕《著作权法》第10条。

〔6〕《著作权法》第10条。

〔7〕《著作权法》第10条。

品的著作权人都可能享有列举的全部财产权。基于作品本身的特性，不同作品的著作权人可享有的财产权的内容也有所不同。基于地勘成果作品的特殊性，笔者认为，权利人享有的财产权主要有复制权[1]、发行权、展览权、信息网络传播权。著作财产权会受到保护期限的限制。基于公益性地勘成果的特殊性，其信息可以出版，但应符合保密规定；商业性地勘成果信息，可以转让，但应保护商业秘密。

（2）发行权。即以出售或赠与方式向公众提供作品的原件或复印件的权利，[2]比如将某地地勘状况制作成书或图册发行。

（3）展览权。公开陈列作品的权利，主要针对地勘成果实物作品、图形作品、摄影作品等。

（4）信息网络传播权。即以有线或无线方式向公众提供作品，使公众可以在其个人选定的时间和地点获得作品的权利。[3]

（五）地勘成果著作权的权利行使与限制

1. 地勘成果著作权权利的行使。在著作权保护期内，著作权人可以自行使用作品，或者许可他人使用作品。受到矿业权许可证制度的限制，以开采方式使用地勘成果的许可仅可发放给已取得采矿权的单位。考虑到地勘成果的消耗性，地勘成果虽然可以多次使用，但地勘成果的许可往往是一次性的独占许可。[4]著作权人可以将其全部或部分著作财产权有偿地转让给他人。

由于地勘成果的价值难以在采矿前准确评估，预先一次性支付许可费或转让费不具有操作性，[5]所以出于公平合理的考虑，当事人可约定可追续性的报酬支付方式，即根据矿产开采的具体情况实时评估地勘成果的价值，以基本报酬加提成的方式分次支付对价；同时，地勘成果的摊销问题应坚持谨

---

〔1〕“复制权是各国著作财产权的核心，当代复制权的含义不仅包括传统意义上的以印刷、复印、拓印、手抄等方式将作品复制成多份的行为”。参见冯晓青：《知识产权法》，中国政法大学出版社2008年版，第130页。“广义的复制行为还包括将作品由无载体变为有载体的复制，如对口头作品进行录音、录像；以及将作品由二维图形变为三维图形或将三维图形变为二维图形，如根据建筑作品图纸进行施工的行为。”参见吴汉东：《知识产权基本问题研究（分论）》（第2版），中国人民大学出版社2009年版，第103页。

〔2〕《著作权法》第10条。

〔3〕《著作权法》第10条。

〔4〕黎立朝：“地勘成果的知识产权保护途径研究现状分析”，载《才智》2009年第34期。

〔5〕周昶、管云鸿、邓浦云：“浅析地勘企业探矿权和采矿权会计处理”，载《中国地质矿产经济》2002年第12期。

慎性原则、配比原则和一贯性原则。

2. 地勘成果著作权权利的限制。

（1）探矿权的价值与地勘成果紧密联系。为维护社会公共利益，各国法律大多对著作财产权的行使有所限制。[1] 运用著作权制度保护地勘成果时，亦有必要做出相关限制性规定。

（2）探矿权人应当享有地勘成果转让的优先受让权。若探矿权与地勘成果著作权分属不同主体，而探矿权人欲转让探矿权，此时可能发生因探矿权与地勘成果著作权相分离而难以转让探矿权的情形。为此，建议法律规定，地勘成果著作权人转让地勘成果的，探矿权人应当享有优先受让权；探矿权人提出购买地勘成果的，在支付合理报酬的情形下著作权人无正当理由不得拒绝。

（3）无相反约定时地勘成果著作权归属地勘单位。探矿权人委托地勘单位进行地勘活动，制作出地勘成果，地勘成果报告是探转采申请的必要要件，也是开采矿产资源的依据。探矿权人取得采矿权，在委托合同无相反约定的情形下，地勘成果著作权归属地勘单位。

（4）探矿权人对地勘成果的免费使用权。探矿权人有权在约定的范围内免费使用该地勘成果，包括以开采的方式使用。但是该免费使用权的性质如何，是独占使用、排他使用还是普通使用。若非独占使用，则地勘单位仍有权自行使用或许可他人使用，那么矿业权人的利益可能受损。为此，建议法律规定，在无相反约定的情形下，探矿权人有独占性免费使用地勘成果权；或者规定，地勘单位仍有权以其他方式使用地勘成果，但使用不得损害探矿权人的利益。

第四节　地勘成果的商业秘密和发现权保护

一、地勘成果的商业秘密保护模式

（一）依法公开前的地质成果可用商业秘密来予以保护

著作权法保护地勘成果作品实质是在保护地勘人对其所发现的地质信息

[1] 林洲富：“著作财产权行使之自由与限制——以法律经济分析为中心”，载《河南省政法管理干部学院学报》2006 年第 5 期。

的独创性的表达。[1] 但地勘成果作品中包含对地质信息这一客观事实的直观阐述，这些客观事实属于公有领域，著作权法不予保护。另外，地勘成果中不构成作品的部分也得不到著作权法的保护。地勘成果整体所包含的地质信息是地勘人付出艰辛劳动得来的，所以我们理应在著作权法之外为其寻求补充保护。

应当认为，在地质资料依法公开前，可以运用商业秘密制度对地勘成果予以保护。商业秘密指经自然人或法人合法控制的、能够防止他人擅自披露、获取或者使用的信息。与传统的知识产权保护手段相比，商业秘密权的保护范围更广泛。相当一部分不符合专利法保护条件或虽然符合但不适宜用专利法保护的技术信息都可以纳入商业秘密的范畴。从概念和构成条件上将地勘成果中的地质信息除去已经公开的部分，受到著作权、专利权保护的部分，其他相当一部分信息都可以纳入商业秘密的保护范畴。[2] 尚未公开的地勘成果中的地质信息符合商业秘密的构成要件——无形性、秘密性、新颖性、经济价值性。[3] 此处的新颖性指地勘成果中的地质信息不是本领域普通技术人员从现有技术或已有信息中容易获得的。

（二）商业秘密作为知识产权自可使用、许可或转让给他人使用

我国法律目前只规定了商业秘密权利人的消极权利，即有权禁止他人未经许可窃取、披露或营业性利用其商业秘密。[4] 但是商业秘密作为广义的知识产权的范畴，其权利人当然享有积极权利，即有权自己使用、许可或转让给他人使用。考虑到地勘成果的特殊性，出于行使国家宏观调控职能和保护公共利益的需要，法律也规定地勘成果作为商业秘密保护有期限性，即保护期届满，国家有权公开地勘成果。

二、地勘成果的发现权保护模式

（一）对矿产资源客观信息的发现是科学范畴的发展进步

1. 地勘成果的价值也体现对客观地质信息本身的发现。地勘成果的价值

[1] 黎立朝：“地勘成果的知识产权保护途径研究现状分析”，载《才智》2009 年第 34 期 。

[2] 郭艳芳：“试论地勘成果权的知识产权特性”，载《经济师》2007 年第 10 期。

[3] 见《反不正当竞争法》第 10 条；《国家工商行政管理局关于禁止侵犯商业秘密行为的若干规定》第 2 条。

[4] 见《反不正当竞争法》第 10 条。

不仅体现在对地质信息的独创性表达，而且体现在对地质信息这一客观事实本身的发现。应当认为，基于发现权制度的效益——利益原则、自动取得、登记备案原则和专利保护例外原则，针对当前国内外发现权的立法缺失，[1]可以尝试运用发现权制度对地勘成果提供著作权法和商业秘密法律制度之外的补充保护。

2. 对矿产资源的勘查自应属于科学发现范畴。发现权的保护对象为科学发现。[2]科学发现的对象是已经存在于公有领域的客观事实，只是出于某种原因尚未被社会公众所认知，发现人对该客观事实的首次揭示、阐明或者认识行为即为科学发现。[3]矿产资源是客观存在、因埋藏于地下而无法被人们认识的物质，地勘单位通过工程投入和智力投入，经科学探索，掌握了该地区地质体的矿产资源赋存规律和特征，[4]从而发现该矿产资源存在，并将找矿成果制作成地勘成果。可见，地勘人员对矿产资源的发现应当属于科学发现。

（二）地勘活动作为科学研究自应享有相应的人身财产权利

1. 对于发现权的性质学界观点不一。[5]但发现权首先是一种人身权已在学界达成共识。因科学发现的对象是处于公有领域的客观事实，发现人的发现行为本身不能导致其对该财产的占有，更不可能通过使用该财产之行为来获取经济利益，故科学发现并不直接具有财产权的内容，法律也不能对科学发现授予像知识产权一样的专有权。而发现人对其科学发现享有一定的精神权益，其有权表明身份、受领荣誉、获得奖励等，且该权益不得转让或许可

---

〔1〕 吕德快："发现权制度若干问题研究"，浙江工商大学2008年硕士学位论文。

〔2〕 1978年《科学发现国际登记日内瓦公约》第1条对科学发现做了如下定义："对物质宇宙中迄今尚未认识的现象、性质或规律的能够证明的认识。"

〔3〕 相关定义有，1978年《科学发现国际登记日内瓦公约》第1条将科学发现定义为："对物质宇宙中迄今尚未认识的现象、性质或规律的能够证明的认识。"有学者将科学发现定义为："在自然科学领域，对已经存在的自然现象、特征或规律所做出的前所未有的具有科学价值的认识、揭示或阐明。"参见袁真富："发现权诸问题与新展望"，载《中国发明与专利》2009年第11期。

〔4〕 参见袁华江："论矿产发现权"，载《创新》2011年第5期。

〔5〕 关于发现权是否属于知识产权存在相反观点。有学者认为，发现权属于知识产权，其主要证据之一是，1967年《建立世界知识产权组织公约》第2条把与科学发现有关的权利划入了知识产权的范畴。由于该公约规定不允许成员国对公约条款有保留，因此，凡是公约成员国，都被认为接受科学发现属于知识产权保护范围。但是，也有学者认为科学发现不宜作为知识产权的保护对象，其主要理由在于，科学发现仅是对已有客观事实的直接阐述，并不具备一般知识产权具有的创造性、新颖性等特征。

他人使用。《矿产资源法》第8、9条和《国务院关于加强地质工作的决定》第19条对地勘成果都有奖励的规定，国家科学奖励规定，地勘成果可以定期申报科技成果奖。

2. 我国《民法通则》也规定了发现权的人身权内容。《民法通则》第97条规定："公民对自己的发现享有发现权，发现人有权申请领取发现证书、奖金或者其他奖励。"[1]

在矿业领域，地勘单位的地勘人员对其发现的矿产资源享有发现权，应该受到荣誉表彰或奖励。目前，部分地勘单位、矿业行业协会等已经设立"找矿奖"，依据地勘人员的找矿成果支付奖励，奖励形式为一定金额的一次性奖金或者根据地勘成果产生的经济利益支付一定比例的奖金。形式多样且奖金丰富的"找矿奖"的设置不仅是对地勘人员发现权的肯定，而且有利于调动地勘人员找矿积极性，促进地勘行业间竞争。[2]

3. 发现权的保护客体是对矿产资源的发现行为而非地勘成果。运用发现权制度保护地勘成果，实际是对地勘人员提供法律保护。地勘人员既是矿产资源的发现者，亦是地勘成果的生产者，对整个矿业活动的顺利进行具有基础性意义。[3]然而在矿产资源的勘探、开采以及加工、经营整个利益链条中，地勘人员以及地勘单位受到的保护却最薄弱，获取的经济利益也最少，资源贡献与利益分享之间的不平衡亦使得我国地勘行业的发展面临重重困难。通过立法明确认可地勘人员的矿业发现权，并以物质与精神奖励作保障，是具有必要性的。

---

〔1〕《民法通则》第97条。

〔2〕《地质矿产部地质找矿奖励试行办法》（地劳［1983］69号1983年2月18日）第1条规定："为了激励广大地质职工的积极性和创造性，提高地质找矿效果，为社会主义现代化建设提交更多、多好的矿产资源，特制定本办法。"第2条规定："地质找矿奖即工业矿床的发现奖，包括荣誉奖和物质奖，属一次性奖励。奖励直接找到具有工业价值矿床的各类地质科学技术人员及其他有功人员。凡部所属单位的集体或个人，符合本办法规定的，均可给予奖励。"

〔3〕郭艳芳："试论地勘成果权的权利结构"，载《中国石油大学学报》2007年第6期。

第四编

附录

附录一

关于《矿产资源法》修改的若干具体建议〔1〕

李显冬〔2〕 杨城〔3〕

摘 要：我国市场经济的不断发展使得《矿产资源法》的修订再次被提上日程，针对1996年《矿产资源法》中存在的一些问题以及矿政实践中遇到的一些新问题，《矿产资源法》进行修改时必须作出回应。为此，矿业权的属性、公权与私权的平衡、矿业权主体资格、矿业权流转等热点问题，必须在《矿产资源法》修改时作出明确规定。

关键词：矿产资源法 矿业权 公权与私权 矿业税费

我国现行《矿产资源法》自1996年修订以来，初步建立了以市场为导向的矿业权流转机制，在一定条件下允许矿业权的流转，解决了1986年《矿产资源法》对矿业权管理过严的问题。但近十几年来，1996年的《矿产资源法》在实施过程中也出现了一些问题：矿业权出让环节的法律规制多有争议；对矿业权流转限制过多从而导致市场化程度不高；〔4〕矿业权被侵害、非法剥夺的事件时有发生，公权严重制约着私权的享有和行使；〔5〕与新颁布的《物

〔1〕 本文系中国矿业联合会委托《〈矿产资源法〉修改关键问题研究》课题中期研究成果之一部分，在项目完成过程中得到了中国矿业联合会领导的悉心指导与大力支持，仅致谢忱。本文发表于《中国国土资源经济》2013年第4期，此处略有删改。

〔2〕 中国政法大学国土资源法律研究中心主任、民商经济法教授、博士研究生导师。

〔3〕 中国政法大学民商经济法学院硕士研究生。

〔4〕 参见杨留强、许朋伟："浅论矿业权的流转"，载《2006年中国法学会全国环境资源法学研讨会论文集（二）》。

〔5〕 李显冬："从历史的脉搏看《矿产资源法》修改的方向"，载中国矿业网，访问日期：2013年2月23日。

权法》、《行政许可法》等法律法规衔接不够规范，凡此等等，充分说明：随着我国社会经济的改革发展与深化，现行矿产资源法中确有一些内容已经不适应新形势、新情况的需要，个别规定已经无法适用，[1] 故此，修改《矿产资源法》是全国人大代表连续多年提出的议案，十一届全国人大届内，就有270多位代表提出9项关于修改《矿产资源法》的议案。[2]

以历次实地调研所反映的实际问题为导向，重视行政管理部门和学术界相关成果与积累，同时借鉴世界各地矿政管理的较为成熟的经验，特别是海内外矿法的相关制度比较，仅就与私法理论联系较为密切的一些法律关系，梳理出在目前我国《矿产资源法》修改中绕不开的若干理论问题，以期为促进我国矿业的进一步健康发展提供一些可资借鉴的立法选择。

一、变矿业权行政审批为权属登记以凸显其物权属性

实践中，国家所有权的利益实现不到位和矿业权人的利益受到公权力的干预[3]均属于比较突出的问题。前者体现在本应由国家统一行使的矿业权出让，现在实际上难以摆脱地方政府的种种掌控；后者往往可能出现在政府整合调控的名义之下，有意无意地剥夺了矿业权人的合法权利。[4] 有鉴于此，我国《矿产资源法》修改中应当着重强调以下几点：

（一）进一步强化矿产资源国家所有权利益的实现

鉴于国家矿产资源所有权的行使主体在实践中存在“虚置”问题，国家矿产资源所有人的利益保障，就成为矿法修改不能回避的问题，[5]因此，《矿产资源法》修改中应当增加对于国家作为矿产资源所有权人所应获得之利益保障的规定，以彰显全民利益的实现。

---

[1] “矿产资源法修改列入十一届全国人大常委会立法规划”，载中华人民共和国中央人民政府网站，访问日期：2013年2月21日。

[2] “矿产资源法修改列入十一届全国人大常委会立法规划”，载中华人民共和国中央人民政府网站，访问日期：2013年2月21日。

[3] 参见杜辉、陈德敏：“论《矿产资源法》制度重构的模式选择与具体路向”，载《资源科学》2012年第1期。

[4] 文兆祥：“山西煤矿重组：民企撞上了49%的‘天花板’”，载《财会信报》2010年9月29日。

[5] 郁鸣：“‘山西煤改’改良版：全国新一轮煤炭兼并重组潮将至”，载《21世纪经济报道》2010年8月27日第18版。

（二）国家作为矿产资源所有者与矿业权人间关系准用他物权的有关法律规定

矿产资源所有权，尽管其主体系国家，但其俨然是我国《宪法》和《物权法》上均已明文规定的民事权利。国家作为一种特殊民事主体对属于自己所有的矿产资源的占有、使用和收益，作为受法律所保护的正当利益，其自可以通过在矿产资源所有权上设定他物权——矿业权的方式予以实现。因此，矿业权作为矿产资源国家所有权上设置的他物权，是一种民事权利，矿业权人与国家之间的法律关系也只能是一种平等的民事法律关系，即物权法上的所有权人与用益物权人之间的法律关系。对此我国《矿产资源法》自应予以认可。

（三）矿业权的财产属性与国家对资源的公法规制并不冲突

在矿产资源法所调整的社会经济关系中，国家扮演着双重的角色，具有民事主体和公法主体的双重身份：[1]一方面作为矿产资源国家的所有者，在矿业权的设立法律关系中，是民事法律关系的主体，而作为这种法律关系运作方式的矿业权即形成了用益物权民事法律关系；另一方面国家作为行政管理者，在矿产资源的勘查、开发过程中，基于对社会公共利益的整体考虑，要依法对矿产资源的勘查、开采行为进行必要的行政管理。这无疑是我国《矿产资源法》修改中必须贯彻始终的立法方向。

二、注重公法规制与私法调整的关系平衡

在现行《矿产资源法》实施过程中，各省国土资源部门普遍认为法律所赋予的行政管理权过小，难以对矿业秩序进行有效监管；而矿山企业则反映行政机关对矿业活动干预过多，影响企业的自主经营权。可以认为，以上现象是现行矿政管理问题的一个缩影，至于造成上述问题的关键原因则在于目前矿政管理中公权和私权划定界限不清，二者之间未能达到有效的平衡。[2]

应当认为，如何平衡公法与私法之间的关系，是解决上述问题的关键，

---

〔1〕 苏永钦：“民事立法者的角色——从公私法的接轨工程谈起”，载中国民商法律网，访问日期：2013年2月23日。

〔2〕 李显冬：“从历史的脉搏看《矿产资源法》修改的方向”，载中国矿业网，访问日期：2013年2月23日。

因为《矿产资源法》是一部既界定民事权利又界定行政权力的法律。[1]如果从权利的内容、权利的取得来看，应该说公权和私权各有侧重，二者并非是此消彼长、互不相容的，而应是相辅相成且互为表里。

如果从权利保护的角度来看，《矿产资源法》自应当注重对物权效力的确认与保障，充分尊重市场主体的意思自治，故公法要尽量予以较少的限制；[2]而如果从秩序维护的角度看，《矿产资源法》则应当加强市场秩序方面的管理，强化行政机关在维护市场秩序方面的主导地位，以通过公法来保障"契约自由，意思自治"商品交易秩序。[3]具体就我国的矿产资源开发管理秩序而言，公法加强对矿业权人的合法权益的维护本身就是私法范畴的题中应有之义；而如体现公众整体利益的矿业生态环境修复制度的公法设计中，最有效的依然离不开各种贯彻利益激励的私法机制。

（一）从私法角度加强对矿业权人的合法权益的切实维护

矿产资源开发整合中矿业权关系的调整是矿业权利益保护的重点。应当认为，矿业权人的利益得不到保护，甚至被任意剥夺，固然有当前普遍存在的公权力难以制约的顽疾，[4]但是从制度架构上来看，不能明确界定矿业权作为民事权利与国家对于勘查、开采行为的管理行为间的关系，也是使问题长期不能解决的重要原因。

1. 对违法行为的处罚并不导致矿业权人合法民事权益要被剥夺。矿业权证和国家对于勘查、开采行为的管理体现不同法律关系。因为探矿人、采矿人违法行为导致管理机关不再允许其继续实施探矿、采矿行为，并不意味着矿业权作为财产权的必然灭失。因此，《矿产资源法》修改中应当增加"探矿、采矿核准证被吊销后，允许矿业权人在规定的期限内转让其合法的矿业权有关权益"的规定。

2. 注意对目前世界各地通行的矿业权撤销制度的合理借鉴。我国台湾地区"矿业法"第44条规定，采矿权被撤销或自行废业后，原矿业权者可以处分"财产设备"，而非矿业权。应当认为，台湾地区"矿业法"之所以规定

---

〔1〕 参见杜辉、陈德敏："论《矿产资源法》制度重构的模式选择与具体路向"，载《资源科学》2012年第1期。

〔2〕 江平："法学视野中的市场经济和宏观调控"，载《法制日报》2014年12月2日。

〔3〕 杭宁："契约自由原则与市场经济"，载《青海师专学报》2000年第5期。

〔4〕 "独立调查：500亿浙江民间资本深陷山西煤业变局"，载浙江在线，访问日期：2009年10月15日。

矿业权撤销后，不存在对于其所包含的民事权益进行转让，这是由于其矿业权人取得矿业权的方式所决定。[1] 我国台湾地区的"矿业法"均只规定了申请取得矿业权，这与我国目前推行的矿业权通过招标、拍卖、挂牌取得相比较，矿业权人获得矿业权所包含的财产权益是不同的。因为对于通过招标、拍卖、挂牌取得矿业权而言，取得矿业权者支付的权利金可能包含了矿业权人的部分未来收益；而申请取得矿业权则不存在预先支付权利金问题。再加上不论采何种取得方式，鉴于矿业开发中投资与收益必然要出现的时间差。因此，对于招标、拍卖、挂牌取得矿业权与申请取得的矿业权只能够予以区别对待，以期更好地保护矿业权人的合法权益。

（二）从公法角度针对矿区生态治理中的新问题来建立具有系统功能的矿区生态环境修复制度

土地复垦是生态恢复的重要手段，也是恢复生态学重要研究对象。[2] 但随着我国生态学以及环境科学的不断进步，生态恢复已经在向生态修复与环境修复学说转变。理论上认为，矿区生态环境修复是对各种因采矿造成的生态破坏和环境污染的区域因地制宜地采取治理措施，使其恢复到期望状态的活动或过程，其目的是保证在开采矿产资源的同时，又保护区域生态环境。[3]

鉴于生态环境修复已经成为当前生态环境保护的重要形式，并且这种理论下的各种生态环境保护措施已经日趋成熟。[4] 而且目前在一些地方上相关的制度建设也已经有了长期的积累，一些地区甚至出台了相关的地方性法规，并且有了一定的法治建设经验。因此，《矿产资源法》修改中应当对矿区生态环境修复做出具体规定：一方面是赋予行政管理机关在保护环境方面的一些公权力，另一方面则包括公众参与制度、公益诉讼制度，鼓励当事人之间的意思自治，政府在矿区生态环境保护中应当更多地提供服务，协调多方的利益关系。同时也应当规定相应的激励措施，[5] 细化私权利益的保障，调动矿业权人参与矿区生态环境修复的积极性。

---

[1] （台）简芳钦：《矿业法通论》，台湾地区矿业协进会 1985 年再版。

[2] 黄丹勇："矿区土地复垦与生态环境恢复综述"，载《湖南有色金属》2011 年第 6 期。

[3] 参见胡振琪等："论矿区生态环境修复"，载《科技导报》2005 年第 1 期。

[4] 邢兆远："'科学解读生态文明建设'研讨会综述"，载光明网，访问日期：2013 年 1 月 9 日。

[5] 晓林、杨荣升："生态环境建设与经济补偿机制"，载《人民之声》2011 年第 5 期。

三、明确探矿权人之优先权即依申请可直接取得采矿权

我国现行《矿产资源法》规定探矿权人享有取得采矿权的优先权，但正如有学者所说，现行《矿产资源法》并未具体规定在什么样的条件下优先取得，怎样体现这一优先性，〔1〕导致很多探矿权无法转成采矿权，对于“同等条件下的优先”缺乏统一理解。〔2〕在国外，探矿权人只要完成相应工作，符合法定条件即可取得采矿权。很多国土资源部门工作人员也反映目前优先权的概念界定不清，难以操作，故而实践中多采取只要探矿权人完成了相应的工作，原则上就将采矿权赋予探矿权人，除非探矿权人存在法定禁止情形的做法。

应当认为，依法取得相应的采矿权是探矿权人的一项重要民事权利，也为各国立法所承认。现行法中规定的优先权含义不明，缺乏可操作性，自不利于探矿权人合法权益的保护。〔3〕因此，未来《矿产资源法》修改中应当明确：“探矿权人在探明可供开采的矿床后，依申请即可优先取得探明之矿产地的采矿权。”采矿权只能是探矿权的自然过渡，〔4〕作出这种制度安排自有助于保护投资者的合法权益，鼓励各方对我国探矿的多元投入。〔5〕

四、变矿业权主体资格的行政审批为核准进入制度

从矿产资源开发管理的实践来看，困扰矿政管理部门的一大难题是：矿产资源的管理是偏重对主体的管理，还是侧重对行为的管理？现在看来，实务中行政部门是主体也想管，行为也想管，而目前司法实践中遇到的亟待解决的难题即：矿山企业股权变动是否都意味着矿业权主体的变更，无疑就是一个突出的例子。〔6〕

---

〔1〕李慧、吴琼：“探矿权人优先权制度的完善”，载《国土资源导刊》2005 年第 3 期。

〔2〕李晓妹、李鸿雁：“探矿权人优先权法理解析”，载《中国国土资源经济》2007 年第 7 期。

〔3〕李晓峰：“探矿权流转过程中的十个法律问题”，载搜狐新闻，发布日期：2004 年 6 月 17 日。

〔4〕王希凯：“探矿权转为采矿权应‘自然过渡’”，载《中国国土资源报》2009 年 8 月 10 日。

〔5〕杜辉、陈德敏：“论《矿产资源法》制度重构的模式选择与具体路向”，载《资源科学》2012 年第 1 期。

〔6〕康乐君：“矿业公司股权变动与矿业权转让关系研究”，中国地质大学 2012 年硕士学位论文。

鉴于现行《矿产资源法》对矿业权人的主体资格和地位规定不平等、权责也不明确，[1] 既然理论上探矿权和采矿权均属于财产权利，而财产权的取得属于市场主体间交易的结果，对于交易的主体即不宜有过于严苛的限制，故《矿产资源法》的修改应将管理的重点侧重于合理勘查开发矿产资源的行为。

五、建立更宽松的矿业权市场配置制度以促进其商品化流转

（一）明确矿业权应以“自由转让为原则而以特别禁止为例外”

现行法律法规和规范性文件对矿业权所作出的种种限制，显然不利于矿业权在二级市场的充分流转，不符合市场经济原则，不利于矿业经济通过金融手段的进一步持续发展。因此修改后的《矿产资源法》应当宣示矿业权既然为财产权利，就应利用价值规律，充分发挥市场配置资源的基础性作用，[2] 使矿业权在不同主体间充分、公开流转，优化资源配置，旨在于更广阔的经济活动层面，更充分地体现出矿产资源的经济价值。

（二）依矿山企业实际控制权是否变动来界定股权能否转让

在矿业权的实际流转中，目前较为突出的问题就是矿业权转让与矿山企业股权转让的界定问题。[3] 由于现行法律、法规中未有明确的规定，致使各地在实践中做法不一：有的省国土资源厅将几种特定情形下的股权转让明确于矿业权转让的范围之中，只要其股权变化就认为矿业权主体业已变更；而有的地方，则将企业股权的任何变动行为都直接等同于矿业权转让行为。

实践中之所以会出现以股权转让方式而导致矿业权“实质”变更的现象，是因为我国 1996 年《矿产资源法》中规定了矿业权转让的审批登记手续，增加了交易双方的程序成本。但是随着行政审批制度改革的深化，缩减行政审批项目成为必然趋势，[4] 所以未来《矿产资源法》修改应当删去矿业权转让

---

[1] 杜辉、陈德敏：“论《矿产资源法》制度重构的模式选择与具体路向”，载《资源科学》2012 年第 1 期。

[2] 新华社北京 11 月 27 日电：党的十七大报告在论述完善社会主义市场经济体制时强调，要“从制度上更好发挥市场在资源配置中的基础性作用”。

[3] 李显冬主编：《矿业权法律实务问题及应对策略》，中国法制出版社 2012 年版，第 66 页。

[4] 如 2012 年 9 月公布的《国务院关于第六批取消和调整行政审批项目的决定》、《中国共产党第十八次全国代表大会上的报告》中指出：“深化行政审批制度改革，继续简政放权”，这些均说明中央将逐步精简行政审批项目，删减不必要的行政审批手续。

的审批手续，取而代之的是自由流转原则。这样实践中以股权转让方式规避矿业权转让的现象必然会大大减少。

当然，修改后的《矿产资源法》也不可能不对矿业权的转让规定一些禁止情形，实践中在所难免地会出现矿业权人为了规避法律的禁止性规定，而采取以股权转让方式来实现矿业权的“实质性”的转让。因此，《矿产资源法》修改稿中还应当规定：“矿山企业在其矿业权被特殊限制转让时，该矿业企业的实际控制权之变动必须予以行政审批或信息披露，”以防止法律规定的限制转让情形流于形式。

（三）为促进矿业权的合法流转应允许矿业权出租

现行《矿产资源法》对矿业权出租没有明确规定，司法实践中的问题自各行其是，难以满足现实经济发展的需要。然而，实践中矿业权出租又在我国大量存在。[1] 就矿业立法领域而言，矿业权出租其实是一个普适性的概念，两大法系的理解并没有明显的差异。矿业权出租的重要考虑在于矿业权人是否变化。因此，应当认为，有必要将其纳入《矿产资源法》的规制范围。矿业权出租是矿业权流转的重要形式，也是矿业权作为私权利处分权能的具体体现，自属于权利人“意思自治”之范围，即矿业权出租对于私法权益的调整可以遵从约定。当然考虑到矿业开发活动或者说矿业权行使的特殊性，需要明确矿业权出租人的公法义务不得转让。

（四）为促进矿山企业的融资应允许矿业权可予抵押

允许探矿权抵押既方便了对矿业权人建设资金的筹措，又有利于我国矿业经济的发展。[2] 但目前我国矿业权的抵押，却因为行政部门获取的信息不够全面，经常导致监管、管理的脱节。

实践中对采矿权设立抵押并无太大争议，[3] 而就探矿权而言，按照逻辑推理，探矿权是矿业权的组成部分，矿业权作为财产权利，法律也已明定其可以转让，探矿权当然也应当可以抵押。问题在于探矿权本身存在的价值不确定性，引发管理者的种种忧虑。应当认为，探矿权经济价值的不确定性既属于商业风险，自可由抵押权人自己去把握，反过来看，恰恰是因为探矿阶

---

〔1〕田峰：“矿业权租赁若干法律问题研究”，载《重庆与世界》2011 年第 13 期。

〔2〕李志学：“我国矿业权出让与流转制度研究”，载《西安石油学院学报》1999 年第 1 期。转引自孙宏涛、田强：“论矿业权的流转”，载《中国矿业大学学报（社会科学版）》2005 年第 3 期。

〔3〕杨永磊：“试论矿业权抵押”，载《中国矿业》2011 年 S1 期。

段最需要资金的投入，所以探矿权人才更需要将矿业权抵押给金融或私募机构以获得风险融资。

同时，矿业权既归于不动产用益物权，根据物权公示原则，不动产用益物权在设立抵押时都是需要登记的，为了与《物权法》的规定保持一致，《矿产资源法》可明确：矿业权用做抵押亦应采“登记生效主义”。即矿业权抵押双方应当持有效的抵押法律文书到原矿业权登记管理机关办理抵押登记；未经登记不产生抵押权的效力。

六、从矿业实际出发采多种方式解决矿业用地促进人与自然的和谐

我国现行《矿产资源法》没有对矿业用地法律制度作出系统的规定，而实践中多采用变通或非法（不办任何行政审批手续）的方式取得矿业用地的现象大量存在。[1] 另外，我国的矿业用地取得方式也较为单一，矿业权与土地使用权之间存在冲突，矿业用地退出机制也不完善，亟待我国法律对矿业用地制度作出明确系统的规定。

可以认为，通过总结目前各地实际业已试行的有效措施完全可以解决我国目前面临的矿业用地问题：首先，采用临时用地模式、[2] 法定地役权的形式、土地租赁或“以典代征”[3] 的方式、土地股权制度化、土地等量置换制度等解决部分矿业用地。其次，协调矿业权与土地使用权的关系，明确二者的优先性关系。最后，矿业用地的交回、收回、置换制度完善无疑可以健全现行的矿业用地退出机制。

七、参照世界通行规则来革新现行的矿业税费征收制度

由于矿业税费法律规定存在其特有的规律，大量细节性和技术性问题需要通过具体的行政法规等规范性文件加以细化、阐释。[4] 因此，《矿产资源法》在修改时应当建立“矿业权出让金、矿业权（占地）使用费、矿产开采

---

〔1〕 曹志新：“新形势下修改《矿产资源法》存在的若干问题”，载《黑龙江国土资源》2009年第10期。

〔2〕 苏志军：“矿业用地存在的问题及对策——以广西为例”，载《中国土地》2011年第9期。

〔3〕 李显冬、何冠楠：“典权在农村采矿用地复垦中的积极价值”，载国土资源部不动产登记法律中心网站，访问日期：2010年12月12日。

〔4〕 徐文全等：“我国矿业税费制度现状研究”，载《西安科技大学学报》2009年第5期。

权益金、[1] 国家地质资料使用费以及资源税”[2] 的资源权益体系。坚持“税费金”各归其位，从税费金的种类、征收依据、征收对象以及征收主体四个方面按照矿业权的取得、持有和使用三个环节的顺序，从整体上构建具有科学合理的系统目的功能之矿产资源“税”“费”“金”法律规范体系。

八、依法治矿，完善现行矿法中法律责任之有关规定

现行《矿产资源法》中关于法律责任方面的规定主要存在的问题是：关于私挖盗采的禁止性条款和处罚性条款较为严格且未协调统一；并且《矿产资源法》与其他民事、刑事等各个相关法律部门未能很好地衔接；执法部门执法难度大、执法根据欠缺、执法力度不足；各行政部门之间权力相互交叉、互相掣肘，不能有效保护国家的矿产资源所有权。[3]

普遍认为，我国 1996 年《矿产资源法》在法律责任的设置中，一方面对一些矿业违法行为的处罚力度较低、违法行为种类规定得较少，另一方面未对民事责任与行政责任进行区分，缺少民事责任赔偿的相关规范，[4] 部分行政处罚侵害其他主体的合法权益。因此，《矿产资源法》修改时应当区分矿业违法行为的民事责任和行政责任，使其相互之间的衔接性大大提高，并对一些实践中出现次数较多、难以遏制的矿业违法行为加重处罚力度。

就涉矿民事法律关系而言，我国《合同法》第 44 条明确规定：“依法成立的合同，自成立时生效。法律、行政法规规定应当办理批准、登记手续生效的，依照其规定。”但对于“合同成立但未生效”这类合同究竟具有何种法律上的效力？其合同当事人的权利义务究竟应如何予以规范？合同成立但未生效时造成的损失及相关法律责任要如何划分？特别是如何才能真正保护守信方的利益等等，可以说，这一系列问题目前在我国法律中均尚于法无据。

针对“合同成立但未生效”所引起纠纷的解决，主要存有两种法律解决

---

[1] 李男、孟磊：“我国矿产资源权利金制度构建研究——谈美国矿产资源权利金制度对我国的启发与借鉴”，载《经济师》2008 年第 12 期。

[2] 张牡霞：“资源税改革时间表落定未来五年全面实施”，载《上海证券报》2011 年 1 月 25 日第 F01 版。

[3] 参见来扬：“谁在纵容私挖滥采”，载《中国青年报》2011 年 3 月 30 日第 7 版。

[4] 参见杜辉、陈德敏：“论《矿产资源法》制度重构的模式选择与具体路向”，载《资源科学》2012 年第 1 期。

路径，即“缔约责任违约化”与“预约合同制度”。这两种既有法律制度的设计均有缺陷，故因此形成相当的混乱，造成司法实务中的各种困扰。鉴于目前“缔约合同违约化处理”方案在法理层面的突出问题以及其与现行法律体系的明显冲突，学界不少学者提议应予排除，转而选择优势明显的“预约合同”制度。

故就《矿产资源法》第6条“探矿权人在完成规定的最低勘查投入后，经依法批准，可以将探矿权转让他人”与“已取得采矿权的矿山企业，因企业合并、分立，与他人合资、合作经营，或者因企业资产出售以及有其他变更企业资产产权的情形而需要变更采矿权主体的，经依法批准可以将采矿权转让他人采矿”之明文法律规定而言，只要法律释明预约合同的效力应采“必须缔约说”，完全可以将涉矿合同业已达成一致的意思表示视为合同预约，而将“依法批准后的”合同内容视为“本合同”。

诚如是，“必须缔约说”法律效力之释明，就因此可以作为解决此种涉矿“债权合同成立且生效；而物权合同效力待定”状况下，该法律行为效力之裁判规则。

附录二

课题论证中对《矿产资源法》修改的部分建议

此次课题组提出的修改建议稿，涵盖对于矿产资源国家所有权及矿业权人的利益保护、矿产资源国家所有权的行使、矿业权设立（矿业权出让）、矿业权登记、矿业权的转让、矿业权的抵押、矿业权的出租、矿业权征收等诸多内容。主要体现在以下几个方面：

一、建议在第1条增加保护矿产资源所有权和矿业权人的合法利益，以及其他利益相关者合法利益保护的规定。

修改后的第1条建议为：

"为了保护和合理勘查开发利用矿产资源，促进矿业持续发展，维护矿产资源国家所有权和矿业权人以及其他利益相关者的合法权益，保障国家现代化建设的当前和长远的需要，根据中华人民共和国宪法，制定本法。"

二、建议将第3条第1款国务院行使国家对矿产资源的所有权修改为国务院"代表"国家行使矿产资源所有权；增加矿业权设立、矿业权外延、矿业权登记以及矿政管理的内容作为第2款、第3款。

修改后的第3条建议为：

"矿产资源属于国家所有，由国务院代表国家行使国家对于矿产资源的所有权。地表或者地下的矿产资源的国家所有权，不因其所依附的土地的所有权或者使用权的不同而改变。

国家通过设立矿业权来实现矿产资源所有权人的利益，矿业权包括探矿权和采矿权，矿业权人须照规定办理矿业权登记。

勘查、开采矿产资源，必须依法取得探矿权、采矿权。但是已经依法申请取得采矿权的矿山企业在划定的矿区范围内为本企业的生产而进行的勘查除外。国家保护探矿权和采矿权不受侵犯，保障矿区和勘查作业区的生产秩序、工作秩序不受影响和破坏。

国务院地质矿产主管部门负责全国勘查、开采活动的管理。从事矿产资源勘查和开采的，必须符合法定的资质条件。”

三、删除第4条。

1996《矿产资源法》第4条原文：

“国家保障依法设立的矿山企业开采矿产资源的合法权益。

国有矿山企业是开采矿产资源的主体。国家保障国有矿业经济的巩固和发展。”

四、增加一条市场配置矿产资源的规定。

新增加的条文建议为：

“国家培育和规范全国统一的矿业权市场，维护矿业权市场公开、公平、公正、有序竞争，保障矿业权人依法平等参与矿产资源勘查、开发活动；健全矿产资源资产产权制度，使全国统一的矿业权市场在资源配置中起决定性作用。

国家依据矿产资源赋存的自然风险状态，分别采取申请在先、招标、拍卖、挂牌或者协议等方式出让矿业权。

矿业权可以依法转让、出租、抵押、继承。”

五、建议将第5条的矿产资源“有偿取得”修改为“有偿使用”，同时区分“矿业权出让金”、“矿业权使用费”和“国家税费”的不同性质。

修改后的条文建议为：

“国家实行矿产资源有偿使用制度。取得矿业权，必须依照本法规定缴纳矿业权出让金和矿业权使用费，但以申请在先方式取得探矿权的，不缴纳探矿权出让金；开采矿产资源，必须按照本法规定缴纳权利金。

开采矿产资源，必须按照国家有关规定缴纳资源税。

国家可以根据不同情况予以减免矿业权出让金、矿业权使用费、权利金和资源税。具体办法和实施步骤由国务院规定。”

六、增加矿业权出让方式的规定。

新增加的条文建议为：

“国务院地质矿产主管部门依据矿产资源赋存自然风险状况实行不同的矿业权出让方式，并依法颁发探矿权证、采矿权证。

勘查赋存自然风险高的矿产资源，采取申请在先的方式审批出让探矿权，申请在先的信息应当及时公开。国家出资勘查并探明矿产地的，通过申请在先取得探矿权后，应当缴纳国家出资勘查形成的地质勘查资料使用费；通过竞争方式取得探矿权的，也应当缴纳。

勘查赋存自然风险低的矿产资源，采取拍卖或者挂牌的方式出让探矿权。

开采无须勘查即可开采的矿产资源，采取招标、拍卖或者挂牌的方式出让采矿权。”

七、增加一条关于矿业权人主体条件的规定。

新增加的条文建议为：

“探矿权、采矿权申请人应当是企业法人；法律或者行政法规另有规定的除外。”

八、增加一条关于矿业权登记的规定。

新增加的条文建议为：

“探矿权、采矿权的设立、延续、变更、转让，经依法办理物权登记，发生法律效力；未经物权登记，不发生法律效力。

登记机关应当依法为矿业权人颁发探矿权证、采矿权证。探矿权证、采矿权证是权利人享有该用益物权的证明。”

九、建议将第6条规定的矿业权转让“一般禁止、例外允许”的限制性规定，修改为“一般允许而例外禁止”。

修改后的条文建议为：

“矿业权转让是指探矿权人、采矿权人依法将探矿权、采矿权移转给其他民事主体的行为。

探矿权可以转让，但下列情况除外：

（一）探矿权转让人未履行探矿权人义务的；

（二）国有企业转让探矿权，未经履行出资人职责的机构决定的；

（三）违反法律、行政法规禁止性规定的。

采矿权可以转让，但下列情况除外：

（一）采矿权转让人未履行采矿权人义务的；

（二）国有企业转让采矿权，未经履行出资人职责的机构决定的；

（三）采矿权受让人为外国投资者，且属于国家禁止外商投资的产业的；

（四）违反法律、行政法规禁止性规定的。

转让国家出资勘查所形成的探矿权、采矿权，探矿权人、采矿权人必须按照国家有关规定聘请具有法定资质的矿业权评估机构进行探矿权、采矿权评估并缴纳矿业权出让金。”

十、增加矿业权出租的规定。

新增加的条文建议为：

“采矿权出租是指采矿权人将其持有的采矿权整体或者部分提供给承租人直接支配，并向承租人收取租金的行为。

采矿权出租应当符合国务院规定的矿业权转让的条件。

已出租的采矿权可以出售、设定抵押，但不得合资、合作和上市。

采矿权人在采矿权出租期间继续履行采矿权人的法定义务并承担法律责任，特别是与矿产资源开采行为不可分离的安全生产、合理经营、资料汇交、接受相关主管部门监督管理等公法义务不可移转。”

十一、增加关于矿业权抵押的规定。

新增加的条文建议为：

“矿业权可以依法抵押。抵押期间，矿业权不得转让、变更，但抵押双方一致同意转让的除外。

矿业权抵押双方应当持有效的抵押法律文件到原矿业权登记管理机关办

理抵押登记，未经登记不产生抵押效力。”

十二、增加一条关于探转采的规定。

新增加的条文建议为：

“探矿权人在探明可供开采的矿床后，在探矿权有效期和保留期内，有权依照第XX条规定的条件申请取得勘查作业区内该矿种的采矿权，或者依照第XX条的规定转让探矿权。”

十三、增加矿业权证延续、变更、保留的规定。

新增加的条文建议为：

“探矿权人、采矿权人应当在探矿权证、采矿权证有效期内，向原矿业权登记机关申请矿业权证延续、变更、保留登记。

探矿权人在探明可供开采的矿床后，可以申请探矿权保留。在探矿权保留期内，探矿权人可以依法申请取得勘查作业区内该矿种的采矿权，但在取得采矿权之前，探矿权人不得进行采矿活动。”

十四、增加矿业权证注销、灭失的规定。

新增加的条文建议为：

“有下列情形之一的，探矿权人应当申请探矿权证注销登记，出现下列情形后60日内不申请的，主管部门可以依职权注销：

（一）探矿权证有效期届满，不办理延续登记或者申请保留探矿权的；

（二）申请采矿权的；

（三）勘查项目撤销的。

有下列情形之一的，采矿权人应当申请采矿权证注销登记，出现下列情形后60日内不申请的，主管部门可以依职权注销：

（一）在采矿权有效期内，停办、关闭矿山的；

（二）采矿权证有效期届满，不办理延续登记的。”

十五、增加矿业权排他性以及区分矿业权的规定。

新增加的条文建议为：

“探矿权人在已划定的勘查区块享有排他性探矿权；采矿权人在已划定的矿区范围内享有排他性采矿权。

石油、天然气的勘查、开采与非石油、天然气的勘查、开采在互不影响作业、保证安全的条件下，在双方一致同意时，允许分别设置矿业权。”

十六、增加矿业权评估的规定。

新增加的条文建议为：

“国土资源行政主管部门以招标拍卖、协议方式出让矿业权的，矿业权价值应当由具有法定资质的矿业权评估机构进行评估，作为矿业权交易价格的参考依据。”

十七、增加矿业权维护的规定。

新增加的条文建议为：

“探矿权人、采矿权人被吊销勘查、采矿资质的，应当自资质被吊销之日起，停止勘查或者开采活动。凡是依法进行权利登记的，允许其在规定的期限内转让有关权益，受让人进行勘查、开采活动的，应当依法取得勘查许可或采矿许可资质。”

十八、增加关于矿业权征收的规定。

新增加的条文建议为：

“国家因公共利益需要，可以依照法律规定征收矿业权，由具有法定资质的矿业权评估机关进行评估，给予矿业权人合理的补偿。”

十九、删除第五章（包括第35条、第36条、第37条、第38条的规定）。

1996年《矿产资源法》第五章如下：

“第三十五条　国家对集体矿山企业和个体采矿实行积极扶持、合理规划、正确引导、加强管理的方针，鼓励集体矿山企业开采国家指定范围内的矿产资源，允许个人采挖零星分散资源和只能用作普通建筑材料的砂、石、黏土以及为生活自用采挖少量矿产。

矿产储量规模适宜由矿山企业开采的矿产资源、国家规定实行保护性开采的特定矿种和国家规定禁止个人开采的其他矿产资源，个人不得开采。

国家指导、帮助集体矿山企业和个体采矿不断提高技术水平、资源利用率和经济效益。

地质矿产主管部门、地质工作单位和国有矿山企业应当按照积极支持、有偿互惠的原则向集体矿山企业和个体采矿提供地质资料和技术服务。

第三十六条　国务院和国务院有关主管部门批准开办的矿山企业矿区范围内已有的集体矿山企业，应当关闭或者到指定的其他地点开采，由矿山建设单位给予合理的补偿，并妥善安置群众生活；也可以按照该矿山企业的统筹安排，实行联合经营。

第三十七条　集体矿山企业和个体采矿应当提高技术水平，提高矿产资源回收率。禁止乱挖滥采，破坏矿产资源。

集体矿山企业必须测绘井上、井下工程对照图。

第三十八条　县级以上人民政府应当指导、帮助集体矿山企业和个体采矿进行技术改造，改善经营管理，加强安全生产。”

二十、建议将第39条中采矿许可证修改为采矿权证，将明确引用刑法条文的模式改为模糊处理的立法模式。

修改后的条文建议为：

“违反本法规定，未取得采矿许可证擅自采矿的，擅自进入国家规划矿区、对国民经济具有重要价值的矿区范围采矿的，擅自开采国家规定实行保护性开采的特定矿种的，责令停止开采、赔偿损失，没收采出的矿产品和违法所得，可以并处罚款；拒不停止开采，造成矿产资源破坏的，依照刑法第一百五十六条的规定对直接责任人员追究刑事责任。

单位和个人进入他人依法设立的国有矿山企业和其他矿山企业矿区范围内采矿的，依照前款规定处罚。”

二十一、删除第42条的规定。

1996《矿产资源法》第42条原文：

“买卖、出租或者以其他形式转让矿产资源的，没收违法所得，处以罚款。

违反本法第六条的规定将探矿权、采矿权倒卖牟利的，吊销勘查许可证、采矿许可证，没收违法所得，处以罚款。”

二十二、建议第47条“违反本法规定批准勘查、开采矿产资源和颁发勘查许可证、采矿许可证”，修改为“违反本法规定颁发探矿权证、采矿权证，或者批准勘查、开采矿产资源和颁发勘查许可证、采矿许可证”；将“违法颁发的勘查许可证、采矿许可证”修改为“违法颁发的探矿权证、采矿权证、勘查许可证、采矿许可证”。

二十三、将第49条中“矿山企业”抽象化为“矿业权人”；将“有关县级以上地方政府”具体化为“矿产资源所在地的县级以上地方人民政府”；增加规定：“当事人对有关人民政府的处理决定不服的，可以自接到处理决定通知之日起三十日内，向人民法院起诉；对于跨省、自治区、直辖市的矿区范围争议，增加规定当事人的协商程序，并将协商程序置于优先地位。此外，规定在协商不成之时，除了交由国务院处理之外，当事人还可以向人民法院起诉。”

二十四、增加矿业用地使用的规定，规范矿业用地使用权的取得方式。建议采取土地与矿产资源相统一的立法模式，协调矿业权与矿业用地使用权的关系，减少两权的矛盾。

新增加的条文建议为：

“探矿权人、采矿权人为勘查、开采矿产资源使用土地，应当依法办理用地手续。矿业用地取得的具体办法由国务院另行规定。

探矿权、采矿权转让，原矿业用地的土地使用权随之转让。”

二十五、增加规定采矿权人保护矿区生态的义务以及生态修复责任的条款和矿地生态修复的一般条款，并增加生态修复措施运用的规定，促进其起到鼓励和规范的作用。增加矿区环境生态修复的管理的相关规定，确定管理主体为各级国土资源行政主管部门。

二十六、重构我国矿产资源金、税、费体系。

[矿产资源金、税、费管理]

“国家综合利用金、税、费手段，维护国家矿产资源所有者经济权益，合理调整矿产资源开发利益关系，促进矿产资源的保护和合理开发利用。

国家实行矿业权有偿取得制度和矿产资源有偿利用制度，矿业权人必须按照规定缴纳金、税、费。

矿产资源各项收益应当在中央和地方之间合理分配，适当照顾矿产资源产地社区的利益。”

[权益金]

“国家依据矿产资源国家所有权对采矿权人在开采出矿产品时征收权利金。权益金的计征方式、费率由国务院规定。

权益金由县级以上人民政府国土资源主管部门按照规定负责征收。”

[资源税]

“国家对采矿权人在开采矿产资源时因自然禀赋、开采条件不同产生的级差收益征收资源税。

资源税由税务机关按照规定负责征收。”

[矿业权出让费]

“国家对通过招标、拍卖等方式取得矿业权的矿业权人收取矿业权出让费。

矿业权出让费由负责出让该矿业权的国土资源行政主管部门按照经过评估确认的价格征收。”

[矿业权使用费]

“探矿权人、采矿权人在探矿权证或采矿权证有效期内，应当按照规定向矿业权登记管理机关分别缴纳探矿权使用费、采矿权使用费。”

[金、税、费减免]

“为提高矿产资源合理开发利用的水平，鼓励在勘查开发条件恶劣地区和边远地区开展矿产资源勘查、开采活动，缓解矿山企业因不可抗力产生的暂时困难，建立公平、合理、高效的矿产资源金、税、费激励机制，可以对矿产资源金、税、费予以减缴、免缴。具体办法由国务院规定。”

二十七、《矿产资源法》结构的设计。应当将矿业权单独列为一章，内容涉及矿业权的出让、转让、抵押、出租、征收、登记等制度。将上述建议中增加的矿业权的条文全部纳入此章中。

2013 年 12 月 30 日

跋

或许真的所谓性格决定命运，回忆起来，我小学的一篇曾被老师作为范文表扬的叙述自己未来的理想的作文居然是《我要做一名祖国的地质队员》。当然，受到在“文革”前影响着几乎所有青少年的电影《年青的一代》中的主人公肖继业，站在随山风飘舞的红旗下的那种激动人心的光辉形象的鼓舞，这种理想在当时的产生，自然很容易理解。

冥冥之中，1986年《民法通则》颁行之际，我恰回母校攻读民法硕士，《矿产资源法》刚得以颁行。江平老师当时恰受地质矿产部的委托，带领包括我在内的数名研究生着手开始新中国成立以来对矿业权法律制度的首次全面系统研究，并于1991年主持出版了《中国矿业权法律制度研究》一书。至此，我的学术研究从专攻于民法，拓展至“同上高楼，踏入矿业路”，开启了我的矿业法律人之路。

时隔15年之后的2006年，如同当年江老师的授业解惑，我也带领着自己的研究生投入到中国矿业法治的建设之中，具体承担国土资源部信息中心全球资源战略研究开放实验室委托的“中国矿业权立法及其市场化运作的相关法律问题研究”课题，并于2006年以课题的研究成果作为基础，出版了“为伊消得人憔悴”的《中国矿业立法研究》一书。

“蓦然回首”，我的矿业法律人之路已近三十年。不可免俗的是，我该如何回答“什么是你的贡献”？矿业立法范围内，我将系统论的方法应用于矿业法的研究当中，提出“矿业法律规范系统”的概念，以应对不同于传统单一模式部门法思维的矿业法学。而综合法律调整的观点，不但可以较好地解决矿产资源法公法调整与私法自治并存不悖和相互协调的问题，而且是那个时代青年法律人理论上的一种有益探索。这本《中国矿业立法理论与实务》一书即是自己多年来试图将系统论应用于矿业立法中的系统的总结。

本书是中国矿业联合会委托中国政法大学国土资源法律研究中心承担的课题《〈矿产资源法〉修改关键问题研究》的研究成果以及近年来我个人有关研究成果的一种学术积累。课题实施过程中，由中矿联高级资政、中国政法大学江平教授，国土资源部咨询研究中心曹树培研究员，中矿联高级资政傅鸣珂先生，中矿联陈先达副会长，国土资源部政法司姚义川副司长共同组成的项目研究指导组作为“智囊团”，他们兼具理论点拨与实务详解的耐心指导是本书完成的重要前提。北京市律师协会自然资源专业委员会栾政明主任，中矿联发展研究部项目主管纪方作为项目研究组副组长也为课题的完成付出了他们巨大的努力。

特别需要说明的是，曹树培老师虽已近耄耋之年，仍不辞辛苦，舍弃大段的休息时间，通读全部书稿。傅鸣珂老师尽管年过八十，仍然能够亲力亲为，带领我和弟子们，不辞辛劳到几乎三分之一的祖国大地基层实地调研，更不用说一次次不厌其烦地指导我们晚生们的非常具体的研究工作。

本书的完成仍然只能说是我所带领的这一法学学术团队通力合作而共同创作的成果。我的博士生、博士后以及硕士生们都对本书所需材料的收集、整理以及编排付出了艰苦且卓有成效的努力。杨城同学作为课题组的秘书，担负了大量繁杂却又必须的组织协调工作，同时也贡献了构成本书的重要论文，但提前毕业使他未能从事最后收获的总结。我的博士赵传毅承担了本书初稿之编撰工作，使得本书的雏形得以初现，却也因在职而未能终成正果。我的硕士生谢涛、王胜龙完成了本书第一轮的润色以及校对，但学术体系的整理仍有很多工作要完成。最后是由我的博士后曹宇，依照顾问团队的指导意见，进行了系统的文字整改，才使得本书最终得以付梓。

此外，参加项目的调研、论证并为本书的撰稿付出自己努力与智慧者还有：魏敬淼、沈铮、孔德峰、孙莉、蔡晓仪、吴鹏、邢国威、苏继成、郑皓晖、叶红、杨舒淇、沙雪妮、李琼、李小兵、杨永营、温学鹏、邱杨、李蕾、陶江嫄、石玥、金丽娜、赵传毅、牟彤、谢涛、苏熳、郭东妹、田春雨、尹程香、林美灵、向定卫、张瑶瑶、王胜龙、田海晨、姚腾跃、赵晓娟、程玉、任洋、倪淑颖、申艳红、陈绍方、崔华浩、周黎、李婷婷等。

我的爱妻高海玲女士为本书得以完成，以其特有的方式做出了自己的贡献。对此，我们应当感谢所有为这些作品得以完成和传播做出贡献的人。

又到了每每在撰写书跋时我总是不断重复的那句话：本书说到底只能是集体智慧的结晶，我依然将自己界定为“编著者”这一恰当的法律地位。

2015年4月20日于法大寓所